Mugeres Son los que Buyeron.

Mugeres Son los que Buyeron.

GRAMMAIRE ESPAGNOLE

A L'USAGE DES FRANÇOIS,

DIVISÉE EN TROIS PARTIES.

LA PREMIÈRE renferme la véritable définition de la Grammaire; explique la nature, le nombre, les propriétés, et l'emploi en général des parties du discours.

LA SECONDE embrasse la Syntaxe de ces mêmes parties du discours, et le système de figures Grammaticales.

LA TROISIÈME expose les règles de la Prononciation, de la Prosodie, et de l'Orthographe, dont on donne la démonstration pratique dans un Dialogue tiré de Michel de Cervantes et rangé en trois colonnes, la première desquelles contient la traduction du texte, la seconde le texte, et la troisième la prononciation syllabique des mots.

On y a ajouté l'analyse des principales Grammaires Espagnoles, qui ont paru en France jusqu'à présent, et l'on y démontre combien elles sont défectueuses et incomplettes.

PAR *D. M. D. RUÉDA-LÉON.*

IMPRIMÉ A NISMES,

Chez la Veuve BELLE, Imprimeur Républicain du Département du Gard, Place du Château, n.° 32.

1797.

Ruéda-Léon

PRÉFACE.

LA Langue Espagnole est une des plus belles langues de l'Europe. Elle est très-riche, très-expressive, et majestueuse. Elle seroit même aussi douce que la Françoise et l'Italienne, si on vouloit se donner la peine de faire quelques changemens dans sa prononciation. Le seul changement du son guttural *j*, et du grasseyant *z* en d'autres sons plus doux, lui feroit acquérir beaucoup de douceur, sans qu'elle perdît rien de sa majesté.

Cette langue est composée de mots phéniciens, grecs, goths, arabes et autres, mais sur-tout de mots latins entiers ou altérés.

On sait que les Romains introduisoient leur langue chez tous les Peuples, dont ils se rendoient les Maîtres. Cela est arrivé à un tel point pour ce qui concerne l'Espagne, qu'on n'y conserve aucune trace de la Langue, que parloient les anciens Espagnols, à moins qu'on ne veuille dire (comme en effet il y en a quelques-uns qui le soutiennent), que la Langue Biscayenne étoit la Langue commune de ce Royaume.

Lorsque les Goths entrèrent en Espagne en 416, ils y trouvèrent la Langue Latine établie, et ils la parlèrent eux-mêmes, bien qu'en conservant la leur. Le commerce continuel des Vainqueurs et des Vaincus contribua à la corrompre insensiblement, ensorte qu'on l'appela *ROMANCE*, c'est-à-dire, Langue Romaine altérée ou corrompue.

Cette altération ou corruption devint beaucoup plus considérable par l'irruption des Arabes arrivée en 714. Les Espagnols alors ou subjugués par ces nouveaux Maîtres, ou réfugiés dans les montagnes, ne songèrent plus à conserver la pureté de leur idiôme. Les uns furent forcés d'apprendre celui de ces Tyrans, sous la domination desquels ils vivoient, et les autres ne pensèrent qu'à se défendre contre de si formidables ennemis. Alors la Langue Espagnole n'étoit plus qu'un véritable jargon, il fallut des siècles avant qu'elle commençât à se polir. Alphonse, surnommé *le Savant*, fils de Saint Ferdinand, troisième de ce nom, Cousin germain de Saint Louis, lui donna un grand éclat par son fameux ouvrage appelé *LAS LEYES DE LAS PARTIDAS*, c'est-à-dire, les Lois des Parties, ou les Lois divisées en Parties. Plusieurs ouvrages distingués, publiés depuis, contribuèrent à la conserver dans sa beauté acquise, et à lui en acquérir de nouveau. Mais l'époque principale de la beauté, richesse, et perfection de la Langue Espagnole, c'est les règnes de Charles-Quint, de Philippe II, et de Philippe III. Ce fut sous ces trois grands Monarques, que cette Langue parut avec éclat, et se répandit dans différentes parties de l'Europe. Un grand nombre d'Écrivains célèbres, qui florissoient alors, la parla avec tant de grâce et de pureté, tant d'élégance et de majesté, qu'il semble que ce soit en vain que plusieurs Écrivains modernes ayent fait des efforts pour surpasser les anciens, et pour acquérir à la Langue de nouveaux degrés de perfection. Quelques mots substitués aux anciens; des terminaisons des verbes ou plus douces ou plus courtes mises à la place d'autres ou plus dures ou plus longues; un plus grand rafinement dans le style, voilà tout le changement opéré dans la Langue Espagnole, toute la perfection qu'elle a acquise depuis ce temps-là. C'est la seule ortographe, qui a été tout-à-la-fois considérablement changée et perfectionnée.

Nous avions voulu d'abord donner à la Nation Françoise une Grammaire complette et raisonnée de cette belle Langue. Mais ayant considéré depuis, qu'un ouvrage aussi étendu ne seroit pas certainement du goût de tout le monde, et qu'il seroit très-difficile de le faire imprimer, (ce que nous n'avions déjà que trop éprouvé); nous nous résolûmes à en faire un Abrégé complet, et de le rendre intéressant autant qu'il nous seroit possible.

Cette résolution fut applaudie par M. de Sancy, Censeur

Royal , lequel avoit eu le manuscrit long-temps entre ses mains , et l'avoit comblé d'éloges. *Comme l'étendue, nous dit-il par sa lettre du 26 Janvier 1790, que vous avez donnée à vos préceptes et à vos développemens, rend votre ouvrage un peu volumineux , votre idée d'en donner un Abrégé me paroît excellente. Ce nouveau travail fait de votre main sera toujours très-utile , fort intéressant , et rendra le débit de votre production plus prompt , étant plus à la portée du commun des Lecteurs , sur-tout dans les circonstances présentes.* Nous passerons sous silence les éloges dont cet ancien et habile Censeur a honoré notre Grande Grammaire , et nous nous bornerons à développer les moyens dont nous nous sommes servis pour en rendre l'Abrégé intéressant aux François.

Nous y avons d'abord réuni deux choses, qu'on ne trouvera dans aucune autre Grammaire , savoir, le plan d'une Grammaire générale , et les principes d'une particulière. Le plan de Grammaire générale résulte des principes généraux que nous y établissons. Mais comme notre objet principal est la Grammaire d'usage , ces principes n'y sont pour l'ordinaire que légèrement approfondis , un Abrégé ne comportant pas de longues discussions.

Cependant, quoique cet ouvrage ne soit qu'un Abrégé de la grande Grammaire , il est , pour le moins , deux fois plus complets que toutes les Grammaires Espagnoles ensemble , qui ont paru jusqu'à présent en France à l'usage des François.

La base et pierre fondamentale de la Grammaire générale, est une nouvelle définition de ce noble Art, par laquelle nous réduisons toutes les Langues au seul et unique principe qu'elles devroient avoir , et c'est sur ce fondement inébranlable que nous établissons toute la théorie grammaticale.

Le torrent des Grammairiens définit la Grammaire, *l'Art de bien parler*, à quoi d'autres ajoutent, *et d'écrire.* Mais qu'est-ce que *l'Art de bien parler ou de bien écrire ?* Voilà ce que la définition n'explique point. Or toute définition doit avoir son *genre prochain* et sa *dernière* différence. C'est-là un axiôme des Philosophes. *Definitio constat genere proximo et ultimâ differentiâ.* Quels sont donc le *genre prochain* et la *dernière différence* dans cette définition ? L'*Art* est trop commun pour en être le genre, et *de bien parler* est trop générique pour pouvoir en être la dernière différence. La Rhétorique et la Poësie nous enseignent aussi à bien parler.

Un moderne Grammairien François, assez estimé en France, retranche l'adverbe *bien* de la définition de la Grammaire, sans doute parce qu'il est renfermé dans le mot *Art*, puisqu'on ne compose point des *Arts* pour mal parlér. Et voilà déjà un défaut qu'on découvre dans la définition commune de la Grammaire.

Non seulement ce même Grammairien retranche l'adverbe *bien* de la définition commune de la Grammaire, mais il ne paroît pas même content de la définition elle-même, puisqu'il en ajoute une autre immédiatement après, disant qu'*une Grammaire est un choix méthodique d'observations sur le bon usage, c'est-à-dire, sur la manière dont les personnes bien élevées et les bons Auteurs ont coutume de parler et d'écrire.*

Cet Auteur ne donne pas cette définition comme une simple explication de la définition commune de la Grammaire, mais comme une véritable définition. Connoissant d'un côté que la définition commune est trop générique, et d'un autre ne voulant pas s'écarter de la manière ordinaire de définir, il a concilié l'un et l'autre en donnant la définition commune, et en y ajoutant une autre particulière à lui, laquelle renferme et explique ce que les Grammairiens entendent par l'*Art de parler et d'écrire.*

Mais cette seconde définition n'est pas exacte non plus. Elle ne donne pas une idée précise de l'objet de la Grammaire, elle embrasse trop. *La manière dont les bons auteurs ont coutume de parler et d'écrire,* renferme non-seulement les règles de la Grammaire, mais aussi tous les préceptes de la rhétorique, et même de la dialectique. Quelquefois encore les bons Auteurs font des fautes, et ne sont pas d'accord entre eux sur plusieurs manières de parler. Enfin, si cette définition étoit vraie, il y auroît autant de Grammaires que de langues ; et la Grammaire varieroit dans chaque langue à mesure que cette langue varie, puisqu'alors les bons Auteurs changeront de manière de parler et d'écrire. D'où il s'ensuit que la Grammaire n'a pas un objet fixe, et que par conséquent elle tient le dernier rang parmi les arts libéraux.

Cependant, s'il est vrai qu'il y a une Grammaire générale, il sera vrai aussi qu'il y a un principe général, qui lie toutes les langues, et que ce principe est la source et la base de tous les autres qui leur sont communs. Donc la Grammaire a un objet fixé, puisque ce principe général et tous les autres sont invariables. Donc elle doit être définie conformément à ce principe général. C'est de là qu'elle tire toute son essence et toute sa noblesse.

Ce principe ne peut être que l'IMITATION. La beauté et la noblesse des arts libéraux n'a pas d'autre source. Mieux ils imitent, plus ils sont beaux et parfaits. Mais qu'imitent-ils ? la BELLE-NATURE. Donc la Grammaire imitera aussi la BELLE-NATURE. Cette *belle-nature*, par rapport aux autres beaux-arts, est la nature dans toute sa perfection idéale et possible, relativement à l'objet de chaque art : ainsi la *belle-nature*, par rapport à la Grammaire, sera la nature dans toute sa perfection possible, relativement à son objet, qui est de conformer l'expression à son prototype. Et voilà le *genre éloigné* de la Grammaire, *l'imitation de la belle-nature*, principe commun à tous les beaux Arts.

Si la Grammaire imite la *belle-nature*, elle ne le fait que par le moyen de la parole, puisque tout son but est de nous enseigner à exprimer nos pensées, en bien arrangeant les mots dont nous nous servons à cet effet. Donc la Grammaire imite *la belle-nature*, en imitant nos pensées, et l'ordre qu'il y a dans ces mêmes pensées. L'on sait que la pensée est l'image de la chose telle qu'elle est, ou hors de nous, ou dans nous ; et l'on sait aussi que la parole, qui exprime cette pensée, en est à son tour le portrait. La perfection, donc, de la parole ou de l'expresssion consiste dans la parfaite imitation de la pensée ; car plus l'image est conforme à son prototype, plus elle est parfaite ; et plus le portrait ressemble à l'original, plus il est achevé. Par conséquent, plus l'expression copie fidellement la pensée, plus elle est parfaite et achevée. Mais comme la Grammaire convient en cela avec la Poësie et avec l'Eloquence, voilà pourquoi cette imitation constitue seulement son *genre prochain*.

On vient de dire que la Grammaire imite nos pensées, et l'ordre de ces mêmes pensées. Sans cela, non seulement il n'y auroit point d'imitation parfaite, mais cette imitation seroit monstrueuse. Un portrait qui représenteroit un homme avec toutes ses parties, mais de telle manière qu'il n'y eût aucun ordre entr'elles, représenteroit un monstre. La parole donc doit exprimer l'ordre qu'il y a dans les pensées. Cependant cette parole n'étant destinée qu'à manifester nos pensées par le même ordre qu'elles se trouvent dans notre esprit, lorsque nous voulons les énoncer, elle ne doit imiter que cet ordre. Et voilà *sa dernière différence* d'avec la Poësie et l'Eloquence ; parce que ces deux Arts supposent cette imitation, et ne regardent celle de la *belle-nature* que sous des rapports différens.

La parole encore est composée de sons. Elle ne peut passer à l'esprit de celui à qui nous parlons, que par l'organe de l'ouïe. Elle doit donc plaire à l'oreille ; car comment la Grammaire, un Art distingué parmi les beaux Arts, pourroit-elle adopter des mots trop durs, rebutans, et propres à dégoûter les personnes qui nous écoutent ? C'est pour cela que, dans sa définition, on exige que les mots soient *d'une agréable prononciation*, ce qui complète sa *différence spécifique* d'avec tous les beaux Arts. On en dira encore quelque chose au commencement de la première et seconde partie, réservant pour une autre occasion des développemens plus étendus.

C'est sur ces principes que nous avons établi la nouvelle définition de la Grammaire. Quand on définit, on ne doit considérer que la nature de la chose qu'on veut définir. Cela est si indispensable dans les Arts et dans les Sciences, qu'on ne sauroit les acquérir dans un degré éminent sans le secours des définitions bien exactes. Ces définitions répandent une lumière éclatante dans les matières qu'elles définissent, et servent comme de boussole à ceux qui navigent dans les vastes mers de ces mêmes Sciences et Arts. Et quant à celle dont il est question à présent, l'on voit qu'elle change le système grammatical.

D'abord elle est incompatible avec *la construction figurée* ou *les figures de construction*. Car la perfection du langage consistant dans la parfaite imitation de nos idées, et de l'ordre qu'elles ont dans notre esprit, lorsque nous voulons les exprimer ; l'arrangement des mots doit représenter l'un et l'autre avec exactitude ; et alors la construction, quelle qu'elle soit, sera une construction excellente, et toute naturelle, puisqu'elle se conforme parfaitement au véritable principe de sa perfection : et s'il ne le représente pas, la construction qu'il forme sera une construction vicieuse et peu naturelle, puisqu'elle s'éloigne de l'imitation de son prototype, d'où dérive toute sa perfection et toute sa beauté.

Ensuite, par une conséquence toute naturelle, elle fait disparoître comme la fumée la fameuse division de la syntaxe en *construction naturelle* et en *construction figurée*. Elle fait voir que c'est à tort qu'on donne souvent à la première le titre de *naturelle*, et que la seconde est un fantôme.

On peut regarder encore, comme une suite nécessaire de cette définition, la réduction des parties du discours seulement à trois. Parce qu'en nous enseignant à imiter toujours la nature, elle nous fait apercevoir que les ressorts du langage ne sont tout au plus que trois ; que par conséquent toutes les constructions, où entrent l'adverbe et la préposition, qui sont presqu'innombrables, ne sont pas, en toute rigueur, fondées dans la nature ; que d'autres ne le sont pas non plus, et qu'elles ne sont souffertes que par rapport à l'usage.

Enfin, pour abréger, elle nous montre évidemment

que toutes les langues auroient la même Grammaire, si l'harmonie, la configuration actuelle des mots, les bizarreries et le despotisme de l'usage ne s'y opposoient pas; que la plupart des préceptes de la Grammaire n'ont d'autre source que ces principes; que la Grammaire en elle-même se réduit à peu de chose; et que si l'on ne suivoit que la nature, on ne s'occuperoit que de rendre les mots l'image parfaite de la pensée, tant par rapport à leur simplicité qu'à leur composition, et de les polir en sorte que leur composition, en imitant l'ordre des idées, ne blessât aucunement l'oreille.

Cependant, quelques excellentes que soient en elles-mêmes toutes ces spéculations, elles seroient peu utiles au lecteur, si elles n'étoient pas dirigées à éclaircir les principes et les difficultés de la Grammaire d'usage. Aussi verra-t-on, dans la suite de cet Ouvrage, combien elles sont utiles et nécessaires à tout le système grammatical.

Outre ces moyens généraux que nous avons employés pour rendre cet abrégé intéressant aux François, nous y avons joint ceux qui conviennent le mieux à une Grammaire d'usage, laquelle est notre but principal.

Les définitions exactes sont, sans contredit, ce qu'il y a de plus difficile et de plus nécessaire dans les Sciences et dans les beaux Arts. Une bonne définition suppose, pour ainsi dire, une connoissance *compréhensive* de la matière, ou de la chose que l'on définit. Aussi en voit-on si peu, qui méritent le nom de telles. Personne ne sauroit nier non plus que ces définitions ne soient très-négligées, même dans les meilleures Grammaires. L'on s'y contente ordinairement de donner une notion en général de la chose qu'on veut expliquer, se mettant très-peu en peine que cette notion ait ou non les conditions d'une véritable définition. Encore ces notions y sont-elles bien de fois désirées. Nous n'oserons point nous flatter d'avoir formé pas même une seule définition parfaite; cela n'appartient qu'à des génies d'un ordre supérieur; mais au moins nous avons fait tous nos efforts pour approcher de la vérité.

Il seroit trop long de faire voir l'inexactitude seulement

des principales définitions des Grammairiens. On l'a démontré déjà suffisamment dans la définition commune de la Grammaire ; mais il ne sera pas hors de propos de faire l'application à une définition particulière, par exemple, à celle de l'Article.

L'Académie Espagnole le définit ainsi : *une partie du discours qui sert à distinguer les genres des noms.* Cette définition n'attribue à l'article aucune signification, et fait consister toute son essence, et toutes ses propriétés dans une qualité qui lui est tout-à-fait accidentelle. Cependant l'article a sa propre signification, puisqu'il communique au nom commun une signification que celui-ci n'a pas par lui-même, pouvant d'ailleurs se résoudre toujours par d'autres mots qui ont des significations très-communes. La qualité de distinguer le genre des noms est si extrinsèque à l'article, qu'elle lui est commune avec tous les adjectifs qui ont deux genres et deux nombres. S'il précède toujours le nom commun, il est aussi d'autres *prénoms* qui ont cette même qualité. C'est par harmonie que les uns et les autres précèdent ce nom.

L'Académie Françoise le définit de cette autre manière : *une particule qui précède ordinairement les noms appellatifs.* Cette définition ne vaut pas mieux que la précédente. La qualité de précéder les noms appellatifs est aussi extrinsèque à l'Article, que celle de distinguer les genres des noms : elle est encore commune à la préposition, et à plusieurs adjectifs, bien que ce ne soit pas avec autant de rigueur.

D'autres Grammairiens approchent plus de la vérité en le définissant : *un mot qui se met avant les noms pour déterminer l'étendue selon laquelle il doit être pris.* Cependant cette définition est encore bien louche. Elle attribue à l'Article les propriétés qui conviennent aux autres mots qui accompagnent le nom commun ; car quand on dit, v. gr. : *l'homme est mortel : l'homme qui monte chez nous :* ce n'est point l'Article qui détermine le nom commun *homme* à signifier ni toute l'espèce, ni un individu en particulier : ce sont les autres mots respectivement. *Mortel* le détermine à signifier toute l'espèce, parce qu'il s'étend à tous les hommes : les mots *qui monte chez nous* le déterminent à ne représenter qu'un seul, parce qu'il n'est question que d'une personne en particulier.

Pour définir donc l'Article, il faut le considérer seulement avec le nom commun, en séparant celui-ci de tous les autres mots qui l'accompagnent. C'est ainsi que nous l'avons considéré ; et par ce moyen nous sommes peut-être parvenus à connoître sa nature et ses propriétés.

Cependant il ne manquera pas des personnes qui trouveront étrange que nous disions que l'Article est un adjectif. Nous avons cru, à la vérité, long-temps cette idée toute nouvelle ; mais puis nous avons vu que c'étoit celle de M. l'Abbé d'Olivet et de M. du Marsais ; bien que ni l'un ni l'autre explique ce que l'Article signifie. Nous n'entrerons pas pourtant à présent dans le développement de sa signification, et de ses propriétés, ne nous étant proposé dans cet Abrégé que l'ébauche d'un nouveau plan de Grammaire générale ; nous le renvoyons à un Supplément où tout le système grammatical sera débatu.

Les divisions viennent après les définitions. Il n'est rien qui contribue davantage à la clarté, à l'ordre dans la manière de traiter les matières, que les divisions exactes ; aussi ç'a été là un de nos principaux soins. Par-tout après la définition de la chose on trouvera sa division et subdivision, s'il y en a à faire. Parmi ces divisions et subdivisions, la plus remarquable est celle de la Syntaxe en général. Elle répand une grande lumière sur toute cette principale partie de la Grammaire. Il est sans contredit une manière d'envisager la Syntaxe des parties du discours, fondée dans la nature. Quelle est celle-là ? Les Grammairiens se taisent là-dessus, et tout au plus ils nous disent qu'il y a une construction naturelle qui veut que l'adjectif se place après le substantif, le verbe après le nom sujet, l'adverbe après le verbe, etc. ; et une autre *figurée*, laquelle renverse ce même ordre, et a d'autres irrégularités qui sont autant de beautés dans le langage. C'est là sans doute un vieux rêve de ces Messieurs : nous le démontrons. Mais enfin, comment doit-on considérer la Syntaxe des parties du discours dans ce prétendu ordre naturel? Il est des rapports sur lesquels cette construction est fondée. Quels sont-ils? Voilà à quoi les Grammairiens n'ont guère ou point du tout songé. Parmi tous ceux que nous avons lus, il n'y a que M. du Marsais, que nous venons de citer, qui ait atteint en partie cette difficulté. Il prétend que la concordance ou accord des parties de l'oraison en genre, nombre et personne, est fondé sur le rapport d'*identité*. (Nous expliquons en son lieu ce qu'il entend par cette expression). Cette découverte lui a mérité beaucoup d'applaudissemens parmi les Savans ; cependant il nous semble qu'il n'a pas rencontré tout-à-fait la vérité.

Il est certain que ce rapport d'*identité* se trouve dans tous les accords des Parties du discours entr'elles ; mais est-ce là la raison immédiate et formelle sur laquelle sont fondés ces accords? C'est ce que cet Auteur ne prouve pas. L'adjectif et le verbe s'accordent avec le substantif comme tels, c'est-à-dire, l'un comme exprimant la qualité subsistante dans le sujet, et l'autre comme signifiant l'action produite par un principe. Ce sont là les rapports propres de parties du discours. Or ces rapports sont évidemment les rapports de la qualité à la substance, et de l'action à son principe. Il est vrai que cette qualité et cette action sont représentées comme inhérentes à un sujet qui les soutient, ou qui les produit ; mais il ne s'ensuit pas de là que ce sujet soit la raison immédiate et formelle, sur laquelle est fondée la concordance de l'adjectif et du verbe avec le substantif. Dans l'ordre physique c'est le sujet qui y tient le premier rang : *Blanc*, v. g., signifie un sujet quelconque, ayant de la blancheur. Le sujet dans l'ordre physique en est l'objet principal ; mais dans l'ordre grammatical c'est tout le contraire. Ce qu'on y veut exprimer principalement par ce mot, c'est la blancheur. C'est la même chose du verbe. Dans l'ordre physique c'est le sujet écrivant qu'on veut exprimer principalement par ce mot *écris* v. gr. ; et dans le grammatical c'est l'action d'écrire. Il n'y a qu'à consulter les définitions de l'un et de l'autre.

Outre cela il ne paroît pas naturel que la concordance de l'adjectif et du verbe avec le substantif soit fondée entièrement sur le même rapport. Le verbe regarde le substantif non comme tel, mais comme le principe de l'action qu'il représente ; et au contraire l'adjectif ne le considère pas comme principe de quelque action, mais comme un sujet auquel il est inhérent. L'accord, donc, de l'un et de l'autre avec le substantif doit résulter naturellement de ces rapports. Or ces rapports étant ceux de la qualité à la substance et de l'action à son principe, c'est sur eux qu'est fondé l'accord de l'adjectif avec le substantif, et du verbe avec le principe de l'action qu'il représente.

Nous avons dit plus haut, que notre objet principal dans cet ouvrage étoit la Grammaire d'usage, et que notre théorie étoit dirigée à éclaircir ses principes et ses difficultés. On croiroit d'abord en voyant notre début, que notre intention est de saper par le fondement les règles que l'usage a établies, et de suivre une route toute différente et entièrement systématique. Cependant l'on verra par-tout que nous n'avons rien changé, ni dans l'ordre de traiter les matières, ni même dans les dénominations grammaticales. Nous n'avons fait que relever le premier par la manière dont nous avons envisagé les choses, ou en les définissant ou en les divisant. Il est vrai que si l'on adoptoit tous les principes que nous établissons, il faudroit changer en grande partie cet ordre, et presque totalement le système grammatical. C'est bien là notre but. Mais avant que de présenter au Public une Grammaire systématique dans un goût nouveau, il faut que l'on convienne, au moins en général, des principes. Le contraire ne serviroit qu'à se rendre très-peu intelligible.

Quant aux dénominations grammaticales, nous dirons bien par exemple qu'il n'y a point d'*article* différent du nom, ou ce qui revient au même, que l'*article* est un

adjectif ; qu'il n'y a point des pronoms : que quelques
dénominations des verbes sont absurdes : que le participe,
considéré en lui-même, ne se distingue point du verbe :
et malgré cela, nous traitons de l'article et des pronoms
comme s'ils étoient des parties du discours différentes
du nom : nous attribuons au verbe les dénominations les
plus reçues : et nous expliquons les propriétés du participe
comme d'une partie en effet différente du verbe, puisque
par l'usage il participe des propriétés du nom. Nous
faisons plus à l'égard de cette partie du discours. Nous
y conservons l'ancienne distinction du participe actif
d'avec le gérondif, étant plus fondée en raison que
l'opinion de ceux, qui confondent l'un et l'autre sous la
seule dénomination ou de participe ou de gérondif. Car
ceux, qui ne connoissent que le participe, détruisent le
gérondif; et au contraire, ceux qui ne connoissent que
le gérondif, détruisent le participe ; et toutefois l'un se
distingue de l'autre par sa signification, laquelle a une
conformité parfaite avec celle du participe et du gérondif
latin respectivement. Les Latins avoient à la vérité une
terminaison différente pour l'un et pour l'autre, au lieu
qu'en françois et en espagnol il n'y a qu'une seule pour
les deux. Celle qu'emploient les Espagnols, ressemble à
celle du gérondif des Latins ; et celle dont se servent les
François, ressemble à celle du participe. Si, donc, c'est
la terminaison qui doit régler ces dénominations, le participe et le gérondif devroient être compris en espagnol
sous la seule dernière dénomination, et en françois sous
la première. Ce n'est pas là le seul inconvenient qui s'ensuit de cette confusion de dénominations : au lieu qu'il
n'y en a aucun à les distinguer, en donnant à chacune
la signification qui lui est propre, relativement à la
latine.

Après les définitions et divisions exactes d'où résulte
naturellement le bon ordre dans la manière de traiter les
matières (qualité qui relève merveilleusement le mérite
d'un ouvrage), vient l'exactitude des préceptes. On auroit
beau à définir et à diviser le mieux du monde, l'on feroit

une très-mauvaise Grammaire, si les préceptes pour parler et écrire n'étoient pas exacts. Nous pouvons encore assurer le Lecteur à cet égard, que peut-être il n'en trouvera pas un seul qui ne soit vrai, ou fondé en raison, ou sur des autorités respectables.

Le régime composé, c'est-à-dire, l'usage de la préposition est, à coup sûr, la difficulté la plus embarrassante et la plus universelle des Langues vulgaires. Afin de l'applanir, nous avons dressé deux listes alphabétiques, l'une dans la première Partie, et l'autre dans la seconde. Dans celle-là on renferme ses principales propriétés, et les fonctions qu'elle fait dans le discours : dans celle-ci la manière de la lier avec les mots régissans et les mots régis. Par ce moyen le François verra, pour ainsi dire, d'un coup-d'œil, le mécanisme de cette partie du discours, et les rapports que le régime composé de la Langue Espagnole a avec celui de la Françoise.

Les prépositions, quant à leurs propriétés et emploi en général dans l'oraison, n'y sont pas traitées séparément, comme dans les autres Grammaires, mais par *grouppes*; c'est-à-dire, qu'on a rassemblé celles qui ont des rapports particuliers entr'elles ; en sorte qu'on y explique en quoi est-ce qu'elles conviennent, et en quoi est-ce qu'elles diffèrent les unes d'avec les autres.

En faveur des Commençans on a rangé le Dialogue et les conjugaisons des verbes auxiliaires et réguliers en trois colonnes, la troisième desquelles représente la prononciation syllabique des mots. Nous osons espérer qu'on nous en saura bon gré.

Cependant, quant aux verbes irréguliers, on a adopté, pour abréger, une méthode toute opposée. On n'y conjugue que ce qui est irrégulier ; on y retranche même tout ce qui n'est pas absolument nécessaire à la clarté. De sorte qu'on a reduit à peu de pages ce que d'autres traitent avec une extrême prolixité ; et malgré cela, on y trouvera plus de 250 verbes irréguliers, et quantité de remarques qui ne sont point dans Sobrino. Plusieurs

même de ces verbes et de ces remarques ne se trouvent
pas non plus dans aucune autre Grammaire Espagnole.

Enfin l'on a cru faire plaisir aux Lecteurs de leur
donner l'Analyse des principales Grammaires Espagnoles,
qui ont paru en France jusqu'à présent. L'on y verra,
d'une manière claire, méthodique, et convaincante, combien toutes ces Grammaires sont insoutenables, et par
conséquent que celle que nous avons l'honneur de présenter au Public, manque absolument à la Littérature
Françoise. Au reste nous nous sommes déterminé à faire
ces analyses dans la seule vue de l'utilité publique.

GRAMMAIRE ESPAGNOLE

A L'USAGE DES FRANÇOIS.

PREMIÈRE PARTIE.

Où l'on traite de la Grammaire en général, de la nature, du nombre, des propriétés, et de l'emploi en général des parties du discours.

DÉFINITION DE LA GRAMMAIRE.

LA GRAMMAIRE est l'Art d'exprimer par des mots propres et d'une agréable prononciation, nos idées ou nos pensées de la manière qu'elles sont arrangées dans notre esprit, lorsque nous voulons les énoncer.

La Grammaire est l'art d'exprimer nos idées ou nos pensées, parce qu'elle nous apprend à exprimer avec ordre ce qui se passe dans notre ame, c'est à-dire, les idées et les sentimens que nous avons sur les choses.

Cet ordre ne doit pas être fortuit ni arbitraire, mais fixe et fondé dans la nature : et c'est pour cela qu'elle veut que *nos pensées ou nos idées soient arrangées de la manière qu'elles le sont dans notre esprit.* De sorte que l'arrangement de nos idées doit être dans la nature des choses le modèle de l'arrangement des mots.

Mais comme il y a un ordre par lequel nos idées entrent dans notre esprit, et un autre par lequel elles en sortent, la Grammaire veut encore que l'arrangement des mots imite celui-ci, et non pas celui-là ; à moins que l'intention de celui qui parle ne

A

soit d'exprimer le premier, parce qu'alors l'un et l'autre se confondent ensemble.

Les mots qu'on emploie dans l'expression, doivent aussi être *propres*, c'est-à-dire, qu'ils doivent imiter la simplicité ou la composition de nos idées ; de manière qu'une idée simple soit représentée par un mot simple, et une idée composée par un mot composé.

Ils doivent enfin être *d'une agréable prononciation*, parce que la Grammaire veut non seulement contenter l'esprit en faisant de l'expression une image vivante de la pensée, mais encore plaire à l'oreille, en combinant les sons articulés dont les mots prononcés sont composés, de manière qu'ils ne choquent pas cet organe, ou au moins qu'ils ne s'opposent pas par leur dureté à l'ordre naturel de l'expression.

De cette définition il s'ensuit que la Grammaire tient un rang distingué parmi les Arts libéraux, et que peut-être il ne le cède à aucun en utilité.

Que toutes les Langues auroient dû avoir la même Grammaire, puisque toutes s'accordent dans le même principe général d'imitation.

Que la manière de les perfectionner dans toutes leurs parties, c'est de les rapprocher autant qu'il est possible des principes d'imitation ci-dessus exprimés.

Qu'elles sont plus ou moins parfaites d'autant qu'elles se rapprochent ou s'éloignent de ces principes.

Que la différence de leur syntaxe vient ordinairement de ce que dans les unes il y a des cas qu'il n'y a pas dans les autres : de ce qu'il y a plus ou moins de simplicité dans les mots, plus ou moins de parties du discours, plus ou moins d'usage des auxiliaires, et plus ou moins de préposititions et d'ellipses : de ce que dans les unes il y a plus de verbes que dans les autres, et une configuration dans les mots et distribution dans les sons plus ou moins avantageuse.

Que ces constructions-là sont naturelles et correctes, qui expriment l'ordre qu'ont nos pensées dans notre esprit, lorsque nous voulons les énoncer ; et qu'au contraire celles-là sont contrefaites et vicieuses, qui ne représentent pas cet ordre, quelque autorisées qu'elles soient par l'usage.

Que suivant ce principe vrai et incontestable il ne peut point avoir de construction appelée *figurée*. Parce que ou cette construction est fondée dans la nature et imitation, ou non ? Si elle l'est, c'est une construction très-naturelle. Si elle ne l'est pas, c'est une construction très-vicieuse.

Que moins encore il y aura des *figures de diction*, ces prétendues figures n'étant fondées que sur de certaines altérations dans les mots ; auxquelles il convient si peu le nom de *figure*, qu'il n'y en a pas même l'ombre.

Qu'une Langue auroit toute sa perfection, si elle étoit enrichie de tous les mots qui répondent à des idées véritables que nous avons des choses, et aussi variés que le sont les idées elles-mêmes, si chaque mot simple ou composé répondoit toujours à une idée simple ou composée : si le premier mot représentoit la première idée, le second la seconde, etc., par le même ordre qu'elles ont dans notre esprit lorsque nous les exprimons : si les sons articulés dont les mots prononcés sont composés, étoient si doux et si bien combinés, qu'ils ne s'opposassent jamais à l'arrangement naturel des mots.

Que si les Langues possédoient toutes les qualités qu'on vient d'exprimer, l'étude de la Grammaire se réduiroit à très-peu de chose.

Enfin, que la réforme qu'on fait dans les Langues ne devroit jamais perdre de vue ce grand et sublime objet, l'IMITATION.

Division de la Grammaire.

LA GRAMMAIRE est divisée en trois parties. La première explique la nature de la Grammaire et des parties du discours, leur nombre, leurs propriétés et leur emploi en général dans ce même discours. La seconde, la manière de les unir, de les lier et accorder ensemble, laquelle s'appelle *syntaxe*. La troisième, la manière de les prononcer et de les écrire correctement ; et c'est ce qu'on appelle *Prononciation, Prosodie et Orthographe.*

Chacune de ces parties est subdivisée en d'autres parties subalternes, en la manière que l'on verra dans la suite de cet ouvrage.

DES PARTIES DU DISCOURS EN GÉNÉRAL.

ON entend par partie du discours ou de l'oraison *une classe de mots revêtue d'une dénomination grammaticale, et pouvant renfermer sous soi d'autres espèces subalternes.*

Par exemple : ce mot *NOM* forme une partie du discours, parce qu'il renferme sous lui tous les mots qui s'appellent *Noms*, et dont on fait plusieurs espèces subalternes.

L'usage compte dans la Langue Espagnole neuf parties du discours par l'ordre suivant.

ARTICULO.	ARTICLE.
NOMBRE.	NOM.
PRONOMBRE.	PRONOM.
VERBO.	VERBE.
PARTICIPIO.	PARTICIPE.
ADVERBIO.	ADVERBE.
PREPOSICION.	PRÉPOSITION.
CONJUNCION.	CONJONCTION.
INTERJECCION.	INTERJECTION.

Mais dans la nature il n'y en a que trois, tout au plus, le nom, le verbe et la conjonction, comme on le verra en parlant de chacune de ces neuf classes de mots.

DE L'ARTICLE.

L'ARTICLE *est un adjectif qui communique au nom commun une signification indéfinie, en le tirant de la signification vague qu'il a par sa nature.*

L'article est un adjectif, parce que par sa signification, déclinaison etc., il convient parfaitement avec les autres adjectifs.

Qui communique au nom commun, etc. Le nom commun par lui-même ne signifie l'espèce que d'une manière vague, v. g. *homme,* qui signifie la nature humaine d'une manière trop indéterminée, n'étant applicable, comme sujet, ni à tous les hommes en général, ni moins encore en particulier, puisqu'on ne peut pas même dire : *hombre es,* homme est ; ou, *hombre existe,* homme existe. Il faut donc qu'il soit revêtu de la signification indéfinie, et alors il pourra devenir le sujet de toute sorte de propositions. La raison en est, que cette signification rend le nom applicable ou à tous les individus collectivement, ou à une partie ou à un seul, suivant qu'il est déterminé par les mots qui l'accompagnent, comme dans ces exemples.

El hombre es racional.	L'homme est raisonnable.
El hombre ama las ciencias.	L'homme aime les sciences.
El hombre que me dió el papel.	L'homme qui me donna le papier.

Ces trois propositions peuvent se résoudre par les trois suivantes.

Todo hombre es racional.	Tout homme est raisonnable.
Una parte de los hombres ó muchos hombres aman las ciencias.	Une partie des hommes aime les sciences, ou plusieurs hommes aiment les sciences.
Aquel hombre que me dió el papel.	Cet homme-là qui me donna le papier.

Ces exemples montrent, 1.º que l'article peut toujours se résoudre par un adjectif, et que, par conséquent, lui-même est un adjectif. 2.º Qu'il a une signification universelle et collective, lorsque le nom commun est modifié par des attributs essentiels, ou par d'autres applicables à toute l'espèce. 3.º Que par sa nature il a cette signification universelle, (mais seulement indéfinie), puisque quand on dit absolument *l'homme,* l'esprit est porté naturellement à y concevoir tous les hommes. 4º. Que quand il est restreint par des mots qui signifient un seul individu, il se confond avec les adjectifs démonstratifs.

Non seulement l'*article* a les propriétés du nom adjectif qu'on vient d'exprimer, mais encore toutes les autres, et nommément sa déclinaison, qui est comme il suit :

EL.. LA.. LOS.. LAS.   LE... LA... LES...

El est pour le singulier et masculin, comme : *el leon* : le lion. *La* pour le singulier et féminin, v. g. : *la leona* : la lione. *Los* pour le pluriel et masculin, comme : *los leones* : les lions. *Las* pour le pluriel et féminin, v. gr. : *las leonas* : les lionnes.

La particule *lo*, qu'on appelle communément *article neutre*, est un véritable substantif démonstratif indéfini, qui répond tantôt à *le*, v. gr. : lo *util*, lo *agradable* : l'utile, l'agréable : ce qui se dit par *ellipse*. Car c'est tout comme si l'on disoit : lo *que es util*, lo *que es agradable* : ce qui est utile, ce qui est agréable. Tantôt à *ce*, comme dans ces derniers exemples, et dans ceux-ci : lo *oculto* : ce qui est caché : lo *que veo* : ce que je vois. En latin, *id*, *illud quod*, etc.

El est irrégulier dans sa formation, afin d'éviter l'*hiatus*, si l'on disoit, v. gr. : *le hombre*, l'homme, l'apostrophe n'étant point en usage dans la Langue Espagnole.

L'usage a voulu encore, par les mêmes principes d'*euphonie* ou de douceur, mettre ce même *el* devant quelques substantifs féminins, comme : el *agua*, l'eau : el *aguila*, l'aigle : el *alba*, l'aube : el *alma*, l'ame : el *ave*, l'oiseau.

C'est enfin par ces mêmes principes que l'on dit, v. gr. : del *Cielo*, du Ciel : al *Oriente*, à l'Orient : au lieu de : de el *Cielo*, á el *Oriente*.

DU NOM.
Définition et division du Nom en général.

LE NOM *est un mot qui exprime un être quelconque, capable d'être le principe ou le mobile de l'action.*

Dans la nature il n'y a que trois choses, ce qui peut être le principe ou le terme de quelque action, l'action elle-même, et la liaison de l'un et de l'autre dans tous les sens. Le premier est exprimé par le nom, le second par le verbe, et le troisième par la conjonction. Ce sont là tous les ressorts du langage. Voyez ce que nous dirons ci-après sur la conjonction.

Le nom est divisé en *substantif* et en *adjectif*, et chacune de ces deux espèces en plusieurs autres subalternes.

Du nom substantif et ses espèces.

LE NOM SUBSTANTIF *est un mot qui signifie quelque être comme subsistant par lui-même.*

Les noms *cielo*, ciel, *hermosura*, beauté, *creacion*, création, sont substantifs. Parce que, quoique le premier signifie une créature dépendante de l'Être-Suprême (tout ce qui n'est pas Dieu doit avoir la même dépendance) ; le second, une qualité qui ne peut exister que dans le sujet ; et le troisième, une action qui se rapporte intrinsèquement au principe dans lequel et par lequel elle existe ; cependant ils expriment la substance du ciel, la beauté, et l'action de créer comme existantes ou subsistantes par elles-mêmes. Et cela suffit pour que dans la Grammaire ces noms soient appelés proprement *noms substantifs*.

Le *nom substantif* est divisé en *commun*, *propre* et *collectif*.

Le *nom commun* ou *appellatif* signifie plusieurs objets sans y exprimer aucune multitude, comme *hombre*, homme, *planta*, plante, lesquels signifient tous les hommes et toutes les plantes, sans exprimer si ce sont beaucoup ou peu ; et c'est par cette raison qu'ils peuvent se dire de tous les hommes et de toutes les plantes en général, et de chaque homme et de chaque plante en particulier.

Le nom *propre* signifie un seul individu, ou une seule chose, comme *Demòstenes*, Démosthène : *Atenas*, Athène.

Le nom *collectif* signifie plusieurs personnes ou choses, sous une espèce d'unité, v. g. : *exercito*, armée : *bosque*, forêt ; lesquels expriment plusieurs soldats et arbres sous une espèce d'unité, et comme faisant un tout, bien qu'ils puissent aussi être communs relativement à toutes les armées et à toutes les forêts.

Il y a d'autres espèces de noms substantifs, dont on fera bientôt mention en parlant de celles de l'*adjectif*.

Du nom adjectif.

LE NOM ADJECTIF *est un mot qui signifie un être subsistant dans un autre et revêtu d'une qualité.*

Dans cette expression, *un animal racional*, un animal raisonnable : l'adjectif *racional* signifie un être existant dans l'animal, et revêtu de la qualité de la raison. Car c'est comme si l'on disoit : *un animal que tienne razon*, un animal qui a de la raison.

D'où il s'ensuit, 1.º qu'il n'est pas nécessaire que la qualité signifiée par l'adjectif soit physiquement séparable du sujet qui la possède.

2.º Que la signification directe et implicite de l'adjectif, c'est la chose, et que l'indirecte et explicite, c'est la qualité dont elle est revêtue.

3.º Que le substantif et adjectif ne se distinguent que par la manière de représenter les objets, puisque celui-là peut signifier une véritable qualité, et celui-ci une véritable substance.

REMARQUE. Il y a un grand nombre d'adjectifs nommés *appellatifs*, v. g. *Rey*, Roi, *Reyna*, Reine : *Consejero*, Conseiller : *Administrador*, Administrateur, *Administradora*, Administratrice. Ils s'emploient toujours comme substantifs, parce que ne se disant jamais que de l'homme ou de la femme ; il paroît superflu d'en exprimer les substantifs sous-entendus.

Différentes espèces de Noms substantifs et adjectifs.

Noms primitifs. Ce sont ceux qui ne dérivent point d'autres noms de la même langue, v. gr. *cielo*, ciel, *tierra*, terre.

Noms dérivés. Ce sont ceux qui dérivent des primitifs, v. gr. de *cielo*, *celestial*, céleste : de *tierra*, *terrestre*, terrestre, etc.

On comprend dans la classe de *dérivés* les *nationaux*, les *patronimiques*, les *augmentatifs*, et les *diminutifs*.

Les *nationaux* marquent la nation ou la patrie d'où l'on est. Par exemple, de *España*, Espagne ; l'on tire *Español*, Espagnol : de *Castilla*, Castille, *Castellano*, Castillan : de *Madrid*, Madrid, *Madrileño*, Madrilin.

Les *patronimiques* signifioient anciennement filiation. Ainsi de *Rodrigo*, Rodrigue, *Sancho*, Sancho, on formoit *Rodriguez*, Rodriguez, *Sanchez*, Sanchez, etc.

Les *augmentatifs* augmentent la signification des primitifs dont ils dérivent. Tels sont, v. gr. *hombron*, *hombrazo*, *hombronazo*, *hombrachon*, qui signifient un homme fort grand, et dérivent de *hombre*, homme.

Les *diminutifs* diminuent la signification des primitifs. Tels sont, v. gr. *hombrecito*, *hombrecico*, *hombrecillo*, *hombrezuelo*, petit homme, qui dérivent aussi de *hombre*.

Les *diminutifs* en *elo* marquent toujours du mépris.

Noms verbaux. On les appelle ainsi, parce qu'ils dérivent des verbes. De *abogar*, v. g. plaider, viennent *abogacia*, la profession d'avocat ; *abogado*, avocat ; *abogador*, bedeau de confréries.

Noms simples. Ce sont ceux qui ne sont point composés d'autres mots de la même langue. Parmi cette classe de mots, les uns se confondent entièrement avec les primitifs : les autres, quoiqu'ils soient composés relativement à la langue d'où ils ont été pris, ils sont néanmoins simples, eu égard à celle où ils ont passé, v. gr. : *beneficio*, bénéfice : *cronología*, chronologie.

Noms composés. Ce sont ceux dans la composition desquels entrent des mots espagnols ou entiers, ou avec quelque altération, comme *entrevista*, entrevue : *saltimbanco*, saltimbanque.

Noms de nombre. Ils expriment le rapport numérique qu'on conçoit dans les choses. Il y en a cinq classes subalternes, savoir, les *absolus* ou *cardinaux*, les *ordinaux*, les *collectifs*, les *partitifs*, et les *proportionnels*.

Les *absolus* ou *cardinaux* (ainsi appelés parce qu'ils n'ont pas un rapport spécial entr'eux ; et qu'ils sont la source et la racine de tous les autres) expriment le nombre ou la quantité de choses, sans en marquer aucun ordre ni réunion entr'elles, v. gr. *uno*, un, *dos*, deux : etc.

Les *ordinaux* expriment l'ordre ou le rang des choses les unes à l'égard des autres, comme *primero*, premier : *segundo*, second : etc.

Les *collectifs* marquent un certain nombre ou quantité de choses réunies sous une espèce d'unité, v. gr. *una docena*, une douzaine : *un millon*, un million.

Les *partitifs* expriment une partie du nombre entier, v. gr. *la mitad*, la moitié : *un tercio*, un tiers.

Les *proportionnels* marquent combien de fois un même nombre, ou une même quantité est répétée, v. gr. : *el doble*, le double : *el triplo*, le triple.

Noms positifs. Ce sont les adjectifs eux-mêmes employés simplement, v. gr. : *bueno*, bon : *malo*, mauvaise.

Noms comparatifs. Ils expriment les mêmes qualités des positifs, en faisant une comparaison entr'elles, v. gr. : *mejor*, meilleur : *peor*, pire.

Noms superlatifs. Ils expriment ces mêmes qualités dans un suprême degré, v. gr. : *bonisimo*, très-bon : *malisimo*, très-mauvais.

Le *positif*, *comparatif*, et *superlatif* sont appelés dans la Grammaire *les degrés de comparaison.*

Les *primitifs*, les *dérivés*, les *verbaux*, les *simples*, et les *composés* sont communs au substantif et à l'adjectif. Les *collectifs* et les *partitifs* appartiennent au substantif, et les autres à l'adjectif.

De la déclinaison du Nom.

LA DÉCLINAISON DU NOM dans la Langue Espagnole n'est autre chose que *l'expression de la différente terminaison du nom au singulier et au pluriel, au masculin et au féminin.*

L'expression de la terminaison du nom au singulier et au pluriel est appelée dans la Grammaire, *nombre du nom* ; et celle de la terminaison masculine et féminine *genre du nom*, suivant qu'il va être expliqué dans les deux articles suivans.

Du nombre du Nom.

LE NOMBRE DU NOM est *l'application du nom à une personne ou chose, ou à plusieurs.*

Si on l'applique à une seule, comme *Pedro*, Pierre ; *piedra*, pierre ; on dit que le nom est au *nombre singulier* : si à plusieurs, comme *hombres*, hommes ; *piedras*, pierres ; on dit que le nom est au *nombre pluriel.*

Tout nom qui signifie l'unité, ou réelle, comme : *Juan*, Jean : ou indéfinie, comme : *el hombre*, l'homme ; ou collective, comme : *exercito*, armée, appartient au *nombre singulier.*

Au contraire, tout nom qui signifie une pluralité, ou réelle, comme : *hombres*, hommes ; ou possible, comme : *soles*, soleils :

ou chimérique, comme : *Dioses*, Dieux : appartient au *nombre pluriel*. (Cette pluralité s'étend depuis deux jusqu'à l'infini.)

On connoît par la terminaison du nom, s'il signifie une ou plusieurs choses ou personnes.

Tout nom qui termine en voyelle ou en consonne , autre que le *s* , ne signifie qu'une personne ou chose , et par conséquent est au *nombre singulier*.

Mais, pour connoître si le nom qui finit par *s*, signifie une ou plusieurs choses ou personnes, c'est-à-dire, s'il est au nombre singulier ou pluriel , il est nécessaire de savoir comment celui-ci se forme de celui-là : c'est ce qu'on saura par les deux règles suivantes.

Première. *Tout nom qui termine au singulier en consonne , ou en voyelle aigue , c'est-à-dire, sur laquelle on appuie , forme son pluriel, en y ajoutant* es.

Substantifs. . . . . *sol* , soleil ; *soles* , soleils ; *interes* , intérêt ; *intereses* , intérêts.

Adjectifs. , . . . *Mortal* , mortel ; *mortales* , mortels : *comun* , commun : *comunes* , communs.

Substantifs. . . . *Alvala* , passavant : *alvaláes* , passavans : *javali* , sanglier : *javalies* , sangliers.

Adjectifs. . . . *Baladi* qui est de peu d'estime et valeur : *baladies* : *carmesi* , cramoisi, ie ; *carmesies* , cramoisis , ies.

Segunda. *Tout nom qui termine au singulier en voyelle non aigue , forme son pluriel en n'y ajoutant qu'un* s.

Substantifs. . . . *Abuela* , grand'mère : *abuelas* , grand'mères : *padre* , père ; *padres* , pères : *hijo* , fils ; *hijos* , fils.

Adjectifs. . . . *Rico* , *rica* , riche : *ricos* , *ricas* , riches : *fuerte* , fort : *fuertes* , forts.

Les exceptions de la première règle sont , 1.º *pié* , pied , et ses composés , lesquels ne reçoivent qu'un *s* : *piés* , pieds.

2.º *Maravedi* , maravedis (monnoie qui vaut un peu plus d'un liard), lequel a trois pluriels : *maravedies* , *maravedis* , *maravedises* ; dont le second est plus en usage.

Nota. Ceux qui terminent en *z*, comme *luz*, lumière : *feliz*, heureux , changent par une règle d'orthographe le *z* en *c* : *luces* , lumières : *felices* , heureux : mais la prononciation est la même.

Aucun nom propre ne devroit avoir de pluriel : ni aucun pluriel ne devroit s'appliquer qu'à un seul objet. Cependant l'usage permet le contraire.

Il n'est point de nom plus *propre* que celui de *Dios* , Dieu ; et pourtant il reçoit un pluriel , lorsqu'on l'applique aux fausses divinités du paganisme , ou aux justes revêtus de la grâce , ou bien quand on le prend dans un sens hypothétique impossible.

Les noms propres de personnes peuvent aussi recevoir un pluriel, en disant, v. gr. : *todos los Pedros y todas las Marias* : tous les

Pierres et toutes les Maries. Mais dans ce sens ils deviennent communs, puisqu'ils s'étendent à plusieurs individus.

Les noms des élémens et d'autres créatures peuvent également recevoir un pluriel, en les prenant dans un sens différent de celui qu'ils ont, prononcés absolument. Par exemple, si l'on prend le *feu* pour les flambeaux, foyers, habitans, etc. : l'*eau*, l'*air* et la *terre* pour leurs différentes parties ou positions : le *soleil* pour celui qui se lève et celui qui se couche : la *lune* pour les lunaisons, les caprices ou les fantaisies, etc.

Les noms *América*, Amérique, *España*, Espagne, *Sicilia*, Sicile, reçoivent encore un pluriel, quand on prend le premier pour les deux Amériques méridionale et septentrionale, et le second et le troisième pour l'Espagne et la Sicile citérieure et ultérieure, suivant l'ancienne division de ces Royaumes.

Les noms pluriels qui s'appliquent à un seul objet, et qui n'ont pas de singulier, sont entre autres les suivans :

Angarillas,	Civière.	*Laudes*,	Laudes.
Antepasados,	Ancêtres.	*Maytines*,	Matines.
Las Asturias,	Les Asturies.	*Obsecrationes*,	Obsécrations.
Bofes,	Lobes.	*Pandectas*,	Pandectes.
Calendas,	Calendes.	*Pinzas*,	Pincettes.
Cincoiglesias,	Cinq-Eglises.	*Rehenes*,	Otages.
Dos-Puentes,	Deux Ponts.	*Roncesvalles*,	Roncevaux.
Entrañas,	Entrailles.	*Trébedes*,	Trépied.
Exéquias,	Obsèques.	*Viveres*,	Vivres.

Cependant tous ces pluriels ont un rapport quelconque à plusieurs choses, ou comme parties du total qu'ils représentent, ou par allusion à ce qui leur donna naissance ou autrement.

Il est enfin quantité de noms, qui sans être à la rigueur propres, n'ont point de pluriel pris dans le même sens.

Tels sont, 1.º les noms de métaux pris en général, v. gr. : *el oro*, l'or : *la plata*, l'argent.

2º. Les noms des vertus habituelles. v. gr. : *la caridad*, la charité : *la humildad*, l'humilité.

3.º Les noms des sciences, des arts, des professions, etc. v. gr. : *la astronomía*, l'astronomie : *la pintura*, la peinture ; *la agricultura*, l'agriculture.

REMARQUE, on dit : *la Matemática*, la Mathématique, pour marquer l'unité d'objet générique des sciences comprises sous ce nom : et *Matemáticas*, Mathématiques, pour désigner la pluralité de ces mêmes sciences.

4.º Certains collectifs, v. gr. : *la infantería*, l'infanterie : *la caballería*, la cavalerie.

5.º Les noms suivans et autres : *absintio*, absynthe : *estima*, estime : *eucaristía*, eucharistie : *sangre*, sang : *sed*, soif.

Du genre du Nom.

LE GENRE DU NOM est *un rapport de celui-ci à l'un ou à l'autre sexe, et généralement à tout ce qui est mâle ou femelle.*

Ce rapport est *propre*, lorsque le nom se rapporte au sexe masculin et féminin, v. gr. *hombre*, homme : *muger*, femme : ou au mâle et à la femelle dans les animaux, comme : *leon*, lion : *leona*, lionne. Il est *impropre*, lorsque le nom se rapporte à des êtres insensibles, comme *arbol*, arbre : *planta*, plante.

Le *genre* est divisé en *masculin* et en *féminin*. Si le nom se rapporte au sexe masculin ; il est du *genre masculin* : si au sexe féminin, il est du *genre féminin*.

Tous les autres noms ont été aggrégés par l'usage à l'un ou à l'autre sexe, et par conséquent au *genre masculin* ou *féminin*.

La Langue Espagnole, suivant même l'Académie, ne reconnoît dans les noms que ces deux genres. D'où il s'ensuit, que quand on dit, v. gr. : esto *es bueno*, eso *mejor*, y aquello *excelente* : ceci est bon, cela meilleur, et cela excellent : les pronoms *esto*, *esa*, *aquello*, sont au *masculin*, puisque s'ils étoient au *neutre*, il faudroit dire que les adjectifs *bueno*, *malo*, *excelente* l'étoient aussi. Quoique ces pronoms portent une terminaison différente de la masculine *este*, *ese*, *aquel*, et de la féminine *esta*, *esa*, *aquella*, cela, n'empêche pas qu'ils ne soient aussi masculins. Ceux-ci sont toujours adjectifs, ceux-là substantifs, ou au moins ils s'emploient toujours substantivement. On doit entendre la même chose de *ello*, cela, *lo*, le, et de tous les pronoms françois qui répondent à ceux-là, lesquels sont regardés par l'Académie Françoise, et par le torrent des Grammairiens François comme masculins. Voyez ce que nous avons dit sur l'article *lo*.

Voici à présent un nombre suffisant de règles pour mettre les étrangers à portée de connoître le genre des substantifs par leur terminaison.

1.re Les noms substantifs terminés en *a* féminin ou très-bref, sont féminins. *Lana*, laine : *plata*, argent : *media*, bas : *iglesia*, Église : etc.

Cometa, comète, *planeta*, planète, *enigma*, énigme, et quelques autres sont masculins.

2.me Les substantifs terminés en *a* masculin ou *aigu*, sont masculins. *Alvalá*, passavant : *maná*, manne : etc.

3.me Les substantifs en *al* sont masculins. *Animal*, animal : *hospital*, hôpital : etc.

Cal, la chaux ; *sal*, sel, sont fém.

4.me Les substantifs en *an*, *ar*, *as*, *ax*, *az*, sont masc. *Pan*, pain : *uracan*, ouragan : etc. *Azar*, hasard : *olivar*, olivier : etc. (1) *Compas*, compas : etc. *Arraax*, charbon de noyaux d'olives : *carcax*, carquois : etc. *Agraz*, verjus : *disfraz*, déguisement : etc.

Faz, face, *paz*, paix, sont fém.

____

(1) Algunos hacen á las veces fém. *mar*, mer.

5.me **Les** substantifs terminés en *e* féminin ou très-bref, sont de différens genres, comme on le verra ci-après dans les règles des pénultièmes. Ceux qui terminent en *é* masculin ou *aigu*, sont toujours masculins. *Pié*, pied : *puntapié*, coup de pied : *café*, café : etc.

6.me Ceux qui terminent en *ed* sont féminins. *Pared*, mur ; *sed*, soif ; *intrepided*, intrépidité : etc.

7.me Ceux qui finissent par *el*, sont masculins. *Dosel*, dosier ; *laurel*, laurier : etc.

Miel, miel, *piel*, peau, sont féminins.

8.me Ceux qui terminent en *en*, sont masc. *Almacen*, magasin ; *desden*, dédain : etc.

Sarten, la poêle, est fém.

Orden, ordre, est masc. lorsqu'il signifie l'ordre ou la méthode ; et féminin lorsqu'il signifie commandement, les ordres sacrés, et les ordres religieux. Car bien que l'on dise, pour éviter l'hiatus : el *órden del Toison* : l'ordre de la toison : el *órden de St. Benito* : l'ordre de St. Benoît : au pluriel on dit toujours : las *órdenes militares* : les ordres militaires : las *órdenes religiosas* : les ordres religieux : quand même on ne parleroit que de deux.

9.me Ceux qui terminent en *er*, sont masc. *Deber*, devoir ; *parecer*, sentiment, avis : etc.

Muger, femme, est fém.

10.me Ceux qui terminent en *es*, sont masc. *Arnes*, harnois ; *interes*, intérêt : etc.

Mies, moisson, le blé qui est dans les champs, *res*, bétail, sont fém.

11.me Ceux qui terminent en *ez*, sont fém. *Desnudez*, nudité ; *vejez*, vieillesse : etc.

Almirez, égrugeoir, *alxedrez*, les échecs, *jaez*, harnois, *juez*, juge, *pez*, poisson, sont masc.

12.me **Les** substantifs qui terminent en *i*, sont masc. *Rubi*, rubis ; *frenesí*, frénésie : etc.

13.me **Les** substantifs en *il*, *in*, *ir*, *is*, sont masculins. *Barril*, baril ; *pernil*, jambon, etc. *Florin*, florin ; *jardin*, jardin : etc. *Afir*, un certain remède de Maréchal ; *nadir*, nadir : etc. *Anis*, anis ; *país*, pays : etc.

Lis, la fleur de lis, est féminin.

14.me **Les** substantifs en *iz* sont fém. *Codorniz*, caille ; *perdiz*, perdrix : etc.

Berniz, bernis, *desliz*, glissade, *maiz*, blé d'Inde, *matiz*, nuance ; *tapiz*, tapis, sont masc.

15.me **Les** substantifs terminés en *o*, sont masc. *Regalo*, présent ; *espejo*, miroir ; *estio*, été ; *moho*, moisissure : etc.

Mano, main, *nao*, navire, sont fém.

16.me **Les** substantifs en *ol*, sont masc. *Facistol*, lutrin ; *farol*, fanal : etc.

17.   Les substantifs en *on*, sont masculins, et ceux en *ion*, féminins. *Corazon*, cœur ; *dragon*, dragon ; *sermon*, sermon : etc. *Ambicion*, ambition ; *discrecion*, discrétion ; *imitacion*, imitation : etc.

On en excepte de ceux en *on*, *razon*, raison ; *sazon*, saison ; *clavazon*, garniture de clouds : et de ceux en *ion*, *escorpion*, scorpion ; *talion*, talion ; *tordion*, une espèce de danse : *turbion*, grosse pluie d'orage ; *cerrion*, chandelle de glace ; *chirrion*, tombereau ; *sarampion*, rougeole ; *bastion*, bastion ; *morrion*, casque ; *envion*, l'action de pousser ; *embrion*, embrion ; *decurion*, décurion ; et quelques noms propres.

18.   Les substantifs en *or*, sont masc. *Amor*, amour ; *honor*, honneur : etc.

Coliflor, Chou-fleur, *flor*, fleur, sont fém.

19.me Les substantifs en *os*, *ox* sont masc. *Dos*, deux. *Box*, buis ; *relox*, horloge : etc.

Trox, grenier, est fém.

20.me Les substantifs en *oz* sont fém. *Hoz*, la faulx ; *voz*, voix : etc.

Albornoz, albornoz (un drap fort grossier et moresque) est masc.

21.e Les substantifs terminés en *u* sont masculins. *Mu*, meuglement : etc.

Mu, mot dont se servent les nourrices quand elles vont endormir leurs nourrissons, est féminin.

22.me Les substantifs en *ud* sont fém. *Juventud*, jeunesse ; *salud*, santé : etc.

Almud, mesure qui contient à peu près le douzième d'une conque, *ataud*, cercueil, *laud*, luth, sont mascul.

23.me Les substantifs en *un*, *ur*, *ux*, *uz*, sont mascul. *Atun*, thon ; *betun*, bithume : etc. *Tahur*, brelandier. *Almoradux*, marjolaine. *Avestruz*, autruche ; *arcaduz*, canal pour conduire les eaux : etc.

Agenuz, nielle, *cruz*, croix, *luz*, lumière, sont fémin.

24.me Les substantifs en *abe*, *ace*, *ache*, *ade*, *afe*, *age*, *alce*, *ale*, *axe*, sont masculins. *Cabe*, coup de boule ou de palette ; *xarabe*, sirop. *Engace*, entrelacement. *Azabache*, jais minéral ; *cambalache*, troc : etc. *Cofrade*, confrère ; *vade*, porte-feuille d'écolier. *Alnafe*, fourneau portatif. *Lenguage*, langage ; *viage*, voyage : etc. *Salce* ou *sauce*; saule, *realce*, relief. *Vale*, billet. *Encaxe*, enchâssure, dentelle.

25.me Les substantifs en *alle*, sont masc. *Valle*, vallon ; *talle*, taille : etc.

Calle, rue, est fém.

26.me Les substantifs en *alte* sont masc. *Esmalte*, émail.

27.me Les substantifs en *alve* sont fém. *La salve*, le salve, (une des antiennes de la très-sainte Vierge).

28.me Les substantifs en *anche*, *ange*, sont masc. *Ensanche*, l'étendue qu'on donne aux choses ; *enganche*, engagement d'un soldat : etc. *Alfange*, sabre ; *cange*, échange : etc.

29.me Les substantifs en *angre* sont fém. *Sangre*, sang.

30.me Les substantifs en *ance*, *anque*, *ante*, *ape*, *aque*, *arche*, sont masc. *Lance*, événement ; *alcance*, poursuite : etc. *Estanque*, étang ; *arranque*, arrachement, impétuosité : etc. *Diamante*, diamant ; *guante*, gant : etc. *Escape*, escapade ; *zipizape*, querelle de peu d'importance. *Achaque*, infirmité ; *ataque*, attaque : etc. *Parche*, emplâtre.

[*Alarde*, revue, parade, est masc. : et *tarde*, le soir, fém.]

31.me Les substantifs en *arme*, sont masc. *Adarme*, le seizième d'une once.

32.me Les substantifs en *arne*, sont fém. *Carne*, chair.

33.me Les substantifs en *arte*, sont masc. *Estandarte*, étendart ; *baluarte*, boulevart : etc.

Parte, part est fém. *Arte* est masc. lorsqu'il signifie l'industrie et l'habileté de l'homme, et fém. lorsqu'il signifie les arts libéraux, et la philosophie dans ces expressions : *estudió las artes*, *cursó las artes* : il étudia la philosophie, il fit son cours de philosophie : et lorsqu'il marque les moyens dont quelqu'un s'est servi pour obtenir quelque chose ; et pour lors il est ordinairement précédé de l'adjectif *malas*, mauvaises.

34.me Les substantifs en *arve* sont masc.. *Adarve*, chemin sur les murailles bordées de crénaux.

35.me Les substantifs en *ase*, sont fém. *Base*, hypoténuse subtendante ; *clase* ; classe.

36.me Les substantifs en *aste*, *astre*, *ate*, *atre*, sont masc. *Engaste*, enchâssure ; *contraste*, contraste : etc. *Sastre*, tailleur ; *desastre*, désastre : etc. *Combate*, combat ; *debate*, débat : etc. *Catre*, lit de sangles.

37.me Les substantifs en *ave*, sont fém. *Llave*, clef ; *nave*, navire : etc.

Architrave ou *Architrabe*, architrave, *conclave*, conclave, sont masculin.

38.me Les substantifs en *aile*, *aire*, sont masc. *Baile*, bal ; *frayle*, moine. *Donayre*, enjouement ; *desayre*, affront, mortification : etc. Quelques-uns écrivent ces mots par un *i* latin. Voyez la troisième partie.

39.me Les substantifs terminés en *eche*, sont masc. *Campeche*, campêche ; *escabeche*, poisson mariné : etc.

Leche, lait, est fém.

[*Pebre*, une espèce de sauce, *pesebre*, crêche, sont masc. *Fiebre*, fièvre, *liebre*, lièvre, sont fém.]

40.me Les substantifs en *ede*, sont fém. *Sede*, siége pontifical ou episcopal.

41.me Les substantifs en *egue*, *elle*, *embre*, *emple*, sont masc. *Pliegue*, pli. *Fuelle*, soufflet à souffler ; *muelle*, ressort, môle :

etc. *Noviembre*, novembre ; *diciembre*, décembre. *Temple*, trempe ; *destemple*, intempérie, indisposition , dissonance.

42.me Les substantifs en *ende*, sont masc. *Duende*, esprit follet.

43.me Les substantifs en *endre*, sont fém. *Liendre*, lente.

44.me Les substantifs en *engue*, *ente*, sont masc. *Dengue*, une espèce de mantelet, dont les bouts sont fort longs : *perendengue*, pendant : etc. *Diente*, dent ; *inconveniente*, inconvénient : etc.

Frente, front, *fuente*, fontaine, *gente*, gent, gens, *miente*, pensée, *patente*, patente, *simiente*, sémence, *serpiente*, serpent, *creciente*, débordement, *corriente*, le courant, *aguardiente*, eau-de-vie, sont fém. *Puente*, pont, est fém. aussi dans ces expressions : la *Puente de los asnos* : le pont aux ânes : la *Puente levadiza* : le pont-levis : *hacer la puente de plata* : faciliter une entreprise quelconque.

45.me Les substantifs en *entre*, *eque*, *ergue*, *erne*, sont masc. *Vientre*, ventre. *Trueque*, troc. *Xeque*, seigneur ou gouverneur chez les Maures. *Alvergue*, auberge. *Viernes*, vendredi.

46.me Les substantifs en *erte*, sont fém. *Muerte*, la mort : *suerte*, le sort.

Fuerte, un Fort ; est masc.

[*Este*, l'Est, *Oeste*, l'Ouest, sont masc. *Hueste*, (terme ancien) armée ou corps d'armée , *peste*, peste, sont fém.]

47.me Les substantifs en *ete*, sont masc. *Bracelete*, bracelet ; *ramillete*, bouquet : etc.

48.me Les substantifs en *eve* sont fém. *Aguzanieve*, bergeronette ; *nieve*, neige : etc.

Relieve, relief, est masc. *Exe*, essieu, vis, est aussi masc.

49.me Les substantifs terminés en *ibre*, *iche*, *ite*, *igre*, *ilde*, *ince*, *inte*, *ique*, *isme*, *iste*, *istre*, *ite*, *itre* *ive*, sont masc. *Gengibre*, gingembre ; *Tibre*, Tibre. *Boliche*, trou-madame ; *trapiche*, trapiche : etc. *Esquife*, Esquif ; *alarife*, maître maçon : etc. *Tigre*, Tigre, (animal et rivière.) *Tilde*, le point sur l'i. *Lince*, lynx. *Tinte*, teinture. *Alambique*, alambic ; *dique*, digue : etc. *Chisme* , rapport pour brouiller les personnes. *Alpiste* , alpiste ; *chiste*, bon mot : etc. *Ristre*, l'arrêt de la lance. *Combite* , invitation ; *confite*, dragée : etc. *Pelitre* , pyrêtre ; *salitre* , nitre : etc. *Algive*, citerne.

50.me Les substantifs en *inche* sont fém. *Chinche*, punaise.

51.me Les substantifs en *obe*, *oble* , *obre* , *oche* , sont masc. *Adobe* , motte de terre carrée mêlée avec de la paille. *Mandoble* , coup profond avec l'épée ; *roble*, chêne : etc. *Cobre* , cuivre ; *pobre*, pauvre. *Boche* , fossette ; *coche*, carrosse : etc.

Noche , nuit, est fém.

[*Odre* , l'outre , est masc. : et *podre*, pourriture, fém.]

52.me Les substantifs en *ofe*, *ofre* , *oge*, *ogue* , *olde* , *ombre* , *onde*, *onje*, *once*, *onte*, *ope*, *oque*, *orbe*, *orde* , *orne*, sont masc. *Bofe*, lobe ; *chofe*, intestin. *Cofre* , coffre. *Alboge*, une espèce de flûte. *Azogue*, vif argent. *Molde*, moule. *Hombre*, homme ; *nombre*, nom : etc. *Conde*, comte ; *vizconde*, vicomte : etc. *Ajonje* ou *Aljonge*, glu ; *monge*, moine. *Bronce*, airain, bronze ; *gonce*, gond. *Monte*, bois, montagne ; *orizonte*, horison : etc. *Arrope*, vin cuit ; *galope*, galop : etc. *Alcornoque*, liége : *estoque*, estóc : etc. *Orbe*, orbe. *Borde*, bord. *Borne*, bout de la lance du Tournois, et un bois semblable au noyau.

53.me Les substantifs en *orre* sont fém. *Torre*, tour.

54.me Les substantifs en *orte* sont masc. *Porte*, port : *passaporte*, passeport : etc.

Corte, cour, est fém.

55.me Les substantifs en *osque*, *oste*, *ostre*, *ote*, sont masc. *Bosque*, bois. *Coste*, coût ; *poste*, pilier : etc. *Postre*, dessert. *Azote*, fouet ; *trote*, trot : etc.

56.me Les substantifs en *ube*, *ubre*, sont fém. *Nube*, nuée. *Ubre*, tettin, tettine de l'animal.

57.me Les substantifs en *uche*, *ufe*, *ufre*, *ume*, sont masc. *Buche*, jabot ; *estuche*, étui : etc. *Adufe*, espèce de tambour de basque. *Perfume*, parfum.

58.me Les substantifs en *umbre*, sont fém. *Costumbre*, coutume, habitude ; *lumbre*, lumière, feu : etc.

Alumbre, alun, *vislumbre*, clarté foible, sont masc.

59.me Les substantifs en *unte*, *uque*, *uste*, *ustre*, sont masc. *Pespunte*, arrière-point. *Buque*, capacité d'une chose ; *truque*, espèce du jeu du triomphe ; *ajuste*, accord ; *embuste*, artifice pour duper. *Lustre*, lustre.

En général tous les noms terminés en *o*, tous les noms de jours, de mois, d'années, sont masculins. Les noms qui ont rapport au sexe masculin sont aussi masculins, et ceux qui l'ont au sexe féminin, sont féminins. Le genre des noms de Royaumes, Provinces, Villes, bourgs, villages, châteaux, montagnes, rivières, lacs, etc. varie ou suivant leur terminaison, ou à cause des noms sous-entendus, ou par d'autres raisons qu'il seroit trop long d'exposer. Le plus ordinaire c'est que les noms de Provinces, Villes et montagnes appartiennent au genre féminin, et les autres au masculin.

Les règles du genre des adjectifs ne sont qu'au nombre de deux.

Première : *Tous les adjectifs terminés en e ou en consonne sont de deux genres. Dulce*, doux, douce : *feliz*, heureux, euse.

On en excepte ceux qui terminent en *or*, lesquels sont ordinairement masculins, et forment leur féminin en y ajoutant un *a*. *Deudor*, débiteur : *deudora*, débitrice.

On a dit, *ordinairement*, parce que 1.° *anterior*, antérieur, eure : *posterior*, postérieur, eure : *interior*, intérieur, eure : *exterior*, extérieur, eure : *citerior*, citérieur, eure : *ulterior*, ultérieur, eure : *mayor*, majeur, eure : *menor*, mineur, eure : *mejor*, meilleur, eure : *peor*, pire : et *superior*.

supérior, supérieur, *eure*, dans la signification d'*excellent*, suivent la règle générale.

2.º *Emperador*, Empereur, *motor*, moteur, *curador*, curateur, *tutor*, tuteur, (adjectifs appellatifs) font *Emperatriz*, Impératrice, *motriz*, motrice, *curatriz*, curatrice, *tutriz*, tutrice.

3.º D'autres adjectifs appelatifs de dignités forment leur féminin de différentes manières. De *Rey* l'on forme *Reyna*, Reine : de *Principe*, Prince, *Princesa*, Princesse : de *Duque*, *Conde*, Duc, Comte, *Duquesa*, *Condesa*, Duchesse, Comtesse : de *Baron*, *Abad*, Baron, Abbé, *Baronesa*, *Abadesa*, Baronne, Abbesse. *Marques*, Marquis, fait *Marquesa*, Marquise.

Seconde. Tous les adjectifs terminés en *o*, sont masculins et forment leur féminin en changeant l'*o* en *a*. *Bueno*, bon, *buena*, bonne.

DU PRONOM.

Définition et division du Pronom.

LE PRONOM *est un nom générique ayant des rapports non communs aux autres noms.*

C'est un nom, parce qu'il signifie un être subsistant par lui-même, ou dans un autre, en la manière expliquée en son lieu.

Générique, parce qu'il peut s'appliquer à tous les individus de la même espèce, et à ceux de plusieurs espèces.

Ayant des rapports, etc. Quand on dit, v. gr. : *yo escribo*, j'écris : le mot *yo*, je, signifie non-seulement la substance et la personne, mais encore un rapport à l'acte de la parole ; ce qui n'est point exprimé ni par le nom commun *hombre*, homme, ni par aucun nom propre, et par conséquent il ne peut pas être *pronom*.

Moins encore ce nom peut-il convenir à de purs adjectifs, tels que *este*, *ese*, *aquel*, celui-ci, celui-là, l'autre. Car il est évident qu'ils ne signifient qu'un sujet quelconque avec un rapport d'indication et de proximité ou d'éloignement relatif à la personne qui parle, et à celle à qui l'on parle : et tout cela n'est que le caractère de véritables adjectifs. Or des adjectifs ne peuvent pas remplacer des substantifs dans le même sens. C'est encore contre la raison et le sens commun que *mi*, *tu*, *su*, mon, ton, son, soient des pronoms. A la place de qui ou de quoi se mettent-ils ? Ainsi en parcourant chacun de ces prétendus pronoms, il seroit aisé de démontrer que c'est sans aucun fondement qu'on leur a donné ce nom (1).

---

(1) Voyez l'Encyclopédie article *Pronom*.

B

Pour que ces sortes de noms fussent de véritables *pronoms*, il falloit qu'ils n'eussent d'autre emploi que celui de représenter les noms, à la place desquels on les met, puisque c'est-là la notion commune qu'on donne du mot *pronom*. Mais il en arrive tout autrement, comme on vient de le voir. Cependant nous appelerons toujours *pronoms* ces sortes de noms, afin de nous conformer à l'usage, lequel les a divisés en *pronom personnel*, *démonstratif*, *possessif*, et *relatif*.

Du Pronom personnel.

LE PRONOM PERSONNEL *est un mot qui signifie la personne avec un rapport à l'acte de la parole* (1).

Il est subdivisé en *défini* et *indéfini*. Celui-là se rapporte à la personne d'une manière fixe et déterminée, et renferme un rapport à l'acte de la parole ; et celui-ci d'une manière vague et indéterminée, sans rapport à l'acte de la parole.

Les personnels *défini* sont :

SINGULIER.		PLURIEL.	
1.º *Yo*	Je	*Nosotros, nosotras.*	Nous.
2.º *Tú*	Tu	*Vosotros, vosotras.*	Vous.
3.º *El, ella, ello.*		*Ellos, ellas.*	Ils, elles.
Il, elle; Il ou cela.			

Ces pronoms ont encore les terminaisons suivantes.

Pour la 1.ʳᵉ personne du singulier.		
Pour la 1.ʳᵉ personne du singulier.	*Mi....me....conmigo.*	Moi...me...avec moi.
Pour la seconde.	*Ti....te....contigo.*	Toi...te...avec toi.
Pour la troisième.	*Le..la..si..se.consigo.*	Le...la...lui..soi...se.. avec soi.
Pour la 1.ʳᵉ personne du pluriel.	*Nos.*	Nous.
Pour la seconde.	*Vos.*	Vous.
Pour la troisième.	*Les...los...las..si...se.. consigo.*	Leur...les...soi...se... avec soi.

Ces pronoms sont substantifs, excepté *le, la, les, los, las,* qui sont adjectifs et relatifs ; et c'est pour cela que plusieurs les appellent *pronoms relatifs*.

Yo est le pronom de la première personne, parce qu'il marque celle qui parle ; *tu* est celui de la seconde, parce qu'il désigne la personne à qui l'on parle : et *il*, *elle*, celui de la troisième, parce qu'il exprime celle de qui l'on parle. Et à proportion de ceux du pluriel.

Yo, mi, me, conmigo, nos ; tu, ti, te, contigo, vos, os, les, sont de tous genres : *nosotros, vosotros, él, ello, le, ellos, los,* du masculin : *nosotras, vosotras, ella, la, ellas, las,* du féminin : *sí, se, consigo,* de tous genres et nombres.

____

(1) L'on voit que cette définition ne peut convenir qu'a *yo*, je, *tú*, tu, etc.

Les pronoms de la première et de la seconde personne ne se disent que des personnes, excepté dans les apologues et fables, dans la prosopopée et l'apostrophe.

Les secondes terminaisons ne s'emploient qu'en régime, excepté *nos*, *vos*, qui peuvent être sujets, v. gr. :

Nos los Inquisidores Apostolicos en estos Reynos.... Mandamos......	Nous les Inquisiteurs Apostoliques dans ces Royaumes. . . . Ordonnons....
Y por quanto vos Abadesa y Religiosas habeis cumplido.	Et parce que vous Abbesse et Religieuses avez rempli. . . .

Nos, *vos* s'emploient souvent pour signifier une seule personne, sur-tout dans les édits, provisions, mandemens, etc.

Vos en régime sans préposition perd la première lettre. Voyez la Syntaxe.

Conmigo, *contigo*, *consigo*, sont composés de la préposition *con*, avec, des pronoms *mi*, *ti*, *si*, et de la particule *go*, qui ne signifie rien.

Ello ne s'applique, étant sujet qu'à des objets génériques, ou d'une manière générique, v. gr. :

Ello es cierto, que ese abuso se pudiera remediar facilmente.	Il est certain qu'on pourroit remédier à cet abus facilement.
Ello parece indubitable, pero no lo es.	Cela paroît indubitable, mais il ne l'est pas.

Ce pronom, qui ne se dit jamais des personnes, est placé par l'Académie parmi les personnels, sans doute par l'analogie qu'il a avec *él*, *ella*. Cependant il en a davantage avec *esto*, *eso*, *aquello*. Voyez ce que nous en dirons en parlant de ces pronoms.

Les répond toujours à *leur* : il est le pluriel de *le*, *la*, lorsque ceux-ci répondent à *lui*.

Los, *las* répondent à *les*, et sont le pluriel de *le*, *la*, lorsque ceux-ci répondent à *le*, *la*, régime simple.

Les personnels *indéfinis* sont :

1.º *Alguno*, *alguna*, quelqu'un, quelqu'une. Au pluriel : *algunos*, *algunas*, quelques-uns, quelques-unes. Il est adjectif, se dit des personnes et des choses ; et au masculin il s'emploie le plus souvent substantivement.

Ce pronom (ainsi que *ninguno*, *qualquiera*, *uno*, dont on parlera bientôt) placé avant le substantif, perd l'o final au singulier masculin, et alors il répond toujours à *quelque*. Algun *hombre*, quelque homme : algun *caballo*, quelque cheval.

REMARQUE. Tous les pronoms se disent des personnes et des choses, si l'on n'avertit pas du contraire.

2.º *Alguien*, quelqu'un. Il est substantif indéclinable : ne se dit que des personnes ; et ne s'emploie que dans les propositions affirmatives. Car si l'on demande, v. gr. : *entra alguien ?* y entre-t-il quelqu'un ? on ne doit pas répondre : *no entra alguien :* mais, *no entra nadie,* ou, *nadie entra,* ou, *no entra ninguno :* personne n'entre.

3.º. *Ninguno, ninguna,* aucun, aucune. Au pluriel : *Ningunos, ningunas ;* aucuns, aucunes. Il est adjectif, et s'emploie aussi substantivement.

No he solicitado ningun *ministro en* ninguna *de mis pretensiones.*	Je n'ai sollicité aucun ministre en aucune de mes prétentions.
Ninguno *debe presumir de sus propias fuerzas.*	Personne ne doit présumer de ses propres forces.

4.º *Nadie ,* personne. Il est substantif indéclinable, et ne se dit que des personnes.

Nadie *lo cree.*	Personne ne le croit.

5.º *Qualquiera,* quiconque, quelconque. Au pluriel : *qualesquiera,* quelconques : etc. Il est adjectif de tous genres, s'emploie souvent substantivement, et alors il est toujours suivi de la particule *que.*

Qualquier *libro.*	Un livre quelconque.
Qualesquiera *páginas.*	Des pages quelles qu'elles soient.
Qualquiera ou qualesquiera *de vosotros ó vosotras que se atreva á injuriarme , haré que se arrepienta de ello.*	Quiconque de vous osera m'injurier , je l'en ferai repentir.

6.º *Quienquiera ,* quiconque. Il est substantif indéclinable, ne se dit que des personnes : et s'emploie pour le reste comme *qualquiera.*

7.º *Uno , una ,* un, une. Au plur. : *unos, unas,* quelques. Il est adjectif , et s'emploie substantivement.

Ce pronom s'emploie le plus souvent avec l'article, et en contra-position du pronom *otro, otra,* autre, qui fait au pluriel, *otros, otras,* autres.

El uno *decia que si,* y el otro *que no.*	L'un disoit que si, et l'autre que non.

Quand il s'emploie sans article , il est indéfini au singulier, et partitif au pluriel , excepté quand il est en contraposition avec *otro.*

Quando uno *se queja, señal es que le duele.*	Quand on se plaint , c'est une marque qu'on souffre.
He visto unos osos, unas osas *que pacian por el campo.*	J'ai vu des ours , des ourses qui paissoient dans la campagne.

8.º *Tal ,* tel , telle. Au plur. : *tales ,* tels , telles. Il est adjectif de tous genres , et s'emploie aussi substantivement.

Tal *fué el suceso de la embaxada.*	Tel fut le succès de l'ambassade.

Tal *vida*, *tal muerte.*   Telle vie, telle mort.

Tal *muestra mucha sinceridad en*   Tel montre beaucoup de sincérité
   lo exterior, *que està lleno de*   dans l'extérieur, qui est plein
   doblez en lo interior.   de duplicité dans l'intérieur.

9.º *Cada*, chaque. Il est adjectif distributif, singulier, et de tous genres. Cada *soldado*, chaque soldat : cada *batalla*, chaque bataille. Il est souvent joint à *uno*, *una*, un, une ; *cada uno*, chacun, *cada una*, chacune : et alors il s'emploie de la même manière que le pronom françois, auquel il répond.

10.º *Muchos*, *muchas*, plusieurs, beaucoup : *pocos, pocas*, peu, un petit nombre. Ils sont adjectifs pluriels, et s'emploient souvent substantivement.

No han de padecer muchos *por*   Il ne faut pas que beaucoup pâ-
   pocos.   tissent pour un petit nombre.

Du Pronom démonstratif.

LE PRONOM DÉMONSTRATIF *est un mot qui sert à indiquer, marquer, ou désigner la personne ou chose dont on parle.*

On voit leur genre, nombre, et terminaisons dans les exemples suivans.

SINGULIER.

masc.	fém.	
este.	està.	celui-ci....celle-ci.
ese.	esa.	celui-là....celle-là.
aquel.	aquella.	celui-là....celle-là.

PLURIEL.

masc.	fém.	
estos.	estas.	ceux-ci....celles-ci.
esos.	esas.	ceux-là....celles-là.
aquellos.	aquellas.	ceux-là....celles-là.

Esto, *ese* s'unissent au pronom *otro* de la manière suivante.

SINGULIER.

masc.	fém.	
estotro.	estotra.	cet autre..cette autre.
esotro.	esotra.	cet autre-là..cette autre-là.

PLURIEL.

masc.	fém.	
estotros.	estotras.	ces autres.
esotros.	esotras.	ces autres-là.

Aquel reçoit aussi après soi *otro*, mais il en est toujours séparé, *aquel otro*, cet autre-là : &c.

Les suivans désignent seulement la chose, et peuvent être appelés *substantifs masculins indéfinis*, parce qu'ils indiquent un être quelconque subsistant par lui-même, et qui n'est connu que par le rapport de la présence relative qu'il désigne.

Esto....Eso....Aquello.	Ceci....Cela....Cela ou l'autre.

Ils n'ont point de pluriel.

Les mots *lo*, *ello* peuvent être classés parmi les pronoms démonstratifs, quand ils ne sont pas purement relatifs. Car quoiqu'ils ne portent pas avec eux un caractère d'indication aussi marqué que les autres, cependant ils ont au moins un rapport générique de désignation, et ils répondent souvent à *ce*, *cela*, comme nous l'avons démontré en parlant des articles, et des pronoms personnels. Nous y avons fait voir aussi, que lorsque *lo* répond à l'article *le*, il peut se résoudre par le pronom démonstratif *ce* ; à quoi nous ajoutons que lors même que *ello* ne peut se rendre en françois que par *il*, ou il conserve la signification équivalente de *cela*, ou le pronom *il* françois perd sa qualité de personnel, ne représentant que d'une manière très-vague un objet quelconque.

Este marque la personne ou chose qui est près de celui qui parle ; *ese* celle qui est près de celui à qui l'on parle : et *aquel* celle qui est un peu éloignée de tous deux. Ce dernier employé seul peut désigner un objet très-éloigné et même indéfini. On doit observer la même chose sur tous les autres respectivement.

Quand il est question d'objets incorporels, on marque ordinairement par ces pronoms la priorité ou postériorité du temps dans lequel les choses se font ou se disent. Exemple.

Este es un pensamiento delicado, *esa una sententia aguda*, aquel *un juicio bien fundado.*	Celle-ci est une pensée délicate, celle-là une sentence spirituelle, l'autre un jugement bien fondé.

Du Pronom Possessif.

LE PRONOM POSSESSIF *est un mot qui marque qu'une personne ou chose appartient à un autre.*

Il est divisé en trois classes. La première de ceux qui se mettent toujours avant le substantif : la seconde de ceux qui se mettent toujours après : et la troisième de ceux qui se mettent tantôt avant tantôt après.

Les premiers sont :

SINGULIER.

masculin et féminin.

I. *mi.*	mon.	ma.
II. *tu.*	ton.	ta.
III. *su.*	son.	sa.

PLURIEL.

mis.	*mes.*
tus.	*tes.*
sus.	*ses.*

Les seconds sont :

SINGULIER.

masculin.	féminin.		
I. *mio.*	*mia.*	mien.	mienne.
II. *tuyo*	*suya.*	tien.	tienne.
III. *suyo.*	*suya.*	sien.	sienne.

PLURIEL.

masculin.	feminin.		
mios.	*mias.*	miens.	miennes.
tuyos.	*tuyas.*	tiens.	tiennes.
suyos.	*suyas.*	siens.	siennes.

Les troisièmes sont :

SINGULIER.

masculin.	féminin.	
I. *nuestro.*	*nuestra.*	notre.
II. *vuestro.*	*vuestra.*	votre.

PLURIEL.

masculin.	féminin.		
nuestros.	*nuestras.*	nos.	notres.
vuestros.	*vuestras.*	vos.	votres.

Ceux de la seconde et de la troisième classe s'emploient quelquefois substantivement. Exemples.

Lo mio y lo tuyo son una palabra fria , segun san Chrisostomo.	Le mien et le tien sont une parole froide , suivant Saint-Chrysostome.
Lo miestro es incompatible con lo vuestro.	Le nôtre est incompatible avec le vôtre

Mi , mio appartiennent à la 1.re personne du singulier : *tu , tuyo* à la 2.e *su, suyo* à la 3.me et ainsi à proportion de leurs féminins et pluriels.

Tous les possessifs ont deux rapports , l'un à la chose possédée , et l'autre à la personne ou chose qui possède.

B 4

Du Pronom relatif.

LE PRONOM RELATIF *est un mot qui se rapporte à un nom ou à un autre pronom comme à son antécédent.*

1º. *Quien*, qui. Au plur. : *quienes*, qui. Il est adjectif de tous genres, ne se dit que des personnes, et s'emploie aussi absolument.

Este es el hombre, ó él es á quien debes tu vida.	C'est l'homme, ou c'est lui à qui vous devez votre vie.
Dime con quien andas, y diréte quen eres.	Dites-moi qui fréquentez-vous, et je vous dirai qui vous êtes.

Il répond aussi quelquefois à *que*,

v. gr. : *No hay pobre á quien no socorra.*　　Il n'est point de pauvre qu'il ne secoure.

2.º *Que*, qui, que, quoi, etc. Il est adjectif de tous genres et nombres : se dit des personnes et des choses, et s'emploie absolument.

Es hombre que sabe mucho.	C'est un homme qui sait beaucoup.
Son mugeres que cuidan de la casa.	Ce sont des femmes qui ont soin de la maison.
Qué haces? en qué te ocupas?	Que faites-vous ? à quoi vous occupez-vous ?

Il s'emploie encore absolument suivi de son substantif (1).

Qué valor, qué expériencia, qué talentos no se requieren para esta empresa!	Quelle valeur, quelle expérience, quels talens ne sont-ils pas né-cessaires pour cette entreprise !

Il répond enfin à d'autres　　pronoms précédé de certaines
prépositions.

El tratamiento de qué te quejas.	Le traitement dont tu te plains.
La miseria en qué vives.	La misère dans laquelle tu vis : etc.

3.º *Qual*, quel, quelle. Au plur. : *quales*, quels, quelles. Il est adjectif de tous genres : se dit des personnes et des choses : s'emploie absolument, et alors il se rend le plus souvent par *lequel*, etc. Son plus grand usage est avec l'article. Exemples.

Es un caballo qual le podia desear.	C'est un cheval tel que je pouvois le désirer.
Pocos conocen qual es la diferencia de las partes de la oracion entre sí.	Il y en a peu qui connoissent quelle est la différence des parties du discours entr'elles.

---

(1) Dans les autres exemples le substantif est sous-entendu.

Es dificil decidir qual *de los dos ha prédicado mejor.* — Il est difficile de décider lequel des deux a prêché le mieux.

Despacharon un correo, el qual *nos aseguró la paz.* — On expédia un courrier, lequel nous assura de la paix.

Esta es la heredad por la qual *ha pleyteado tanto tiempo.* — Celle-ci est la terre pour laquelle il a plaidé tant de temps.

No se quiere componer con su parte, lo qual *será causa de otro pleyto.* — Il ne veut pas s'arranger avec sa partie, ce qui sera la cause d'un autre procès.

Voyez ce que nous avons déjà plusieurs fois dit sur *lo* (A la place de *lo qual* on peut presque toujours mettre *lo que* ; et ainsi des autres).

Il répond enfin à *tel que*, et à *semblable* suivant qu'il est employé.

Oxalá fueses qual *debias ser.* ! — Plût au ciel que vous fussiez tel que vous deviez être !

Qual *nuevo fenix.* — Tel qu'un nouveau phénix.

Qual *furioso leon.* — Semblable à un lion furieux.

4.° *Cuyo, cuya.* Au plur. : *cuyos, cuyas,* dont, de qui, duquel, de laquelle, etc. Il est adjectif : se dit des personnes et des choses : et a deux rapports semblables à ceux des possessifs.

Es un hombre, cuyo *mérito es insigne , y* cuya *modestia es admirable.* — C'est un homme dont le mérite est distingué, et dont la modestie est admirable.

Il s'emploie aussi sans un rapport, au moins exprimé à la personne qui possède, v. gr.

Cuyo *fuese el dinero, que se lo lleve.* — Celui à qui l'argent appartient, qu'il l'emporte.

5.° *Lo*, le. Il est adjectif masculin (et suivant d'autres neutre), et ne se dit que des choses.

Aunque me lo *asegures, no* lo *creeré.* — Quoique tu me l'assure, je ne le croirai pas.

REMARQUE. *Ello* précédé de quelques prépositions se rend souvent par le relatif *en.*

Me acordaré de ello. — Je m'en souviendrai.

Te arrepentirás de ello. — Tu t'en repentiras.

El conviene en ello. — Il en convient.

Il est vrai que *él, ella,* etc. se rendent aussi de même ; mais c'est parce que *en* se rapporte aussi aux personnes.

DU VERBE.

LE verbe est appelé à juste titre le MOT par excellence, parce que c'est lui qui forme la liaison de toutes nos idées, et qu'il n'est pas possible, sans son secours, de faire aucun raisonnement ni oraison. Sans lui le nom ne signifieroit qu'un être idéal, qui pourroit être possible ou impossible. Le verbe le tire, pour ainsi dire, de ce cahos. De l'état de la pure possibilité il le porte à celui de l'existence. Puis il lui communique la vie et la vertu pour produire en lui-même, et hors de lui-même. Et enfin il imprime en lui, s'il est permis de s'exprimer de la sorte, toutes les manières possibles, dont un être peut s'exercer en lui-même et à l'égard des autres. C'est-à-dire, que le verbe est l'expression de ce que l'action est dans la nature relativement à la chose signifiée par le nom.

Définition du Verbe.

D'après la manière dont on vient de considérer le verbe, on pourroit le définir ainsi : *un mot qui exprime l'action ou l'exercice du nom.*

Pour bien comprendre cette définition, il faut savoir qu'il y a des actions, lesquelles par leur nature se distinguent d'avec le principe qui les produit, telles qu'*aimer* et *brûler* : d'autres qui n'ajoutent rien dans la nature à la chose que l'on considère comme leur principe, telles que *ressembler* et *contenir* un autre corps : d'autres, qui sont véritablement des actions physiques, mais qui sont identifiées avec leur principe, telles que les *processions divines* : et d'autres, qui ne sont des actions, et ne se distinguent de leur principe que par notre entendement, telles qu'*être* et *exister*.

Les trois premières espèces d'actions sont ou des actions vraiment physiques, ou des rapports physiques ; ce qui n'a besoin d'aucune preuve. Il ne reste donc qu'à justifier que le nom d'*action* ou d'*exercice* peut convenir aux verbes *exister* et *être*.

Quand on dit, v. gr. : *l'homme existe*, on exprime par le verbe *existe* un rapport qui n'est pas renfermé dans l'essence de l'homme considérée en elle-même. Or ce rapport n'est qu'une espèce d'exercice de l'essence de l'homme, puisqu'on la considère comme ayant passé de l'état de la pure possibilité à celui de l'existence. De même quand on dit, v. gr. *l'homme est possible* : on exprime par le verbe *est* un rapport de l'homme à la possibilité, qu'on n'exprime pas par le mot *homme*. Donc ce verbe ajoute quelque chose au mot *homme* considéré en lui-même ; car s'il n'y ajoute rien d'aucune manière, il seroit inutile de l'employer dans ces sortes d'oraisons. Et en effet le mot *homme* en lui-même ne nous dit pas si l'homme est vraiment possible. Donc le mot *est* exprime une espèce d'*exercice* de l'essence de l'homme ; et c'est ce que nous appelons encore *action* ; nom qui dans l'ordre métaphysique ne devroit signifier que le rapport d'un principe quelconque à un terme quelconque.

Division du verbe.

Le verbe est divisé proprement en *substantif* et en *adjectif*.

Le verbe *substantif* signifie *l'action* ou *exercice de l'essence du nom* ; et *l'adjectif l'action ajoutée au nom modifié par l'action de l'essence.*

C'est le seul verbe *ser*, être, qui est de la première espèce, parce que c'est le seul qui signifie le rapport de la chose à la possibilité, en quoi consiste proprement, comme nous venons de le dire, l'action de l'essence du nom ; bien que dans la Grammaire ce rapport s'étende aux autres attributs. Car avant que nous concevions l'existence et même les attributs de la chose, il faut que nous concevions la possibilité de cette même chose. C'est delà que vient, que quand on dit, v. gr. : *el hombre es racional :* l'homme est raisonnable : le verbe *es*, est, peut se résoudre par le verbe *haber*, avoir, de cette manière : *el hombre* ha ou tiene *la racionalidad* ou *la facultad de razonar* : l'homme a la faculté de raisonner : mais on ne pourroit pas dire : *el hombre* tienne ou ha *la posibilidad* : l'homme a la possibilité. Ce qui démontre que le même verbe *ser*, être, est adjectif, quand il n'exprime pas le rapport de la chose à la possibilité, ou au moins aux attributs transcendans.

Le verbe *adjectif* est subdivisé par l'usage en *actif, passif, neutre, réciproque, auxiliaire, régulier, irrégulier, défectueux, impersonnel, simple* et *composé.*

Le verbe *actif* exprime l'action d'un sujet comme passant à un autre, v. gr. *Dios* crió *los Cielos :* Dieu créa les Cieux : *Dios* ama *las criaturas :* Dieu aime les créatures.

Le *passif* l'exprime comme étant reçue dans son terme, v. gr. : *los Cielos* fueron criados *por Dios :* les Cieux ont été créés *par Dieu : las criaturas* son amadas *de Dios :* les créatures sont aimées de Dieu.

Le *neutre* signifie une action qui ne passe point à un autre sujet, v. gr. : *Pedro* duerme : Pierre dort.

Le *réciproque* marque une action produite par un principe, lequel en est en même temps le terme propre ou impropre, comme : *yo me* visto : je m'habille : *tu te* arrepientes : tu te répens.

L'auxiliaire sert à former les temps composés de tous les verbes. Les seuls de cette classe sont *haber*, avoir, *ser*, être.

Le *régulier* est celui qui conserve dans toute sa conjugaison les lettres radicales et invariables de l'infinitif, et les terminaisons ou inflexions que l'usage a données à chaque mode, temps, et personne de la plupart des verbes.

L'*irrégulier* est celui qui s'éloigne plus ou moins des règles de la formation des *réguliers*.

Le *défectueux* est celui à qui il manque quelque temps ou personne.

L'*impersonnel*, celui qui ne se conjugue qu'aux troisièmes personnes du singulier.

Le *simple* celui qui ne renferme dans sa composition aucune autre partie du discours, comme : *hacer*, faire.

Le *composé* celui qui reçoit dans sa composition une autre partie du discours, comme : *contrahacer*, contrefaire.

Dans les quatre premières classes le verbe est considéré relativement au régime ; dans les cinq suivantes eu égard à ses irrégularités ou anomalies introduites par l'usage ; et dans les deux dernières par rapport à sa composition matérielle.

Conjugaison du verbe.

LA CONJUGAISON DU VERBE n'est autre chose que l'expression de ses *modes*, *temps*, *nombres*, *et personnes*.

On expliquera ces quatre propriétés du verbe, après qu'on aura vu le verbe en lui-même.

La conjugaison des verbes *auxiliaires* doit être placée à la tête, ces verbes entrant dans la composition des autres.

Par la même raison on conjuguera *haber* avant *ser*, celui-là entrant dans la composition des temps composés de celui-ci, et même des siens propres.

NOTA. Les accens dans la prononciation marquent où doit se porter l'appui de la voix.

Conjugaison du verbe auxiliaire Haber, Avoir.

Le Mode Infinitif.	Modo Infinitivo.	Mó-do In-fi-ni-tí-vo.
Présent.	Presente.	Pre-sén-te.
Avoir.	Haber.	A-bér.
Prétérit.	Pretérito.	Pre-té-ri-to.
Avoir eu.	Haber habido.	A-bér a-bí-do.
Participe actif.	Participio activo.	Par-ti-cí-pio ac-ti-vo.
Présent.	Presente.	Pre-sén-te.
Ayant.	Habiendo.	A-bién-do.
Prétérit.	Pretérito.	Pre-té-ri-to.
Ayant eu.	Habiendo habido.	A-bién-do a-bí-do.

Participe passif.	Participio pasivo.	Par-ti-cí-pio pá-sí-vo.
Eu, eue.	*Habido, da.*	*A-bí-do, da.*
Gérondif.	Gerundio.	Ge-rún-dio.
Ayant.	*Habiendo.*	*A-bién-do.*
Le Mode Indicatif.	Modo Indicativo.	Mó-do in-di-ca-tí-vo.
Présent.	Presente.	Pre-sén-te.
Singulier. J'ai.	Singular. *Yo he.*	Sin-gu-lár. *Yo é.*
Tu as.	*Tú has.*	*Tú as.*
Il a.	*Él ha.*	*Él a.*
Pluriel. Nous avons.	Plural. *Nosotros hemos.*	Plu-rál. *No-só-tros é-mos.*
Vous avez.	*Vosotros habeis.*	*Vo-só-tros a-béis.*
Ils ont.	*Ellos han.*	*É-llos an.*
Prétérit imparfait.	Pretérito imperfecto.	Pre-té-ri-to in-per-féc-to.
Singulier. J'avois.	Singular. *Yo habia.*	Sin-gu-lár. *Yo a-bi-a.*
Tu avois.	*Tú habias.*	*Tú a-bí-as.*
Il avoit.	*Él habia.*	*Él a-bí-a.*
Pluriel. Nous avions.	Plural. *Nosotros habiamos.*	Plu-rál. *No-só-tros a-bí-a-mos.*
Vous aviez.	*Vosotros habiais.*	*Vo-só-tros a-bi-ais.*
Ils avoient.	*Ellos habian.*	*É-llos a-bí-an.*
Prétérit parfait.	Pretérito perfecto.	Pre-té-ri-to per-féc-to.
Singulier. J'eus.	Singular. *Yo hube.*	Sin-gu-lár. *Yo ú-be.*
Tu eus.	*Tú hubiste.*	*Tú u-bís-te.*
Il eut.	*Él hubo.*	*Él ú-bo.*
Pluriel. Nous eûmes.	Plural. *Nosotros hubimos.*	Plu-rál. *No-só-tros. u-bí-mos.*
Vous eûtes.	*Vosotros hubisteis.*	*Vo-só-tros u-bís-teis.*
Ils eurent.	*Ellos hubieron.*	*E-llos u-bié-ron.*
Prétérit indéfini.	Pretérito indefinido.	Pre-té-ri-to in-de-fi-ní-do.
Singulier J'ai eu.	Singular. *Yo he habido.*	Sin-gu-l. *Yo é a-bí-do.*
Tu as eu.	*Tu has habido.*	*Tú as a-bí-do.*
Il a eu.	*Él ha habido.*	*Él a a-bí-do.*
Pluriel. Nous avons eu.	Plural. *Nosotros hemos habido.*	Plu-rál. *No-só-tros émos a-bí-do.*
Vous avez eu.	*Vosotros habeis habido.*	*Vo-só-tros a-béis a-bí-do.*
Ils ont eu.	*Ellos han habido.*	*É-llos an a-bí-do.*
Prétérit antérieur.	Pretérito anterior.	Pre-té-ri-to an-te-riór.
Singulier. J'eus eu.	Singular. *Yo hube habido.*	Sin-gu-lár. *Yo ú-be a-bí-do.*
Tu eus eu.	*Tu hubiste habido.*	*Tú u-bís-te a-bí-do.*
Il eut eu.	*Él hubo habido.*	*Él ú-bo a-bí-do.*
Pluriel. Nous eumes eu.	Plural. *Nosotros hubimos habido.*	Plu-rál. *No-só-tros u-bí-mos a-bí-do.*

Vous eûtes eu.	Vosotros hubisteis habido.	Vo-só-tros u-bís-teis a-bí-do.
Ils eurent eu.	Ellos hubieron habido.	E-llos u-bié-ron a-bí-do.
Prétérit plus que parfait.	Pretérito plusquam perfecto.	Pre-té-ri-to plus-cuán per-féc-to.
Singulier. J'avois eu.	Singular. Yo habia habido.	Sin-gu-lár. Yo a-bí-a a-bí-do.
Tu avois eu.	Tú habias habido.	Tú a-bí-as a-bí-do.
Il avoit eu.	El habia habido.	El a-bí-a a-bí-do.
Pluriel. Nous avions eu.	Plural. Nosotros habiamos habido.	Plu-rál. No-só-tros a-bí-a-mos a-bí-do.
Vous aviez eu.	Vosotros habiais habido.	Vo-só-tros a-bí-ais a-bí-do.
Ils avoient eu.	Ellos habian habido.	E-llos a-bí-an a-bí-do.
Futur.	Futuro.	Fu-tú-ro.
Singulier. J'aurai.	Singular. Yo habré.	Sin-gu-lár. Yo a-bré.
Tu auras.	Tú habrás.	Tú a-brás.
Il aura.	El habrá.	El a-brá.
Pluriel. Nous aurons.	Plural. Nosotros habrémos.	Plu-rál. No-só-tros a-bré-mos.
Vous aurez.	Vosotros habréis.	Vo-só-tros a-bréis.
Ils auront.	Ellos habrán.	E-llos a-brán.
Futur composé.	Futuro compuesto.	Fu-tú-ro com-pués-to.
Singulier. J'aurai eu.	Singular. Yo habré habido.	Sin-gu-lár Yo a-bré a-bí-do.
Tu auras eu.	Tú habrás habido.	Tú a-brás a-bí-do.
Il aura eu.	El hábra habido.	El a-brá a-bí-do.
Pluriel. Nous aurons eu.	Plural. Nosotros habrémos habido.	Plu-rál. No-só-tros a-bré-mos a-bí-do.
Vous aurez eu.	Vosotros habréis habido.	Vo-só-tros a-bréis a-bí-do.
I's auront eu.	Ellos hábran habido.	E-llos a-brán a-bí-do.
Le Mode Impératif.	Modo Imperativo.	Mó-do in-pe-ra-tí-vo.
Singulier. Aye.	Singular. Habe.	Sin-gu-lár. Abe.
Qu'il ait.	Haya él.	A-ya él.
Pluriel. Ayons.	Plural. Hayamos.	Plu-rál. A-ya-mos.
Ayez.	Habed.	A-béd.
Qu'ils ayent.	Hayan ellos.	A-yan é-llos.
Le Mode Subjonctif. Présent.	Modo Subjuntivo. Présente.	Mó-do sub-jun-tívo. Pré-sén-te.
Singulier. Que j'aye.	Singular. Yo hayá.	Sin-gu-lár. Yo á-ya.
Que tu ayes.	Tú hayas.	Tú á-yas.
Qu'il ait.	El haya.	El á-ya.
Pluriel. Que nous ayions.	Plural. Nosotros hayamos.	Plu-rál. No-só-tros á-ya-mos.
Que vous ayiez.	Vosotros hayais.	Vo-só-tros á-yais.
Qu'ils ayent.	Ellos hayan.	E-llos á-yan.

Français	Español	Pronunciación
Prétérit imparfait.	**Pretérito imperfecto.**	**Pre-té-ri-to in-per-féc-to.**
Singulier. J'aurois, que j'eusse.	Singular. Yo hubiera, habria, hubiese.	Sin-gn-lár. Yo u-bié-ra, a-brí-a, u-bié-se.
Tu aurois, que tu eusses.	Tu hubieras, habrias, hubieses.	Tu u-bié-ras, a-brí-as, u-bié-ses.
Il auroit, qu'il eût.	El hubiera, habria, hubiese.	El u-bié-ra, a-brí-a, u-bié-se.
Pluriel. Nous aurions, que nous eussions.	Plural. Nosotros hubieramos, habriamos, hubiesemos.	Plu-rál. No-só-tros u-bié-ra-mos, a-brí-a-mos u-bié-se-mos.
Vous auriez, que vous eussiez.	Vosotros hubierais, habriais, hubieseis.	Vo-só-tros u-bié-rais, a-brí-ais, u-bié-seis.
Ils auroient, qu'ils eussent.	Ellos hubieran, habrian, hubiesen.	É-llos u-bié-ran, a-brí-an, u-bié-sen.
Prétérit parfait.	**Pretérito perfecto.**	**Pre-té-ri-to per-féc-to.**
Singulier. Que j'aye eu.	Singular. Yo haya habido.	Sin-gu-lár. Yo á-ya a-bí-do.
Que tu ayes eu.	Tu hayas habido.	Tú á-yas a-bí-do.
Qu'il ait eu.	El haya habido.	El á-ya a-bí-do.
Pluriel. Que nous ayions eu.	Plural. Nosotros hayamos habido.	Plu-rál. No-só-tros á-ya-mos a-bí-do.
Que vous ayiez eu.	Vosotros hayais habido.	Vo-so-tros á-yais a-bí-do.
Qu'ils ayent eu.	Ellos hayan habido.	E-llos á-yan a-bí-do.
Prétérit plus que parfait.	**Pretérito plusquam perfecto.**	**Pre-té-ri-to plus-cuám per-féc-to.**
Singulier. J'aurois, ou j'eusse eu : que j'eusse eu.	Singular. Yo hubiera, habria, hubiese habido.	Sin-gu-lár. Yo u-bié-ra a-brí-a, u-bié-se a-bí-do.
Tu aurois, ou tu eusses eu : que tu eusses eu.	Tu hubieras, habrias, hubieses habido.	Tu u-bié-ras, a-brí-as, u-bié-ses a-bí-do.
Il auroit, ou il eût eu : qu'il eût eu.	El hubiera, habria, hubiese habido.	El u-bié-ra, a-brí-a, u-bié-se a-bí-do.
Pluriel. Nous aurions, ou nous eussions eu : que nous eussions eu.	Plural. Nosotros hubieramos, habriamos, hubiesemos habido.	Plu-rál. No-só-tros u-bié-ra-mos, a-brí-a-mos, u-bié-se-mos a-bí-do.
Vous auriez, ou vous eussiez eu : que vous eussiez eu.	Vosotros hubierais, habriais, hubieseis habido.	Vo-só-tros u-bié-rais, a-brí-ais, u-bié-seis a-bí-do.
Ils auroient, ou ils eussent eu : qu'ils eussent eu.	Ellos hubieran, habrian, hubiesen habido.	E-llos u-bié-ran, a-brí-an, u-bié-sen a-bí-do.
Futur simple.	**Futuro simple.**	**Fu-tú-ro sín-ple.**
Singulier. J'aurai.	Singular. Yo hubiere.	Sin-gu-lár Yo u-bié-re.

Tu auras.	*Tu hubieres.*	*Tú u-bié-res.*
Il aura.	*El hubiere.*	*El u-bié-re.*
Pluriel. Nous aurons.	Plural. *Nosotros hu-bieremos.*	Plu-rál. *No - só - tros u-bié-re-mos.*
Vous aurez.	*Vosotros hubiereis.*	*Vo-só-tros u-bié-reis.*
Ils auront.	*Ellos hubieren.*	*E-llos u-bié-ren.*
Futur composé.	Futuro compuesto.	Fu-tu-ro com-pués-to
Singulier. J'aurai eu.	Singular. *Yo hubiere habido.*	Sin-gu-lár. *Yo u-bié-re a-bí-do.*
Tu auras eu.	*Tú hubieres habido.*	*Tu u-bié-res a-bí-do.*
Il aura eu.	*El hubiere habido.*	*El u-bié-re a-bí-do.*
Pluriel. Nous aurons eu.	Plural. *Nosotros hu-bieremos habido.*	Plu-rál. *No-só-tros u-bié-re-mos a-bí-do.*
Vous aurez eu.	*Vosotros hubiereis habido.*	*Vo-só-tros u-bié-reis a-bí-do.*
Ils auront eu.	*Ellos hubieren habido.*	*El-los u-bié-ren a-bí-do.*

NOTA. 1.º La troisième personne du singulier de l'indicatif *ha* est augmentée d'un *y*, lorsque le verbe est employé comme impersonnel, mais alors il cesse aussi d'être auxiliaire.

NOTA. 2.º Le participe passif *habido* ne s'emploie comme auxiliaire qu'avec son verbe *haber*.

NOTA. 3.º La seconde personne du singulier de l'impératif n'est plus en usage ; et même tout le temps ne se dit dans aucune langue comme auxiliaire. Il n'a point de première personne au pluriel (au singulier aucun verbe ne l'a) ; et quand on veut rendre en espagnol celle de l'impératif françois, on se sert de l'équivalente du verbe *tener* : Tengamos *paciencia*, ayons *patience.*

Conjugaison du Verbe substantif et auxiliaire Ser, Etre.

LE MODE INFINITIF.	MODO INFINITIVO.	MÓ-DO IN-FI-NI-TI-VO.
Présent.	Présente.	Pré-sén-te.
Etre.	*Ser.*	*Ser.*
Prétérit.	Prétérito.	Pré-té-rito.
Avoir été.	*Haber sido.*	*A-bér si-do.*
Participe actif.	Participio activo.	Par-ti-cí-pio ac-ti-vo
Présent.	Presente.	Pre-sén-te.
Etant.	*Siendo.*	*Sién-do.*
Prétérit.	Pretérito.	Pre-té-ri-to.
Ayant été.	*Habiendo sido.*	*A-bién-do si-do.*
Participe passif.	Participio pasivo.	Par-ti-ci-pio pa-sí-vo
Eté.	*Sido.*	*Si-do.*
Gérondif.	Gerundio.	Ge-rùn-dio.
Etant.	*Siendo.*	*Sien-do.*

LE

LE MODE INDICATIF.	MODO INDICATIVO.	MÓ-DO IN-DI-CA-TI-VO.
Présent.	Presente.	Pre-sén-te.
Sing. Je suis	Sing. *Yo soy.*	Sing. *Yo sói.*
Tu es.	*Tú eres.*	*Tú é-res.*
Il est.	*El es.*	*El es.*
Plur. Nous sommes.	Plur. *Nosotros somos.*	Plur. *No-só-tros só-mos.*
Vous êtes.	*Vosotros soys.*	*Vo-só-tros sóis.*
Ils sont.	*Ellos son.*	*¡E-llos son.*
Prétérit imparfait.	Pretérito imperfecto.	Pre-té-ri-to in-per-féc-to.
Sing. J'étois.	Sing. *Yo era.*	Sing. *Yo é-ra.*
Tu étois.	*Tú eras*	*Tú é-ras.*
Il étoit.	*El era.*	*El é-ra.*
Plur. Nous étions.	Plur. *Nosotros eramos.*	Plur. *No-só-tros é-ra-mos.*
Vous étiez.	*Vosotros erais.*	*Vo-só-tros é-rais.*
Ils étoient.	*Ellos eran.*	*E-llos é-ran.*
Prétérit parfait.	Preterito perfecto.	Pre-té-ri-to per-féc-to.
Sing. Je fus.	Sing. *Yo fui.*	Sing. *Yo fuí.*
Tu fus.	*Tú fuiste.*	*Tú fuis-te.*
Il fut.	*El fué.*	*El fué.*
Plur. Nous fûmes.	Plur. *Nosotros fuimos.*	Plur. *No-só-tros fuí-mos.*
Vous fûtes.	*Vosotros fuisteis.*	*Vo-só-tros fuis-teis.*
Ils furent.	*Ellos fueron.*	*E-llos fue-ron.*
Prétérit indéfini.	Pretérito indefinido.	Pre-té-ri-to in-de-fi-ní-do.
Sing. J'ai été.	Sing. *Yo he sido.*	Sing. *Yo é si-do.*
Tu as été.	*Tú has sido.*	*Tú as si-do.*
Il a été.	*El ha sido.*	*El a si-do.*
Plur. Nous avons été.	Plur. *Nosotros hemos sido.*	Plur. *No-só-tros é-mos si-do.*
Vous avez été.	*Vosotros habeis sido.*	*Vo-só-tros a-béis si-do.*
Ils ont été.	*Ellos han sido.*	*E-llos an si-do.*
Prétérit antérieur.	Pretérito anterior.	Pre-té-ri-to an-te-rió r.
Sing. J'eus été.	Sing. *Yo hube sido.*	Sing. *Yo ú-be si-do.*
Tu eus été.	*Tú hubiste sido.*	*Tú u-bis-te si-do.*
Il eut été.	*El hubo sido.*	*El ú-bo si-do.*
Plur. Nous eûmes été.	Plur. *nosotros hubimos sido.*	Plur. *No-só-tros u-bí-mos si-do.*
Vous eûtes eu.	*Vosotros hubisteis sido.*	*Vo-só-tros u-bis-teis si-do.*
Ils eurent été.	*Ellos hubiéron sido.*	*E-llos u-bié-ron si-do.*

C

Prétérit plus que-par- fait.	Preterito plusquam- perfecto.	Pre-té-ri-to plus-cuán per-féc-to.
Sing. J'avois été.	Sing. Yo habia sido.	Sing. Yo a-bí-a sí-do.
Tu avois été.	Tu habias sido.	Tú a-bí-as sí-do.
Il avoit été.	El habia sido.	El a-bí-a sí-do.
Plur. Nous avions été.	Plur. Nosotros habia- mos sido.	Plur. No-só-tros a-bí- a-mos sí-do.
Vous aviez été.	Vosotros habiais sido.	Vo-só-tros a-bí-ais sí- do.
Ils avoient été.	Ellos habian sido.	E-llos a-bí-an sí-do.
Futur.	Futuro.	Fu-tù-ro.
Sing. Je serai.	Sing. Yo seré.	Sing. Yo se-ré.
Tu seras.	Tú serás.	Tú se-rás.
Il sera.	El será.	Él se-rá.
Plur. Nous serons.	Plur. Nosotros serémos	Plur. No-só-tros se- ré-mos.
Vous serez.	Vosotros seréis.	Vo-só-tros se-réis.
Ils seront.	Ellos serán.	E-llos se-rán.
Futur composé.	Futuro compuesto.	Fu-tú-ro com-pués-to
Sing. J'aurai été.	Sing. Yo habré sido.	Sing. Yo a-bré sí-do.
Tu auras été.	Tú habrás sido.	Tu a-brás sí-do.
Il aura été.	El habrá sido.	El a-brá sí-do.
Plur. Nous aurons été.	Plur. Nosotros habré- mos sido.	Plur. No-só-tros a-bre- mos sí-do.
Vous aurez été.	Vosotros habréis sido.	Vo-só-tros a-bréis sí-do
Ils auront été.	Ellos habrán sido.	E-llos a-brán sí-do.
LE MODE IMPÉ- RATIF.	MODO IMPÈRATIVO.	MO-DO IM-PE-RA- TI-VO.
Sing. Sois.	Sing. Sé.	Sing. Sé.
Qu'il soit.	Sea él.	Sé-a él.
Plur. Soyons.	Plur. Seamos.	Plur. Se-á-mos.
Soyez.	Sed.	Sed.
Qu'ils soient.	Sean ellos.	Sé-an é-llos.
LE MODE SUB- JONCTIF.	MODO SUBJUNTIVO.	MO-DO SUB-JUN- TI-VO.
Présent.	Presente.	Pre-sén-te.
Sing. Que je sois.	Sing. Yo sea.	Sing. Yo sé-a.
Que tu sois.	Tú seas.	Tú sé-as.
Qu'il soit.	El sea.	El séa.
Pl. Que nous soyons.	Pl. Nosotros seamos.	Pl. No-só-tros se-á-mos
Que vous soyez.	Vosotros seais.	Vo-só-tros sé-ais.
Qu'ils soient.	Ellos sean.	E-llos sé-an.
Prétérit imparfait.	Pretérito imperfecto.	Pre-té-ri-to in-per- féc-to.
Sing. Je serois , que je fusse.	Sing. Yo fuera, seria , fuese.	Sing. Yo fué-ra , se- ri-a , fué-se.

Tu serois, que tu fusses.	Tú fueras, serias, fueses.	Tú fué-ras, se-rí-as, fué-ses.
Il seroit, qu'il fût.	El fuera, seria, fuese.	El fué-ra, se-rí-a, fué-se.
Plur. Nous serions, que nous fussions.	Plur. Nosotros fueramos, seriamos, fuesemos.	Plur. No-só-tros fué-ra-mos, se-rí-a-mos, fué-se-mos.
Vous seriez, que vous fussiez.	Vosotros fuerais, seriais, fueseis.	Vo-só-tros fué-rais, se-rí-ais, fué-seis.
Ils seroient, qu'ils fussent.	Ellos fueran, serian, fuesen.	E-llos fué-ran, se-rí-an, fué-sen.
Pretérit parfait.	Pretérito perfecto.	Pre-té-ri-to per-féc-to
Sing. Que j'aye été.	Sing. Yo haya sido.	Sing. Yo á-ya sí-do.
Que tu ayes été.	Tú hayas sido.	Tú á-yas sí-do.
Qu'il ait été.	El haya sido.	El á-ya sí-do.
Pl. Que nous ayions été.	Il. Nosotros hayamos sido.	Pl. No-só-tros á-ya-mos sí-do.
Que vous ayiez été.	Vosotros hayais sido.	Vo-só-tros á-yais sí-do.
Qu'ils ayent été.	Ellas hayan sido.	E-llos á-yan sí-do.
Prétérit plus que parfait.	Pretérito plusquam perfécto.	Pre-té-ri-to plus-cuán per-féc-to.
Singul. J'aurois, ou j'eusse été : que j'eusse été.	Sing. Yo hubiera, habria, hubiese sido.	Sing. Yo u-bié-ra, ha-brí-a, u-bié-se sí-do.
Tu aurois, ou tu eusses été : que tu eusses été.	Tú hubieras, habrias, hubieses sido.	Tú u-bié-ras, a-brí-as, u-bié-ses sí-do.
Il auroit, ou il eût été : qu'il eût été.	El hubiera, habria, hubiese sido.	El u-bié-ra, a-brí-a, u-bié-se sí-do.
Plur. Nous aurions, ou nous eussions été : que nous eussions été.	Plur. Nosotros hubieramos, habriamos, hubiesemos sido.	Plur. No-só-tros u-bié-ra-mos, a-brí-a-mos u-bié-se-mos sí-do.
Vous auriez, ou vous eussiez été : que vous eussiez été.	Vosotros hubierais, habriais, hubieseis sido.	Vo-só-tros u-bié-rais, a-brí-ais, u-bié-seis sí-do.
Ils auroient, ou ils eussent été : qu'ils eussent été.	Ellos hubieran, habrian, hubiesen sido.	E-llos u-bié-ran, a-brí-an, u-bié-sen sí-do.
Futur simple.	Futuro simple.	Fu-tú-ro sín-ple.
Sing. Je serai.	Sing. Yo fuere.	Sing. Yo fuére.
Tu seras.	Tú fueres.	Tú fuéres.
Il sera.	El fuere.	El fué-re.
Plur. Nous serons.	Plur. Nosotros fueremos.	Plur. No-só-tros fué-re-mos.
Vous serez.	Vosotros fuereis.	Vo-só-tros fué-reis.

Ils seront.	*Ellos fueren.*	*E-llos fué-ren.*
Futur composé.	Futuro compuesto.	Fu-tú-ro con-pués-to.
Sing. J'aurai été.	Sing. *Yo hubiere sido.*	Sing. *Yo u-bié-re sí-do.*
Tu auras été.	*Tú hubieres sido.*	*Tú u-bié-res sí-do.*
Il aura été.	*El hubiere sido.*	*El u-bié-re si-do.*
Plur. Nous aurons été.	Plur. *Nosotros hubiere-mos sido.*	Plur. *No-só-tros u-bié-re-mos sí-do.*
Vous aurez été.	*Vosotros hubiereis sido.*	*Vo-só-tros ubié-reis sí-do.*
Ils auront été.	*Ellos ubieren sido.*	*E-llos u-bié-ren sí-do.*

NOTA. Le participe passif *sido* ne s'emploie jamais qu'avec l'auxiliaire *haber*, tout comme en françois *été* ne s'emploie qu'avec *avoir*.

REMARQUE.

Tous les verbes de la langue Espagnole terminent ou en *ar*, ou en *er*, ou en *ir*. Ceux qui terminent en *ar*, comme *amar*, aimer, sont appelés les verbes de la première conjugaison. Ceux qui terminent en *er*, comme *deber*, devoir, sont appelés de la seconde conjugaison. Ceux qui terminent en *ir* comme *cumplir*, accomplir, sont appelés de la troisième conjugaison. Ces dénominations *première*, *seconde*, et *troisième conjugaison* sont prises de l'ordre alphabétique des terminaisons *ar*, *er*, *ir*. Les trois verbes, qu'on vient de citer, *amar*, *deber*, *cumplir*, serviront de modèles pour la conjugaison de tous les verbes réguliers. Pour abréger, on ne conjuguera que la première personne du singulier des temps composés, parce qu'il n'y a qu'à continuer la conjugaison du temps simple de l'auxiliaire *haber*, avoir, et à y ajouter le participe du verbe qu'on conjugue, de la même manière qu'il a été ajouté à la première personne.

EXEMPLE *de la première conjugaison des verbes réguliers.*

INFINITIF.	INFINITIVO.	IN-FI-NI-TI-VO.
Présent.	Presente.	Pre-sén-te.
Aimer.	*Amar.*	*A-már.*
Prétérit.	Pretérito.	Pre-té-ri-to.
Avoir aimé.	*Haber amado.*	*A-bér amá-do.*
Participe actif.	Participio activo.	Par-ti-cí-pio ac-tí-vo.
Présent.	Presente.	Pre-sén-te.
Aimant.	*Amando.*	*A-mán-do.*
Prétérit.	Pretérito.	Pre-té-ri-to.
Ayant aimé.	*Habiendo amado.*	*A-bién-do a-má-do.*

Participe passif.	Participio pasivo.	Par-ti-cí-pio pa-sí-vó.
Présent.	Presente.	Pre-sén-te.
Aimé, ée : ou étant aimé, ée.	Amado, da : ó siendo amado, da.	A-má-do, da : ó sién-do a-má-do, dá.
Prétérit.	Pretérito.	Pre-té-ri-to.
Ayant été aimé, ée.	Habiendo sido amado, da.	A-bién-do sí-do a-má-do, da.
Gérondif.	Gerundio.	Ge-rún-dio.
Aimant, ou en aimant.	Amando.	A-mán-do.
INDICATIF.	INDICATIVO.	IN-DI-CA-TI-VÓ.
Présent.	Presente.	Pre-sén-te.
Sing. J'aime.	Sing. Yo amo.	Sing. Yo á-mo.
Tu aimes.	Tú amas.	Tú á-mas.
Il aime.	El ama.	El á-ma.
Plur. Nous aimons.	Plur. Nosotros amamos.	Plur. No-só-tros a-má-mas.
Vous aimez.	Vosotros amais.	Vo-só-tros a-máis.
Ils aiment.	Ellos aman.	Ellos á-man.
Prétérit imparfait.	Pretérito imperfecto.	Pre-té-ri-to in-per-féc-to.
Sing. J'aimois.	Sing. Yo amaba.	Sing. Yo a-má-ba.
Tu aimois.	Tu amabas.	Tú a-má-bas.
Il aimoit.	El amaba.	El a-má-ba.
Plur. Nous aimions.	Plur. Nosotros amabamos.	Pluriel. No-só-tros-a-má-ba-mos.
Vous aimiez.	Vosotros amabais.	Vo-só-tros a-má-bais.
Ils aimoient.	Ellos amában.	E-llos a-má-ban.
Prétérit parfait.	Pretérito perfecto.	Pre-té-ri-to per-féc-to.
Sing. J'aimai.	Sing. Yo amé.	Sing. Yo a-mé.
Tu aimas.	Tú amaste.	Tú a-más-te.
Il aima.	Él amó.	El a-mó.
Plur. Nous aimâmes.	Plur. Nosotros amamos.	Plur. No-só-tros a-má-mos.
Vous aimâtes.	Vosotros amasteis.	Vo-só-tros a-más-teis.
Ils aimèrent.	Ellos amaron.	E-llos a-má-ron.
Prétérit indéfini.	Pretérito indefinido.	Pre-té-ri-to in-de-fi-ní-do.
J'ai aimé.	Yo he amado.	Yo é a-má-do.
Prétérit antérieur.	Pretérito anterior.	Pre-té-ri-to an-te-riór.
J'eus aimé.	Yo hube amado.	Yo ú-be a-má-do.
Prétérit plus que parfait.	Pretérito plusquam perfecto.	Pre-té-ri-to plus-cuán per-féc-to.
J'avois aimé.	Yo habia amado.	Yo a-bí-a a-má-do.
Futur simple.	Futuro simple.	Fu-tú-ro sín-ple.
Sing. J'aimerai.	Sing. Yo amaré.	Sing. Yo a-ma-ré.
Tu aimeras.	Tú amarás.	Tú a-ma-rás.

C 3

Il aimera.	*Él amará.*	*El a-ma-rá.*
Plur. Nous aimerons.	Plur. *Nosotros amaré-mos.*	Plur. *No-só-tros a-ma-ré-mos.*
Vous aimerez.	*Vosotros amaréis.*	*Vo-só-tros a-ma-réis.*
Ils aimeront.	*Éllos amaran.*	*E-llos a-ma-rán.*
Futur. composé.	Futuro compuesto.	Fu-tú-ro con-pués-to.
J'aurai aimé.	*Yo habré amado.*	*Yo a-bré a-má-do.*

IMPÉRATIF.	IMPERATIVO.	IN-PE-RA-TI-VO.
Sing. Aime.	Sing. *Ama.*	Sing. *A-ma.*
Qu'il aime.	*Ame.*	*A-me.*
Plur. Aimons.	Plur. *Amemos.*	Plur. *A-mé-mos.*
Aimez.	*Amad.*	*A-mád.*
Qu'ils aiment.	*Amen.*	*A-men.*

SUJONCTIF. Présent.	SUBJUNTIVO. Presente.	SUB-JUN-TI-VO. Pre-sén-te.
Sing. Que j'aime.	Sing. *Yo ame.*	Sing. *Yo á-me.*
Que tu aimes.	*Tú ames.*	*Tú á-mes.*
Qu'il aime.	*Él ame.*	*El áme.*
Plur. Que nous aimions.	Plur. *Nosotros ame-mos.*	Plur. *No-só-tros a-mé-mos.*
Que vous aimiez.	*Vosotros ameis.*	*Vo-só-tros a-méis.*
Qu'ils aiment.	*Ellos amen.*	*E-llos á-men.*
Prétérit imparfait.	Pretérito inperfecto.	Pre-té-ri-to in-per-féc-to.
Sing. J'aimerois, que j'aimasse	Sing. *Yo amara, amaria, amase.*	Sing. *Yo a-má-ra, a-ma-rí-a, a-máse.*
Tu aimerois, que tu aimasses.	*Tú amaras, amarias, amases.*	*Tú a-má-tas, a-ma-rí-as, a-má-ses.*
Il aimeroit, qu'il aimât.	*Él amara, amaria amase.*	*El a-má-ra, a-ma-ría, a-má-se.*
Plur. Nous aimerions, que nous aimassions.	Plur. *Nosotros amara-ramos, amariamos, amasemos.*	Plur. *No-só-tros, a-má-ra-mos, a-ma-rí-à-mos, a-má-se-mos.*
Vous aimeriez, que vous aimassiez.	*Vosotros amarais, amariais, amaseis.*	*Vo-só-tros a-má-rais, a-ma-rí-ais, a-má-seis.*
Ils aimeroient, qu'ils aimassent.	*Ellos amaran, amarian, amasen.*	*Ellos a-má-ran, a-ma-rí-an, a-má-sen.*
Prétérit parfait.	Pretérito perfecto.	Pre-té-rito per-féc-to.
Que j'aye aimé.	*Yo haya amado.*	*Yo á-ya a-má-do.*
Prétérit plus que parfait.	Pretérito plusquam perfecto	Pre-té-ri-to plus-cuan per-fec-to.
J'aurois, ou j'eusse aimé : que j'eusse aimé.	*Yo hubiera, habria, hubiese amado.*	*Yo u-bié-ra, a-brí-a, u-bié-se a-má-do.*

Futur simple.	Futuro simple.	Fu-tú-ro sín-ple.
Sing. J'aimerai.	Sing. *Yo amare.*	Sing. *Yo a-má-re.*
Tu aimeras.	*Tú amares.*	*Tú a-má-res.*
Il aimera.	*Él amare.*	*El a-má-re.*
Plur. Nous aimerons.	Plur. *Nosotros ama-remos.*	Plur. *No-só-tros a-má-re-mos.*
Vous aimerez.	*Vosotros amareis.*	*Vo-só-tros a-má-reis.*
Ils aimeront.	*Ellos amaren.*	*E-llos a-má-ren.*
Futur composé.	Futuro compuesto.	Fu-tú-ro con-pués-to.
J'aurai aimé.	*Yo hubiere amado.*	*Yo u-bié-re a-má-do.*

EXEMPLE *de la seconde conjugaison des verbes réguliers.*

INFINITIF.	INFINITIVO.	IN-FI-NI-TI-VO.
Présent.	Présente.	Pre-sén-te.
Devoir.	*Deber.*	*De-bér.*
Prétérit.	Pretérito.	Pre-té-ri-to.
Avoir dû.	*Haber debido.*	*A-bér de-bí-do.*
Participe actif.	Participio activo.	Par-ti-cí-pio ac-tí-vo.
Présent.	Presente.	Pre-sén-te.
Devant.	*Debiendo.*	*De-bién-do.*
Prétérit.	Pretérito.	Pre-té-ri-to.
Ayant dû.	*Habiendo debido.*	*A-bién-do de-bí-do.*
Participe passif.	Participio pasivo.	Par-ti-cí-pio pa-sí-vo.
Présent.	Presente.	Pre-sén-te.
Dû, ue ; ou étant dû, ue.	*Debido , da ; ó siendo debido , da*	*De-bí-do , da ; ó sién-do de-bí-do , da.*
Prétérit.	Preterito.	Pre-té-ri-to.
Ayant été dû , ue.	*Habiendo sido debido , da.*	*A-bién-do sí-do de-bí-do , da.*
Gérondif.	Gerundio.	Ge-rún-dio.
Devant, ou en devant.	*Debiendo.*	*De-bién-do.*
INDICATIF.	INDICATIVO.	IN-DI-CA-TI-VO.
Présent.	Presente.	Pre-sén-te.
Sing. Je dois.	Sing. *Yo debo.*	Sing. *Yo dé-bo.*
Tu dois.	*Tú debes.*	*Tú dé-bes.*
Il doit.	*Él debe.*	*El dé-be.*
Plur. Nous devons.	Plur. *Nosotros debe-mos.*	Plur. *No-só-tros de-bé-mos.*
Vous devez.	*Vosotros debeis.*	*Vo-só-tros de-béis.*
Ils doivent.	*Ellos deben.*	*E-llos dé-ben.*
Prétérit imparfait.	Pretérito imperfecto.	Pre-té-ri-to in-per-féc-to.
Sing. Je devois.	Sing. *Yo debia.*	Sing. *Yo de-bí-a.*
Tu devois.	*Tú debias.*	*Tú de-bí-as.*

Il devoit.	Él debia.	El de-bí-a.
Plur. Nous devions.	Plur. Nosotros débiamos.	Plur. No-só-tros de-bí-a-mos.
Vous deviez.	Vosotros debiais.	Vo-só-tros de-bi-ais.
Ils devoient.	Ellos debian.	E-llos de-bí-an.
Prétérit parfait.	Preterito perfecto.	Pre-té-ri-to per-féc-to.
Sing. Je dus.	Sing. Yo debí.	Sing. Yo de-bí.
Tu dus.	Tú debiste.	Tú de-bis-te.
Il dut.	Él debió.	El de-bió.
Plur. Nous dûmes.	Plur. Nosotros debimos.	Plur. No-só-tros de-bí-mos.
Vous dûtes.	Vosotros debisteis.	Vo-só-tros de-bís-teis.
Ils durent.	Ellos debieron.	E-llos de-bié-ron.
Prétérit indéfini.	Pteterito indefinido.	Pre-té-ri-to in-de-fi-ní-do.
J'ai dû.	Yo he debido.	Yo é de-bí-do.
Prétérit antérieur.	Pretérito anterior.	Pre-té-ri-to an-te-riór.
J'eus dû.	Yo hube debido.	Yo ú-be de-bí-do.
Prétérit plus que parfait.	Pretérito plusquam perfecto.	Pre-té-ri-to plus-cuán-per-féc-to.
J'avois dû.	Yo habia debido.	Yo a-bía de-bí-do.
Futur simple.	Futuro simple.	Fu-tú-ro sín-ple.
Sing. Je devrai.	Sing. Yo deberé.	Sing. Yo de-be-ré.
Tu devras.	Tú deberás.	Tú de-be-rás.
Il devra.	El deberá.	El de-be-rá.
Plur. Nous devrons.	Plur. Nosotros deberémos.	Plur. No-só-tros de-be-ré-mos.
Vous devrez.	Vosotros deberéis.	Vo-só-tros de-be-réis.
Ils devront.	Ellos deberán.	E-llos de-be-rán.
Futur composé.	Futuro compuesto.	Fu-tú-ro con-pués-to.
J'aurai dû.	Yo habré debido.	Yo a-bré de-bí-do.
IMPÉRATIF.	IMPERATIVO.	IN-PE-RA-TI-VO.
Sing. Dois.	Sing. Debe.	Sing. Dé-be.
Qu'il doive.	Deba.	Dé-ba.
Plur. Devons.	Plur. Debamos.	Plur. De-bá-mos.
Devez.	Debed.	De-béd.
Qu'ils doivent.	Deban.	Dé-ban.
SUBJONCTIF.	SUBJUNTIVO.	SUB-JUN-TI-VO.
Présent.	Presente.	Pre-sén-te.
Sing. Que je doive.	Sing. Yo deba.	Sing. Yo dé-ba.
Que tu doives.	Tú debas.	Tú débas.
Qu'il doive.	El deba.	El dé-ba.
Plur. Que nous devions.	Plur. Nosotros debamos.	Plur. No-só-tros de-ba-mos.
Que vous deviez.	Vosotros debais.	Vo-só-tros dé-bais.
Qu'ils doivent.	Ellos deban.	E-llos dé-ban.

Prétérit imparfait.	**Pretérito imperfecto.**	**Pré-té-ri-to in-per-féc-to.**
Sing. Je devrois, que je dusses.	Sing. *Yo debiera, debria, debiese.*	Sing. *Yo de-bié-ra, de-brí-a, de-bié-se.*
Tu devrois, que tu dusse.	*Tú debieras, debrias, debieses.*	*Tú de-bié-ras, de-brí-as, de-bié-ses.*
Il devroit, qu'il dût.	*El debiera, debria, debiese.*	*El de-bié-ra, de-brí-a, de-bié-se.*
Plur. Nous devrions, que nous dussions.	Plur. *Nosotros debieramos, debriamos debiesemos.*	Plur. *No-só-tros de-bié-ra-mos, de-brí-a-mos, de-bié-se-mos.*
Vous devriez, que vous dussiez.	*Vosotros debierais, debriais, debieseis.*	*Vo-só-tros de-bié-rais, de-brí-ais, de-bié-seis.*
Ils devroient, qu'ils dussent.	*Ellos debieran, debrian, debiesen.*	*E-llos de-bié-ran, de-brí-an, de-bié-sen.*
Prétérit parfait.	**Pretérito perfecto.**	**Pre-té-ri-to per-féc-to.**
Que j'aye dû.	*Yo haya debido.*	*Yo á-ya de-bí-do.*
Prétérit plus que parfait.	**Pretérito plus quam perfecto.**	**Pre-té-ri-to plus-cuám per-féc-to.**
J'aurois, ou j'eusse dû : que j'eusse dû.	*Yo hubiera, habria, hubiese debido.*	*Yo u-bié-ra, a-brí-a, u-bié-se de-bí-do.*
Futur simple.	**Futuro simple.**	**Fu-tú-ro sín-ple.**
Sing. Je devrai.	Sing. *Yo debiere.*	Sing. *Yo de-bié-re.*
Tu devras.	*Tu debieres.*	*Tú de-bié-res.*
Il devra.	*El debiere.*	*El de-bié-re.*
Plur. Nous devrons.	Plur. *Nosotros debieremos.*	Plur. *No-só-tros de-bié-re-mos.*
Vous devriez.	*Vosotros debiereis.*	*Vo-só-tros de-bié-reis.*
Ils devront.	*Ellos debieren.*	*E-llos de-bié-ren.*
Futur composé.	**Futuro compuesto.**	**Fu-tú-ro con-pués-to.**
J'aurai dû.	*Yo hubiere debido.*	*Yo u-bié-re de-bí-do.*

EXEMPLE *de la troisième conjugaison des verbes réguliers.*

INFINITIF.	**INFINITIVO.**	**IN-FI-NI-TI-VO.**
Présent.	**Presente.**	**Pre-sén-te.**
Accomplir.	*Cumplir.*	*Cun-plír.*
Prétérit.	**Pretérito.**	**Pre-té-rito.**
Avoir accompli.	*Haber cumplido.*	*A-bér cun-plí-do.*
Participe actif.	**Participio activo.**	**Par-ti-cí-pio ac-tí-vo.**
Présent.	**Presente.**	**Pre-sén-te.**
Accomplissant.	*Cumpliendo.*	*Cun-plién-do.*
Prétérit.	**Pretérito.**	**Pre-té-rito.**
Ayant accompli.	*Habiendo cumplido.*	*A-bién-do cun-plí-do.*

Participe passif.	Participio pasivo.	Par-ti-cí-pio pa-sívo.
Présent.	Presente.	Pre-sén-te.
Accompli , ie , ou étant accompli , ie.	*Cumplido , da , ó siendo cumplido , da.*	*Cun-plí-do, da , ó siéndo cun-plí-do , da.*
Prétérit.	Pretérito.	Pre-té-ri-to.
Ayant été accompli, ie.	*Habiendo sido cumplido , da.*	*A-bién-do sí-do cun-plí-do , da.*
Gérondif.	Gerundio.	Ge-run-dio.
Accomplissant.	*Cumpliendo.*	*Cun-plién-do.*
I N D I C A T I F.	I N D I C A T I V O.	I N-D I-C A-T I-V O.
Présent.	Presente.	Pre-sén-te.
Sing. J'accomplis.	Sing. *Yo cumplo.*	Sing. *Yo cún-plo.*
Tu accomplis.	*Tú cumples.*	*Tú cún-ples.*
Il accomplit.	*El cumple.*	*El cún-ple.*
Plur. Nous accomplissons.	Plur. *Nosotros cumplimos.*	Plur. *No-só-tros cun-plí-mos.*
Vous accomplissez.	*Vosotros cumplis.*	*Vo-só-tros cun-plís.*
Ils accomplissent.	*Ellos cumplen.*	*E-llos cún-plen.*
Prétérit imparfait.	Pretérito imperfecto.	Pre-té. in-per fec-to.
Sing. J'accomplissois.	Sing. *Yo cumplia.*	Sing. *Yo cun-plí-a.*
Tu accomplissois.	*Tu complias.*	*Tú cun-plí-as.*
Il accomplissoit.	*El cumplia.*	*El cun-plí-a.*
Plur. Nous accomplissions.	Plur. *Nosotros cumpliamos.*	Plur. *No-só-tros cun-plí-a-mos.*
Vous accomplissiez.	*Vosotros cumpliais.*	*Vo-só-tros cun-plí-ais.*
Ils accomplissoient.	*Ellos cumplian.*	*E-llos cun-plí-an.*
Prétérit parfait.	Pretérito perfecto.	Pre-té ri-to per-féc-to
Sing. J'accomplis.	Sing. *Yo cumplí.*	Sing. *Yo cun-plí.*
Tu accomplis.	*Tu cumpliste.*	*Tú cun-plís-te.*
Il accomplit.	*El cumplió.*	*El cun-plió.*
Plur. nous accomplîmes.	Pl. *Nosotros cumplimos.*	Pl. *No-só-tros cun-plí-mos.*
Vous accomplîtes.	*Vosotros cumplisteis.*	*Vo-só-tros cun-plís-teis*
Ils accomplirent.	*Ellos cumplieron.*	*E-llos cun-plié-ron.*
Prétérit indéfini.	Pretérito indefinido.	Pre-té-ri-to in-de-fi-ní-do.
J'ai accompli.	*Yo he cumplido.*	*Yo é cun-plí-do.*
Prétérit antérieur.	Pretérito anterior.	Pre-té-ri-to an-te-riór.
J'eus accompli.	*Yo hube cumplido.*	*Yo ú-be cun-plí-do.*
Prétérit plus que parfait.	Pretérito plusquam perfecto.	Pre-té-ri-to plus-cuán per-féc-to.
J'avois accompli.	*Yo habia cumplido.*	*Yo a-b'-a cun-plí-do.*
Futur simple.	Futuro simple.	Fu-tú-ro sín-ple.
Sing. J'accomplirai.	Sing. *Yo cumpliré.*	Sing. *Yo cun-pli-ré.*
Tu accompliras.	*Tú cumplirás.*	*Tu cun-pli-rás.*
Il accomplira.	*El cumplirá.*	*El cun-pli-rá.*

Plur. Nous accomplirons.	Pl. *Nosotros cumpliré-mos.*	Plur. *No-só-tros cun-pli-ré-mos.*
Vous accomplirez.	*Vosotros cumpliréis.*	*Vo-só-tros cun-pli-réis.*
Ils accompliront.	*Ellos cumplirán.*	*E-llos cun-pli-rán.*
Futur composé.	Futuro compuesto.	Fu-tú-ro con-pués-to
J'aurai accompli.	*Yo habré cumplido.*	*Yo a-bré cun-pli-do.*
IMPÉRATIF.	IMPERATIVO.	IN-PÉ-RA-TI-VO.
Sing. Accomplis.	Sing. *Cumple.*	Sing. *Cún-ple.*
Qu'il accomplisse.	*Cumpla.*	*Cún-pla.*
Plur. Accomplissons.	Plur. *Cumplamos.*	Plur. *Cun-plá-mos.*
Accomplissez.	*Cumplid.*	*Cun-pl'd.*
Qu'ils accomplissent.	*Cumplan.*	*Cún-plan.*
SUBJONCTIF.	SUBJUNTIVO.	SUB-JUN-TI-VO.
Présent.	Presente.	Pre-sén-te.
Sing. Que j'accomplisse.	Sing. *Yo cumpla.*	Sing. *Yo cún-pla.*
Que tu accomplisses.	*Tú cumplas.*	*Tú cún-plas.*
Qu'il accomplisse.	*El cumpla.*	*El cún-pla.*
Pl. Que nous accomplissions.	Pl. *Nosotros cumpla-mos.*	Plur. *No-só-tros cun-plá-mos.*
Que vous accomplissiez.	*Vosotros cumplais.*	*Vo-só-tros cun-pláis.*
Qu'ils accomplissent.	*Ellos cumplan.*	*E-llos cún-plan.*
Prétérit imparfait.	Pretérito imperfecto.	Pre-té-ri-to in-per-féc-to.
Sing. J'accomplirois, que j'accomplisse.	Sing. *Yo cumpliera, cumpliria, cumpliese.*	Sing. *Yo cun-plié-ra, cun-pli-rí-a, cun-plié-se.*
Tu accomplirois, que tu accomplisses.	*Tú cumplieras, cumplirias, cumplieses.*	*Tú cun-plié-ras, cun-cun-pli-rí-as, cun-plié-ses.*
Il accompliroit, qu'il accomplît.	*El cumpliera, cumpliria, cumpliese.*	*El cun-plié-ra, cun-pli-ría, cun-plié-se.*
Plur. Nous accomplirions, que nous accomplissions.	Plur. *Nosotros cumplieramos, cumpliriamos, cumpliesemos.*	Plur. *No-só-tros cun-plié-ra-mos, cun-pli-rí-amos, cun-plié-se-mos.*
Vous accompliriez, que vous accomplissiez.	*Vosotros cumplierais, cumpliriais, cumplieseis.*	*Vo-só-tros cun-plié-rais, cun-plié-rí-ais, cun-plié-seis.*
Ils accompliroient, qu'ils accomplissent.	*Ellos cumplieran, cumplirian, cumpliesen.*	*E-llos cun-plié-ran, cun-pli-rí-an, cun-plié-sen.*
Prétérit parfait.	Pretérito perfecto.	Pre-té-ri-to per-féc-to.
Que j'aye accompli.	*Yo haya cumplido.*	*Yo á-ya cun-pli-do.*
Prétérit plus que parfait.	Pretérito plusquam perfecto.	Pre-té-ri-to plus-cuan per-féc-to.

J'aurois, ou j'eusse accompli : que j'eusse accompli.	*Yo hubiera, habria, hubiese cumplido.*	*Yo u-bié-ra a-bri-a, u-bié-se cun-pli-do.*
Futur simple.	*Futuro simple.*	*Fu-tú-ro sin-ple.*
Sing. J'accomplirai.	Sing. *Yo cumpliere.*	Sing. *Yo cun-plié-re.*
Tu accompliras.	*Tú cumplieres.*	*Tú cun-plié-res.*
Il accomplira.	*El cumpliere.*	*El cun-plié-re.*
Plur. Nous accompli-rons.	Plur. *Nosotros cum-plieremos.*	Plur. *No-só-tros cun-plié-re-mos.*
Vous accomplirez.	*Vosotros cumpliereis.*	*Vo-só-tros cun-plié-reis.*
Ils accompliront.	*Ellos cumplieren.*	*E-llos cun-plié-ren.*
Futur composé.	*Futuro compuesto.*	*Fu-tú-ro com-pués-to*
J'aurai accompli.	*Yo hubiere cumplido.*	*Yo u-bié-re cun-pli-do.*

De la formation des temps du Verbe.

LA FORMATION DES TEMPS du verbe n'est autre chose que l'application de ses terminaisons aux lettres radicales dans les temps simples, et des participes passifs respectifs aux temps simples de l'auxiliaire *haber* dans les temps composés, en la manière qui sera expliquée ci-après.

On appelle *lettres radicales* celles qui sont la racine de tous les temps, et on les appelle encore *invariables*, parce qu'elles ne varient point dans toute la conjugaison.

Par exemple : dans le verbe *amar*, les lettres *radicales* et *invariables* sont *am*, parce qu'elles paroissent dans toute la conjugaison ; et les lettres *ar* en font la terminaison, parce qu'elles varient à chaque mode, temps, nombre et personne. Par conséquent, former l'infinitif du verbe *amar* n'est autre chose qu'appliquer ou unir la terminaison *ar* aux lettres radicales *am* : et former son participe actif ne consiste qu'à joindre la terminaison *ando* aux mêmes lettres radicales, *amando* : et ainsi des autres.

Formation des Temps simples.

En faveur des commençans nous donnerons ici une table des terminaisons des quatre verbes réguliers déjà conjugués, et nous placerons à côté leurs lettres radicales. Par-là ils verront d'un coup d'œil la conjugaison de ces mêmes verbes, et en quoi diffèrent ou conviennent les uns avec les autres.

LETTRES RADICALES.		TERMINAISONS.
INFINITIF PRÉSENT.	{ am. deb. cumpl.	*ar.* *er.* *ir.*

PARTICIPE ACTIF ET GÉRONDIF	am.	*ando.*
	deb.	*iendo.*
	cumpl.	*iendo.*
PARTICIPE PASSIF.	am.	*ado.*
	deb.	*ido.*
	cumpl.	*ido.*
INDICATIF PRÉSENT.	am.	*o, as, a, amos, ais, an.*
	deb.	*o, es, e, emos, eis, en.*
	cumpl.	*o, es, e, imos, is, en.*
IMPARFAIT	am.	*aba, abas, aba, abamos, abais, aban.*
	deb.	*ia, ias, ia, iamos, iais, ian.*
	cumpl.	*ia, ias, ia, iamos, iais, ian.*
PARFAIT.	am.	*é, aste, ó, amos, asteis, aron.*
	deb.	*í, iste, ió, imos, isteis, ieron.*
	cumpl.	*í, iste, ió, imos, isteis, ieron.*
FUTUR.	am.	*aré, arás, arémos, aréis, arán.*
	deb.	*eré, erás, erá, erémos, eréis, erán.*
	cumpl.	*iré, irás, irá, irémos, iréis, irán.*
IMPÉRAT.	am.	*a, e, emos, ad, en.*
	deb.	*e, a, amos, ed, an.*
	cumpl.	*e, a, amos, id, an.*
SUBJONCTIF PRÉS.	am.	*e, es, e, emos, eis, en.*
	deb.	*a, as, a, amos, ais, an.*
	cumpl.	*a, as, a, amos, ais, an.*
IMPARFAIT	am.	*ara, aras, ara, aramos, arais, aran.*
		aria, arias, aria, ariamos, ariais, arian.
		ase, ases, ase, asemos, aseis, asen.
	deb.	*iera, ieras, iera, ieramos, erais, ieran.*
		eria, erias, eria, eriamos, eriais, erian.
		iese, ieses, iese, iesemos, ieseis, iesen.
	cumpl.	*iera, ieras, iera, ieramos, ierais, ieran.*
		iria, irias, iria, iriamos, iriais, irian.
		iese, ieses, iese, iesemos, ieseis, iesen.
FUTUR.	am.	*are, ares, are, aremos, areis, aren.*
	deb.	*iere, ieres, iere, ieremos, iereis, ieren.*
	cumpl.	*iere, ieres, iere, ieremos, iereis, ieren.*

Formation des Temps composés.

Elle est démontrée dans la table suivante, sans qu'il soit nécessaire d'employer d'autres observations.

Prétérit de l'infinitif.   *haber.*
Participe au prétérit.   *habiendo.*
Prétér. indéf. de l'indic.   *he.*
Prétérit antérieur.   *hube.*
Plus que parfait.   *habia.*
Futur.   *habré.*
Parfait du subjonctif.   *haya.*

Plus que parfait.   { *hubiera.*
                      { *habria.*
                      { *hubiese.*

Futur.   *hubiere.*

} *habido... sido... amado... debido... cumplido...*

Formation du verbe passif ou *de la voix passive du verbe.*

Elle se fait en prenant tous les temps respectifs du verbe substantif *ser*, et en y ajoutant le participe passif du verbe qu'on veut conjuguer. Exemples.

Présent de l'indic.	*Yo soy amado.*	Je suis aimé.
Prétérit imparfait.	*Yo era amado.*	J'étois aimé.
Prétérit indéfini.	*Yo he sido amado.*	J'ai été aimé.
Plus que parfait.	*Yo habia sido amado.*	J'avois été aimé.

Et ainsi dans tous les autres temps et personnes.

La *voix passive* se forme souvent avec le pronom *se* et le verbe aux troisièmes personnes, lorsqu'il se rapporte aux choses inanimées, v. gr.

La paz se negocia.	La paix se négocie.
Ya se han firmado los articulos preliminares.	Les articles préliminaires sont déjà signés.

Des propriétés du verbe.

On a déjà dit que ce sont ses *modes*, ses *temps*, ses *nombres*, et *ses personnes*. On sait par ses *modes* en combien de manières le MOT par excellence est exprimé ? Par ses *temps*, en quel temps ? Par ses *nombres*, s'il est exprimé par un ou par plusieurs ? Par ses *personnes*, si c'est moi, ou toi, ou l'autre, ou nous, ou vous, ou les autres qui l'expriment ?

Des modes du verbe.

Il y en a quatre, l'*infinitif*, l'*indicatif*, l'*impératif*, et le *subjonctif.*

I. L'*infinitif* signifie l'action d'une manière si vague et indéfinie, qu'il n'en exprime aucun commencement ni fin, comme *amar*, aimer. Et c'est pour cela qu'il n'a ni nombres ni personnes.

Cependant il est considéré comme la racine et la source de tous les autres modes et temps ; et c'est encore pour cette raison qu'on l'a mis à la tête de la conjugaison. Il sert d'ailleurs à distinguer les verbes les uns des autres.

II. L'*indicatif* signifie l'action d'une manière directe et positive, verbi gratiâ. *Yo soy* : je suis : *tú leias*, tu lisois : *él escribió* : il écrivit.

III. L'*impératif* exprime l'action le plus souvent d'une manière impérative , et c'est pour cela qu'on lui donne cette dénomination ; mais souvent aussi il ne l'exprime qu'en conseillant , priant , etc. v. gr. : ven *aqui* : viens ici : mira *lo que haces* : regarde ce que tu fais : ayúdame ; aide-moi.

IV. Le *subjonctif* représente l'action avec dépendance d'un autre verbe exprimé ou sous-entendu, et de quelque conjonction exprimée aussi ou sous - entendue , sans le secours desquels le sens de l'oraison demeureroit imparfait , v. gr.

Deseo que cumplas *con tu obliga-* *cion.*	Je désire que tu remplisses ton devoir.
Escriba *el que quisiere.*	Écrive qui voudra.

Des temps du verbe.

Dans la nature , il n'y a que trois temps , le présent , le passé , et l'avenir. Ces temps sont appelés dans la Grammaire , le *présent* , le *prétérit* , et le *futur*.

Cela paroît d'abord la chose la plus claire du monde. Cependant c'est un point des plus délicats de toute la Grammaire , à cause des nuances et des modifications renfermées dans chaque temps , et de la multitude d'opinions parmi les Auteurs sur leur véritable signification.

I. L'*infinitif* n'a pas , à proprement parler , des temps. Ainsi quand on l'appelle *présent* et *prétérit* ce n'est que relativement au verbe qui le détermine.

Si l'on dit , v. gr. : *creo, creiste, cieerá* ver *manchas en la luna* : je crois , tu crus , il croira voir des taches dans la lune : le présent de l'infinitif *voir* se rapporte également au présent , au prétérit, et au futur , et il n'est présent que relativement à l'action signifiée par ces mêmes temps. Cela doit s'entendre à proportion du prétérit *haber visto* , avoir vu , si on le mettoit à la place du présent.

Le *participe* et le *gérondif* , comme étant parties essentielles de l'infinitif , signifient l'action d'une manière vague et indéfinie , mais le premier représente *l'état du sujet* , ou la raison et le fondement de l'action exprimée par le verbe principal ; et le second *une circonstance , une manière , ou un moyen de cette même action.* Exemples.

Reynando *Carlos tercero , se hizo el canal de Murcia.*
Le canal de Murcie a été fait, Charles trois règnant , ou sous le règne de Charles trois.

Habiendo visto *los Moros la España sin defensa , determinaron invadirla.*
Les Maures ayant vu l'Espagne sans défense , ils déterminèrent de l'envahir.

Pasaba *por las Provincias estableciendo en ellas cosas muy utiles.*
Il passoit par les Provinces en y établissant des choses très-utiles.

Se hace poderoso un Estado culti-vando *bien las tierras, y haciendo florecer en él el comercio.*
Un Etat se rend puissant en bien cultivant les terres , et en y faisant fleurir le commerce.

Dans les deux premiers exemples *reynando* et *habiendo visto* sont des participes , le premier au présent , et le second au prétérit. Ce sont des *participes* , parce que l'un signifie l'état du sujet , et l'autre la raison et le fondement de l'action du verbe principal. Celui - là est au présent et celui-ci au prétérit , parce qu'ils signifient l'action ou présente , ou passée relativement au verbe principal , auquel ils sont toujours subordonnés. Dans les deux derniers , *estableciendo , cultivando* et *haciendo* sont des gérondifs , parce que *estableciendo* marque une circonstance de l'action exprimée par le verbe *pasaba* , et *cultivando* et *haciendo* un moyen de l'action représentée par le verbe *se hace florecer.*

Le *participe* est appelé de la sorte , parce qu'il tient du verbe sa signification , et du nom sa déclinaison.

Cependant tous les participes actifs , ainsi que les gérondifs , sont indéclinables , et terminent en *ando* ou en *iendo.* Ceux de la première conjugaison en *ando*, et ceux de la seconde et troisième en *iendo.*

La seule exception qu'on peut en faire , c'est des mots *habiente* et *haciente* dans ces phrases de pratique.

El *Procurador poder* habiente.
Le Procureur ayant pouvoir ou procuration.

El *instrumento fé* haciente.
L'instrument faisant foi.

Car bien qu'il y en ait d'autres , comme *estante* et *habitante* , qui ont le régime secondaire de leurs verbes , il leur en manque le style de pratique. On dit bien dans le principal.
Pedro y *Antonio* estantes y habi-tantes *en esta Ciudad de Sevilla.*
Pierre et Antoine manans dans cette Ville de Seville , et habitans d'icelle.

Mais on ne peut pas dire : *estante malo , habitante la Ciudad :* comme l'on dit : *estar malo* , être malade : *habitar la Ciudad :* habiter la Ville. D'autres , qui ont le régime principal de leurs verbes , expriment des qualités et non des actions.

II. L'*indicatif* renferme proprement les temps *présent* , *prétérit*

et

et *futur*, parce qu'il signifie l'action d'une manière directe et positive, sans aucune dépendance nécessaire des verbes et des conjonctions, dont il est souvent précédé ; de sorte que, quoiqu'on les retranche tous, sa signification est toujours directe et positive. Le contraire arrive au subjonctif, et c'est en quoi l'un diffère de l'autre.

Le *présent*, donc, signifie l'action qui se passe dans ce même instant, v. gr. : *yo escribo*, j'écris : *tú lees*, tu lis : *él habla*, il parle.

Le *prétérit* l'exprime comme étant arrivée dans un temps antérieur à celui où l'on parle, v. gr. : *yo escribí*, j'écrivis, *tú leiste*, tu lus : *él habló*, il parla.

Le *futur* la représente comme postérieure au temps où l'on parle, v. gr. : *yo escribiré*, j'écrirai : *tú leerás*, tu liras : *él hablará*, il parlera.

Le *prétérit* est divisé en *imparfait*, *parfait*, *indéfini*, *antérieur*, et *plus que parfait*.

L'*imparfait* signifie une action passée, dont il marque le commencement et le cours, sans en donner à connoître la fin, comme : *los Griegos* cultivaban *las ciencias* : les Grecs cultivoient les sciences.

Le *parfait* exprime une action passée dans un temps, dont il ne reste plus rien, comme dans les exemples ci-dessus, *yo escribí*, etc.

L'*indéfini* signifie l'action dans un temps passé et indéterminé, mais de telle manière que le temps et l'action peuvent continuer dans le temps où l'on parle. Car, si après avoir travaillé toute la journée, et continuant encore le soir, je dis : he trabajado *todo el dia* : j'ai travaillé tout le jour : *he trabajado* signifie l'action de travailler dans un temps passé, mais l'action et le temps peuvent continuer au moment où l'on parle, puisque, en effet, on suppose qu'ils continuent.

L'*antérieur* exprime une action passée, comme ayant été achevée et consommée dans un temps absolument passé, et avec un rapport à quelque circonstance qui la modifie. On l'appelle antérieur, parce que l'action qu'il exprime, précède toujours celle de l'autre verbe, avec lequel il se construit ordinairement, lui étant d'ailleurs subordonnée. Exemple.

Luego que hubimos concluido nuestras cuentas, nos pusimos á comer.	Après que nous eûmes fini nos comptes, nous nous mîmes à table.

Le *plus que parfait* signifie une action passée, non seulement dans un temps absolument passé, mais avec un rapport vague et implicite à une autre action passée aussi, à l'égard de laquelle celle qu'il exprime est considérée déjà passée. Ainsi, quand on dit : *Jesu-Christo habia visto á Natanael baxo de la higuera* : Jésus-Christ avoit vu Nathanaël sous le figuier ; le prétérit *habia visto* n'a pas de rapport explicite à un autre verbe, mais il en a un implicite, ne pouvant être employé absolument, sans qu'on ait parlé auparavant de quelque chose relative à la même phrase.

D

Quoique tous ces prétérits s'emploient souvent les uns à la place des autres, leur signification n'est pas pour cela la même, chacun conservant toujours celle qui lui est propre. Il arrive pourtant assez souvent, qu'étant joints à d'autres verbes ou à d'autres mots, ils reçoivent d'autres significations.

Le *futur* est divisé en *simple* et *composé*. Le premier a déjà été expliqué. Le second signifie une action à venir avec une espèce de doute relativement à la personne qui parle, et avec un rapport à un temps passé quelconque.

Que habrá hecho *tu primo ?* habrá pasado *à las Indias.*	Qu'aura fait ton cousin ? il aura passé aux Indes.

III. L'*impératif* marque un présent par rapport à la personne qui commande, et un futur eu égard à la chose commandée. Il n'a point de première personne du singulier, parce que si je commande à une autre personne ou à moi-même, il faut que je me serve de la seconde personne.

IV. Le *subjonctif* a un *présent*, trois prétérits, l'*imparfait*, le *parfait*, et le *plus que parfait*, et deux futurs, le *simple* et le *composé*.

Le *présent* signifie une action qui peut exister dans le temps présent ou à venir, suivant la nature du verbe qui le détermine ; et c'est pour cela que quelques-uns l'appellent *présent* ou *futur*, v. gr. :

Me alegro que lo pases *bien.*	Je suis bien aise que vous vous portiez bien.
Deseo que llegue *con salud.*	Je désire qu'il arrive en bonne santé.

L'*imparfait* a trois terminaisons *ra*, *ria*, *se*. *Ria* répond toujours à *rois*, y *se* à *se* ; mais *ra* tantôt à *rois*, tantôt à *se*.

Ce temps dans ses deux premières terminaisons, lorsqu'elles peuvent s'employer l'une à la place de l'autre, signifie une action future sous une condition quelconque, exprimée ou sous-entendue. Exemples.

Iria ou fuera *à las Indias, si* creyese hacer *fortuna en ellas.*	J'irois aux Indes, si je croyois y faire fortune.
Ese negocio tuviera *ou* tendria *mucha cuenta á la Provincia.*	Cette affaire-là seroit d'un grand avantage pour la Province.

Dans la troisième terminaison il exprime une action passée relativement au temps où l'on parle, lorsque le verbe, qui le détermine, est un prétérit, à l'égard duquel la même action peut être présente ou future, mais jamais passée, puisque c'est-là la raison pour laquelle on l'appelle *imparfait* ; et il la signifie future par rapport au temps où l'on parle, lorsqu'il est précédé du même imparfait dans les premières terminaisons. Exemples.

Se alegraba *que* saliese *yo con mi* empeño. — Il étoit fort aise que je réussisse dans mes desseins.

Pidió *que se le permitiesen sus* defensas. — Il demanda qu'on lui permît de se défendre.

Quisiera *que te diesen un empleo.* — Je voudrois qu'on te donnât un emploi.

Lorsque deux imparfaits dans la troisième terminaison sont gouvernés par un même verbe, l'action signifiée par l'un d'entr'eux peut être représentée indifféremment antérieure, présente, ou postérieure à celle de l'autre, suivant que l'exigent les mots dont ils sont accompagnés. Exemples.

Mando *el Rey que se* executasen *sus ordenes antes que, en el mismo tiempo que, despues que* se publicasen. — Le Roi ordonna qu'on exécutât ses ordres avant que, au même temps que, après qu'on les publiât.

Mando *el Rey que se* publicasen *sus ordenes antes que, en el mismo tiempo que, despues que* se executasen. — Le Roi ordonna *qu'on publiât ses ordres avant que, au même temps que, après qu'on les* exécutât.

Le *parfait* signifie une action passée relativement au verbe qui le détermine ou gouverne, exprimé ou sous entendu.

Dudo que haya pasado *el estrecho.* — Je doute qu'il ait passé le détroit.

Oxala que haya llegado *mi hermano.* — Plût au Ciel que mon frère soit arrivé.

Le *plus que parfait* signifie dans toutes ses terminaisons une action future conditionnellement eu égard au temps auquel il se rapporte, et passée relativement à celui où l'on parle.

Me hubiera ou *me* habria enriquecido, *si* hubiera ou hubiese pasado *a Indias.* — Je me serois enrichi, si j'avois passé aux Indes.

Le *futur simple* signifie une action future conditionnellement, et avec un rapport d'antériorité à une autre à venir aussi.

El que hiciere *la falta, la* pagará. — Celui qui fera la faute, la payera.

Le *futur composé* signifie une action future conditionnellement avec un rapport au temps passé, et à une autre action à l'égard de laquelle elle est considérée passée.

El que hubiere hecho *la falta, la* pagará. — Celui qui aura fait la faute la payera.

Nota. L'on ne s'est arrêté pour l'ordinaire dans l'explication des temps qu'à leur signification principale.

Du nombre du verbe.

LE NOMBRE DU VERBE *est le rapport de l'action à un ou à plusieurs agens.*

Lorsque le verbe se rapporte à un seul, v. gr. : *yo hablo*, je parle ; *tú paseas*, tu promenes ; *Pedro descansa*, Pierre repose ; il est *au nombre singulier.* Et lorsqu'il se rapporte à plusieurs, v. gr. : *nosotros hablamos*, nous parlons ; *vosotros paseais*, vous promenez ; *Pedro y Juan descansan*, Pierre et Jean reposent : il est au *nombre pluriel.*

Des personnes du verbe.

On entend par PERSONNES DU VERBE *un double rapport de l'action à son principe et à l'acte de la parole.*

Ces personnes sont au nombre de trois. Celle qui parle, v. gr. : *yo consiento*, je consens ; est de la première personne. Celle à qui l'on parle, v. gr. : *tú disputas*, tu disputes ; est de la seconde. Celle de qui l'on parle, v. gr. : *él contesta*, il conteste : est de la troisième.

Les personnes se connoissent par les personnes et par les terminaisons des verbes.

Conjugaison du verbe réciproque.

Elle ne consiste qu'à mettre les pronoms régimes *me, te, se, nos, os, se* entre les pronoms sujets, et le verbe. Exemple.

Yo me obstino.	Je m'obstine.
Tú te obstinas.	Tu t'obstine.
El ó Pedro se obtina.	Il ou Pierre s'obstine.
Nosotros nos obstinamos.	Nous nous obstinons.
Vosotros os obstinais.	Vous vous obstinez.
Ellos ó los hombres se obstinan.	Ils ou les hommes s'obstinent.

Et ainsi dans le reste de la conjugaison ; excepté l'infinitif, où les pronoms régimes se mettent après le verbe dans les temps simples, et après l'auxiliaire dans les composés, v. gr., *obstinarse*, s'obstiner ; *haberse obstinado*, s'être obstiné ; *obstinándose*, en s'obstinant ; *habiéndose obstinado*, s'étant obstiné.

Le verbe précédent et quelques autres, v. gr. *apropriarse*, s'approprier ; *arrogarse*, s'arroger ; *arrepentirse*, se répentir ; *encapricharse*, s'entêter ; sont ceux qui se conjugent toujours avec le pronom personnel. Lorsque les autres verbes sont conjugués de la même manière, on dit qu'ils sont pris *réciproquement.*

Des verbes irréguliers en général.

L'*irrégularité* des verbes arrive par l'altération des lettres radi-

cales, ou des terminaisons, ou de l'un et de l'autre ; soit qu'on
y altère l'ordre des lettres, soit qu'on en retranche, ou que l'on
y ajoute d'autres.

L'*irrégularité* qui ne vient que de l'orthographe doit être comptée
pour rien. Par exemple ; les verbes terminés en *car*, *cer*, *cir*
changent quelquefois le *c* en *qu* ou en *ʒ* ; car de *sacar*, tirer ;
vencer, vaincre ; *ʒurcir*, rentraire, l'on fait ; *saqué*, je tirai ;
venʒo, je vains ; *ʒurʒo*, je rentrais. De même de *cargar*, charger,
l'on tire : *cargué*, je chargeai ; et de *delinquir*, délinquer, *delinco*,
je manque. Mais tous ces changemens ne sont que des irrégularités
d'orthographe, et aucunement de prononciation, laquelle est la
seule regardée dans l'irrégularité des verbes.

Au contraire le changement de l'*i* voyelle en *y* grec est une altéra-
ration, qui regarde la prononciation, puisque ce dernier affecte
la voyelle qui le suit, et se prononce comme une véritable
consonne, étant impossible d'en rendre le son sans le secours d'une
voyelle.

Afin d'abréger, voici la méthode que nous suivrons dans la conjugaison des verbes irréguliers.

1.º Lorsqu'il y aura uniformité dans l'irrégularité des verbes,
qui appartiennent à différentes conjugaisons, on les mettra tous
de suite, v. gr. *acertar* et *ascender*, etc.

2.º Lorsque les temps sont irréguliers dans toutes leurs personnes,
et uniformes dans leur irrégularité, comme *creyera*, *creyese*,
je croirois, que je crusse, on ne conjugera que la première
personne du singulier, étant inutile de conjuguer les autres, puisque
le commençant le plus borné saura continuer ainsi : *creyeras*, *creyeses*,
creyera, *creyese*, *creyeramos*, *creyesemos*, etc. On suppose qu'il
sait déjà conjuguer coulamment les verbes réguliers. Quelquefois
pour une plus grande clarté, on les conjugue toutes.

3.º Lorsque toutes les personnes d'un même temps ne seront
pas irrégulières, on conjuguera celles qui le sont, mais on ne mettra
que les terminaisons irrégulières des secondes et troisièmes personnes,
si les premières sont aussi irrégulières. Par exemple : le présent de
l'indicatif du verbe *acertar*, rencontrer, déjà cité, a les trois personnes du singulier irrégulières., *acierto*, *aciertas*, *acierta* ; mais
comme il seroit trop long et inutile de les conjuguer de la sorte,
on les conjugue de cette autre manière : *acierto*, *iertas*, *ierta*, les
mettant toutes dans la même ligne. Cependant comme la troisième
du pluriel est la seule irrégulière de ce nombre, on la couche toute
entière dans une ligne séparée, *aciertan*.

4.º Quoique l'on conjugue plusieurs personnes d'un même temps,
on ne met dans la traduction que la première. Par exemple : dans
acierto, *iertas*, *ierta*, l'on met au dessus *je rencontre*. On suppose
qu'un françois sait continuer la conjugaison des temps des verbes
de sa langue.

5.º On y a supprimé la prononciation. Celui qui aura appris

à bien prononcer les verbes réguliers, ne trouvera aucune difficulté à prononcer les irréguliers. Outre que l'étude des règles de la prononciation doit accompagner celui des autres parties de la Grammaire.

6.° L'on y a supprimé aussi les pronoms. On ne dit pas, v. gr. : *yo acierto, tú aciertas ; él acierta*, mais comme ci-dessus. Les Grammairiens Espagnols les suppriment pour l'ordinaire, même dans la conjugaison des réguliers.

7.° L'on y emploie des abréviations pour désigner les modes, les temps, et les nombres. Par exemple : pour marquer l'*indicatif* ou l'*impératif*, l'on n'y met que les premières lettres. *Indic. Impér.* pour marquer le *présent*, on met seulement : *Prés.* ou *Pr.* et enfin pour désigner le singulier et le pluriel, l'on n'y écrit que les lettres initiales S. P.

Verbes irréguliers de la première conjugaison.

On marquera l'irrégularité par des caractères ronds ; et lorsque tout sera écrit en caractères italiques, c'est une marque que l'irrégularité consiste dans la suppression de quelque lettre ou lettres.

Acertar.	Rencontrer ou deviner.

Ce verbe reçoit un *i* avant l'*e* radical aux temps et personnes suivantes.

Prés. de l'indic. Je rencontre.   P. *Acierten.*
S. *Acierto, iertas, ierta.*   Prés. du subj. Que je rencontre.
P. *Aciertan.*   S. *Acierte, iertes, ierte.*
   Impér.   Rencontre.   P. *Acierten.*
S. *Acierta, ierte.*

Liste des verbes de la première conjugaison, qui ont la même irrégularité qu'acertar.

acrecentar	accroître.	*atestar* (dans	
adestrar	rendre adroit.	la significa-	remplir.
alentar	respirer, encou-	tion d'emplir	
	rager.	*atravesar*	traverser.
apacentar	paître, faire paî-	*aventar*	éventer.
	tre.	*calentar*	chauffer, échauf-
arrendar	arrenter, affer-		fer.
	mer.		aveugler, de-
asentar	asseoir, anno-	*cegar*	venir aveu-
	ter.		gle.
aserrar	scier.	*cerrar*	fermer.
aterrar	aterrer, épou-	*comenzar*	commencer.
	vanter.	*confesar*	confesser.

decentar	entamer.	*mentar*	nommer.
defender	défendre.	*merendar*	goûter.
denegar	dénier, refuser.	*negar*	nier.
derrengar	éreinter.	*nevar*	neiger.
desacertar	se méprendre.	*pensar*	penser.
desaferrar	désancrer.	*perniquebrar*	rompre une jambe.
desalentar	perdre haleine.		
desapretar	desserrer.	*plegar*	plier.
desasosegar	inquiéter.	*quebrar*	rompre, casser.
desconcertar	déconcerter.	*recomendar*	recommander
desempedrar	dépâver.	*reconfesar*	confesser de nouveau.
desencerrar	défermer.		
desenterrar	déterrer.	*refregar*	frotter, refroter.
deshelar	dégeler.	*remendar*	repétasser.
desherrar	déchaîner, déferrer.	*renegar*	renier.
desmembrar	démembrer.	*repensar*	penser plusieurs fois.
despernar	couper les jambes.	*resembrar*	resemer.
		resquebrar	fendre.
despertar	éveiller.	*retemblar*	tourner à trembler.
desterrar	exiler, bannir.		
emendar	corriger.	*retentar*	menacer d'une rechûte.
empedrar	pâver.		
empezar	commencer.	*reventar*	créver.
encerrar	enfermer, renfermer.	*sarmentar*	ramasser le sarment de la vigne.
encomendar	recommander.		
endentar	enclaver.	*segar*	moissonner, faucher.
ensangrentar	ensanglanter.		
enterrar	enterrer.	*sembrar*	semer.
errar	errer, se tromper.	*sentar*	asseoir.
		sobresembrar	sursemer.
escarmentar	apprendre à ses dépens.	*sosegar*	appaiser.
		soterrar	enterrer.
fregar	frotter, laver la vaisselle.	*subarrendar*	sous-affermer, sous-fermer.
gobernar	gouverner.	*temblar*	trembler.
helar	geler.	*tentar*	tenter.
herrar	ferrer.	*trasegar*	mettre sans-dessus-dessous.
infernar	damner.		
invernar	hiverner.	*tropezar*	heurter.

Liste des verbes de la seconde conjugaison, qui ont la même irrégularité qu'acertar.

ascender	monter (au figuré)	*cerner*	bluter, sasser.
atender	être attentif.	*condescender*	condescendre.

contender	batailler.	heder	puer.
defender	défendre.	hender	fendre.
desatender	être distrait.	perder	perdre.
desentender	feindre de ne pas entendre.	reverter	regorger.
		sobreverterse	regorger.
encender	allumer.	tender	tendre.
entender	entendre.	trascender	exhaler.
extender	étendre.	verter	verser.

NOTA. Le verbe *sentir*, sentir, et plusieurs autres de la troisième conjugaison ont la même irrégularité qu'*acertar*, mais comme ils en ont encore d'autres, on les conjuguera en son lieu.

REMARQUE. Le verbe *errar*, inséré dans la I.re liste, prend l'*y* grec à la place de l'*i* latin, et se prononce avec le son de consonne, dont on a parlé plus haut, et qu'on expliquera dans la troisième Partie.

Acostar.   Coucher.

Ce verbe change l'*o* radical en *ue* aux mêmes temps et personnes qu'*acertar* reçoit l'*i*.

Prés. de l'indic. Je couche.
S. *Acuesto*, *uestas*, *uesta*.
P. *Acuestan.*
Impér. Couche.
S. *Acuesta*, *uéste.*

P. *Acuesten.*
Prés. du subj. Que je couche.
S. *Acueste*, *uestes*, *ueste.*
P. *Acuesten.*

*Liste des verbes de la première conjugaison, qui ont la même irrégularité qu'*acostar.

acordar	accorder.	derrocar	précipiter, abattre.
agorar	augurer.		
almorzar	déjeûner.	desaforar	abroger.
amolar	émoudre, affiler.	desaprobar	désapprouver.
apostar	parier, gager.	descollar	exceller.
aprobar	approuver.	desconsolar	attrister.
asolar	dévaster.	descontar	décompter.
avergonzar	faire rougir.	descornar	arracher, rompre les cornes.
colar	couler.		
comprobar	prouver.	desengrosar	dégrossir.
consolar	consoler.	desolar	désoler.
contar	compter, conter.	desollar	écorcher.
convolar	voler ensemble, etc.	despoblar	dépeupler.
		destrozar	ravager.
costar	coûter.	destrocar	défaire un troc.
demostrar	démontrer.	desvergonzarse	parler impudemment.
denostar	injurier.		

discordar	disconvenir.	renovar	renouveler.
emporcar	salir.	reprobar	réprouver.
enclocarse	glousser.	rescontar	compenser.
encorar	garnir des cuirs.	resollar	haleter.
encordar	garnir de cordes.	resonar	retentir.
encontrar	rencontrer, trouver.	revolar	voler de nouveau.
encovar	encaver.	revolcarse	se vautrer.
engrosar	grossir.	rodar	rouler.
esforzar	encourager.	sobresolar	ressemeller.
forzar	forcer.	solar	ressemeller.
holgar	chômer.	soldar	souder.
hollar	fouler.	soltar	délier.
mostrar	montrer.	sonar	sonner.
poblar	peupler.	soñar	songer, rêver.
probar	prouver.	tostar	griller, rôtir.
recontar	recompter, etc.	trasvolar	voler pardessus.
recordar	rappeler le souvenir.	trocar	troquer.
		tronar	tonner.
recostar	pencher.	volar	{ voler dans les airs.
reforzar	renforcer.		
regoldar	roter.	volcar	{ tourner le dessus dessous
rehollar	fouler aux pieds.		

*Liste des verbes de la seconde conjugaison, qui ont la
même irrégularité qu'acostar.*

absolver	absoudre.	escocer	cuire, causer de la douleur.
cocer	cuire.		
condoler	condouloir.	llover	pleuvoir.
conmover	émouvoir.	moler	moudre.
demoler	démolir.	morder	mordre.
descocer	digérer.	mover	mouvoir.
desenvolver	développer.	oler	sentir.
destorcer	détordre.	promover	promouvoir.
devolver	renvoyer.	recocer	recuire.
disolver	dissoudre.	remorder	remordre.
doler	sentir de la douleur.	remover	remuer.
		resolver	résoudre.
ensolver	mélanger, etc.	retorcer	retordre.
ensolverse	se résoudre, se terminer.	revolver	retourner.
		torcer	tordre.
envolver	envelopper.	volver	tourner.

REMARQUE. Les verbes *absolver*, *desenvolver*, *devolver*, *disolver*,
envolver, *resolver*, *revolver*, et leur racine *volver* ont la même irré-

gularité au participe passif, dont la terminaison est encore irrégulière : *absuelto*, *uelta*, absous, oute : *vuelto*, *uelta*, tourné,
ée, etc.

Andar.   Marcher.

Ce verbe est composé de lettres radicales *and* et des terminaisons
de l'auxiliaire *haber*, en retranchant le *h* (qui est toujours muet),
et en changeant le *b* en *v* (anciennement *haber* s'écrivoit dans tous
ses temps par un *v*) aux temps et aux terminaisons suivantes.

Parf. de l'ind. Je marchai.   *Anduviera*, *anduviese*, etc.
S. *Anduve*, *uviste*, *uvo*.   (La seconde terminaison *andaria*
P. *Anduvimos*, *uvisteis*, *uvieron*.   est régulière).

Imparf. du subj. { Je marcherois,   Fut. Je marcherai ou j'aurai
que je mar-   marché.
chasse.   *Anduviere*, etc.

REMARQUE. L'*e* et l'*o* final du parfait de l'indicatif à la 1.re et
3.me personne sont irréguliers, parce que l'accent ou appui de la
voix, qui devoit se faire sur eux, se transporte à la pénultième syllabe.

Estar.   Etre.

Ce verbe, outre les irrégularités du verbe *andar*, a encore les
suivantes, 1.° celle de faire à la 1.re personne du singulier du
présent de l'indicatif, *estoy*, je suis, où l'*o* est irrégulier, l'accent,
qui devoit être sur la pénultième syllabe, se transportant sur lui ;
2.° celle de transporter ce même accent sur les dernières syllabes
de la 2.de et 3.me personne du singuliet, et 3.me du pluriel du
même présent ; de la 2.de et 3.me personne du singulier, et 3.me
du pluriel de l'impératif ; de trois personnes du singulier, et 3.me
du pluriel du présent du subjonctif. Ainsi l'on prononce, et l'on écrit :
estás, *está*, *están* ; tu es, il est, ils sont ; *está*, *esté*, *estén* ; sois, qu'il
soit, qu'ils soient ; *estés*, *esté*, *estén* ; que je sois, etc.

REMARQUE. Le verbe *estar* s'emploie pour marquer l'état, la
position, ou la situation d'une personne ou chose.

Estoy enfermo.   Je suis malade.
Estuvo de pié.   Il a été debout.
Esta casa está mal construida.   Cette maison est mal bâtie.
Aquel jardin estaria mejor junto   Ce jardin-là seroit mieux près
al rio.   de la rivière.

Dar.   Donner.

Il est irrégulier dans la 1.re personne du singulier du présent de
l'indicatif, dans tout le prétérit du même mode, dans la 1.re et
3.me terminaison de l'imparfait du subjonctif, et dans tout le futur
du même mode.

Prés. de l'indic. | Imp. du subj. Je donnerois, que
S. *Doy.* Je donne. | je donnasse.
Prétér. parf. Je donnai. | *Diera*, ...*diese*, etc.
S. *Dí*, iste, *ió.* | Fut. J'aurai donné.
P. *Dimos*, isteis, ieron. | *Diere*, etc.

Jugar. *Jouer.*

Ce verbe reçoit un *e* après l'*u* radical aux temps et personnes suivantes.

Prés. de l'ind. Je joue. | P. *Jueguen.*
S. *Juego*, *uegas*, *uega.* | Prés. du subj. Que je joue.
P. *Juegan.* | S. *Juegue*, *uegues*, *uegue.*
Impér. Joue. | P. *Jueguen.*
S. *Juega*, *uegue.* |

NOTA. L'*u* après le *g* est muet, et ne se met que pour adoucir la prononciation de celui-ci, et conserver la régularité de la conjugaison.

Verbes irréguliers de la seconde conjugaison.

Tous les verbes en *acer*, *ecer*, *ocer* (excepté *cocer* et ses composés, dont on a déjà parlé) et *ucir* ont l'irrégularité représentée dans l'exemple suivant.

Nacer. *Naître.*

Prés. de l'ind. Je nais. | P. *Nazcamos*, *nazcan.*
S. *Nazco.* (le reste est régulier.) | Prés. du subj. que je naisse.
Impér. Qu'il naisse. | S. *Nazca*, *azcas*, *azca.*
S. *Nazca.* | P. *Nazcamos*, *azcais*, *azcan.*

Le verbe *hacer* et ses composés sont encore une exception de la règle précédente.

Hacer. *Faire.*

Part. pas. *Hecho*, *hecha.* Fait, | Impér. Fais.
aite. | S. *Haz*, *haga.*
Prés. de l'ind. Je fais. | P. *Hagamos*, *hagan.*
S. *Hago.* (le reste est régulier). | Prés. du subj. S. *Haga*, etc. Que
Prét. parf. Je fis. | je fasse.
S. *Hice*, iciste, *izo.* | Imparf. Je ferois, que je fisse.
P. *Hicimos*, icisteis, icieron. | S. *Hiciera*, haria, *hiciese*, etc.
Fut. S. *Haré*, etc. Je ferai. | Fut. S. *Hiciere*, etc. J'aurai fait.

Satisfacer, satisfaire, un composé *d'hacer* fait à la seconde personne de l'impératif, *satisfaz* ou *satisface*, satisfais, dont le second èst régulier. Pour le reste il suit en tout sa racine, ainsi que les autres composés, *deshacer*, défaire, *rehacer*, refaire.

Caber. — Entrer ou être contenu.

Prés. de l'Ind. J'entre.
S. Quepo. (Le reste est régulier).
Prét. parf. J"entrai.
S. *Cupe*, *upiste*, *upo*.
P. *Cupimos*, *upisteis*, *upieron*.
Fut. S. *Cabré* : etc. J'entrerai.
Impér. Qu'il entre.
S. Quepa.

P. Quepa*mos*, quep*an*.
Prés. du Subj. S. Quepa : etc. Que j'entre.
Imparf. J'entrerois, que j'entrasse.
S. *Cupiera*, *cabria*, *cupiese* : etc.
Fut. S. *Cupiere* : etc. Je serai entré.

Caer. — Tomber.

Ce verbe et ses composés *decaer*, déchoir, *recaer*, retomber, sont irréguliers aux temps et personnes suivantes.

Partic. act. *Cayendo*. Tombant.
Prés. de l'Ind. Je tombe.
S. *Caygo* (Le reste est régulier).
Prét. parf. Il tomba.
S. *Cayó* P. *Cayeron*.
Impér. Qu'il tombe.
S. *Cayga*.
P. *Caygamos*, *caygan*.

Pr. du Subj. S. *Cayga* : etc. Que je tombe.
Imparf. Je tomberois, que je tombasse.
S. *Cayera*, *cayese* : etc.
Fut. S. *Cayere* : etc. Je serai tombé.

REMARQUE. Les autres verbes en *aer*, *eer*, et *oer*, ont la même irrégularité au participe actif et au gérondif (qui sont toujours la même chose); à l'imparfait, et au futur du subjonctif; laquelle ne consiste qu'à changer l'*i* voyelle en *y* consonne, bien que ce même *y* se prononce voyelle dans les autres temps de *caer*.

Poder. — Pouvoir.

Ce verbe, outre l'irrégularité d'*absolver* (voyez *acostar*), a encore les suivantes.

Part. act. *Pudiendo*. Pouvant.
Parf. de l'Ind. Je pus.
S. *Pude*, *udiste*, *udo*.
P. *Pudimos*, *udisteis*, *udieron*.
Fut. S. *Podré* : etc. Je pourrai.

Imp. du subj. Je pourrois, que je pusse.
S. *Pudiera*, *podria*, *pudiese* : etc.
Fut. S. *Pudiere* : etc. J'aurai pu.

Poner. — Mettre.

Part. pas. *Puesto*, *uesta*. Mis, ise.
Prés. de l'Ind. Je mets.
S. *Pongo*. (Le reste est régulier).

Prét. parf. Je mis.
S. *Puse*, *usiste*, *uso*.
P. *Pusimos*, *usisteis*, *usieron*.

Fut. S. *Pondré* : etc. Je mettrai.   je mette.
Impér. Mets.   Imparf. Je mettrois, que je misse.
S. *Pon*, *ponga*.   S. *Pusiera*, *pondria*, *pusiese* : etc.
P. *Pongamos*, ... *pongan*.   Fut. S. *Pusiere* : etc. J'aurai mis.
Pr. du subj. S. *Ponga* : etc. Que

Les verbes suivans composés de *poner* ont les mêmes irrégularités que leur racine.

anteponer	préférer.	*oponer*	opposer.
déponer	déposer.	*posponer*	mettre après, estimer moins.
descomponer	décomposer.	*presuponer*	présupposer.
disponer	disposer.	*proponer*	proposer.
exponer	exposer.	*reponer*	remettre.
imponer	imposer.	*sobreponer*	mettre par-dessus.
indisponer	indisposer.	*suponer*	supposer.
interponer	interposer.	*trasponer*	transposer.

REMARQUE. On a marqué comme irrégulière la syllabe *on*, parce qu'elle forme une voyelle nasale, et si l'on suivoit la régularité de l'Infinitif, l'*o* formeroit une syllabe avec le *p*; et le *n* une autre non nasale avec la voyelle suivante.

Querer.   Vouloir.

Outre les irrégularités du verbe *acertar*, il a encore les suivantes.

Parf. de l'Indic. Je voulus.   Imp. du subj. Je voudrois, que
S. *Quise*, *isiste*, *iso*.   je voulusse.
P. *Quisimos*, *isisteis*, *isieron*.   S. *Quisiera*, *querria*, *quisiese* : etc.
Fut. S. *Querré* : etc. Je voudrai.   Fut. S. *Quisiere* : etc. J'aurai
                                          voulu.

Saber.   Savoir.

Prés. de l'Ind. Je sais.   S. *Sepa.*
S. *Sé*. (Le reste est régulier). P. *Sepamos*, *sepan.*
Parf. Je sus.   Pr. du subj. S. *Sepa* : etc. Que
S. *Supe*, *upiste*, *upo*.   je sache.
P. *Supimos*, *upisteis*, *upieron*. Imparf. Je saurois, que je susse.
Fut. S. *Sabré* : etc. Je saurai.   S. *Supiera*, *sabria*, *supiese* : etc.
Impér. Qu'il sache.   Fut. S. *Supiere* : etc. J'aurai su.

Resaber, faire le savant, composé de *saber*, a lés mêmes irrégularités.

Tener.   Tenir.

Prés. de l'ind. Je tiens.   P. *Tienen.*
S. *Tengo*, *ienes*, *iene*.   Parf. Je tins.

S. *Tuve*, *uviste*, *uvo*.

P. *Tuvimos*, *uvisteis*, *uvieron*.

Fut. S. *Tendré* : etc. Je tiendrai.

Impér. *Tiens.*

S. *Ten*, *enga*.

P. *Tengamos*, *engan*.

Pr. du subj. S. *Tenga* : etc. Que je tienne.

Imparf. Je tiendrois, que je tinsse.

S. *Tuviera*, *tendria*, *tuviese* : etc.

Fut. S. *Tuviere* : etc. J'aurai tenu.

REMARQUE Ire On a marqué comme irrégulière la syllabe nasale *en* par la même raison que l'on a marqué l'*on* du verbe *poner*.

REMARQUE. IIe Ce verbe s'emploie dans quelques-uns de ses temps à la place de l'auxiliaire *haber* pour donner plus d'énergie à l'expression ; v. gr....

Tengo dicho á V^{md} que se engaña :   Je vous ai dit que vous vous trompez.

Ya se-lo tenia tragado :   ¿Il s'y étoit déjà bien attendu.

Les verbes suivans, composés de *tener*, ont les mêmes irrégularités que leur racine.

abstenerse	s'abstenir.	*mantener*	maintenir.
atenerse	se rapporter.	*obtener*	obtenir.
contener	contenir.	*retener*	retenir.
detener	arrêter.	*sostener*	soutenir.

Traer.   Apporter.

Part. act. *Trayendo.* En apportant.

Prés. de l'ind.   J'apporte.

S. *Traygo.* (Le reste est régulier.)

Parf.   J'apportai.

S. *Traxe*, *axiste*, *axo*.

P. *Traximos*, *axisteis*, *axeron*.

Impér.

S. *Trayga.*   Qu'il apporte.

P. *Traygamos*, *traygan*.

Pr. du subj. S. *Trayga*, etc. Que j'apporte.

Imparf. J'apporterois, que j'apportasse.

S. *Traxera*, ...*traxere*, etc.

Fut. S. *Traxere* : etc. J'aurai apporté.

Les verbes suivans, composés de *traer*, se conjuguent comme leur racine.

abstraer.	abstraire.	*extraer*	extraire.
atraer.	attraire.	*retraer*	rapporter, etc.
contraer	étrécir, resserrer	*retrotraer*	donner un effet rétroactif.
detraer	détracter.		
distraer	distraire.	*sustraer.*	soustraire.

Valer.   Valoir.

Prés. de l'ind.   Je vaux.   Imp.   Qu'il vaille.

S. *Valgo.* (Le reste est régulier.)   S. *Valga.*

Fut. S. *Valdré* : etc. Je vaudrai.   P. *Valgamos*. *valgan*.

Pr. du subj. S. *Valga* : etc. Que   Imparf.   Je vaudrois.
je vaille.   S........*Valdria* : etc.

Equivaler, équivaloir, composé de *valer*, a les mêmes irrégularités que sa racine.

Ver.   Voir.

Ce verbe et ses dérivés *prever*, prévoir, *rever*, revoir, reçoivent un *e* après le *v* radical dans la première personne du singulier du présent de l'indicatif, dans la troisième du singulier, première et troisième du pluriel de l'impératif, dans tout l'imparfait de l'indicatif, et présent du subjonctif. *Veo*, je vois. *Veia*, etc. : Je voyois. *Vea*, *veamos*, *vean* : qu'il voie : etc. *Vea*, etc. : que je voie. Au part. passif ils font : *visto*, *vista*, vu, vue : etc.

Verbes irréguliers de la troisième conjugaison.

Tous les verbes qui terminent en *uir* ont l'irrégularité de recevoir l'*y* consonne aux trois personnes du singulier, et à la troisième du pluriel du présent de l'indicatif ; à la seconde et troisième personne du singulier, et à la première et troisième du pluriel de l'impératif, et dans tout le présent du subjonctif : et celle de changer l'*i* voyelle en *y* consonne dans tous les temps et personnes, où se change le verbe *caer*, conjugué plus haut. Exemple.

Argüir.   Argumenter.

Part. act. *Arguyendo.* Argumen-   S. *Arguye*, *uya*.
  tant.   P. *Arguyamos*, *uyan*.
Prés. de l'ind.   J'argumente.   Pr. du subj. S. *Arguya* : etc. Que
S. *Arguyo*, *uyes*, *uye*.   j'argumente.
P. *Arguyen*.   Imp. J'argumenterois, que j'ar-
Parf.   Il argumenta.   gumentasse.
S. *Arguyó*.   S. *Arguyera*, ... *arguyese* : etc.
P. *Arguyeron*.   Fut. S. *Arguyere*. J'aurai argu-
Impér.   Argumente.   menté.

Asir.   Saisir.

Ce verbe reçoit un *g* aux troisièmes personnes de l'impératif, et dans tout le présent du subjonctif. *Asga*, *asgan*, qu'il saisisse : etc. *Asga*, etc. : que je saisisse.

REMARQUE.

Tous les verbes terminés en *ducir*, outre les irrégularités communes aux verbes en *acer*, *ecer*, *ocer*, *ucir*, déjà expliquées, ont encore celles qui sont représentées dans l'exemple suivant.

Conducir.   Conduire.

Parf. de l'ind.   Je conduisis.   je conduisisse.
S. *Conduxe , uxiste , uxo.*   S. *Conduxera..... conduxere :* etc.
P. *Conduximos , uxisteis , uxeron.*   Fut. S. *Conduxere :* etc. J'aurai
Imp. du subj. Je conduirois , que   conduit.

Les autres verbes en *ducir* sont les suivans.

deducir	déduire.	*reducir.*	réduire.
inducir	induire.	*reproducir.*	reproduire.
introducir.	introduire.	*seducir.*	séduire.
producir	produire.	*traducir.*	traduire.

Decir.   Dire.

Part. act. *Diciendo.*   Disant.   Impér.   —   Dis.
Part. pas. *Dicho , icha.* Dit, ite.   S. *Dí , diga.*
Prés. de l'ind.   Je dis.   P. *Digamos , digan.*
S. *Digo , ices , ice.*   Pr. du subj. S. *Diga :* etc. Que
P. *Dicen.*   je dise.
Parf.   Je dis.   Imp. Je dirois , que je disse.
S. *Dixe , ixiste , ixo.*   S. *Dixera , diria , dixese :* etc.
P. *Diximos , ixisteis , ixeron.*   Fut. S. *Dixere :* etc. J'aurai dit.
Fut. S. *Diré :* etc.   Je dirai.

Ses composés *contradecir*, contredire, *desdecir*, dédire, *entrede-cir*, entredire, *predecir*, prédire, se conjuguent comme leur racine, avec la seule différence que les deux premiers font à la seconde personne du singulier de l'impératif, *contradice*, contredis , *desdice* , dédis.

Bendecir, bénir, *maldecir*, maudire, autres composés de *decir*, se conjuguent comme leur racine au présent, et au prétérit de l'indicatif ; à l'impératif (excepté à la seconde personne où ils font , *bendice*, bénis , *maldice*, maudis) ; au présent et au futur du subjonctif ; et aux premières et troisièmes terminaisons de l'imparfait de ce mode. Dans tout le reste ils sont réguliers.

Dormir.   Dormir.

Ce verbe a l'irrégularité de changer l'*o* radical en *ue* aux mêmes temps et personnes qu'*acostar* ; et encore celle de changer ce même *o* radical en *u* aux temps et personnes suivantes.

Part. act. *Durmiendo* Dormant.   Pr. du subj. Que nous dormions.
Parf.   Il dormit.   P. *Durmamos , durmais.*
S. *Durmió.*   Imp. Je dormirois, que je dormisse.
P. *Durmieron.*   S. *Durmiera...durmiese :* etc.
Imp. P. *Durmamos.*   Dormons.   F.S. *Durmiere:* etc. J'aurai dormi.

Le

Le verbe *morir*, mourir, a les mêmes irrégularités que *dormir*, et fait au participe passif *muerto*, *muerta*, mort, morte.

Ir.   Aller.

Ce verbe n'est composé que de la terminaison des verbes de la troisième conjugaison. Ainsi il est régulier au participe passif, au futur de l'indicatif, à la seconde personne du pluriel de l'impératif, et à la seconde terminaison de l'imparfait du subjonctif. Il emprunte quelques temps et terminaisons de l'auxiliaire *ser*. Voici toute sa conjugaison en la manière accoutumée.

Part. act. *Yendo*. (*y* consonne) Allant.   Imp.   Vais.

Part. pas. *Ido*, *ida*. Allé, allée.   S. *Vé*, *vaya*.

Prés. de l'ind.   Je vais.   P. *Vamos*, *id*, *vayan*.

S. *Voy*, *vas*, *va*.

P. *Vamos*, *vais*, *van*.   P. du subj. S. *Vaya* : etc. Que j'aille.

Imparf. S. *Iba* : etc. J'allois.

Parf. S. *Fui* : etc. J'allai ou fus.   Imparf. J'irois, que j'allasse ou fusse.

    S. *Fuera*, *iria*, *fuese* : etc.

Fut. S. *Iré* : etc.   J'irai.   Fut. S. *Fuere* : etc. $\begin{cases} \text{Je serai allé} \\ \text{ou j'aurai été} \end{cases}$

Oir.   Entendre, ouïr.

Part. act. *Oyendo*. Entendant.   P. *Oygamos*, *oygan*.

Prés. de l'ind.   J'entens.   Prés. du subj. S. *Oyga* : etc. Que j'entende.

S. *Oygo*, *oyes*, *oye*.

P. *Oyen*.   Imp. J'entendrois, que j'entendisse.

Parf.   Il entendit.

S. *Oyó*.   S. *Oyera*, ... *oyese* : etc.

P. *Oyeron*.   Fut. S. *Oyere* : etc. J'aurai entendu.

Impér.   Entens.

S. *Oye*, *oyga*.

Entreoír, entr'ouïr, composé d'*oir*, se conjugue comme sa racine.

Pedir.   Demander.

Ce verbe change l'*e* radical en *i* aux temps, personnes, et terminaisons suivantes.

Part. act. *Pidiendo*. Demandant.   P. *Pidamos*, *pidan*.

Prés. de l'ind.   Je demande.   Prés. du subj. S. *Pida* : etc. Que je demande.

S. *Pido*, *ides*, *ide*.

P. *Piden*.   Imp. Je demanderois, que je demandasse.

Parf.   Il demanda.

S. *Pidió*.   S. *Pidiera* .... *pidiese*.

P. *Pidieron*.   Fut. S. *Pidiere* : etc. J'aurai demandé.

Impér.   Demande.

S. *Pide*, *pida*.

E

Liste des Verbes qui se conjuguent comme pedir.

ceñir	ceindre.	*medir*	mesurer.
colegir	inférer.	*perseguir*	persécuter.
competir	être compétiteur	*proseguir*	poursuivre, suivre.
concebir	concevoir.		
conseguir	obtenir , venir à bout.	*regir*	régir.
		rehenchir	emplir de nouveau.
constreñir	contraindre.		
corregir	corriger.	*reherir*	étalonner de nouveau.
derretir	fondre.		
desceñir	ôter la ceinture.	*rehervir*	rebouillir.
desleir	délayer.	*reir*	rire.
despedir	congédier.	*rendir*	rendre, faire rendre.
desteñir	déteindre.		
elegir	élire.	*reñir*	se quereller.
engreir	rendre présomptueux.	*repetir*	répéter.
		reteñir	reteindre.
envestir	investir.	*revestir*	revêtir.
estreñir	étreindre.	*seguir*	suivre.
expedir	expédier.	*servir*	servir.
freir	frire.	*sofreir*	frire légèrement
gemir	gémir.	*sonreir*	sourire.
henchir	emplir.	*subseguir*	s'ensuivre.
henir	paîtrir.	*teñir*	teindre.
impedir	empêcher.	*vestir*	vêtir.

Podrir.   *Pourrir.*

Il change l'*o* radical en *u* aux temps , personnes , et terminaisons suivantes.

Part. act. Pudriendo. Pourrissant.   P. *Pudramos , pudran.*
Prés. de l'ind.   Je pourris.   Pr. du subj. S. *Pudra* : etc. Que
S. *Pudro , udres , udre.*   je pourrisse.
P. *Pudren.*   Imp. Je pourrirois , que je pourrisse.
Parf. S. *Pudrí* : etc. Je pourris.   risse.
Fut. S. *Pudriré* : etc. Je pourrirai.   S. *Pudriera.........pudriese* , etc.
Imp. Pourris.   Fut. S. *Pudriere* : etc. J'aurai
S. *Pudre , pudra.*   pourri.

Salir.   *Sortir.*

Prés. de l'ind.   Je sors.   P. *Salgamos , salgan.*
S. *Salgo.* (Le reste est régulier.)   Pr. du subj. S. *Salga* : etc. Que
Fut. S. *Saldré* : etc. Je sortirai.   je sorte.
Impér.   Sors.   Imparf.   Je sortirois.
S. *Sal , salga.*   S......*Saldria.*

Resalir, ressortir, *sobresalir*, exceller, composés de *salir*, ont les mêmes irrégularités que leur racine.

Sentir.   Sentir.

Ce verbe reçoit un *i* avant l'*e* radical aux mêmes temps et personnes que le verbe *acertar*, et change l'*é* radical en *i* au participe actif, aux troisièmes personnes du parfait de l'indicatif, à la première du pluriel de l'impératif, à la première et seconde du pluriel du présent du subjonctif, à la première et troisième terminaison de l'imparfait, et au futur du même mode, comme on l'a vu dans *pedir*.

Liste des Verbes qui se conjuguent comme sentir.

adherir	adhérer.	*disentir*	ne point conve-nir
advertir	avertir.		
anteferir	préférer.	*hervir*	bouillir.
arrepentirse	se repentir.	*herir*	blesser.
asentir	consentir.	*inquirir*	s'enquérir.
conferir	conférer.	*inxerir*	enter.
consentir	consentir.	*invertir*	renverser.
controvertir	controverser.	*mentir*	mentir.
convertir	convertir.	*pervertir*	pervertir.
deferir	déférer.	*preferir*	préférer.
desconsentir	ne point con-sentir.	*presentir*	pressentir.
		proferir	proférer.
desconvenir	disconvenir.	*referir*	raconter.
desmentir	démentir.	*repetir*	répéter.
diferir	différer.	*requerir*	réquérir.
digerir	digérer.	*resentir*	ressentir.
		subvertir	subvertir.

REMARQUE. Les verbes *hendir*, fendre, *concernir*, concerner, *discernir*, discerner, reçoivent aussi un *i* avant l'*e* radical, aux mêmes temps et personnes que le verbe *sentir* ; mais ils ne changent point l'*e* en *i*.

Venir.   Venir.

Part. act. *Viniendo*.   Venant.   Fut. S. *Vendré* : etc. Je viendrai.
Prés. de l'ind.   Je viens.   Impér.   Viens.
S. *Vengo*, *ienes*, *iene*.   S. *Ven*, *venga*.
P. *Vienen*.   P. *Vengamos*, *vengan*.
Parf.   Je vias.   Pr. du subj. S. *Venga* : etc. Que
S. *Vine*, *iniste*, *ino*.   je vienne.
P. *Vinimos*, *inisteis*, *inieron*.   Imparf. Je viendrois, que je

vinsse.   Fut. S. *Viniere* : etc. Je serai
S. *Viniera*, vendria, viniese, etc.   venu.

La même irrégularité est suivie par ses composés, dont voici la
liste.

avenir	concilier.	*provenir*	provenir.
convenir	convenir.	*reconvenir*	reconvenir.
desavenir	brouiller.	*revenir*	revenir.
prevenir	prévenir.	*sobrevenir.*	survenir.

REMARQUE I.

Les verbes *abrir*, ouvrir, *cubrir*, couvrir, *descubrir*, découvrir,
escribir, écrire, sont seulement irréguliers au participe passif, où
ils font : *abierto*, ierta, ouvert, te : *cubierto*, ierta, couvert, te :
descubierto, ierta, découvert, te : *escrito*, ita, écrit, te.

REMARQUE II.

Il y a un grand nombre de verbes qui ont deux participes passifs,
l'un régulier, et l'autre irrégulier, v. gr. : *perfeccionar*, perfectionner, *convencer*, convaincre, *bendecir*, bénir, dont le participe
régulier est *perfeccionado*, da, perfectionné, ée ; *convencido*, da,
convaincu, ue ; *bendecido*, da, béni, ie : et l'irrégulier *perfecto*,
ta, parfait, te ; *convicto*, ta, convaincu, ue ; *bendito*, ta, bénit,
te. Mais, pour l'ordinaire, ces participes irréguliers ne sont que
des adjectifs verbaux, puisqu'on ne peut pas les employer avec l'auxiliaire *haber*. Les seuls verbes, peut-être, de cette classe, dont les
participes irréguliers s'emploient avec l'auxiliaire, sont *prender*,
prendre ou arrêter, *prescribir*, prescrire, *proscribir*, proscrire, *proveer*, pourvoir, *romper*, rompre ; lesquels ont pour leur participe
régulier : *prendido*, da ; pris, se : *prescribido*, da ; prescrit, te :
proscribido, da ; proscrit, te : *proveido*, da ; pourvu, ue ;
rompido, da ; rompu, ue, et pour leur irrégulier : *preso*, sa ;
prescripto, ta ; *proscripto*, ta ; *provisto*, ta ; *roto*, ta ; et même
ce dernier est plus usité que le régulier, bien qu'ils ne puissent
pas s'employer toujours indifféremment l'un pour l'autre.

REMARQUE III.

Il y a beaucoup de participes passifs qui ont une signification
active, c'est-à-dire, qu'alors ils ne sont plus des participes,
exemples :

Desesperado, désespéré, signifie celui qui désespère ou se
désespère.

Disimulado, dissimulé, signifie celui qui dissimule.

Entendido, entendu, signifie celui qui s'entend à quelque chose.

Moderado, modéré, signifie celui qui a de la modération.

Et même les trois premiers s'emploient aussi substantivement.

Verbes impersonnels et défectueux.

La conjugaison des verbes *impersonnels* ne diffère de celle des autres verbes qu'en ce que ceux-là ne se conjuguent qu'aux troisièmes personnes du singulier dans les modes, qui en ont, car à l'infinitif ils se conjuguent comme les verbes neutres. Ils se conjuguent encore aux temps composés. Exemple.

	Llover.	Pleuvoir.
Infin. Prés.	Llover	Pleuvoir.
Prétér.	Haber llovido	Avoir plu.
Part. act. prés.	Lloviendo	Pleuvant.
Prét.	Habiendo llovido.	Ayant plu.
Part. pas.	Llovido, da.	Plu, ue.
Indic. prés.	Llueve	il pleut.
Prét. imp.	Llovia	il pleuvoit.
Prét. parf.	Llovió	il plut.
Prét. indéf.	Ha llovido	il a plu.
Prét. ant.	Hubo llovido	il eut plu.
Plusq. parf.	Habia llovido	il avoit plu.
Fut. simp.	Lloverá	il pleuvra
Fut. comp.	Habrá llovido	il aura plu.
Imper.	Llueva	Qu'il pleuve.
Subjont. prés.	Llueva	Qu'il pleuve.
Imp.	Lloviera, lloveria, lloviese	Il pleuvroit, qu'il plût.
Prét. parf.	Haya llovido	Qu'il ait plu.
Plusq. parf.	Hubiera, habria, hubiese llovido	Il auroit plu, qu'il eût plu.
Fut. simp.	Lloviere	Il pleuvra; il aura plu.
Fut. comp.	Hubiere llovido	Il aura plu.

Les autres verbes réputés ordinairement impersonnels, sont :

amanecer	commencer à faire jour.	granizar	grêler.
		importar	importer.
anochecer	commencer à faire nuit.	lloviznar	tomber de la pluie menue.
escarchar	tomber du frimas.	nevar	neiger.
		relampaguear	éclairer.
helar	geler.	tronar	tonner.

Cependant c'est à tort qu'on appelle ces verbes *impersonnels*, non seulement à cause de la grande impropriété de cette appellation (vice commun à presque toutes les autres qu'on donne aux verbes) ; mais aussi parce que tous ces verbes ont un mobile ou principe de l'action qu'ils signifient, et par conséquent rien n'empêche qu'on ne les conjugue dans toutes les personnes ; et en effet dans l'usage même de la langue ils se conjuguent encore. dans d'autres personnes que les troisièmes du singulier , comme nous le prouvons au long dans notre grande Grammaire.

Les verbes *défectueux* sont en si petit nombre dans la langue Espagnole , qu'on peut presque dire , qu'elle n'en a guère ou point. Les deux seuls verbes que l'Académie apporte pour exemple , peuvent être réduits sans peine à la classe des *impersonnels*, puisqu'ils n'ont guère d'usage qu'aux troisièmes personnes du singulier. Ce sont *placer* , plaire , et *yacer* , (gésir , qui n'est plus en usage). Le premier s'emploie dans tous les temps, excepté le futur de l'indicatif, l'impératif, et la seconde terminaison de l'imparfait du subjonctif. Ainsi on dit, v. gr. , au prés. de l'indic. : *a mi me* place , il me plaît à moi : à l'imparf. : *à ti te* placía : *il te plaisoit* à toi : au parf. : *a él le* plugo : il lui plût à lui : au prés. du subj. : plegue *à Dios* : plaise à Dieu : à l'imparf. : *pluguiera,* pluguiese *al Cielo* : plût au Ciel : et au futur , *si nos* pluguiere , etc. ; s'il nous plaît. (Ce futur peut se rendre en françois par des temps différens , suivant le sens qu'il fait). Quelquefois on peut dire , à la troisième personne du pluriel du présent de l'indicatif : *me* placen *esos abanicos* , *esas telas* , etc. : ces évantails , ces étoffes , etc. me plaisent : dans les autres temps le pluriel n'a guère ou point du tout d'usage. Aux temps composés et à l'infinitif il n'en a absolument aucun, si ce n'est peut-être quelquefois au présent dans la poësie.

Le second n'a guère d'usage qu'aux troisièmes personnes du présent de l'indicatif , et seulement dans les épitaphes. *Aquí* yace *N* , *ó aquí* yacen *N. y N.* Ci-gît N. ou ci-gisent N. et N. On disoit autrefois au présent de l'indicatif et du subjonctif : *yo yago* ou *yazgo* , je repose : *yo yaga* ou *yazga* , que je repose , etc. Mais aujourd'hui on ne s'en sert plus.

Le verbe *peer* , peter , n'a guère d'usage qu'à l'infinitif , et ainsi à proportion de quelques autres.

DE L'ADVERBE.

Définition de l'Adverbe.

L'ADVERBE (terme qui signifie *joint au verbe*) *est un mot indéclinable , qui exprime les différences de l'action signifiée par le verbe.*

Quelquefois par une extension de l'usage certains adverbes de quantité modifient aussi les adjectifs. Exemple.

Las empresas mal *concertadas* — Les entreprises mal concertées ont
tienen ordinariamente *sucesos* — ordinairement des succès fort
muy *desgraciados.* — ou très-malheureux.

L'adverbe *mal* va avec le participe *concertadas* et le verbe *son*,
sont, qui y est sous-entendu, de même que le relatif *que*, qui.
Ordinariamente va avec le verbe *tienen*; et *muy* (adverbe de quantité) avec l'adjectif *desgraciados.*

L'*adverbe* a été inventé pour suppléer à la disette des verbes,
et au défaut dans la formation des adjectifs. Car s'il y avoit assez
de verbes pour exprimer toutes les modifications marquées par les
adverbes; ou si les adjectifs avoient des terminaisons propres à
exprimer les différens degrés de signification que les adverbes leur
communiquent, ceux-ci deviendroient tout-à-fait inutiles; et par
conséquent ils ne forment point une partie du discours essentiellement différente ni du verbe ni du nom.

Division et propriétés de l'adverbe.

L'*adverbe* est considéré quant à son expression, et quant à sa
signification.

Considéré de la première manière on le divise en *simple* et en
composé.

Il est *simple*, lorsqu'il est exprimé par un mot, où il n'entre
point d'autre partie du discours, v. gr. : *bien*, bien, *mal*, mal.

Il est *composé*, lorsqu'il est formé de deux ou d'un plus grand
nombre de mots unis, comme dans : *adonde*, où : *enhorabuena*, à
la bonne heure; ou séparés, comme dans *á porfía*, à l'envie :
á diestro y siniestro, à droite et à gauche, et dans ce dernier sens
il s'appelle *adverbial.*

Considéré de la seconde manière il est divisé en plusieurs classes.
Ce sont les suivantes.

Adverbes de *lieu.* Ce sont ceux qui marquent où se passe l'action.
Il y en a de trois sortes. Les uns ne se rapportent précisément
qu'au lieu; les autres y ajoutent un rapport à la situation, et les
autres à la distance.

Les premiers, entr'autres, sont : *aquí*, ici : *allí*, là, *acá*, çà :
donde, *adonde*, où.

Les seconds, entr'autres, sont : *dentro*, dedans : *fuera*, *afuera*,
dehors : *debaxo*, dessous : *encima*, dessus : *detras*, derrière,
delante, devant.

Les troisièmes, entr'autres, sont : *cerca*, près, auprès : *lejos*,
loin.

Adverbes de *temps.* Ce sont ceux qui marquent dans quel temps
se passe l'action.

E 4

Les uns expriment le présent, v. gr. : *hoy*, aujourd'hui : *ahora*, maintenant, à présent : *presentemente*, présentement.

D'autres marquent le passé, v. gr. : *antiguamente*, anciennement : *ayer*, hier : *últimamente* : dernièrement.

D'autres le futur, comme : *mañana*, demain : *luego*, d'abord : *presto*, bientôt : *pronto*, promptement.

D'autres enfin ne désignent qu'un temps indéterminé, v. gr. : *amenudo*, souvent : *entonces*, alors : *frequentemente*, fréquemment : *instantaneamente*, soudain : *jamas*, *nunca*, jamais : *siempre*, toujours : *tarde*, tard : *temprano*, de bonne heure.

Adverbes d'ordre. Ils expriment les rapports de priorité, ou de postériorité, que les actions ou les choses ont entr'elles, v. gr. : *antes*, avant : *despues*, après : *alternativaménte*, alternativement : *posteriormente*, postérieurement : *primeramente*, premièrement : *segundariamente* : secondement.

Adverbes de *quantité*. Ils modifient l'action par une idée de quantité physique ou morale, et répondent à la question *quanto ?* combien ? Tels sont : *bastante*, assez : *mucho*, beaucoup : *poco*, peu : *demasiado*, trop : *harto*, suffisamment : *casi*, presque, quasi : *tanto*, tant : *quanto*, combien : *apenas*, guère ou guères : *sobrado*, de reste.

Adverbes de *comparaison*. Ce sont ceux qui expriment les différens degrés de la signification de l'action ou de la chose, comme : *mas*, plus ; *ménos*, moins : *mejor*, mieux, *peor*, pis : *bien*, bien : *muy*, très-fort : *superiormente*, supérieurement : *inferiormente*, inférieurement.

Adverbes d'*affirmation*. Ils énoncent l'existence de l'action relativement au temps, dont il est question. Tels sont : *sí*, oui, si : *cierto*, certes : *ciertamente*, certainement : *seguramente*, surément, assurément : *indubitablémente*, indubitablement : *verdaderamente*, véritablement.

Adverbes de *négation*. Ils marquent que l'action n'existe point relativement au temps dont on parle, v. gr. : *no*, non : *de ningun modo*, aucunement, point du tout.

Adverbes de *doute*. Ils expriment l'incertitude que l'on a de l'existence de l'action relativement au temps, auquel ils se rapportent. Tels sont : *acaso*, *quizá*, peut-être.

Adverbes de *manière*. Ils expriment les différentes manières, dont l'action peut être modifiée. Tels sont, entr'autres : *bien*, bien : *mal*, mal : *apriesa*, ou *aprisa*, vîte, vîtement : *despacio*, lentement : *paso*, doucement : *recio*, fort, fortement : *prudentemente*, prudemment : et généralement presque tous les adverbes terminés en *mente*.

NOTA. 1.º Il y a plusieurs adverbes, qui appartiennent à différentes classes, suivant leurs différentes significations ; mais ici, si l'on en excepte *bien*, ils ne sont placés que dans la classe de leur principale signification, ou dans celle, où ils ont leur plus grand usage.

NOTA. 2.º Les adverbes terminés en *mente* se forment ou de l'adjectif féminin ou du commun en y ajoutant cette même terminaison. Ainsi *santamente* se forme de l'adjectif féminin *santa* et de la particule *mente* : et *frugalmente*, frugalement, de l'adjectif commun *frugal*, et de la même particule.

DE LA PRÉPOSITION.

Définition de la Préposition.

LA PRÉPOSITION (ainsi appelée parce qu'elle précède les mots qu'elle gouverne) *est un mot indéclinable, qui marque un rapport spécial de l'action à son terme proprement ou improprement tel.*

Quand on dit, v. gr. : *voy á Cadiz* : je vais à Cadiz : la préposition *à* marque que l'action exprimée par le verbe *voy* est dirigée vers un terme proprement tel représenté par le mot *Cadiz*. Mais si l'on y ajoute : para *ver el comercio inmenso que se hace en aquel puerto* : pour voir le commerce immense qui se fait dans ce port-là : la préposition *para* exprime aussi un autre rapport du verbe *voy* à un terme impropre ou secondaire, qui est *ver*, etc.

La *préposition* n'ajoute au verbe rien qui en soit essentiellement différent. Car si les verbes exprimoient par eux-mêmes, (ce qui pourroit fort bien se faire) tous ces rapports, alors la préposition deviendroit entièrement inutile, comme on l'a dit de l'adverbe.

Quelquefois, même dans l'usage actuel de la langue, la préposition se confond avec l'adverbe. Quand on dit, par exemple : *el Rey obra* con *prudencia* : le Roi agit avec prudence : c'est la même chose que si l'on disoit : *el Rey obra prudentemente* : le Roi agit prudemment. D'où l'on conclut que le nom précédé de la préposition forme, au moins pour l'ordinaire, un adverbe ou adverbial.

Division et propriétés de la Préposition.

La *préposition* est divisée, de la même manière que l'adverbe et autres parties du discours, en *simple* et en *composée*.

La préposition *simple* est celle où il n'entre point d'autre partie du discours, v. gr. : *á*, à : *de*, de.

La préposition *composée* est celle où il entre plusieurs parties du discours, verbi gratia ; *debaxo*, dessous : *encima*, dessus, qui peuvent être partagées en ces quatre mots significatifs, *de, baxo ; en, cima*. Souvent les mots qui la composent sont séparés les uns des autres, comme *a causa de*, à cause de ; *en vista de*, en vue de : et plusieurs autres expressions, qui sont regardées à tort par le torrent des Grammairiens comme des prépositions composées.

Les propositions *simples* ou *composées* de la première manière sont les suivantes.

a	à	*excepto*	excepté, hormis.
ante	devant, par-devant.	*fuera*	hors, déhors.
		hacia	vers, devers.
baxo	sous, dessous.	*hasta*	jusque ou jusques.
con	avec.	*mediante*	moyennant.
contra	contre.	*para*	pour.
de	de.	*por*	par pour.
desde	dès, depuis.	*salvo*	sauf.
debaxo	dessous.	*segun*	suivant, selon.
dentro	dedans.	*sin*	sans.
durante	durant, pendant.	*sobre*	sur.
en	en, dans, à.	*tras*	après, derrière, outre.
encima	dessus.		
entre	entre, parmi.	*ultra*	outre.

Ces prépositions ont, entr'autres, les rapports ou propriétés suvantes.

A.

Cette préposition marque le temps, le lieu, la situation, et la distance du lieu et du temps, comme :

Comer á medio dia.	Dîner à midi.
Ir á paises lejanos.	Aller au lointain.
Ponerse à la derecha.	Se mettre à la droite.
Extenderse de un Polo al otro.	S'étendre d'un Pole à l'autre.
Dilatar de un año al otro.	Différer d'une année à l'autre.

Elle marque aussi la manière de vivre, de s'habiller, de marcher, etc.

Comer á la francesa.	Manger à la françoise.
Vestirse á la inglesa.	S'habiller à l'angloise.
Correr á carrera abierta.	Courir à toutes jambes.

Elle a encore un très-grand nombre de rapports, et s'emploie à la place de plusieurs prépositions.

De *con*, avec.

Ganar á punta de lanza.	Gagner à la pointe de l'épée.

De *en*, en, dans

Echar á la mar.	Jeter à la mer.
De *hácia*, vers.	
Levantar los ojos al Cielo.	Lever les yeux au Ciel.
De *para*, pour.	
Convidar á comer.	Inviter à dîner.
De *por*, par, pour.	
Obtener á fuerza de ruegos.	Obtenir à force de prières.
Tener à honra.	Tenir à honneur.
De *segun*, suivant, selon.	
Vivir á su fantasia.	Vivre à sa fantaisie.
De *sobre*, sur.	
Echar pié á terra.	Mettre pied à terre.

Elle sert enfin à former beaucoup d'adverbiaux, comme on l'a déjà assez vu.

ANTE. TRAS.   DEVANT. PAR - DEVANT. APRÈS. OUTRE.

Elles renferment une relation d'opposition entr'elles quant à leur signification, et jamais l'une ne se met à la place de l'autre, même dans un sens opposé. Par exemple : on ne peut pas dire, *tras mí* après moi, dans le sens opposé à celui, où l'on dit, *ante mí*, devant moi.

L'une et l'autre marquent l'ordre avec un certain rapport au temps, quand on dit : *ante todas cosas*, *ante todo* : avant toutes choses, avant tout : *tras el Presidente viene el Decano*, *tras el gozo el llanto*, *tras la prosperidad la adversidad* : après le Président vient le Doyen : après la joie les pleurs, après la prospérité l'adversité.

Le grand usage d'*ante* est dans les instrumens publics, où l'on dit : *compareció* ante *el Juez* : il a comparu devant le Juge : *ante mi el Escribano*, etc. : par-devant moi Notaire, etc. : et alors il signifie *delante*, *en presencia de* : devant, en présence de.

On peut dire dans le même sens : ante *el Rey* ; ante *los Ministros*, etc. : devant le Roi ; par-devant les Ministres, etc.

Tras se résoud encore par *ademas de*, outre que. Tras *ser él la causa de todos los desastres*, *pretende premio*. Outre qu'il est la cause de tous les désastres, il demande une récompense.

Il a enfin d'autres rapports, v. gr. : *corre tras los honores*, *tras los empleos*, etc. : il court après les honneurs, après les emplois, etc.

BAXO. DEBAXO. ENCIMA. SOUS. DESSOUS. DESSUS. *SOBRE.*   SUR.

Toutes expriment le lieu et la situation.

| Ponia el libro baxó ó debaxo, encima ó sobre la mesa. | Il mettoit le livre sous ou dessous, dessus ou sur la table. |

Il semble que *baxo* exprime le rapport d'une chose, qui est en quelque façon couverte ou garantie par une autre, et que *debaxo* marque que celle-là est entièrement au-dessous de celle-ci : que *encima* désigne que la chose est tout-à-fait au-dessus d'une autre, et que *sobre* y ajoute encore le rapport d'en être soutenue. C'est pour cela qu'en parlant avec propriété, l'on dira :

Le he visto baxo *de un arbol.*	Je l'ai vu sous un arbre.
Está debaxo *la cama.*	Il est dessous le lit.
Le pasó la bala por encima *de la cabeza.*	La balle lui passa par-dessus la tête.
Le llevaba sobre *los hombros.*	Il le portoit sur les épaules.

Baxo signifie aussi le temps, s'emploie au figuré, et pour *mediante,* moyennant.

Baxo *el reynado de Carlos quinto.*	Sous le règne de Charles-quint.
Baxo *el manto de piedad.*	Sous le manteau de la piété.
Baxo *de juramento.*	Sous serment.
Baxo *tal y tal condition.*	Sous telle et telle condition.

Sobre a encore un grand nombre de rapports.

Elle marque la supériorité en dignité, en puissance, et l'excellence ou l'avantage des personnes ou des choses les unes à l'égard des autres.

El Obispo tiene jurisdiccion sobre *todas sus obejas.*	L'Évêque a jurisdiction sur toutes ses ouailles.
Asuero reynó sobre *127 provincias.*	Assuérus régna sur 127 provinces.
Este muchacho descuella sobre *los otros de su edad.*	Cet enfant excelle sur tous les autres de son âge.
La caridad es sobre *todas las virtudes.*	La charité est sur toutes les vertus.

Le sujet dont on parle, auquel on s'applique, ou l'on travaille, etc.

Disputaban sobre *la agricultura.*	Ils disputoient sur l'agriculture.
Está siempre sobre *los libros.*	Il est toujours sur les livres.
Hace notas sobre *la poesía.*	Il fait des remarques sur la poësie.

Elle entre enfin dans la composition de plusieurs mots.

CON. SIN.   AVEC. SANS.

Ces deux prépositions sont opposées l'une à l'autre.

La première exprime l'union ou jonction d'une chose à une autre, la cause matérielle ou instrumentale, ou la matière et l'instrument avec lequel on fait quelque chose, soit au naturel, ou au figuré, et la seconde tout le contraire.

Salir con, sin *sombrero.*	Sortir avec, sans chapeau.
Guisar con, sin *especies.*	Apprêter avec, sans épiceries.

Escribir con, sin *pluma*, con, sin *método.*	Écrire avec une plume, sans plume, avec, sans méthode.

Con s'emploie dans d'autres manières de parler, où son opposée ne sauroit être employée, au moins aussi bien.

Casarse con *una Dama.*	Se marier avec une Dame.
Convencer con *buenas razones.*	Convaincre avec de bonnes raisons.

Elle a aussi la signification de contre, et d'envers.

La Austria y la Rusia han estado en guerra con *el Turco.*	L'Autriche et la Russie ont été en guerre avec le Turc.
Es misericordioso con *los pobres.*	Il est miséricordieux envers les pauvres.

Elle sert enfin à former plusieurs manières de parler adverbiales, et entre dans la composition de plusieurs mots.

CONTRA. PARA. POR.　　CONTRE. POUR.

Contra et *por* ont une opposition entr'elles dans les phrases suivantes et semblables.

Pelear contra, por *la Patria.*	Combattre contre, pour la Patrie.
Ser contra, por *la opinion de alguno.*	Etre contre, pour l'opinion de quelqu'un.

Dans cette autre phrase *contra* et *para* ont la même signification.

Dar un remedio contra, para *la fiebre* (1).	Donner un remède contre, pour la fièvre.

Contra a aussi la signification de *cerca*, proche.

Su casa está contra *la mia.*	Sa maison est contre la mienne.

Para et *por* ont encore un grand nombre de rapports.
Para marque la cause finale, et *por* l'efficiente dans ces phrases.

Dios crió todo para gloria suya.	Dieu a créé toutes choses pour sa gloire.
Está enfermo por haber comido demasiado.	Il est malade pour avoir trop mangé.

Para marque aussi la destination de quelque chose, et la convenance d'une personne, ou d'une chose avec une autre.

---

(1) Cependant elles conservent le rapport qui leur est propre. *Un remedio* contra *la fiebre*, signifie *un remedio* contra *la causa y efectos de la fiebre* ; un remède contre la cause et les effets de la fièvre : et *un remedio para la fiebre*, signifie *un remedio proprio para curar la fiebre* : un remède propre pour guérir la fièvre.

Un tiro de caballos para la Reyna.	Un attelage de chevaux pour la Reine.
Dos casados hechos el uno para el otro.	Deux époux faits l'un pour l'autre.
Una vayna hecha para esta espada.	Un fourreau fait pour cette épée.

Elle marque encore la durée du temps, le terme où l'on doit faire quelque chose, la suffisance, l'état, et la disposition de quelque personne, ou chose.

La plaza tiene provisiones para dos anos.	La place a des provisions pour deux ans.
Promete pagar para Bocaire.	Il promet de payer pour Beaucaire.
Hay comida para veinte personas.	Il y a de quoi manger pour vingt personnes.
Es demasiado mozo para ser Obispo.	Il est trop jeune pour être Évêque.
Este vino no esta bastante hecho para ser bebido.	Ce vin n'est pas assez fait pour être bu.

Por désigne aussi le parti, l'engagement, l'intérêt.

Requiere por el Rey.	Il requiert pour le Roi.
Pidió por su amigo.	Il demanda pour son ami.
Litigará por su parte.	Il plaidera pour sa patrie.

Para et *por* s'emploient encore à la place d'autres prépositions. *Para* pour *á* ou *hácia*, à, vers, devers.

Voy para Lisboa, para el Africa.	Je vais à Lisbonne, en Afrique.

Por pour *en*, en, dans, et pour *sin*, sans.

Eso se practica por todo pais.	Cela se pratique par tout pays.
El pliego está por cerrar.	Le paquet n'est pas encore cacheté.

Toutes enfin entrent dans la composition de quelques mots, et servent à former des adverbiaux; ce qui est commun à presque toutes celles qui ne s'emploient jamais comme adverbes, ou qui n'ont point la figure des participes.

D E.   D E.

Elle sert à marquer principalement, 1.º la possession ou le droit de propriété et d'usage; 2.º la matière dont une chose est faite; 3.º l'origine d'une chose quelconque.

La capa de Pedro.	Le manteau de Pierre.
Una caxa de oro.	Une boîte d'or.
Porcelana de la China.	Porcelaine de la Chine.

Elle marque le lieu d'où l'on vient et celui où l'on est né; la cause mouvante, et le moyen qui fait agir.

Viene de Indiais.	Il vient des Indes.
Es del Paraguay.	Il est du Paraguay.
Este es un molino de viento.	Celui-ci est un moulin à vent.
Aquella es una arma de fuego.	Celle-là est une arme à feu.

Elle s'emploie aussi à la place des prépositions *desde*, *durante*, *por*, *sobre* et *para*.

De Madrid à Paris hay 246 *leguas.*	De Madrid à Paris il y a 246 lieues.
Partió de mañana y llegó de noche.	Il est parti de matin, et il est arrivé de nuit.
Temblaba de miedo.	Il trembloit de peur.
Tratan de negocios.	Ils traitent d'affaires.
Un manjar bueno de comer.	Un mets bon à manger.

Elle a souvent un sens partitif, et se met de même après les noms appellatifs.

Un pedazo de pan.	Un morceau de pain.
Las costumbres de los pueblos.	Les mœurs des peuples.

DESDE. HASTA.   DEPUIS. DÈS. JUSQUE.

Toutes deux marquent le lieu, le temps et l'ordre; mais la première en exprime le commencement, et la seconde le terme.

Desde *el Oriente* hasta *el Poniente.*	Depuis l'Orient jusqu'à l'Occident.
Desde *las seis* hasta *las diez.*	Depuis six heures jusqu'à dix.
Desde *su primer viage* hasta *el ultimo.*	Depuis son premier voyage jusqu'au dernier.

Elles désignent aussi quelque excès tant en bien qu'en mal.

Mataron desde los niños de teta hasta los viejos mas decrépitos.	On tua depuis les enfans à la mamelle jusqu'aux vieillards les plus décrépits.

Elles s'appliquent encore au nombre.

Desde *cinco* hasta *ciento.*	Depuis cinq jusqu'à cent.

Mais dans ce sens et dans le précédent *hasta* s'emploie quelquefois sans être précédé de *desde*; et cela arrive principalement lorsqu'elle désigne le terme de quelque action, v. gr.

Pelear hasta *vencer, ó* hasta *morir.*	Combattre jusqu'à vaincre, ou jusqu'à mourir.

DENTRO. FUERA.   DEDANS. DÉHORS.

Elles marquent le lieu.

Ha pasado por dentro, por fuera la Ciudad.	Il a passé par dedans, par dehors la Ville.

DURANTE.   DURANT. PENDANT.

Elle exprime la durée du temps.

Estará en Paris durante el invierno.	Il demeurera à Paris pendant l'hiver.

EN.   EN. DANS. A.

Elle marque le lieu et le temps.

Vive en la Corte.	Il vit à la Cour.
Vendrá en quatro dias.	Il viendra dans quatre jours.

Elle sert aussi à désigner, 1.º l'état et la disposition d'une personne, ou d'une chose.

Se halla en buena salud.	Il est en bonne santé.
Los árboles estan en flor.	Les arbres sont en fleur.

2.º Le motif, la fin pour laquelle on fait quelque chose.

Le han hecho Conde en atencion á sus servicios.	On l'a fait Comte en considération de ses services.

3.º A quoi l'on est occupé.

Se le halla siempre en el estudio.	On le trouve toujours à étudier.

4.º Le degré dans lequel on possède une science, un art, des qualités du cœur et de l'esprit.

Es profundo en la Matemática, versado en las Lenguas orientales, animoso en los peligros, penetrante en los negocios.	Il est profond dans la Mathématique, versé dans les Langues orientales, courageux dans les dangers, pénétrant dans les affaires.

Elle se résout encore par les prépositions *á*, *con*, *segun*, *para*, *por*.

No confia sinó en Dios.	Il ne confie qu'en Dieu.
Le dió un libro enquadernado en marroquino.	Il lui donna un livre relié en marroquin.
Eso es cierto en buena filosofía.	Cela est certain en bonne philophie.
Ha armado en corso.	Il a armé en course.
Obraba en virtud de poderes.	Il agissoit en vertu de procuration.

Elle s'emploie souvent devant les participes et les infinitifs.

En

En diciendo éstas palabras, expiró.	Ayant dit ces paroles, il expira.
Hay inconveniente en hacer eso.	Il y a de l'inconvénient à faire cela.

On voit par le premier exemple que la particule *en* donne au participe présent *diciendo* la valeur du prétérit, étant la même chose que si l'on disoit : *habiendo dicho* : lequel se résoud encore par le prétérit de l'infinitif précédé des prépositions *despues de.* L'on voit aussi par le second qu'elle répond toujours à la préposition *à* dans des cas semblables.

ENTRE.   ENTRE. PARMI.

Elle marque le lieu, le temps, et le milieu qu'il y a entre deux personnes, choses, et actions.

Estaba pendiente entre el Cielo y la Tierra.	Il étoit suspendu entre le Ciel et la Terre.
Vino entre las diez y las once.	Il est venu entre dix et onze heures.
Hay una grande diferencia entre este y aquel, entre blanco y negro, entre hablar y callar.	Il y a une grande différence entre celui-ci et celui-là, entre blanc et noir, entre parler et se taire.

Elle se resoud aussi par *en*, et répond souvent à parmi.

Dexé los papeles entre sus manos.	J'ai laissé les papiers entre ses mains.
Descuella entre todos.	Il excelle parmi tous.

EXCEPTO. SALVO.   *EXCEPTÉ. SAUF.*

Toutes deux signifient exception; mais elles ne peuvent pas s'employer toujours l'une à la place de l'autre.

Todos asistieron excepto tres.	Tous assistèrent excepté trois.
Represento à V. E. esto, salvo el respeto que le debo.	Je représente ceci à V. E., sauf le respect que je lui dois.

Fuera, hors, s'emploie aussi quelquefois dans le même sens et à la place de ces deux prépositions.

HACIA.   VERS. DEVERS.

Elle désigne le lieu et le temps, et marque à peu près un certain côté, endroit, ou une certaine situation.

Hácia alli está Aranjuez.	Aranjuez est vers cet endroit-là.
Vendrá hácia medio dia.	Il viendra vers midi.
Se volvia hácia mí.	Il se tournoit vers moi.
Levantaba los ojos hácia su tierra.	Il levoit les yeux vers son pays.

MEDIANTE.   MOYENNANT.

Elle exprime un moyen pour parvenir à quelque fin.

F

Lo consiguió mediante un buen regalo.	Il y réussit moyennant un bon présent.

SEGUN.　　SUIVANT.. SELON.

Elle marque la conformité et proportion d'une chose ou d'une action avec une autre.

Dió la sentencia segun las leyes.	Il donna la sentence suivant les lois.
Eso es lícito segun Santo Tomas.	Cela est licite, suivant , selon Saint Thomas.
Gastaba segun sus rentas.	Il dépensoit , selon , suivant son revenu.

On l'emploie encore absolument et par *ellipse.*

Crees que consiga el empleo ? segun.	Croyez-vous que j'obtienne l'emploi ? selon , suivant.

ULTRA.　　　　OUTRE.

Elle marque le lieu, et se résoud par *ademas de.*

Ha viajado ultra mar.	Il a voyagé outre mer.
Ultra los muebles , le dan los diamantes.	Outre les meubles , on lui donne les diamans.

REMARQUE I. Quand on dit que la préposition a tous les rapports dont on vient de parler, on veut dire qu'elle les a conjoinctement aux mots qui la précèdent , ou la suivent , ou avec les uns et les autres , c'est-à-dire, que ces mots en sont le complément.

REMARQUE II. Plusieurs prépositions ne sont , à proprement parler, que des participes indéclinables des verbes dont ils empruntent la signification. Tels sont : *durante , excepto , mediante, salvo ,* qui dérivent des verbes *durar , durer , exceptuar , excepter , mediar ,* moyenner , *salvar ,* sauver : et c'est pour cela que l'Académie Espagnole ne les place point dans la classe des prépositions. Mais comme d'un côté ces mots se rapportent à l'action , ou bien ils la signifient ; et que d'ailleurs dans le méchanisme actuel de la Langue on ne peut pas les placer proprement dans la classe des participes, il semble que leur propre classe doit être celle des prépositions : ce qui est conforme au sentiment de l'Académie Françoise, et du torrent des Grammairiens François. Par où l'on voit que tout concourt à établir notre système, que la préposition se confond avec le verbe, puisqu'elle ne signifie que l'action , ou quelque modification de la même action.

REMARQUE III. Les prépositions *baxo , debaxo , encima , pentro , fuera* gouvernent toujours la préposition *de,* et si quelquefois on ne l'exprime pas, c'est par *ellipse*, et seulement dans le langage familier. C'est par cette raison sans doute que l'Académie Espagnole ne les place pas non plus parmi les prépositions ; mais l'Académie Françoise et le commun des Grammairiens François ne croit pas que ce soit là un obstacle pour que ces mots ne puissent pas faire les fonctions de véritables prépositions.

DE LA CONJONCTION.

Il y a, touchant la conjonction, quatre importantes questions, que l'on n'a pas encore approfondies. 1re. Quelle est la véritable notion de la conjonction ? 2e. S'il y a des mots auxquels cette notion convienne ? 3me. S'il y en a, quels sont ces mots ? 4me. S'il n'y en a pas, dans quelles classes ces mots doivent-ils être rangés ?

Nous avons dit que les parties du discours, en n'y considérant que leur nature, étoient, tout au plus, au nombre de trois, le nom, le verbe, et la conjonction. Cette expression *tout au plus* marque quelque doute, ce qui ne peut tomber que sur la dernière. Nous allons justifier ce doute en faisant l'application à la fameuse conjonction *que*.

Le torrent des Grammairiens nous assure que, dans cet exemple, v. gr. *Yo creo que Dios es justo* : je crois que Dieu est juste : *que* est une conjonction qui lie la première partie de la proposition à la seconde. Cependant il est évident que ce *que* n'est rien moins qu'une conjonction. L'idée de *conjonction* porte avec soi celle de rapport subalterne ou secondaire, et dans cet exemple et semblables *que* est l'objet et le régime direct du verbe *creo*. Car c'est comme si l'on disoit : *yo creo esto, esta cosa : Dios es justo* : je crois *ceci, cette chose* : Dieu est juste. D'où il s'ensuit qu'au moins dans cette sorte d'exemples *que* est un vrai nom, et que les idées ne s'y lient que par elles seules, et sans aucun intermédiaire. Cependant, nous accommodant à l'usage, nous définirons et diviserons la conjonction, conformément aux principes généraux de ce même usage, et aux particuliers que nous avons établis jusqu'ici ; cet abrégé n'étant pas le lieu propre pour entrer dans de longues discussions.

Définition de la Conjonction.

LA CONJONCTION est *un mot indéclinable, qui exprime un rapport subalterne ou secondaire entre deux objets quelconques.*

Elle convient avec le verbe, adverbe, préposition, et interjection, en ce qu'elle est *un mot indéclinable* : et elle en diffère, notamment du verbe (c'est ce qui est essentiel d'établir) en ce que le rapport de celui-ci est ordinairement du principe ou mobile de l'action à son terme proprement ou improprement dit : et le rapport de la conjonction ne considère les parties du discours que sous un point de vue subordonné à l'objet principal qu'elles signifient.

Par exemple, si l'on dit : *el uno y el otro irán á la China, si encuentran embarcacion pronta :* l'un et l'autre iront à la Chine, s'ils trouvent un bâtiment prêt : la conjonction *y* exprime un rapport d'union ou d'accompagnement entre les deux objets exprimés par *el uno*, *el otro* : et la conjonction *si* un rapport conditionnel entre les deux actions désignées par les verbes *irán* et *encuentran* : mais ces deux rapports sont subordonnés aux objets signifiés par les deux parties du discours ou membres de la phrase que ces conjonctions lient ensemble. De sorte que les fonctions propres de la conjonction sont de lier les parties du discours, les membres de la phrase, et les phrases, et même les périodes entr'elles, sous les rapports propres de chaque conjonction, en la manière qui sera expliquée ci-après, et dans la Syntaxe.

Division et propriétés de la Conjonction.

La *conjonction* est considérée, de même que l'adverbe et la préposition, quant à l'expression et quant à la signification, et divisée de la même manière en *simple* et en *composée*.

Etant considérée quant à sa signification, elle peut être subdivisée en plusieurs espèces principales, savoir, en *copulative, disjonctive, adversative, conditionnelle, causative, finale,* et *conclusive.*

I. La *copulative,* comme on l'a déjà dit, exprime un rapport d'union ou d'accompagnement entre les parties ou membres du discours qu'elle lie. Les seules de cette classe sont : *y,* et, *ni,* ni. La première est appelée copulative *affirmative,* parce qu'elle sert pour les propositions affirmatives ; et la seconde, copulative *négative,* parce qu'elle sert pour les propositions négatives.

Escribe y habla elegantemente.	Il écrit et parle élégamment.
Es prudente en los dichos y en los hechos.	Il est prudent dans les paroles et dans les actions.
No escribe ni habla elegantemente.	Il n'écrit ni ne parle élégamment.
No es prudente ni en los dichos ni en los hechos.	Il n'est prudent ni dans les paroles ni dans les actions.

II. L'*alternative* désigne un rapport alternatif entre les objets qu'elle lie. Telles sont : *ya,* tantôt, *soit : sea,* soit.

Ya le daban de golpes, ya le decian injurias.	Tantôt on lui donnoit des coups, tantôt on lui disoit des injures.
Tenia buen humor ya estuviese sano, ya enfermo.	Il étoit de bonne humeur, soit qu'il fût en santé, soit qu'il fût malade.

*Era muy igual sea en lo prospero, | Il avoit l'ame égale, soit dans la
sea en lo adverso.* | prospérité, soit dans l'adver-
| sité.

On peut mettre *ó*, ou, à la place de *sea*, dans la seconde partie de l'alternative.

Ya est un adverbe dans d'autres sens ; et suivi de *que*, a les propriétés de *causatives*.

*Ya que haces limosnas, hazlas de | Puisque tu fais des charités, fais-
buena gracia.* | les de bonne grâce.

III. La *disjonctive* lie les parties du discours, en séparant les choses qu'on dit, et en n'affirmant qu'une indéterminément. La seule de cette classe est : *ó*, ou.

Es el sol ó la tierra que gira. | C'est le soleil au la terre qui
| tourne.

Elle signifie aussi, *de otra manera, en otros términos*, autrement, en d'autres termes.

La Lógica ó Dialéctica. | La Logique ou Dialectique.

L'on met *ú* à la place d'*ó*, lorsque le mot suivant commence par *o*, quoique précédé d'un *h* non aspiré.

Es plata ú oro, muger ú hombre. | C'est de l'argent ou de l'or, une
| femme ou un homme.

IV. L'*adversative* exprime un rapport d'opposition ou de différence entre les membres de la phrase ou de la période, ou entre les périodes qu'elle lie ensemble. De cette classe sont : *aunque*, quoique : *mas, pero*, mais : *empero*, pourtant : *sin embargo*, cependant : *quando*, quand.

*Aunque es tan joven, es muy re- | Quoiqu'il soit si jeune, il est
servado.* | fort réservé.
*Quisiera un empleo, mas no tengo | Je voudrois un emploi, mais je
empeño.* | n'ai pas de protection.
*Cree tener razon, pero se engaña. | Il croit avoir raison, mais il se
| trompe.
*El hombre desea muchas cosas, | L'homme désire beaucoup de
empero una sola es necesaria.* | choses, pourtant il n'y en a
| qu'une de nécessaire.
*Se pica de severo y sin embargo | Il se pique d'être sévère, et ce-
gusta de regalo.* | pendant il aime la bonne chère.
*No se debe hacer el mal, quando, | On ne doit pas faire le mal, quand
aun quando importara todo el | il y iroit de tout le monde, quand
mundo.* | même il y iroit de l'univers entier

F 3

REMARQUE I. *Bien que*, bien que, *aun dado que*, encore que, *aun supuesto que*, quand même, *con todo eso*, toutefois, *no obstante que*, nonobstant que, sont de véritables conjonctions adversatives, au moins quant à la valeur et signification.

REMARQUE II. La conjonction *sinó*, sinon, qui signifie exception, peut être réduite aux *adversatives* dans le même sens que *mas*, pero, quand ils ont la même signification exceptive.

No es paciente, sinó *sufrido*.	Il n'est pas patient, mais endurant.
Obra sinó *como christiano*, á lo menos como hombre de bien.	Agissez sinon comme chrétien, au moins comme homme de bien.

V. La conditionnelle lie les membres de la phrase, en exprimant un rapport conditionnel entr'eux. Telle est *si*, si.

Iré á paseo, si *hace buen tiempo*.	J'irai promener, s'il fait beau temps.

Si est encore *dubitative*

No sé si *podré salir*.	Je ne sais pas si je pourrai sortir.

REMARQUE. *Con tal que*, pourvu que, *en caso que*, en cas que, au cas que, *á condicion que*, à condition que, peuvent être regardées comme des conjonctions conditionnelles.

VI. La *causative* ou *causale* lie les membres de la phrase, les phrases et les périodes, en marquant la cause de quelque chose, ou la raison de ce qu'on a dit. De cette classe sont, *porque*, car, parce que : *pues*, *puesque*, puisque : *como*, comme.

Hágale vmd bien, porque *lo merece*.	Faites-lui du bien, car il le mérite.
Sabe, porque *ha estudiado*.	Il sait, parce qu'il a étudié.
Paga, pues *debes*.	Paye, puisque tu dois.
Muy rico debe ser, puesque *gasta tanto*.	Il doit être bien riche, puisqu'il dépense tant.
Como es pobre, *todo el mundo le da de mano*.	Comme il est pauvre, tout le monde le rebute.

REMARQUE I. *Para que*, pour que, peut être réduit, au moins en quelque façon, aux *causatives*, dans cette phrase et semblables.

Le han hecho demasiados desayres en aquella casa, para que *vuelva mas á ella*.	On lui a fait trop de mauvaises façons dans cette maison-là, pour qu'il y retourne plus.

REMARQUE II. *Atento que*, attendu que, *visto que*, vu que, sont des manières de parler qui tiennent lieu de conjonctions *causatives*.

VII. La *finale* marque la fin pour laquelle on fait quelque chose. Telles sont, *para que*, *pour que*, *afin que*, afin que.

Dios nos aflige para que entremos dentro de nosotros mismos.	Dieu nous afflige pour que, afin que nous rentrions en nous-mêmes.
Te alaba, afin que tu le alabes tambien.	Il te loue, afin que tu le loues à ton tour.

VIII. La *conclusive* lie une proposition à une autre, en exprimant un rapport d'induction ou de conséquence qu'il y a entr'elles. De cette classe sont, *pues*, *or*, donc : *luego*, *conque*, donc, or.

Para conciliarte, pues, la estima de todo el mundo, debes portarte como hombre de honor.	Or, pour t'attirer, ou pour t'attirer donc l'estime de tout le monde, tu dois te comporter en homme d'honneur.
Hace bien à su enemigo ; luego tiene un corazon grande y generoso.	Fait-il du bien à son ennemi ; donc il a un cœur grand et généreux.
Conque no hay otro camino para el Cielo que la cruz de Christo.	Il n'y a donc d'autre chemin pour le Ciel que la croix de J. C.

De la Conjonction *Que.*

On fait un article à part de la conjonction *que*, que, parce qu'elle appartient à presque toutes les classes.

Elle est en quelque façon *copulative*, quand elle lie les verbes de deux phrases, comme dans ces exemples (1).

Dudo que venga.	Je doute qu'il vienne.
Probaba que le habian engañado.	Il prouvoit qu'on l'avoit trompé.
Dixeron que iban á la caza.	Ils dirent qu'ils alloient à la chasse.

Elle fait les fonctions d'*alternative*, *causative*, et *finale* dans les exemples suivans respectivement.

Que gane, que pierda, siempre le verás el mismo.	Qu'il gagne, qu'il perde, vous le verrez toujours le même.
Como era hombre de bien, y que tenia buena causa, prevaleció contra todos sus enemigos.	Comme il étoit un honnête homme, et qu'il avoit une bonne cause, il prévalut contre tous ses ennemis.
Vuelvete que te vea mejor.	Tournez-vous que je vous voie mieux.

______

(1) On ne doit point oublier que dans ces exemples et semblables *que* n'est point conjonction.

Elle s'emploie encore à la place de plusieurs manières de parler conjonctives, entr'autres, *sin que*, sans que, *a menos que*, à moins que, *no sea que*, de peur que.

No emprende nada que no tome consejo.　Il n'entreprend rien qu'il ne prenne conseil.

No le perdonará que no se humille.　Il ne le pardonnera pas qu'il ne s'humilie.

Escondete que no te maten.　Cache-toi qu'on ne te tue.

Elle a enfin d'autres rapports et significations, et se joint, comme on l'a déjà vu, à quantité de mots pour en faire des conjonctions, et de manières de parler conjonctives.

DE L'INTERJECTION.

Définition de l'interjection.

L'INTERJECTION est un mot indéclinable servant principalement à exprimer quelques mouvemens ou sentimens de notre ame, mais qui dans sa valeur équivaut à des phrases analogues à ce qu'elle signifie.

Les mots *animo*, courage, *alto*, paix, *chiton*, chut, *harre*, haïe, *quita*, fi, regardés communément comme des interjections par les Grammairiens, répondent évidemment à une phrase d'usage, au moins en y sous-entendant quelque chose, par exemple, dans le premier, *ten* ou *tened*, aye, ou ayez : dans le second, *silencio guardad* ou *haced*, faites silence : dans le troisième et quatrième, *tú* ou *vosotros*, toi ou vous : et dans le cinquième, *te*, ou *aquí*, ou *allá*, etc., toi ou ici ou là, etc.

Le Dictionnaire de l'Académie dit que *chiton* et *harre* sont des verbes défectueux, c'est-à-dire, qu'ils n'ont d'autre usage que dans les secondes personnes de l'impératif. Et par quelle raison ne le seront-ils pas aussi les mots *cho*, *io*, qui signifient l'opposé de *harre* ? et *ta* encore, qui signifie la même chose que *chiton* ? Même raisonnement pour les interjections, qui servent à appeler. Ainsi tous ces mots répondent à des phrases d'usage en la manière qu'on vient d'expliquer.

Quelques Auteurs poussés par la force de la raison non seulement placent ces mots dans la classe des interjections, mais encore des phrases entières. Parce que ces mots renfermant évidemment un sens, au moins moyennant d'autres mots sous-entendus, il étoit tout naturel de leur joindre encore ces phrases, qui ressemblent aux interjections primitives dans leur signification, et à ces mots dans leur formation.

L'on dira sans doute que c'est à tort que ces derniers mots ont été aggrégés aux interjections primitives. Mais il sera bien difficile d'établir une différence bien marquée entre les premiers et quelques-uns des autres. Tout s'y ressemble et dans la formation, et dans le signification. Pourquoi, v. gr. *ay* sera une interjection, et *aho* ou *ahao* ne le sera-t-il pas ? Pourquoi ces derniers signifieront-ils l'action d'appeler, et l'autre ne signifiera-t-il pas celle de souffrir ou d'aimer suivant la différente application qu'on en fait ?

Division et propriétés de l'interjection.

Il est des Auteurs qui divisent l'*interjection* en différentes classes ; mais comme quelques-unes de ces interjections signifient des choses non seulement différentes, mais contraires, ce qui est un vice de langue ; il est beaucoup plus utile d'en donner l'explication par ordre alphabétique. Chacun connoîtra par-là leurs différentes espèces, et leurs propriétés.

Ah ! ah ! Elle sert le plus ordinairement à marquer de la commisération. Ah, *infelices* ! Ah, malheureux !

Ahao ! holà ! hé. On s'en sert pour appeler quelqu'un qui est éloigné. Ahao, *amigo* ! Holà, hé, mon ami !

Aho ! signifie la même chose que *ahao* !

Alto. Paix. On l'emploie dans les tribunaux pour imposer silence ; mais cela n'empêche pas qu'elle ne s'emploie aussi dans le sens d'arrêtez.

Arre ou *harre.* Haïe, ouf. On se sert de ce mot pour faire aller les bêtes de somme, et pour marquer la sensation que fait une chose.

Arre, *mula.*	Haïe, marche, mule.
Arre *que me abraso.*	Ouf ! que je me brûle.

Ay ! ha ! Elle marque la joie, la douleur, l'admiration, l'amour, etc., suivant les sujets dont on parle.

Ay *que alegre, que contento que está !*	Ah, qu'il est gai, qu'il est content !
Ay, *que me mata !*	Ah, qu'il me tue !
Ay, *que palacio tan magnífico !*	Ah, quel magnifique palais !
Ay, *como te quiero !*	Ah, que je te chéris !

Chito ou *chiton.* Chut. On s'en sert pour imposer silence, en mettant le doit sur la bouche.

Cho. Hô ! Les muletiers et voituriers s'en servent pour faire arrêter leurs bêtes.

Ea. Sus, çà, courage. On s'en sert ordinairement pour encourager.

Ea, hijo mio, buen animo.	Sus, mon fils, bon courage.

Elle s'emploie souvent suivie de la conjonction *pues*, donc, et alors l'une et l'autre peuvent se rendre quelquefois par *hé bien.*

Ea pues, *por lo que á mi toca, vengo en ello.*	Hé bien, pour ce qui me concerne, j'en tombe d'accord.

Eh ! Eh ! Elle marque l'admiration, la surprise.

Eh, *quien lo hubiéra creído.*	Eh, qui l'auroit cru !

Ha ! ha ! hélas ! Elle marque la surprise, l'étonnement, la commisération.

Ha, *qué feliz encuentro !*	Ha, quelle heureuse rencontre!
Ha, *qué desgraciado que es !*	Hélas, qu'il est malheureux !

Hala ! eh ! hola ! ho ! Elle sert à appeler.

He ! ha ! On l'emploie souvent quand on a trouvé quelque chose qu'on avoit perdue, et pour faire répéter ce qu'on n'a pas bien entendu. Dans ce dernier sens elle répond parfaitement à *plaît-il*, mais on doit prendre garde de ne pas s'en servir vis-à-vis des personnes d'un certain rang ; il faut prendre alors des tours de phrase respectueux.

Ió. Hô. L'on s'en sert pour faire arrêter les bêtes. Elle est opposée à *arre.* Au figuré l'on dit : *mas vale decir ió que arre :* il vaut mieux dire hô que haïe, c'est-à-dire, il vaut mieux avoir de la vivacité que de la lenteur.

O ! O ! Elle sert à exprimer les sentimens d'admiration, d'étonnement, d'indignation, de dérision, etc.

O ! *qué fachada tan magnífica !*	O ! quelle magnifique façade !
O ! *que los juicios de Dios son terribles.*	O ! que les jugemens de Dieu sont terribles !
O ! *el malvado !*	O ! le malheureux !
O ! *qué hombre tan ridículo !*	O ! quel homme ridicule !

Ola ! Holà ! ha ! On s'en sert pour appeler, et pour marquer l'admiration, l'étonnement.

Oxte ! Fi, ouf ! Elle marque le mépris ou le dégoût, et aussi la douleur.

Paz. Paix. On s'en sert pour imposer silence. Paz *ahí.* Paix-là.

Quita. Fi, va-t-en, retire-toi, ôte-moi cela. L'on s'en sert dans le style familier pour marquer le mepris ou le dégoût qu'on a de quelque personne ou chose.

Quita *allá, no me hable vmd de semejantes gentes, de tales asuntos.*	Fi donc, ne me parlez pas de ces gens-là, de telles matières.
Quita *aquí, que no lo vean mas mis ojos.*	Fi donc, ôte-moi cela d'ici ; que mes yeux ne le voient plus.

Ta. Arrêtez. Elle sert à faire entendre à quelqu'un qu'il se taise. Quand on la répète deux fois, elle marque l'admiration ou la surprise.

Ta, ta, *que es lo que veo !*	Oh ! oh ! qu'est-ce que je vois !

Tate. Ah! ah! Elle marque la surprise, l'étonnement.

Tate, he aquí un encuentro bien inesperado.	Ah! voici une rencontre bien inattendue.

Vaya, sus, or sus, çà. Elle sert à exhorter, à encourager, à applaudir ou à approuver ce qu'on a dit ou fait.

Vaya que ya es tiempo de comenzar.	Or sus, il est temps de commencer.
Vaya, que lo ha hecho grandemente.	En vérité, il a répondu, il a joué supérieurement bien, etc.

(On se sert souvent de cette phrase pour marquer qu'une personne a répondu d'une manière satisfaisante aux questions, ou harangué, ou prêché, ou joué un rôle avec talent, etc.) Quelquefois on le répète simplement sans y rien ajouter : *vaya, vaya :* et alors elle signifie, bien, bien, cela va à merveille.

OBSERVATION.

L'on a vu par l'explication de chaque partie du discours que, quoique l'usage en compte neuf, cependant dans la nature des choses il n'y en a tout au plus que trois. L'*article* est un véritable nom adjectif par sa signification et par sa déclinaison. Le *pronom* ne sort jamais de la classe du nom ou substantif ou adjectif. Le *participe* est une portion du verbe à l'infinitif ; et la déclinaison que l'usage a donnée au *passif*, lui est très-accidentelle. L'*adverbe* est une portion essentielle du verbe, puisqu'il en exprime les différences. La *préposition* entre dans la classe de l'adverbe. L'*interjection* équivaut dans sa signification à d'autres parties du discours, ou bien elle forme des phrases d'usage avec les mots sous-entendus. Enfin l'on a déjà observé aussi, qu'il est fort douteux que la *conjonction* forme une idée différente de celle du nom et du verbe.

Fin de la première Partie.

GRAMMAIRE ESPAGNOLE
A L'USAGE DES FRANÇOIS.

SECONDE PARTIE.

Elle comprend la SYNTAXE des Parties du discours et le système de Figures grammaticales.

DÉFINITION ET DIVISION DE LA SYNTAXE.

Syntaxe est un mot grec, qui signifie dans la Grammaire *construction* ou *arrangement*, c'est-à-dire, cette union et liaison que les mots doivent avoir dans le discours pour exprimer avec clarté nos pensées.

Mais dans un sens plus resserré, ce mot marque *l'ordre et la manière dont les mots expriment l'union, que nos idées ont dans notre esprit, lorsque nous voulons les énoncer.*

La parole, comme nous l'avons déjà dit au commencement de la première partie, n'est employée que pour exprimer la pensée. Cette expression ne seroit pas parfaite, si elle ne représentoit pas tout ce qui constitue la construction mentale de nos idées.

La construction, dont nous venons de parler, a toujours à la tête l'idée principale que l'on veut manifester relativement au besoin ou à l'intérêt de la personne qui parle, ou de celle à qui l'on parle, et ainsi toutes les autres idées par le même ordre successivement.

Elle ne souffre aucune *ellipse*, ou très-peu, parce que sa rapidité ne peut produire aucune fatigue ni langueur. Elle ne peut souffrir non plus aucune rédondance, parce qu'elle feroit un sens surabondant, ou faux. La *syllepse* est tout-à-fait incompatible avec elle, puisque, en supposant même que la concordance en genre et en nombre soit fondée dans la nature, une idée propre d'un genre et d'un nombre déterminés ne pourroit pas convenir à un autre genre et à un autre nombre.

Toutes les langues s'éloignent plus ou moins de l'imitation de la construction de la pensée. La mauvaise configuration des mots, la dureté des sons, la rencontre de ces mêmes sons souvent trop choqante, sont un obstacle invincible aux vues de la Grammaire, qui voudroit parvenir à conformer parfaitement l'expression avec la pensée, le portrait avec son original, l'image avec son prototype.

Cependant on regarde souvent certaines constructions comme des beautés de la Langue, lesquelles pourtant ne sont, à proprement parler, que des tâches. Comme l'on n'a pas devant les yeux le véritable principe de la perfection des Langues, l'on croit que toutes les constructions, qui s'éloignent des règles ordinaires de la Grammaire, sont pleines de vivacité, de grâce et d'énergie.

Cela se vérifie, à la vérité, assez souvent dans celles qui altèrent l'ordre de priorité du substantif à l'égard de l'adjectif, du sujet relativement au verbe, et de celui-ci par rapport à l'adverbe, etc.; mais non pas dans les *ellipses*.

La raison de cette différence c'est que l'altération de l'ordre ordinaire des mots, faite à propos, représente l'ordre naturel ou d'intérêt, et c'est pour cela qu'elle nous plaît. Au contraire la suppression des mots nécessaires à l'intégrité de l'oraison est opposée à la construction mentale de nos pensées, dans laquelle il n'y a point d'*ellipses*, ou s'il y en a, elles sont très-rares et inconnues, comme on l'a déjà observé; et quoiqu'elle nous plaise, ce n'est pas parce qu'elle imite la pensée; c'est parce que par ce moyen on supplée en quelque manière à sa rapidité, et que l'on a intérêt à s'exprimer de la sorte.

Il est évident par tout ce que l'on vient de dire, qu'il y a une *syntaxe* ou *construction* fondée dans la nature et imitation, et une autre dans le seul usage. C'est la première division de la *Syntaxe* en général.

Cependant on ne doit pas croire pour cela que ces deux constructions ne se rencontrent jamais dans la même oraison. Nous démontrerons, lorsque nous publierons la dissertation préparée sur toute cette matière, qu'elles sont d'accord nombre de fois, plus ou moins, dans la même période, dans la même phrase.

Les parties, dont l'une et l'autre syntaxe sont composées, peuvent être considérées sous quatre principaux points de vue.

En tant que les parties, qu'elle lie, sont parties d'un tout, auquel elles se rapportent. Premier rapport.

En tant que ces mêmes parties ont entr'elles un rapport de la qualité à la substance, et de l'action à son mobile ou principe. Second rapport.

En tant qu'elles ont aussi entr'elles un rapport de production, de ressemblance, de dépendance, etc. Troisième rapport.

En tant que toutes ensemble composent un tout. Quatrième rapport.

C'est la seconde division de la *syntaxe* en général.

L'on comprend sous le premier rapport la *syntaxe* ou *construction* de deux, trois, ou d'un plus grand nombre de parties du discours, sans y considérer le tout qui en résulte , ou peut en résulter : sous le second ce qu'on appelle *Concordance* : sous le troisième le *régime* : et sous le quatrième l'ordre ou l'arrangement des mots dans le discours.

Enfin l'on y ajoute pour complément ce qui appartient au système de figures grammaticales.

SYNTAXE ou CONSTRUCTION

DES parties du discours en tant qu'elles sont parties d'un tout auquel elles se rapportent.

L ES parties d'un discours , lors même qu'on ne parle que de l'union ou construction de deux ou trois ensemble, portent toujours avec elles un rapport au tout, qu'elles peuvent composer ; et c'est pour cela qu'on ne peut traiter de cette construction sans que l'on conçoive en même-temps dans ces parties un rapport de telles à ce tout.

Construction de l'Article avec le nom.

Les règles de la construction de l'Article avec le nom sont les suivantes :

Règle première. *L'Article précède toujours le nom auquel il se rapporte* : ce qui est commun à d'autres adjectifs appelés par cette raison *prénoms* , comme on l'a prévenu dans la Préface.

L'on dit v. gr. : el *Rey* , le Roi : la *Reyna* , la Reine ; et jamais : *Rey* el , *Reyna* la : etc.

Règle seconde. *L'Article accompagne toujours le nom commun , lorsqu'on veut lui donner une signification indéfinie , bien qu'en même temps il soit déterminé par les autres mots , dont il est suivi , à exprimer ou toute l'espèce , ou une partie , ou un seul individu ,* comme dans les exemples rapportés dans la première Partie.

Troisième. *L'article ne se construit jamais avec les noms propres.*

L'on ne dit point, v. gr. : el *Pedro* , le Pierre : la *Madrid* , la Madrid.

Cette règle n'a point d'exception. Car si le nom propre est rendu commun par la manière de le prendre , alors il cesse d'être à la rigueur *propre*. Ou si entre le nom propre et l'article on sous-entend un nom commun , l'article ne va point avec le nom propre exprimé , mais avec le nom commun sous-entendu. La raison

en est que l'article ne se joint qu'aux noms, qui ont par eux-
mêmes une signification commune ou indéfinie.

Quand on dit, par exemple :

Marte es el Dios de la guerra ;   Mars est le Dieu de la guerre ;
Neptuno el Dios de la mar.   Neptune le Dieu de la mer.

Le nom propre *Dios* devient commun en l'appliquant aux fausses
divinités, comme il a été observé dans la première Partie.

De même, si l'on dit : *el Taso*, le Tasse : *el Ticiano*, le
Titien : c'est parce qu'entre l'article et le nom propre l'on sous-
entend les noms communs *Póeta*, Poëte, *Pintor*, (1) Peintre,
respectivement, et à proportion dans tous les autres.

Quatrième. *L'Article ne doit point accompagner le nom commun
lorsque celui-ci est déjà déterminé par un adjectif pronominal,
comme este, mi.*

La raison en est qu'alors le nom commun équivaut à un nom propre, comme quand on dit : *este hombre,* cet homme : *mi padre,* mon père.

Contruction du nom substantif avec l'adjectif.

Règle unique.

Le substantif précède ordinairement l'adjectif, qui s'accorde avec lui.

On dit *ordinairement*, parce que l'harmonie veut que l'on place
l'adjectif avant le substantif toutes les fois que l'oreille souffre
de le placer après, et que l'usage le lui permet. Car celui-ci est
tellement despote qu'il exige quelquefois que l'adjectif suive le
substantif, quoiqu'il fût plus doux à l'oreille de le mettre avant,
et d'autres il permet qu'on le place tantôt avant, tantôt après.
Il faut donc consulter l'un et l'autre.

Pour le présent on se bornera à expliquer en général, 1.º les
cas où le substantif doit toujours précéder l'adjectif ; 2.º ceux où
l'adjectif doit toujours précéder le substantif ; 3.º que's sont les
adjectifs qui précèdent ou suivent le substantif suivant leurs
différentes significations ? 4.º quels sont les adjectifs qui, par
harmonie, perdent leur dernière voyelle ou syllabe, étant suivis
du substantif.

I. Le substantif doit toujours précéder l'adjectif, 1.º quand
en parlant des jours on met le cardinal pour l'ordinal, v. gr. :
es el dia dos, el dia tres de Enero : c'est le deuxième jour, le
troisième jour de Janvier, et quoiqu'on supprime le plus souvent
le substantif, on l'y sous-entend toujours.

2.º Lorsque dans le style familier il est accompagné d'un adjectif

____

(1) L'on a prévenu en parlant du *nom adjectif*, que ces mots, bien
qu'ils soient de véritables adjectifs nommés *appellatifs*, sont considérés
comme substantifs ; mais quoiqu'ils ne le fussent pas, on sous-entendroit
toujours (et en effet on le sous-entend) le nom commun *homme*.

qui

qui signifie la couleur ou la figure, ou les qualités de l'ouïe, goût, et tact. Exemples.

Un caballo blanco.	Un cheval blanc.
Una mesa quadrada.	Une table quarrée.
Un sonido agudo.	Un son aigu.
Una manzana dulce.	Une pomme douce.
Una cama blanda.	Un lit mou.

3.º Quand il est accompagné d'un adjectif verbal.

Un padre compasivo.	Un père compatissant.
Un hijo obediente.	Un fils obéissant.
Un hombre arrebatado.	Un homme emporté.
Una muger distraída.	Une femme distraite.

Il y a quelques exceptions de la seconde et troisième règle, mais elles sont rares.

II. L'adjectif doit toujours précéder le substantif, 1°. lorsque celui-ci est démonstratif, ou possessif de la première espèce, v. gr. : este *papel*, ce papier : aquella *pluma*, cette plume-là : tu *cuerpo*, ton corps : su *alma* : son ame.

2.ª En parlant des heures courantes ; car bien qu'on n'y exprime jamais le substantif, on l'y sous-entend toujours. Ainsi l'on dit : son *las* dos, *las* tres : il est deux heures, trois heures : où l'on sous-entend le substantif *horas* après les cardinaux *dos*, *tres*, qui sont toujours mis dans ces sortes d'expressions pour les ordinaux.

III. Les adjectifs, qui se placent tantôt avant, tantôt après le substantif, suivant leurs différentes significations, sont, entr'autres, les suivans.

Bueno, bon. Quand on dit, v. gr. : es *un buen hombre* : c'est un bon homme : on veut faire entendre que c'est un homme doux, tranquille, etc. ; ou qu'il n'est pas spirituel. Et quand on dit : es *un hombre* bueno : c'est un homme bon : on veut faire entendre que c'est un homme qui a des mœurs, de la probité. Quelquefois on le prend dans le même sens, soit qu'il précède, ou qu'il suive le substantif, excepté quand il signifie *borné*.

Cierto, certain. Una *cierta noticia* : une certaine nouvelle signifie une nouvelle quelconque : et una *noticia* cierta : une nouvelle certaine : signifie une nouvelle sure, véritable.

Comun, commun. Una comun *voz* : une commune voix : signifie une voix unanime : et una *voz* comun : une voix commune : c'est une voix ordinaire.

Furioso, furieux. Un furioso *leon* : un furieux lion : signifie, au moins pour l'ordinaire, un lion d'une grandeur extraordinaire : et un *leon* furioso : un lion furieux : un lion qui est dans sa furie.

Grande, grand. Un grande *hombre* : un grand homme : est un homme d'un grand mérite : et un *hombre* grande : un homme grand : ne signifie ordinairement qu'un homme d'une grande taille.

G

Pobre, pauvre. *Un pobre hombre* : un pauvre homme : est un homme de peu de mérite : et *un hombre pobre* : un homme pauvre : un homme qui n'a pas des biens de la fortune.

IV. Les adjectifs qui perdent leur dernière voyelle devant le substantif, sont : *bueno*, bon : *malo*, mauvais : *uno*, un : *alguno*, quelque : *ninguno*, aucun, nul : *primero*, premier : *postrero*, dernier. Exemples.

Buen *amigo*.	Bon ami.
Mal *hombre*.	Méchant homme.
Un *caballo*.	Un cheval.
Algun *perro*.	Quelque chien.
Primer *ministro*.	Premier ministre.
Don Rodrigo postrer *Rey de los Godos*.	Don Rodrigue dernier Roi des Goths.

L'adjectif *tercero*, troisième, perd quelquefois la dernière voyelle devant le substantif, et d'autres il ne la perd pas, puisque l'on dit : *al* tercer *dia*, et *al* tercero *dia*, au troisième jour.

Ceux, qui perdent la dernière syllabe, sont : *santo*, saint, devant les noms propres des saints ; et *ciento*, cent, devant les substantifs en général.

San *Joseph*.	Saint Joseph.
Cien *hombres*.	Cent hommes.

Santo conserve la dernière syllabe devant les noms propres *Domingo*, *Tomas*, *Toribio*.

Santo *Domingo*.	Saint Dominique.
Santo *Tomas*.	Saint Thomas.
Santo *Toribio*.	Saint Thuribe.

Grande, grand, perd la dernière syllabe devant un susbstantif qui commence par une consonne, v. gr. : gran general : grand général : mais s'il commence par une voyelle, ou un *h* non aspiré, alors il la laisse, ou la prend indifféremment, comme dans *gran* ou *grande embarazo* : grand embarras : bien que d'autres fois il doive la conserver, comme dans *grande hombre* : grand homme.

Construction du pronom sujet avec lui-même et avec le verbe.

Règle première. *Il n'y a que les deux pronoms personnels yo, je, tú, tu, qui soient toujours sujets de la proposition.*

Yo soy pesador.	Je suis pécheur.
Tú eres justo.	Tu es juste.

Règle seconde. *Les pronoms personnels se placent souvent après le verbe, hors même de l'interrogation.*

No puedo venir, decia él.	Je ne puis pas venir, disoit-il.

Cela a même lieu dans des cas, où il seroit une faute de le placer en françois de la sorte.

A eso respondo yo.	A cela je répons.
Replicaba ella, que no tenia culpa.	Elle répliquoit qu'elle n'avoit pas tort.

Mais dans les interrogations on les place toujours après le verbe, si on ne le supprime pas.

Qué dices tú ?	Que dis-tu ?
Qué pretenden ellos ?	Que prétendent-ils ?

Règle troisième. *On n'exprime jamais le pronom personnel sujet, quand il y a d'autres pronoms ou des noms et pronoms, qui en sont l'apposition et l'explication.*

Irémos á Madrid él y yo.	Nous irons à Madrid lui et moi.
Veniais de paseo tú y tu hermana.	Vous veniez de la promenade vous et votre sœur.

On a dit *le pronom sujet*, parce que quand il est régime, on doit l'exprimer dans le cas de la règle.

Nos amaba mucho á mi madre y á mí.	Il nous aimoit beaucoup ma mère et moi.

REMARQUE. Le pronom sujet s'emploie quelquefois par *ellipse* devant l'infinitif, v. gr. : yo hacer *una baxeza*! moi faire une bassese! ou l'on sous-entend après *yo* le verbe *podria*, je pourrois, ou *querria*, je voudrois. Cependant si on vouloit exprimer quelqu'un de ces verbes, l'harmonie demanderoit qu'on le plaçât avant le pronom, car c'est le même procédé dans l'admiration que dans l'interrogation.

Règle quatrième. On supprime souvent les pronoms démonstratifs sujets, *este*, *esto*, etc., où la suppression de *ce*, *ceci*, etc. seroit insupportable en françois.

Es un hombre raro.	C'est un homme singulier.
Seria un gran consuelo ver reynar la paz en toda la tierra.	Ce seroit une grande consolation que de voir régner la paix sur toute la terre.

Cependant si l'on veut distinguer une personne ou une chose d'avec une autre, ou appuyer sur l'une ou sur l'autre, il faut nécessairement employer le pronom.

Este es un pícaro.	Celui-ci est un coquin.
Esto no vale nada.	Ceci ne vaut rien.

Construction des verbes entr'eux, et dans tous leurs modes, et dans tous leurs temps.

Les verbes se lient les uns aux autres, ou par eux seuls, ou moyennant quelque préposition, conjonction, ou relatif, comme on le verra dans la suite.

1. On peut lier ensemble deux ou trois verbes à l'infinitif, et qui soient encore joints à un autre verbe, sans qu'il y ait entr'eux aucune autre partie du discours.

G 2

Temió ver perecer *todo el exército.*   Il craignit de voir périr toute l'armée.

Espera poder hacer venir *las provisiones en quatro dias.*   Il espère pouvoir faire venir les provisions en quatre jours.

Avec la préposition on peut joindre jusqu'à quatre infinitifs ensemble précédés d'un autre verbe.

Cuenta poder ir a hacer vender *las mercancias.*   Il compte de pouvoir aller faire vendre les marchandises.

Le *présent de l'infinitif* précédé de la préposition *con* peut se rendre indifféremment, au moins pour l'ordinaire, par le *gérondif*, et c'est par ce temps qu'il faut le traduire en françois.

Todo está compuesto *con decir ó diciendo que se engañó.*   Tout cela est arrangé en disant qu'il s'est trompé.

Le *participe actif* (sous lequel nom on comprend aussi le *gérondif*) a un grand usage dans la langue Espagnole, et on l'emploie avec beaucoup de grâce, où il seroit insupportable en françois. Exemple.

Aquel está riendo, *quando debiera estar llorando.*   Celui-là rit quand il devroit pleurer.

Le *participe* précède toujours le nom ou pronom, qui est le principe de l'action qu'il signifie, excepté quand il s'emploie par circonlocution, comme dans l'exemple précédent. Voyez les exemples de la I.re Partie.

II. Les temps de l'*indicatif* se construisent de la manière suivante.

Le *présent* peut être gouverné par lui-même, et par tous les temps de tous les modes, excepté par le prétérit antérieur. Les exemples en sont si fréquens, qu'il est inutile d'en donner.

En général on peut dire, qu'il n'y a guère de temps, qui ne puissent dans quelque circonstance gouverner les autres de quel mode qu'ils soient, ou en être gouvernés. C'est pour cela qu'on se bornera ici aux observations suivantes.

Le *prétérit antérieur* ne peut gouverner, ni être gouverné que par le prétérit parfait.

Le commençant françois doit prendre garde à ne point employer le prétérit imparfait, et plus que parfait comme on les emploie souvent dans la Langue Françoise. Par exemple, il feroit une grande faute, s'il disoit :

Si eso *era cierto, habria muchas cartas que lo confirmaran.*   Si cela étoit certain, il y auroit beaucoup de lettres qui le confirmeroient.

Si eso *habia sido cierto, hubiera habido muchas cartas, que lo hubieran confirmado.*   Si cela avoit été certain, il y auroit eu beaucoup de lettres, qui l'auroient confirmé.

Era cierto, habia sido cierto sont des gallicismes, et à leur place il faut dire : *fuera cierto, hubiese sido cierto.*

Le *prétérit* et *plus que parfait* gouvernent absolument le présent, lorsqu'on veut exprimer une chose vraie dans tous les temps.

Demostró, ó habia demostrado, que la luna gira al rededor de la tierra.	Il démontra, ou il avoit démontré que la lune tourne au tour de la terre.

III. On doit mettre le verbe au subjonctif, si celui, qui le gouverne, exprime le doute, la crainte, le désir, la prière, etc., et s'il est précédé de quelque conjonction exprimée ou sous-entendue.

Dudo que llegue esta noche.	Je doute qu'il arrive cette nuit.
Temia no le sucediese alguna desgracia.	Il craignoit qu'il ne lui arrivât quelque malheur.
Deseó que se compusiese el negocio.	Il désira que l'affaire s'arrangeât.
Ya habia suplicado él, que le disimulasen sus descuidos.	Il avoit déja supplié qu'on lui dissimulât ses négligences.

L'imparfait a, comme on l'a vu dans la I.re Partie, trois terminaisons *ra*, *ria*, *se*. La première peut souvent s'employer à la place de la seconde et de la troisième, et réciproquement; mais ces deux dernières sont tellement opposées entr'elles que jamais l'une ne s'emploie à la place de l'autre.

Voici quelques règles, qui peuvent être, sur cette matière délicate et épineuse de la Grammaire Espagnole, d'un très-grand secours aux Commençans.

Première. On peut employer indistinctement la première ou la seconde terminaison de l'imparfait, lorsqu'elles ne sont gouvernées par aucune conjonction.

Yo deseara ou deseária *que le premiasen.*	Je souhaiterois qu'on le recompensât.
Milagro fuera ou seria *que se corrigiese.*	Ce seroit un miracle qu'il se corrigeât.

Seconde. On peut employer indifféremment la première ou la troisième terminaison, lorsqu'elles sont gouvernées par une conjonction conditionnelle.

Si él fuera ou fuese *mas reservado, no probaria tantas desazones.*	S'il étoit plus réservé, il n'essuyeroit pas tant de désagrémens.
No confesaria *aunque, aun quando le* mataran ou matasen.	Il n'avoueroit pas quoiqu'on le tuât, quand même on le tueroit.

Troisième. Quoiqu'on ait employé la première terminaison dans un membre de la phrase, on peut aussi l'employer dans le suivant dépendant du premier, sans qu'il y ait un autre verbe régissant, et quoique la conditionnelle se trouve dans quelqu'un de ces membres.

Si la buena suerte no hiciera que en la mitad del camino tropezara y cayera *Rocinante, lo pasara mal el atrevido mercader* (1).	Si par bonheur Rocinante ne heurtoit et tomboit au milieu du chemin, le hardi marchand auroit été mal à son aise.

---

(1) D. Quichotte. Tom. 1. Chap. 4.

G 3

Circunstancias menores, que se pudieran omitir, sino fueran necesarias (1).	Circonstances peu remarquables, qu'on pourroit omettre, si elles n'étoient pas nécessaires.

Quatrième. On peut employer la troisième terminaison dans les deux membres de la phrase, lorsqu'il y a un autre verbe régissant.

Le mandaron que no fuese, aunque le llamasen.	On lui ordonna de ne point y aller, quoiqu'on l'appelât.

Cinquième. On doit toujours employer la première ou troisième terminaison à l'Optatif.

Pluguiese á Dios (2) *que no hubiese jamas ni guerra, ni hambre, ni peste.*	Plût au Ciel qu'il n'y eût jamais ni guerre, ni famine, ni peste.

Sixième. Lorsque le verbe régissant est à l'imparfait, ou au parfait ou au plus que parfait de l'indicatif, et qu'il signifie quelque opération de la volonté, il faut employer dans le verbe régi la première ou troisième terminaison, et jamais la seconde.

El deseaba que yo fuera ou fuese feliz.	Il souhaitoit que je fusse heureux.
Yo pedí que te perdonaran ou perdonasen.	Je demandai qu'on te pardonnât.
Tú habias querido que se ausentara ou ausentase.	Tu avois voulu qu'il s'absentât.

Septième. Les verbes, qui signifient promesse ou affirmation, demandent la seconde terminaison.

Prometia que guardaria secreto.	Il promettoit qu'il garderoit le secret.
Aseguró, juró que se vengaria.	Il assura, il jura qu'il se vengeroit.

Huitième. Lorsque le prétérit régissant exprime ce qu'on conçoit par l'esprit, ou ce qu'on énonce avec la langue, ou avec la plume, on peut employer les trois terminaisons, bien que la seconde aye toujours un sens différent de celui des deux autres.

Yo pensaba que tu cedieras, ou cederias, ou cedieses.	Je pensois que tu céderois, ou que tu cédasses.
Tú dixiste que se preparara, se prepararia, ou se preparase.	Tu as dit qu'il se prépareroit, ou qu'il se préparât.
El habia escrito que me admitieran, me admitirian, ou me admitiesen.	Il avoit écrit qu'on m'admettroit, ou qu'on m'admît.

REMARQUE I. La seconde terminaison ne reçoit jamais la conditionnelle.

REMARQUE II. Les règles ci-dessus peuvent s'appliquer aussi au plus que parfait, à quelques exceptions près.

---

(1) Solis Hist. du Mexique. Chap. 10.

(2) On emploie très-souvent l'adverbe *Oxalá*, qui se rend de même en François.

Construction du verbe avec la conjonction.

I. Le verbe se construit nécessairement à l'infinitif, quand il est précédé des conjonctions ou des manières de parler conjonctives, *afin de*, afin de, *por temor de*, crainte de, etc.

Voy á su casa afin de consolarle.	Je vais chez lui afin de le consoler.
No le respondí por temor de ofenderle.	Je ne lui répondis pas crainte de l'offenser.

II. Le verbe se construit à l'indicatif, et aux deux premières terminaisons de l'imparfait du subjonctif, lorsqu'il est précédé des conjonctions, ou des manières de parler conjonctives, *porque*, car, parce que : *pues*, *puesque*, puisque ; *asíque*, ainsi ; *atento que*, attendu que ; *visto que*, vu que ; *á causa que*, à cause que, etc.

Lo creé, porque lo ve.	Il le croit, parce qu'il le voit.
Sufro con paciencia, pues, puesque no hay remedio mejor.	Je souffre avec patience, puisqu'il n'y a pas de meilleur remède.
Asíque es evidente que la luz es causa de los colores.	Ainsi, or est-il évident que la lumière est la cause des couleurs.
Sería bueno abandonar esa empresa atento que, visto que, á causa que ha de costar mucho, y ser poco útil.	Il seroit bon d'abandonner cette entreprise, attendu que, vu que, à cause qu'elle doit coûter beaucoup et qu'elle sera peu utile.

III. Le verbe se construit au subjonctif, lorsqu'il est précédé des conjonctions, et des manières de parler conjonctives, *sea que*, soit que ; *para que*, pour que ; *afin que*, afin que ; *con tal que*, pourvu que ; *en caso que*, au cas que, en cas que : *á condicion que*, à condition que ; etc.

Saldré á paseo, sea que llueva, ó no llueva. (On peut supprimer *sea* et même *que*.)	J'irai promener soit qu'il pleuve, ou qu'il ne pleuve pas.
Fué á la Corte para que le presentasen al Rey, y afin que le diesen una Embaxada.	Il alla à la Cour pour qu'on le présentât au Roi, et afin qu'on lui donnât une Ambassade.
Será sabio contal que estudie.	Il sera savant pourvu qu'il étudie.
Le darán auxilio en caso que tenga necesidad de él.	On lui donnera du secours en cas qu'il en ait besoin.
Le han hecho heredero á condicion que pague las deudas.	On l'a fait héritier à condition qu'il paye les dettes.

IV. Le verbe se place indistinctement dans tous les modes, étant précédé des conjonctions *y*, et, *ni*, ni, *ó*, ou.

Reir y llorar, ou *riendo y llorando.*	Rire et pleurer, ou, riant et pleurant.
Veo que rie y llora.	Je vois qu'il rit et qu'il pleure.

Dudo que riese y llorase.   Je doute qu'il rît et qu'il pleurât.

Rie y llóra.   Ris et pleure.

A la place d'*y* on peut mettre *ni* et *ó*, sauf les autres changemens qu'entraînent ces conjonctions.

V. Le verbe se construit à l'indicatif ou au subjonctif, lorsqu'il est précédé de *si*, si ; *sinó qué*, sinon que ; *aunque*, quoique ; *quando*, quand ; *de suerte que*, de sorte que ; *de manera que*, de manière que, etc.

Il se construit à l'indicatif dans les exemples suivans.

Yo no sé si lo quiere.   Je ne sais pas s'il le veut.

No le decia sinó que se quejaba en balde.   Il ne lui disoit sinon qu'il se plaignoit en vain.

Aunque es docto, no tiene gusto.   Quoiqu'il soit docte, il n'a pas de goût.

Está muy ufano, quando tiene dinero.   Il est très-fier, quand il a de l'argent.

Lo ha dispuesto de suerte que, de manera que no ha habido desgracia alguna.   Il a tout arrangé de sorte que, de manière qu'il n'y a point eu de malheur.

Il se construit au subjonctif dans ces autres exemples.

Me hubiera hallado, si me hubiese buscado.   Il m'auroit trouvé, s'il m'eût cherché.

Yo no le aconsejaba, sinó que fuese discreto.   Je ne lui conseillois sinon qu'il fût discret.

No haria él una baxeza, aunque le diesen el mundo entero.   Il ne feroit pas une bassesse, quoiqu'on lui donnât le monde entier.

Te pagará quando tenga con qué.   Il te payera quand il aura de quoi.

Arreglará todo de suerte que, de manera que todo el mundo quede contento.   Il arrangera toutes choses de sorte que, de manière que tout le monde en soit content.

VI. Le verbe à l'impératif peut être gouverné par les conjonctions copulatives, disjonctives, adversatives, et conclusives.

Sientate y come.   Assied-toi et mange.

Entre ó salga.   Qu'il entre ou qu'il sorte.

Eso te parece cierto, pero cree que te engañas.   Cela te paroît certain, mais crois que tu te trompes.

Conoces el yerro, corrígete pues.   Tu connois ta faute, corrrige-t-en donc.

VII. Le verbe peut se placer dans tous les modes, étant précédé des conjonctions ou des manières de parler conjonctives, qui ne sont pas comprises dans les quatre premières règles.

VIII. Lorsque le verbe est précédé de la conjonction *que*, il peut se construire à l'infinitif, v. gr. : *no hace mas que divertirse* : il ne fait que s'amuser : et à l'indicatif et au subjonctif, v. gr. : *creo que dice la verdad*, ou *no creo que la diga* : je crois qu'il dit la vérité, ou je ne crois pas qu'il la dise : mais jamais à l'impératif.

Construction de l'adverbe, de la préposition, de la conjonction, et de l'interjection entr'elles, et avec d'autres parties du discours.

I.

JAMAS. NUNCA.   JAMAIS.

Le premier, à proprement parler, ne se rapporte qu'au temps à venir, puisqu'il répond au *jam magis* latin, d'où il dérive : le second se rapporte à tous les temps, et répond au *nunquam* de la même origine. Cependant le premier se prend quelquefois pour le second : car on dit :

Jamas *conocí tal hombre.*   Je ne connus jamais un tel homme.
Jamas *lo creyera.*   Je ne le croirois jamais.

L'usage le plus ordinaire de *jamas*, c'est avec *nunca* et avec *siempre*, toujours, afin de leur donner plus de force et d'énergie.

Nunca jamas *me desdiré.*   Je ne me dédirai jamais.
Siempre jamas *lo confesaré.*   Toujours je l'avouerai.

Quoique *jamas*, étant seul, puisse s'employer sans la négative, on la sous-entend ordinairement. Ainsi quand on dit : jamas *me meteré en eso,* c'est comme si l'on disoit :

No *me meteré* jamas *en eso.*   Je ne me mêlerai jamais de cela.

On a dit *ordinairement,* parce qu'il se dit aussi quelquefois dans un sens affirmatif.

Es la mas hermosa oracion que se   C'est le plus beau discours qu'on
haya visto jamas.   ait jamais vu.

Il peut encore se résoudre par les adverbes *ya mas,* qui répondent plus littéralement aux deux adverbes *jam magis* déjà cités. Car, si après avoir joué une ou plusieurs fois, je dis : *no jugaré jamas,* je ne jouerai jamais ; je puis dire encore, sans changer le sens de la phrase : *no jugaré ya mas ;* et alors *ya mas* répond à l'adverbe *plus* françois, je ne jouerai plus.

Enfin, *nunca jamas,* bien qu'ils nient très-fortement, doivent recevoir encore la négative, placés après le verbe, v. gr. : no *lo haré* nunca jamas, je ne le ferai jamais : mais ils ne la souffrent point placés avant ; car on ne dit pas : *nunca jamas* no *lo haré.*

NO.   NON. NE.

Cet adverbe ne marque pas toujours la négation ; au contraire, il sert quelquefois à fortifier l'affirmation, comme dans les exemples suivans :

Mas provechosa es amenudo al hom-   L'adversité est souvent plus utile
bre la adversidad, que no lo es   à l'homme que ne l'est la pros-
la prosperidad.   périté.
Escribe mejor que no habla.   Il écrit mieux qu'il ne parle.

Lorsque le verbe est précédé de quelque mot ou adverbe négatif, on doit supprimer la particule *no*, et au contraire, on doit l'exprimer, quand le mot ou adverbe négatif est placé après, suivant ce qui vient d'être dit sur *nunca* et *jamas*.

Nada *me gusta eso.*	Cela ne me plaît point.
Ninguno *se lo dixo.*	Personne ne le lui dit.
Nadie *lo creyera.*	Personne ne le croiroit.
No *me gusta nada eso.*	
No *se lo dixo* ninguno.	Ces phrases se traduisent comme les précédentes.
No *lo creyera* nadie.	

COMO. ASI COMO. DEL MISMO MODO QUE. COMME. AINSI QUE. DE MÊME QUE.

Ces adverbes ou manières de parler adverbiales expriment très-souvent la comparaison, et la dernière toujours. Dans ce sens, placés à la tête de la comparaison, celle-ci a deux membres, dont le second doit commencer par *así*, ainsi, si le premier commence par *así como* : mais si celui-ci commence par *del mismo modo que*, l'autre doit commencer par *del mismo*. Exemples.

Como la luz del sol, ou, *así como la luz del sol obscurece la de las estrellas, así un merito distinguido eclipsa otro mediano.*	Comme la lumière du soleil, ou, ainsi que la lumière du soleil efface celle des étoiles ; ainsi un mérite distingué éclipse un autre médiocre.
Del mismo modo que la cera blanda recibe fácilmente las impressiones que se la quiere dar, del mismo la edad tierna recibe las de la buena ó mala educacion.	De même que la cire molle reçoit facilement les impressions qu'on veut lui donner, de même l'âge tendre reçoit celles de la bonne ou de la mauvaise éducation.

REMARQUE. Quand il y a de suite plusieurs adverbes en *mente*, on ne met ordinairement cette terminaison que dans le dernier, afin d'éviter la cacaphonie, qui résulteroit de la mettre dans chaque adverbe.

Demóstenes harengaba concisa y vehementemente.	Démosthène haranguoit avec précision et véhémence.

Cependant, lorsqu'on veut inculquer ou persuader quelque chose avec force, l'on met avec énergie cette terminaison dans chaque adverbe.

Procura manejar ese negocio prudentemente, diestramente, eficazmente.	Tâche de manier cette affaire prudemment, adroitement, efficacement.

I I.

La construction de la préposition sera traitée au long, quand on parlera du régime. A présent on se borne à la manière de la construire dans quelques expressions.

AL HONOR. EN HONOR.   A L'HONNEUR.
A HONRA. EN HONRA.   EN L'HONNEUR.

Tous peuvent quelquefois s'employer indifféremment. L'on peut dire, par exemple :

Componer un imno al honor, en honor *de Dios*, *á honra*, en honra *de Dios*.	Composer une hymne à l'honneur, en l'honneur de Dieu.

Mais *componer un imno* al honor, en honor, á honra *de Dios*, signifie proprement que les louanges de Dieu sont l'objet de l'hymne : et *componer un imno á honra de Dios*, signifie proprement que l'intention, en composant l'hymne, c'est d'honorer Dieu, quoique l'objet de l'hymne puisse être toute autre chose que les louanges de Dieu.

En honor, *en honra* peuvent s'employer indistinctement l'un pour l'autre, bien que généralement parlant, *en honra* soit plus en usage que *en honor*.

A honra a quelquefois le sens des trois autres, v. gr. :

Edifican una capilla á honra de S. Lorenzo.	L'on bâtit une chapelle en l'honneur de S. Laurent.

On dit de la même manière, *á gloria*, à la gloire ; *en alabanza*, à la louange.

Una oda á gloria del Rey.	Une ode à la gloire du Roi.
Una décima en alabanza de la nacion.	Un dizain à la louange de la nation.

Et l'on ne dit jamais *en gloria*, *á la alabanza*.

A CIEGAS.   A L'AVEUGLE.

Il se prend au propre et au figuré, et par conséquent il répond non seulement à *l'aveugle*, mais aussi à *en aveugle*, et à *aveuglement*.

Anda á ciegas por la casa.	Il marche à l'aveugle par la maison
Obra comunmente á ciegas.	Il agit ordinairement en aveugle.
Sigue á ciegas (ou ciegamente) el consejo de sus amigos.	Il suit aveuglement le conseil de ses amis.

EN MEDIO. POR MEDIO.   A TRAVERS. AU TRAVERS.

Quand ils se rendent par *à travers*, *au travers*, *en medio* répond ordinairement au premier, et *por medio* au second.

En medio de sus artificios, se ve claramente quales son sus miras.	A travers ses artifices, l'on voit clairement quelles sont ses vues.
Hizo pasar la caballeria por medio *de un rio muy profundo.*	Il fit passer la cavalerie au travers d'une rivière très-profonde.

Cependant il arrive assez souvent que *en medio* se rend par *au travers*, et *por medio* par *à travers*.

En medio de la serenidad de su rostro, se le descubre una cierta inquietud de ánimo.	Au travers de la sérénité de son visage, on lui découvre une certaine inquiétude d'esprit.
Le vieron venir por medio de los campos.	On le vit venir à travers les champs.

III.

Y.   **NI.**   **ET** ou **NI.**

L'une et l'autre conjonction peuvent commencer la période, et s'employer même élégamment devant chaque membre, ou partie du discours, qui commence par des substantifs, ou seuls, ou accompagnés de leurs adjectifs.

Y este zelo de la gloria de Dios, y esta misericordia con los pobres, y esta vigilancia perpetua sobre sí mismo ; de donde provenian sino del trato continuo que tenia con Dios ?	Et ce zèle de la gloire de Dieu, et cette miséricorde envers les pauvres, et cette perpétuelle vigilance sur lui-même, d'où venoient-ils sinon du commerce continuel qu'il avoit avec Dieu ?
Ni *la vista de la corona que la ofrecian, ni la muerte cruel con que la amenazaban, ni los ruegos y súplicas de sus propios Parientes no pudieron hacerla mudar de resolucion.*	Ni la vue de la couronne qu'on lui offroit, ni la mort cruelle dont on la menaçoit, ni les prières et suppliques de ses propres parens, n'ont pu la faire changer de résolution.

Lorsque *ni* affecte immédiatement le verbe, il ne souffre point la particule *no*.

No siembran ni *amontonan en las troxes.*	Ils ne sèment ni ne moissonnent.

Et si l'on disoit : *ni no amontonan*, on parleroit très-mal.

Mais si entre le verbe et *ni* il y a un nom ou un pronom, on peut mettre *no* dans le second membre de la phrase, sans que pourtant il y soit nécessaire.

Ni *el uno ni el otro no ha venido.*	Ni l'un ni l'autre n'est venu.

IV.

L'interjection peut se placer au commencement, au milieu, et à la fin de la phrase.

Ay ! *que es lo que veo.*	Hélas ! qu'est-ce que je vois !
Luego que le vió, ah *infeliz ! le dice : quien te ha traido aquí ?*	Aussi-tôt qu'il l'eut vu, ah malheureux ! lui dit-il : qui t'a mené ici ?
Quando le sacudian, gritaba con grande fuerza, ay ! ay !	Quand on le frappoit, il crioit d'une grande force, ah ! ah !

SYNTAXE ou CONSTRUCTION

Des parties du discours en tant qu'elles ont un rapport de la qualité à la substance, et de l'action à son principe, ou DE LA CONCORDANCE.

Ce qu'on appelle dans la Grammaire CONCORDANCE ou accord des mots entr'eux, savoir, en *genre*, en *nombre*, et en *personne*, n'est fondé que sur le rapport de la qualité à la substance, et de l'action à son principe ou mobile.

Cet accord ne consiste qu'à mettre au même genre, nombre, et personne les mots qu'on veut ajuster ou accorder ensemble.

Par exemple : on veut accorder en genre et en nombre l'adjectif qui signifie la blancheur, avec le substantif qui signifie la nature humaine : il faut dire : *hombre blanco* : homme blanc : parce que l'adjectif *blanco* est au genre masculin, et au nombre singulier, et que c'est ce même genre et nombre qu'a le substantif *hombre*.

Ces deux rapports de la qualité à la substance, et de l'action à son principe, ont pour base le rapport d'*identité*. Ce rapport consiste en ce que le sujet représenté par l'adjectif est le même sujet qui est exprimé par le substantif, comme dans l'exemple proposé *hombre blanco* : et la personne exprimée par le verbe *amo*, v. g. est la même que celle qui est représentée par le pronom *yo*, quand on dit : *yo amo*, j'aime. Voyez la Préface.

Les seules parties du discours capables de *concordance* sont l'article, nom, pronom, verbe, et participe ; parce que ce sont elles seules qui marquent le rapport que la substance et la qualité, le principe et l'action ont entr'eux.

Ainsi, donc, que dans la nature la qualité suppose la substance qui lui donne l'être ; et l'action le principe qui la produit ; ainsi dans l'expression l'adjectif suppose toujours le substantif, et le verbe le sujet ; lequel est encore, ou totalement, ou en partie un substantif exprimé ou sous-entendu : et par conséquent c'est le substantif, qui est la base de la *concordance*, et auquel doivent se rapporter toutes ses règles.

Régles de la Concordance de l'article, adjectif, pronom, verbe, et participe avec le substantif.

Régle première. *L'article, et l'adjectif doivent s'accorder en genre et en nombre avec le substantif, auquel ils se rapportent.* (Sous l'adjectif on comprend le participe).

El *leon* furioso : la *leona* furiosa.   Le lion furieux : la lionne furieuse.
Los *leones* furiosos : las *leonas*   Les lions furieux : les lionnes
furiosas.   furieuses.

Les exceptions quant à l'article ont été marquées en expliquant cette partie du discours.

Les principales, qui concernent l'adjectif, seront rapportées lorsqu'on parlera de la *syllepse*.

Pour le présent il suffit de savoir que l'adjectif se met au singulier, quoiqu'il se rapporte à *Nos*, *Vos*, lorsque ceux-ci ne s'appliquent qu'à une seule personne.

Y por esta razon Nos *juzgaron*   Et par cette raison on Nous jugea
digno de la Corona.   digne de la Couronne.

Haréislo, como Vos fuereis servido.   Vous le ferez comme vous jugerez
à propos.

Règle seconde. *L'adjectif doit se mettre ordinairement au pluriel
masculin, lorsqu'il se rapporte à plusieurs substantifs au singulier,
parmi lesquels il y en a quelqu'un masculin.*

La raison en est, que le genre masculin, comme étant le
plus noble, doit l'emporter.

El valor, la prudencia, y la astucia   La valeur, la prudence, et la
   unidos *han hecho ganar grandes*   ruse jointes ensemble ont fait
   batallas.   gagner de grandes batailles.

(Si on mettoit dans la traduction *le courage* à la place de *la
valeur,* on devroit dire aussi *joints* et non *jointes.*)

L'on a dit *à plusieurs substantifs au singulier,* parce que s'ils sont
au pluriel, l'adjectif doit s'accorder en genre et en nombre avec
le substantif le plus proche, soit qu'il le précède, ou qu'il le
suive.

Eran falsos sus documentos y prue-   Ses preuves et ses titres étoient
   bas.   faux.

Eran falsas sus pruebas y docu-   Ses titres et ses preuves étoient
   mentos.   fausses.

Sus pruebas y documentos eran   (La troisième se traduit comme
   falsos.   la première, et la quatrième

Sus documentos y pruebas eran   comme la seconde.)
   falsas.

Règle troisième. *Lorsque l'adjectif se rapporte à deux substantifs
de différens genres et nombres, il doit s'accorder avec celui qui est au
pluriel.*

Los coches y la librea eran muy   Les carrosses et la livrée étoient
   hermosos.   fort beaux.

Cependant on doit éviter ces sortes de constructions, parce
qu'elles choquent la vue, l'oreille, et l'esprit. Il vaut beaucoup
mieux choisir un adjectif commun aux deux genres, ou donner
à chaque substantif l'adjectif qu'il lui faut.

Los coches y la librea eran muy   Les carrosses et la livrée étoient
   brillantes.   très-brillans.

Los coches eran muy hermosos,   Les carrosses étoient fort beaux,
   y la librea muy brillante.   et la livrée très-brillante.

Règle quatrième. *Le pronom déclinable doit s'accorder en genre et
en nombre avec le nom substantif, auquel il se rapporte.*

Tú eres aquel ou aquella, del   Tu es celui ou celle, duquel ou
   qual ou de la qual se hablaba   de laquelle on parloit dans la
   en la gazeta.   gazette.

Tú est un pronom substantif singulier, commun aux deux genres,
parce qu'il s'applique également à l'homme et à la femme. *El qual,
la qual* sont des pronoms adjectifs au singulier, parce qu'ils s'accordent respectivement avec les substantifs sous-entendus *hombre,*
homme, *muger,* femme; le premier est masculin, parce qu'il

s'accorde avec *hombre* ; et le second féminin , parce qu'il s'accorde avec *muger.*

Règle cinquième. *Le verbe doit s'accorder en nombre et en personne avec le nom ou pronom , auquel il se rapporte comme à son principe ou mobile.*

Yo ando : tú descansas : él vive.	Je marche : tu reposes : il vit.
Pedro pasea.	Pierre promène.
Nosotros hablamos : vosotros callais : ellos duermen.	Nous parlons : vous vous taisez : ils dorment.
Pablo y Juan viagan.	Paul et Jean voyagent.

Règle sixième. *Le verbe , qui se rapporte à plusieurs substantifs , appellatifs ou communs au singulier , comme à leur principe ou mobile , doit se mettre au pluriel , si ces substantifs signifient des choses différentes ou contraires , et s'ils sont liés par la copulative y , et.*

El honor y una noble ambicion le han mavido á exponerse á tantos peligros.	L'honneur et une noble ambition l'ont porté à s'exposer à tant de dangers.
Se sucedian una á otra la tristeza y la alegría.	La tristesse et la joie se succédoient l'une l'autre.

L'on a dit , 1.º *si les substantifs signifient des choses différentes ou contraires* ; parce que s'ils ne signifient que des choses approchantes , l'usage permet pour l'ordinaire qu'on mette aussi le verbe au singulier.

Su candor y sinceridad le hacia amar de todos.	Sa candeur et sa sincérité le faisoit aimer de tout le monde.

L'on a dit , 2.º *s'ils sont liés par la copulative y ,* parce que s'ils ne le sont pas , il est permis souvent de mettre le verbe au singulier , bien que d'autres fois il soit nécessaire de le mettre au pluriel.

Quando se va de paseo , el tiempo , el lugar , una persona que pasa , subministra materia para la conversacion.	Quand on est en promenade , le temps , le lieu , une personne qui passe , fournit de la matière pour la conversation.
La guerra , la peste , la hambre han desolado aquel país.	La guerre , la peste , la famine ont désolé ce pays-là.

REMARQUE. Lorsque après les substantifs il y a un autre nom générique au singulier qui réunit la signification de tous , il faut mettre le verbe au singulier.

El buen orden y la industria , la economía y el comercio , todo ha contribuido para enriquecer aquella casa.	Le bon ordre et l'industrie , l'économie et le commerce , tout a contribué à enrichir cette maison-là.
Tribulationes , angustias , persecuciones , trabajos , nada fué capaz de hacer flaquear su constancia en la virtud.	Tribulations , angoisses , persécutions , souffrances , rien ne fut capable d'ébranler sa constance dans la vertu.

Règle septième. *Le verbe , qui se rapporte à plusieurs substantifs* au singulier appellatifs ou propres, et liés par la copulative *ni*, peut être mis au singulier, quoique le plus ordinaire soit de le mettre au pluriel.

Ni la hambre, ni la sed, ni el frio, ni el calor le impedia de proseguir su camino.

Ni la faim, ni la soif, ni le froid, ni le chaud ne l'empêchoit point de continuer sa route.

Ni Pedro ni Juan entrará en mi casa.

Ni Pierre ni Jean n'entrera chez moi.

Règle huitième. Le verbe, qui se rapporte à un substantif collectif singulier, quel qu'il soit, se met au singulier, quoique ce collectif soit suivi de substantifs pluriels, pourvu que ceux-ci représentent une idée moins principale et subordonnée à celle du collectif.

El exercito de los enemigos fué enteramente deshecho.

L'armée des ennemis fut entièrement défaite.

La multitud de cuerpos muertos inficionó el ayre del pais.

La multitude de corps morts infecta l'air du pays.

Mais si le substantif pluriel, qui suit le collectif singulier, partage avec lui la signification ou idée principale relativement au verbe, alors celui-ci doit se mettre au pluriel.

Una infinidad de soldados se ahogaron en el rio.

Une infinité de soldats se noyèrent dans la rivière.

Voyez ce que l'on dira après sur la *syllepse*.

OBSERVATION.

Dans la Langue Espagnole il n'y a point de *concordance* ni avec le participe actif, parce qu'il est indéclinable, ni avec le le passif, lorsqu'il est une portion des prétérits actifs. Par exemple : l'on ne dit point, comme en françois : *la muestra que he comprada, es excelente*, la montre que j'ai achetée est excellente. L'on doit dire : *he comprado*.

SYNTAXE ou CONSTRUCTION

DES parties du discours en tant qu'elles ont un rapport de production, ressemblance, dépendance, etc., entr'elles, ou DU RÉGIME.

Définition du Régime.

LE RÉGIME en général est la dépendance active ou passive d'un mot à l'égard d'un autre.

Dans

Dans ce sens le mot *régime* s'étend presqu'aussi loin que celui de syntaxe.

Mais pour l'ordinaire ce mot se prend dans la Grammaire pour la dépendance que le terme propre ou impropre de l'action a du verbe qui l'exprime, et d'autres parties du discours : et c'est dans ce sens que l'on traitera ici de sa syntaxe ou construction.

Cette syntaxe ou construction *du régime* est fondée sur le rapport de production, ressemblance, dépendance, etc. Parce que quand on dit, v. gr.

La familiaridad engendra el menos-   La familiarité engendre le mépris.
   precio.

Este niño se parece á su padre.   Cet enfant ressemble à son père.

Todo depende de dios.   Tout dépend de Dieu.

Le régime simple *le mépris* est fondé sur un rapport de production exprimé par le verbe *engendra* : le régime composé *á su padre* sur un rapport de ressemblance exprimé par le verbe *se parece* : et *de Dios*, régime composé aussi, sur un rapport de dépendance, en sens inverse, représenté par le verbe *dépende*.

Des différentes sortes de régime.

Le régime est divisé en *simple* et *composé*, *direct* et *indirect*, *principal* et *accessoire*.

Il est *simple*, lorsqu'il n'y entre aucune préposition.

Yo amo el trabajo.   J'aime le travail.

Il est *composé*, lorsqu'il y entre quelque préposition.

Parte para Napoles.   Il part pour Naples.

Il est *direct*, lorsqu'il représente le terme où tend directement l'action exprimée par le verbe.

Contemplaban los astros.   Ils contemploient les astres.

Il est *indirect*, lorsqu'il représente un terme où l'action exprimée par le verbe ne tend qu'indirectement.

Amontona para sus hijos.   Il amasse pour ses enfans.

Il est *principal*, lorsqu'il exprime l'objet où tend principalement l'action signifiée par le verbe : et *accessoire* lorsque l'action n'y tend qu'accessoirement. Exemple pour l'un et pour l'autre.

Se retiró á su casa para descansar.   Il se retira chez lui pour se reposer.

Le régime *simple* est toujours *direct* et *principal*, s'il y en a un autre. Cela est clair.

Le *direct* peut ne pas être *simple*, mais il sera toujours *principal*, s'il y en a un autre. Exemple.

Voy á Cadiz para comerciar.   Je vais à Cadis pour commercer.

A Cadiz est le régime direct et principal, et *para comerciar* l'indirect et accessoire.

Le *principal* (de même que le *direct*, comme on vient de le voir) peut ne pas être *simple*, ni même *direct*. Voyez l'exemple ci-dessus :

H

se retiró á su casa, etc. : où *á su casa* n'est ni *régime simple* ni *direct*.

Le *composé* peut ne pas être ni *indirect* ni *accessoire*. On l'a déjà vu.

L'*indirect* est toujours *composé*; mais il peut ne pas être *accessoire*, parce qu'il peut être seul dans le discours.

L'*accessoire* est aussi *composé* toujours, mais il peut ne pas être *indirect*, en tant que celui-ci se rapporte à un régime *direct*, parce que le principal peut être lui-même *composé* et *indirect*. Il est aisé d'en faire l'application aux exemples précédens.

Quant au *régime* formé par les pronoms, on va en parler au long dans l'article suivant.

Construction du pronom régime avec le verbe, et avec lui-même.

Tous les pronoms, excepté *yo*, *tú*, peuvent faire les fonctions de régime ou *simple*, ou *composé*, ou *principal*, ou *accessoire*, etc. ; ils se placent avant ou après le verbe, en la manière qu'on expliquera dans les règles suivantes.

Règle première. *Les pronoms personnels me, te, se, le, la, nos, vos, ou os, peuvent être régime simple ou composé, principal ou accessoire, direct ou indirect, et se placer avant ou après le verbe, si l'harmonie, ou la nature de la phrase le permet.*

Il sont régime *simple* dans les exemples suivans (1).

Me *hablan* ou *háblanme.* — On me parle.

Te *admiran* ou *admírante.* — On t'admire.

Se *contemplaba* ou *contemplábase.* — Il se contemploit.

Le *buscaron* ou *buscáronle.* — On le chercha.

La *miraba* ou *mirábala.* — Il la regardoit.

Nos *seguirán* ou *seguiránnos.* — On nous suivra.

Os *alcanzarian* ou *alcanzarianos* (2). — On vous atteindroit.

Ils sont régime *composé* dans ces autres exemples.

Me *escribieron la carta*, ou *escribiéronme la carta.* — On m'écrivit la lettre.

Te *atribuyen la falta*, ou *atribuyente la falta.* — On t'attribue la faute.

---

(1) Quoique dans ces exemples *me, te, se*, etc., se résolvent par *á mí, á ti, á sí*, etc., ils sont cependant régime simple, parce que leur simplicité est accompagnée de la propriété d'être l'objet direct et unique de la signification de ces verbes ; autrement ces pronoms ne seroient jamais *régime simple*, en parlant des personnes. Et c'est avec cette exception que l'on doit entendre la définition ou explication de ce régime donnée ci-dessus.

(2) Cette transposition n'est pas heureuse.

Se apropia el bien ageno, ou *aprópiase el bien ageno.*	Il s'approprie le bien d'autrui.
Le hacen ou *la hacen*, *hácenle*, ou *hácenla mil caricias.*	On lui fait mille caresses.
Nos traían ou *os traían*, *traíannos* ou *traíanos buenas noticias.*	On nous apportoit, ou on vous apportoit de bonnes nouvelles.

L'on connoît que ces pronoms *me*, *te*, *se*, etc., forment un régime composé dans ces derniers exemples, parce que c'est la même chose que si l'on disoit : *escribieron la carta á mí* : on écrivit la lettre à moi : *atribuyen la falta á tí* : on attribue la faute à toi, et ainsi des autres. Où l'on peut observer que les pronoms *me*, *te*, *se*, *le*, *la*, *os*, de même que *les*, *los*, *las* ne se construisent jamais avec la préposition.

Dans les premiers exemples, les pronoms sont aussi régime *direct*, et ils pourroient encore être *principal*, s'il y avoit un autre régime qui fut *accessoire*. Dans les derniers, ils sont encore régime *accessoire* et *indirect*.

L'on a dit, *si l'harmonie ou la nature de la phrase le permet*, parce que quelquefois l'oreille souffre de la transposition du pronom ; et que d'ailleurs la liberté de la transposition n'a lieu qu'au commencement de la phrase, comme dans les exemples ci-dessus.

Règle seconde. *Los*, *las*, *lo sont toujours régime simple*, et *les composé*, et se placent comme les précédens, avant ou après le verbe qui les gouverne.

Los, *las regalaron*, ou *regaláronlos*, *regaláronlas.*	On les traita, on les régala.
Lo afirmaba, ou *afirmábalo.*	Il l'assuroit.
Ellos, *ellas creian que se les hacia agravio.*	Ils croyoient, elles croyoient qu'on leur faisoit trot.
Les daban ou *dábanles mil alabanzas.*	On leur donnoit mille louanges.

Tous les exemples des deux règles précédentes font voir que toutes les fois que les pronoms, dont il y est question, se placent après les verbes, on les unit à ces verbes, et alors on les appelle *enclitiques*, c'est-à-dire, joints ou attachés.

REMARQUE I. Les pronoms, dans les cas ci-dessus, se mettent toujours après le verbe au présent de l'infinitif, au participe actif, et à l'impératif. Dans les temps composés de l'infinitif ils se mettent toujours entre l'auxiliaire et le participe ; dans ceux de l'indicatif, et dans les terminaisons *ra*, *ria* du plus que parfait du subjonctif, ils se mettent avant ou après l'auxiliaire ; mais dans la terminaison *se* du même temps, et dans les autres temps du même mode ils se mettent toujours avant. Exemples.

Es fácil hablarle.	Il est aisé de lui parler.
Llamándolos vendrán luego.	En les appelant ils viendront d'abord.
Tráeme las llaves.	Apporte-moi les clefs.

Le alabé por haberte servido. — Je l'ai loué pour t'avoir rendu service.

Es muy digno de premio, habiendose expuesto á los peligros por la patria. — Il est digne de récompense, s'étant exposé aux dangers pour la patrie.

Lo habia ou *habialo aconsejado.* — Il l'avoit conseillé.

Los hubiera ou *hubieralos saludado, si los hubiese encontrado.* — Je les aurois salués, si je les avois rencontrés.

Le harémos bien, aunque nos haga ou *nos haya hecho mal.* — Nous lui ferons du bien, quoiqu'il nous fasse, ou qu'il nous ait fait du mal.

REMARQUE II. La transposition des pronoms ci-dessus a lieu, non seulement quand il y en a un seul qui précède le verbe, mais quand il y en a plusieurs ; comme dans les exemples suivans.

Se lo concederan ou *consederánselo, si lo pretende.* — On le lui accordera, s'il le demande.

A ese niño que se me le trate, ou, *á ese niño trátesemele, como si fuese mi propio hijo.* — Que l'on me traite cet enfant, comme si c'étoit mon propre fils.

Dans le premier exemple, *lo* est le régime *simple, principal,* et *direct* du verbe *concederán* ; et *se le composé, accessoire,* et *indirect.* Dans le second, *le* est le régime *simple* et direct du verbe *trate : me* est aussi régime composé, mais indirect et accessoire, et il s'y emploie encore par rédondance : *se* a une signification active, et paroît même être le sujet indéfini du verbe.

Règle troisième. *Les pronoms* le, la, lo, los, las, les, *quand ils précèdent le verbe, se placent toujours le plus près de lui, quoiqu'ils soient accompagnés d'autres pronoms régimes sans préposition.* On vient de le voir quant à *le, lo.* Voici des exemples pour les autres.

Te la daban por nada. — On te la donnoit pour rien.

Nos los vendieron muy caro. — On nous les vendit fort cher.

Os las harán ver en un instante. — On vous les fera voir en un moment.

A Ellos, ou *á ellas se les hacia muy dura la correccion.* — La correction leur étoit très-dure.

Mais si ces pronoms suivent le verbe, alors c'est tout l'opposé, comme on vient de le voir aussi dans les exemples sur la remarque II de la règle 2ᵉ.

Règle quatrième. **Mi,** tí, sí, él, ella, nosotros, nosotras, vosotros, vosotras, nos, vos, ellos, ellas, *peuvent être régime avec la préposition, et se placent avant ou après le verbe, ou déterminément ou indifféremment, suivant que l'exigent la clarté de l'expression ou l'harmonie.*

L'on dit, par exemple :

De mí depende, ou, *depende de mí.* — Il dépend de moi.

A tí conviene, ou, *conviene á tí.* — Il convient à toi.

Para si *trabaja*, ou, *trabaja para* sí.	Il travaille pour lui.
Con él *me iré*, ou, *me iré* con él.	Je m'en irai avec lui.
Contra nosotros *viene*, ou, *viene* contra nosotros.	Il vient contre nous.
Por vosotros *padece*, ou, *padece* por vosotros.	Il souffre pour vous.
Ante nos *compareció*, ou, *compareció* ante nos.	Il comparut devant nous.
Por vos *nos fué enviado papel*, ou, *nos fué enviado papel por vos*.	Il nous a été envoyé par vous un écrit.

Règle cinquième. On emploie souvent le pronom personnel dans ses deux ou trois terminaisons, afin de donner plus de clarté et d'énergie à l'expression; mais ce n'est que très-rarement qu'on peut placer toutes les trois terminaisons ni devant ni après le verbe, sans blesser considérablement l'oreille. Exemples.

A mí me *dolia que fuese tan terco*, ou *dolíame á mí que fuese tan terca*.	Il m'étoit sensible qu'il fût si opiniâtre.
A tí te *parecia lo contrario*, ou *pareciate á tí lo contrario*.	Il te sembloit à toi le contraire.
A sí se *hizo todo el daño*, ou, *hizose á sí todo el daño*.	Il se fit tout le mal à lui-même.
Yo me *condeno á mí*.	Je me condamne moi.
Tú te *defiendes á tí*.	Tu te défends toi.
El se *disculpa á sí*.	Il se disculpe lui.

Dans ces derniers exemples on pourroit dire, absolument parlant: *condénome yo á mí: defiéndeste tú á tí: discúlpase él á sí;* mais les autres constructions sont meilleures. C'est l'oreille, le goût, les circonstances qui doivent, dans toutes ces différentes combinaisons, faire préférer l'une à l'autre.

Règle sixième. Les pronoms régimes, qui se construisent avec les verbes neutres de la même manière qu'avec les réciproques, ne sont pas proprement le régime de ces verbes; ils s'emploient avec eux par une espèce de rédondance, et peuvent se placer après les verbes, suivant les règles données ci-dessus.

Yo me *arrepiento*, ou, *arrepientome yo*.	Je me repens.
Tu te *reposas*, ou, *repósaste tú*.	Tu te reposes.
El se *muere*, ou, *muerese él*.	Il se meurt.

REMARQUE *sur l'usage des pronoms de la seconde personne du singulier.*

En Espagne l'on se sert beaucoup plus souvent qu'en France des pronoms de la seconde personne du singulier, et des pronoms possessifs

sessifs, qui répondent à ceux-là. Rarement un père appellera *vmd* (qui répond à vous) son fils, ni un oncle son neveu, ni un frère ou cousin son frère ou son cousin, ni un maître ou maîtresse son valet ou servante. Entre amis il n'y a rien de plus commun que de se tutoyer. Les pauvres et d'autres personnes, qu'on appelle du bas peuple, sont tutoyées facilement par les riches, seigneurs, etc. Les grands de la première classe se tutoient aussi entr'eux ; et quand ils donnent le titre d'*Excelencia*, Excellence, à quelqu'un, c'est une marque qu'ils ne le regardent pas de la même étoffe qu'eux, quelque grand qu'il soit d'ailleurs.

Règle septième. *Le pronom relatif* que, *employé absolument et sans préposition*, *peut être régime simple et composé*.

Qué *pides ?* qué *pretendes ?*	Que demandes-tu? que prétends-tu?
Le preguntaba qué *traia ?*	Il lui demandoit qu'étoit-ce qu'il portoit ?
Qué *sirven todos esos rodeos ?*	Que servent tous ces détours ?

Dans les deux premiers exemples, *qué* est régime simple, et le substantif *cosa* y est sous-entendu. Dans le troisième il est régime composé, et c'est comme si l'on disoit : *de qué* ou *para* qué *sirven*, etc. ; à quoi, ou de quoi servent, etc. ?

Ce pronom est encore assez souvent régime composé, employé après le substantif auquel il se rapporte, sans qu'il soit précédé d'aucune préposition.

El dia que *te fui á ver.*	Le jour que je fus te voir.
La semana que *tanto trabajaste.*	La semaine que tu travaillas tant.

Dans le premier exemple *que* équivaut à *en el qual*, dans lequel ; et dans le second à *durante la qual*, pendant laquelle.

Précédé de la préposition, il s'emploie élégamment aussi à la place de *el qual*, lequel ; *los quales*, lesquels, etc., précédés de la même préposition.

El estudio, de qué *mas gusto*, es *la historia natural.*	L'étude qui me plaît davantage, c'est l'histoire naturelle.
La indisposicion, á qué *estoy mas sujeto*, es el dolor de cabeza.*	L'indisposition à laquelle je suis le plus sujet, c'est le mal de tête.
Los peligros, en qué *se ha visto*, son *inumerables.*	Les dangers, où il s'est vu, sont innombrables.
Las dignidades, para qué *le destinan*, son *eminentes.*	Les dignités, auxquelles ou pour lesquelles on le destine, sont éminentes.

Construction du nom régime avec le verbe, et autres parties du discours.

L'on a vu, en parlant des différentes sortes de régime, la manière en général dont le nom se lie au verbe, en tant qu'il est son

régime. Mais on n'y a pas expliqué toutes les manières particulières
dont cette liaison se fait ; et c'est ce qui fera le sujet de cet article.

On ne comprend pas ordinairement , sous le nom de *régime* , ce
qu'on appelle dans la Grammaire *attribut* , comme quand on dit :
Dios es justo , Dieu est juste : où *justo* est l'attribut de *Dios* ; parce
que , par le nom *régime* , les Grammairiens n'entendent que ces
mots , que les verbes actifs , neutres et d'autres parties du discours
exigent après eux , soit que ces mots ayent avec eux quelque préposition , ou qu'ils n'en ayent point.

Tous les verbes *actifs* ont un régime au moins sous-entendu.
Quand on dit , v. gr. : *Pedro ama* , Pierre aime , l'on sous-
entend un régime générique , parce que s'il aime , sans doute qu'il
aime quelque chose. Cependant ces sortes de propositions sont appelées dans la Grammaire *oraisons imparfaites* , parce que le régime
n'y est point exprimé ; et si l'on y ajoute quelque régime , quoiqu'il soit des plus génériques , par exemple , *alguna cosa* , quelque
chose , l'on dit alors que l'oraison est *parfaite* , parce que le terme
de l'action représentée par le verbe *ama* , y est exprimé.

Ces verbes ont quelquefois un autre régime accessoire forcé ,
v. gr. *adjudicar* , adjuger ; car si l'on dit : *adjudicar alguna cosa* ,
adjuger quelque chose , il faut nécessairement ajouter *á alguno* , à
quelqu'un , ou au moins le sous-entendre.

Le François doit observer attentivement , sur ces verbes , que
toutes les fois que leur action passe à des personnes , ils gouvernent
la prépostion *á*. Ainsi l'on dit : *amo á Dios* , *á mi padre* ; au lieu
qu'en françois il faut dire : J'aime Dieu , j'aime mon père.

Les verbes *réciproques* ont quelquefois un régime différent de celui qu'ils ont , quand ils ne s'emploient pas de la sorte , v. gr. :
aprovecharse , profiter , lequel gouverne la préposition *de* , quand on
dit : *aprovecharse de la ocasion* , profiter de l'occasion ; et il ne la
gouverne point , lorsqu'il est simplement actif.

Les verbes *neutres* ont aussi très-souvent un régime forcé , exprimé ou sous-entendu , comme quand on dit : *depender de alguno.*
dépendre de quelqu'un : *aquel atiende* , celui-là est attentif , où l'on
sous-entend : *á la lectura* , à la lecture , ou à quelque autre chose
semblable. D'autres fois ce régime n'est pas forcé , il est seulement
emmené par les circonstances , v. gr. : *beber á la salud de alguno,*
boire à la santé de quelqu'un.

Il est encore des participes qui ont un régime différent de leurs
verbes , mais alors , ou ils se changent en adjectifs verbaux , comme
apropiado , *consumado* , quand on dit : *apropiado para el empleo* ,
propre pour l'emploi : *consumado en el arte de reynar* , consommé
dans l'art de régner ; ou ils en forment la *passive* avec l'auxiliaire
ser , v. gr. : *era amado de sus vasallos* , il étoit aimé de ses sujets :
fué conducido por los alguaziles , il fut conduit par les alguazils ou
sergens. Et ce sont ces deux prépositions *de* , *por* , qui sont em-
ployées à former la *passive* des verbes , c'est-à-dire , à compléter

H 4

le terme de la passion, lequel est le principe de l'action dans la *voix active.*

Il est enfin un grand nombre d'adjectifs non verbaux, et même des adverbes qui ont leur régime composé. Mais pour ce qui concerne ces derniers, ou ils ont le régime des adjectifs dont ils dérivent, ou ils forment des adverbiaux avec les mots qui les suivent. Exemples.

Lo executó conformemente *á la*   Il l'exécuta conformément à l'or-
  órden que le dieron.   dre qu'il reçut.

No daria el un paso de aquí *á* allí.   Il ne feroit point un pas d'ici là.

Bien qu'à proprement parler *á allí* n'est pas gouverné par l'adverbe *aquí*, mais par le verbe *dar.*

Cependant tout ce que nous venons de dire sur le régime ou le rapport de production, dépendance, ressemblance, etc. des mots, les uns à l'égard des autres n'en contient qu'une notion générale. Car il faut savoir quels sont les mots qui gouvernent les prépositions ? quelles sont les prépositions que ces mots gouvernent ? et quels sont les mots gouvernés par ces prépositions.

Toutes les règles qu'on pourroit donner là-dessus seroient très-multipliées, embarrassantes, sujettes à une infinité d'exceptions, et peut-être encore insuffisantes. C'est pour cela qu'une liste, par ordre alphabétique, des mots régissans et des mots régis sera la règle la plus commode et la plus sure.

Cette liste, donc, sera rangée en deux colonnes, dans la première desquelles on placera les mots régissans, puis les prépositions régies par ces mots, et ensuite (par manière d'exemple) les mots régis par les prépositions ; dans la seconde la traduction françoise par le même ordre.

Dans la classe des mots régissans on comprendra, 1.º les verbes actifs qui, étant joints aux pronoms réciproques, changent de régime ; et ceux qui, outre le régime simple, ont un autre accessoire ; 2.º les verbes neutres qui ont un régime ; 3.º les adjectifs verbaux ou non verbaux, qui gouvernent des prépositions.

Le François aura dans cette liste le double avantage de connoître facilement et presque sans peine le régime composé de la Langue Espagnole, et le rapport que celui-ci a avec celui de la Langue Françoise.

LISTE *des Verbes et autres mots qui régissent des préposi-tions, contenant* 1.º *les mots qui régissent ces préposi-tions ;* 2.º *les prépositions régies ;* 3.º *(par manière d'exemple) les mots régis par les prépositions.*

A.

Abalanzarse á los peligros.	Se jeter *dans* les dangers.
Abandonarse á la suerte.	S'abandonner *au* sort.

Abocarse con alguno.	S'aboucher *avec* quelqu'un.
Abochornarse de algo.	Se courroucer *pour* quelque chose.
Abogar por alguno.	Plaider , prier *pour* quelqu'un.
Abordar á una isla.	Aborder *dans* une île.
Aborrecible á las gentes.	Haïssable *aux* gens.
Abrasarse en deseos.	S'embraser *dans* des désirs.
Abrazarse con la cruz.	Embrasser la croix.
Abrirse à , con sus confidentes.	S'ouvrir *à* ses confidens.
Absolver (á alguno) de sus pecados.	Absoudre (quelqu'un) de ses péchés.
Abstenerse de cosas lícitas.	S'abstenir *de* choses illicites.
Abundar de , en riquezas.	Abonder *en* richesses.
Aburrirse de sus infortunios.	Se chagriner *de* ses infortunes.
Abusar de la amistad.	Abuser *de* l'amitié.
Acabar de comer.	Finir , venir *de* manger, *de* dîner.
Acabar con alguno.	Tuer quelqu'un.
Acabar con alguna cosa.	Mettre (fin) *á* quelque chose.
Acalorarse en la disputa.	S'échauffer *dans* la dispute.
Acceder al Tratado.	Accéder *au* Traité.
Acepto á la gente de bien.	Agréable *aux* gens de bien.
Accesible à los pretendientes.	Accessible *aux* solliciteurs.
Acercarse á , de alguno.	S'approcher *de* quelqu'un.
Acercarse á , de la Iglesia.	S'approcher *de* l'Église.
Acertar á , con la casa.	Rencontrer la maison.
Acogerse á sagrado.	Se refugier *dans* un lieu sacré.
Acomodarse al sentir de otro.	Se conformer *au* sentiment d'autrui.
Acompañar (á alguno) á alguna parte.	Accompagner (quelqu'un) quelque part.
Acompañarse con los buenos.	S'accompagner *de* personnes vertueuses.
Aconsejarse con , de los sabios.	Prendre (conseil) *des* savans.
Acordarse de alguno , de alguna cosa.	Se souvenir *de* quelqu'un , *de* quelque chose.
Acordarse con los enemigos.	S'accorder *avec* les ennemis.
Acostumbrarse á la fatiga.	S'accoutumer *à* la fatigue.
Acreditarse de discreto.	Acquérir (la réputation) d'une persónne discrète.
Acreedor á , de la confianza.	Digne *de* la confiance.
Actuarse en los negocios.	S'exercer *dans* les affaires.
Acudir al patrocinio de alguno.	Implorer la protection de quelqu'un.
Acudir á los jardines.	Fréquenter les jardins.
Acusar (á alguno) de algun delito.	Accuser (quelqu'un) *de* quelque crime.
Acusarse de todos sus pecados.	S'accuser *de* tous ses péchés.
Adaptar (una cosa) á otra.	Adapter (une chose) *à* une autre.

Adelantarse á otros en *ciencia.* — Surpasser les autres en science.

Adestrar (á alguno) en *el manejo de las armas.* — Dresser (quelqu'un) au maniement des armes.

Adherir , *adherirse* al *dictamen de otro.* — Adhérer au sentiment d'un autre.

Adjudicar (alguna cosa) á *alguno.* — Adjuger (quelque chose) à quelqu'un.

Adolecer de *enfermedad.* — Être atteint d'une maladie.

Adoptar (á alguno) por *su hijo.* — Adopter (quelqu'un) pour son fils.

Advertir (á alguno) de *alguna cosa.* — Avertir (quelqu'un) de quelque chose.

Aferrarse en *su opinion.* — S'attacher fortement à son opinion.

Aficionarse á alguno, á alguna cosa. — Affectionner , s'affectionner à quelqu'un , à quelque chose.

Afirmarse en *su dicho.* — Se confirmer dans ce qu'on a dit.

Afrentarse de *ser pobre.* — Rougir d'être pauvre.

Ageno de *verdad.* — Éloigné de la vérité.

Agradecido á los *beneficios.* — Reconnoissant des bienfaits.

Agraviarse de *alguno.* — Se croire offensé de quelqu'un.

Agraviarse de la *sentencia.* — Se croire lésé par la sentence.

Agregarse á un *cuerpo.* — S'agréger à un corps.

Agrio al *gusto.* — Aigre au goût.

Agudo de *ingenio.* — Qui a de l'esprit.

Ahitarse de *manjares.* — Se surcharger d'alimens.

Ahogarse de *calor.* — Étouffer de chaleur.

Ahorcajarse en las *espaldas.* — Se mettre à califourchon sur les épaules.

Ahorrar de *razones.* — Couper court (en parlant).

Airarse con *alguno.* — Se mettre en colère contre quelqu'un.

Ajustarse á la *razon.* — Suivre la raison.

Ajustarse al *tiempo.* — S'accommoder au temps.

Ajustarse con *alguno.* — Faire marché avec quelqu'un.

Alabarse de *valiente.* — Se vanter d'être brave.

Alargarse á la *ciudad.* — S'éloigner de la ville.

Alcanzar (à alguno) de *razones.* — Convaincre (quelqu'un) par de bons argumens.

Alcanzar (à alguno) en *cuentas.* — Demeurer créancier vis-à-vis de quelqu'un.

Alegrarse del bien *ageno.* — Se réjouir du bien d'autrui.

Alejarse de *su tierra.* — S'éloigner de son pays.

Aliarse con la *Francia.* — S'allier avec la France.

Aligarse á las leyes de la *razon.* — S'attacher aux lois de la raison.

Alimentarse con *poco.* — Se nourrir avec peu de chose.

Alimentarse de *esperanza.* — Se nourrir d'espérances.

Alindar con otra *heredad.* — Confiner avec les terres d'un autre.

Alistarse en *una religion.*	Prendre l'habit *dans* un ordre religieux.
Aliviar (*á alguno*) en *sus penas.*	Soulager quelqu'un *dans* ses peines.
Allanarse *á lo justo.*	Se rendre *à* ce qui est juste.
Alto de *cuerpo.*	Grand *de* taille.
Alzar (*à alguno*) por *Rey.*	Proclamer (quelqu'un) Roi.
Alzar (*las manos*) al *Cielo.*	Lever (les mains) *au* Ciel.
Alzar de *obra.*	Interrompre le travail.
Alzarse contra *su soberano.*	Se révolter *contre* son souverain.
Alzarse con *el banco.*	Faire banqueroute frauduleuse.
Amable *á las gentes.*	Aimable *aux* gens.
Amancebarse con *los libros.*	Aimer extrêmement la lecture, l'étude.
Amanecer en *Toledo.*	Se trouver à la pointe du jour *dans* Tolède.
Amanecer sobre *algun lugar.*	Se trouver à la pointe du jour *sur* quelque village, etc.
Amante de *la verdad.*	Qui aime la vérité.
Amañarse *á trabajar.*	S'accoutumer *à* travailler.
Amargo *á la boca.*	Amer *à* la bouche.
Amenazar (*á alguno*) con *suplicios.*	Menacer (quelqu'un) *de* supplices.
Amigo de *la justicia.*	Ami *de* la justice.
Amoroso con *los suyos.*	Tendre *envers* les siens.
Ampararse de *alguno.*	Se saisir *de* quelqu'un.
Ampararse de *alguna cosa.*	S'emparer *de* quelque chose.
Análogo *á lo que se dice.*	Analogue *à* ce que l'on dit.
Ancho de *espaldas.*	Large *d'*épaules.
Andar al *uso.*	Se mettre *à* la mode.
Andar con *el tiempo.*	S'accommoder *au* temps.
Andar de *capa.*	Marcher *en* manteau.
Andar en *pleytos.*	Être par goût *dans* des procès.
Anegarse en *la mar.*	Se noyer *dans* la mer.
Anhelar á , por *mayor fortuna.*	Ambitionner une plus grande fortune.
Animar (*à alguno*) *á hacer alguna cosa.*	Encourager (quelqu'un) *à* faire quelque chose.
Anochecer en *Madrid.*	Se trouver à l'entrée de la nuit *dans* Madrid.
Ansiado , ansioso de *alguna cosa.*	Envieux *de* quelque chose.
Anteferir , anteponer (*una persona , ó cosa*) *á otra.*	Préférer (une personne, ou une chose) *à* une autre.
Anteponerse *á otro.*	Se préférer *à* un autre.
Anterior *á otra persona , á otro tiempo.*	Antérieur *à* une autre personne, *à* un autre temps.
Anticiparse *á alguno.*	Prendre le devant *sur* quelqu'un.
Añadir (*una cosa*) *á otra.*	Ajouter (une chose) *à* une autre.

Aovar en el nido.	Pondre dans le nid.
Aparar en la mano.	Tendre sa main *pour y recevoir* quelque chose.
Aparecerse á alguno.	Apparoître *à* quelqu'un.
Aparecerse en el camino.	Apparoître *sur* le chemin.
Aparejarse para la tribulacion.	Se préparer *à*, *pour* la tribulation.
Apartarse de la ocasion.	S'éloigner *de* l'occasion.
Apartarse de si mismo.	S'abandonner *à* ses passions.
Apasionarse por alguno.	Se passionner *pour* quelqu'un.
Apasionarse á los libros.	Prendre passion *pour* l'étude, *pour* la lecture.
Apear (á alguno) de un puesto.	Déposer (quelqu'un) *de* son emploi.
Apearse de su opinion.	Revenir *de* son opinion.
Apechugar con alguna cosa.	Prendre *à* cœur quelque chose.
Apechugar por los peligros.	Braver les dangers.
Apedrear con palabras.	Insulter *de* paroles.
Apegarse á frioleras.	S'attacher *à* des bagatelles.
Apelar de la sentencia á otro tribunal.	Appeler *de* la sentence *à* un autre tribunal.
Apelar á otro medio.	Prendre *d'*autres moyens.
Apercebirse de armas.	Se munir *d'*armes.
Apetecible al gusto.	Appétissant.
Apiadarse de los pobres.	Avoir pitié *des* pauvres.
Aplacar (á alguno) con ruegos.	Appaiser (quelqu'un) *par* des prières.
Aplicar (una hacienda) á obras pias.	Appliquer (un bien) *à* des œuvres pies.
Aplicarse á los estudios.	S'appliquer aux études.
Apoderarse de la Provincia.	S'emparer *de* la Province.
Aposentar (á alguno) en casa honrada.	Loger (quelqu'un) *dans* une maison honnête.
Apostar (algo) á correr.	Parier (quelque chose) à la course.
Apoyar (alguna cosa) con fuertes razones.	Appuyer (quelque chose) *sur* de fortes raisons.
Apresurarse en los negocios.	S'empresser *dans* les affaires.
Apretar á correr.	Se mettre *à* courir.
Apretar por la cintura.	Serrer *par* la ceinture.
Aprobarse en alguna facultad.	Se faire approuver *dans* quelque art ou profession.
Apropiado para el oficio.	Très-propre *pour* l'emploi.
Apropinquarse á alguno.	S'approcher *de* quelqu'un.
Aprovechar en la virtud.	Faire des progrès *dans* la vertu.
Aprovecharse de la oportunidad.	Profiter *de* la commodité.
Apto para la guerra.	Apte *pour* la guerre.
Apurado de medios.	Fort court *de* moyens.

Aquietarse en *las contradicciones.*	Se tranquilliser *dans* les contradictions.
Arbitrar en *la religion.*	Juger *de* religion.
Arder en *amores.*	Brûler *d'amour.*
Arderse en *quimeras.*	Brûler *dans* des désirs chimériques.
Armarse de *paciencia.*	S'armer *de* patience.
Arraigarse en *la virtud.*	Se fortifier *dans* la vertu.
Arrancar (*á alguno*) de *alguna parte.*	Arracher (quelqu'un) *de* quelque endroit.
Arrancar (*alguna cosa*) de *alguno.*	Arracher (quelque chose) *de* quelqu'un.
Arrastrar (*á alguno, ó alguna cosa*) por *las calles.*	Traîner (quelqu'un, ou quelque chose) *par* les rues.
Arrebatar (*alguna cosa*) de *las manos de otro.*	Ravir (quelque chose) *des* mains d'autrui.
Arrebozarse con *una capa.*	S'affubler *d'un* manteau.
Arrecirse de *frio.*	Être transi de froid.
Arreglarse á *las leyes.*	Se conformer *aux* lois.
Arregostarse á *alguna cosa.*	Manger souvent *de* ce qui fait plaisir, etc.
Arremeter al *enemigo.*	Fondre *sur* l'ennemi.
Arrepentirse de *las culpas.*	Se repentir *de* ses fautes.
Arrestarse á *hacer un robo.*	Se déterminer *à* faire un vol.
Arribar á *tierra.*	Arriver *à* terre.
Arriesgarse á *todo.*	Se hasarder *à* tout.
Arrimarse á *la pared.*	S'appuyer *contre* le mur.
Arrimarse á *alguno.*	Chercher (le secours, la protection) *de* quelqu'un.
Arrimarse al *parecer de alguno.*	Adhérer *au* sentiment de quelqu'un.
Arrinconarse en *su casa.*	Vivre retiré *chez* soi.
Arrogante en *palabras y acciones.*	Arrogant *en* paroles et *en* actions.
Arrogarse (*algo*) á *sí mismo.*	S'arroger (quelque chose) *à* soi-même.
Arrojarse á *hacer ó decir alguna cosa.*	Se hasarder *à* faire ou *à* dire quelque chose.
Arroparse con *las mantas.*	Se couvrir *avec* les couvertures.
Arrostrar á *los peligros.*	Aller avec plaisir *aux* dangers.
Asarse de *calor.*	Brûler *de* chaleur.
Ascender á *otro empleo.*	Parvenir *à* un autre emploi.
Asegurarse de *los peligros.*	Se préserver *des* dangers.
Asentir á *otro dictamen.*	Être de l'avis des autres.
Asesorarse con *letrados.*	Prendre conseil *des* personnes lettrées.
Asirse de *alguna cosa.*	Se saisir *de* quelque chose.
Asistir á *los enfermos.*	Assister les malades.

Asistir (á alguno) en sus necesi-
   dades.
	Assister (quelqu'un) *dans* ses
	   besoins.

Asistir á la fiesta.	Assister à la fête.
Asistir en tal casa.	Servir *dans* telle maison.
Asociarse con otro.	S'associer *avec* un autre.
Asomarse por la ventana.	Mettre la tête à la fenêtre.
Asomarse a la puerta.	Sortir à la porte.
Asombrarse de alguna cosa.	S'étonner *de* quelque chose.
Asparse á gritos.	Crier á pleine tête.
Aspero al gusto.	Apre *au* goût.
Aspirar á las dignidades.	Aspirer *aux* dignités.
Asustarse de algo.	S'effrayer *de* quelque chose.

Atarse á la letra, á una sola
   cosa.
	S'attacher à la lettre, à une seule
	   chose.

Atarse en inconvenientes.	S'arrêter facilement à la vue des inconvéniens.
Ataviarse de vestidos ricos.	Se parer *avec* des habillemens riches.
Atediarse de todo.	Se dégoûter *de* tout.
Atemorizarse por lo que dicen.	S'épouvanter à l'occasion des bruits répandus.
Atemorizarse de lo que se ve.	S'épouvanter *de* ce que l'on voit.
Atender á la lectura.	Être attentif à la lecture.
Atenerse á lo seguro.	Se tenir *au* sûr.
Atento con sus mayores.	Respectueux *envers* ses supérieurs
Atestiguar con otro.	Témoigner *avec* un autre.
Atinar á, con el meson.	Rencontrer l'auberge.
Atinar con lo que se ha de decir.	Rencontrer la manière de se bien expliquer.
Atollar en los pantanos.	S'engager *dans* des bourbiers.
Atónito de los desastres.	Étonné *des* désastres.
Atraer (á alguno) á su sentir.	Attirer (quelqu'un) à son senti- ment.
Atraer (algo) á sí.	Attirer (quelque chose) à soi.
Atragantarse con huesos.	S'engouer *avec* des os.
Atrasado de medios.	Court *de* moyens.
Atreverse á cosas grandes.	Entreprendre de grandes choses.
Atreverse con los mas fuertes.	Se mesurer *avec* des plus forts.
Atribuir (algo) á alguno.	Attribuer (quelque chose) à quelqu'un.
Atribularse en los trabajos.	S'affliger *dans* les souffrances.
Atropellarse en las acciones.	Être précipité *dans* les actions.
Atufarse en la conversacion.	Se fâcher facilement *dans* la con- versation.
Atufarse por poco.	Se fâcher *pour* peu de chose.
Aunarse con otro.	S'unir à, *avec* un autre.
Ausentarse de la Corte.	S'absenter *de* la Cour.

Autorizado en el pueblo.	Respecté *parmi* le peuple.
Avecindarse en Madrid.	S'établir *à* Madrid.
Avenirse con otro.	Vivre d'accord *avec* un autre.
Aventajar (*su casa*) *á la de los mayores.*	Avantager (sa maison) *par-dessus* celle de ses ancêtres.
Aventajarse á otros en virtud.	Surpasser les autres *en* vertu.
Avergonzarse á pedir.	Rougir *de* demander.
Avergonzarse de algo.	Rougir *de* quelque chose.
Averiguarse con alguno.	S'accommoder *avec* quelqu'un.
Aviarse para partir.	Se préparer *à* , *pour* partir.
Avisar (à alguno) de alguna cosa.	Donner avis (à quelqu'un) *de* quelque chose.
Avocar (*una causa*) *á sí.*	Évoquer (une cause) *à* soi.
Auxiliar (à alguno) en el peligro.	Sécourir (quelqu'un) *dans* le danger.

B.

Balancear á tal parte.	Branler *de* tel côté.
Balancear en la duda.	Balancer *dans* le doute.
Balar por dineros.	Aboyer *après* l'argent.
Baldado de todo el cuerpo.	Perclus *de* tous ses membres.
Bambolear en la maroma.	Branler *sur* la corde.
Bandear (á alguno) de una estocada.	Percer (quelqu'un) *d'un* coup d'épée.
Bañarse en agua.	Être tout trempé *de* sueur.
Barar en tierra.	Tirer (de petits bâtimens) *à* terre.
Barbear con la pared.	Atteindre (la muraille) *avec* le menton.
Bastardear de su naturaleza.	Dégénérer.
Bastardear en sus acciones.	Dégénérer *dans* ses actions.
Batallar con los enemigos.	Combattre les ennemis.
Batir (una muralla) en tierra.	Renverser (une muraille) *par* terre.
Baxar (tropas) á tal Provincia.	Faire descendre (des troupes) *dans* une telle Province.
Baxar á la cueva.	Descendre *à* la cave.
Baxar de su crédito.	Perdre *de* son crédit.
Baxar hácia el bosque.	Descendre *vers* le bois.
Baxo de cuerpo.	Petit *de* taille.
Beber á la salud de otro.	Boire *à* la santé d'un autre.
Beber sobre tarja.	Vivre *d'* emprunt.
Benéfico para la salud.	Bienfaisant (en parlant de santé).
Blanco de cara.	Blanc *de* visage.
Blandear con alguno.	Temporiser *avec* quelqu'un.

Blando de boca.	Facile *à* dire tout ce qu'on sait.
Blasonar de *valiente*.	Vanter sa bravoure.
Blasfemar de la *virtud*.	Blasphémer *de* la vertu.
Bordar (*algo*) de, con *oro*.	Broder (quelque chose) *en* or, avec de l'or.
Borrar (*á alguno*) del *catálogo*.	Rayer (quelqu'un) *du* catalogue.
Bostezar de *hambre*.	Bâiller *de* faim.
Boto de *punta*.	Émoussé *de* la pointe.
Boyante en la *fortuna*.	Qui a le vent *en* poupe, heureux.
Bramar de *cólera*.	Frémir *de* colère.
Bramar contra *alguno*.	Crier *contre* quelqu'un.
Brear á *chasco*.	Faire des niches à quelqu'un.
Bregar con *alguno*.	Se quereller *avec* quelqu'un.
Bregar con *alguna cosa*.	Se débattre *avec* quelque chose.
Breve en las *respuestas*.	Bref *dans* les réponses.
Brillante en *pensamientos*.	Brillant *dans* les pensées.
Brincar de *gozo*.	Sauter *de* joie.
Brindar con *regalos*.	Offrir des présens.
Brindar á la *salud* de *otro*.	Boire *à* la santé de quelqu'un.
Brindar con el *puesto*.	Offrir, présenter une place.
Brindar por *alguno*.	Convier à boire *à* la place de quelqu'un.
Bronco de *natural*.	Rude *de* son naturel.
Bueno de *comer*.	Bon *à* manger.
Bueno para *todo*.	Bon *à* tout.
Bufar de *ira*.	Etre transporté *de* colère.
Burlarse de **alguno**, de alguna cosa.	Se moquer de quelqu'un, *de* quelque chose.

C.

Caballeroso en todos sus *procederes*.	Noble dans tous ses procédés.
Caber en *sí*.	Conserver (son esprit tranquille) *dans* les événemens fâcheux de la vie.
Caber en *poco espacio*.	Etre contenu *dans* un petit espace.
Caer en *tierra*, en *error*, en *culpa*, etc.	Tomber *à*, *par* terre, *en* erreur, *en* faute, etc.
Caer en lo que se dice.	Comprendre ce que l'on dit.
Caer en *cuenta*.	Se ressouvenir.
Caer en *falta*.	Manquer *à* sa parole.
Caer de lo *alto*.	Tomber *d'en* haut.
Caer de su *estado*, etc.	Déchoir *de* son état.
Caer, caerse de *ánimo*.	Perdre courage.
Caerse de *risa*.	Pâmer *de* rire.
Caer sobre una *provincia*.	Tomber *sur* une province.

Calarse

Calarse de agua.	Etre percé par l'eau.
Calarse por un agujero.	Entrer par un trou.
Calentarse á la lumbre.	Se chauffer au feu.
Caliente de cascos.	Qui a la tête chaude.
Calificar (á alguno) calificarse de docto.	Qualifier (quelqu'un) se qualifier de savant.
Callar (la verdad) á otro.	Taire (la vérité) à quelqu'un.
Calumniar (á alguno) de injusto.	Calomnier (quelqu'un) d'injuste.
Calzarse á alguno.	Se chausser (dans la tête) les opinions de quelqu'un.
Cambiar (una cosa) con , por otra.	Changer (une chose) pour une autre.
Caminar á Paris.	Aller à Paris.
Caminar para Francia.	Aller en France.
Caminar por los Pirenéos.	Aller par les Pyrénées.
Cansanse de alguno.	Etre ennuyé de quelqu'un.
Cansarse de pretender.	Se lasser de solliciter.
Cansarse con el trabajo.	Se lasser avec le travail.
Capaz de hacer algo.	Capable de faire quelque chose.
Capaz para las ciencias.	Propre pour les sciences.
Capitular (á alguno) de mal ministro.	Taxer (quelqu'un) d'être un mauvais ministre.
Carcomerse de , con envidia.	Etre rongé de jalousie, par la jalousie.
Carear (una persona , ó cosa) con otra.	Confronter (une personne, ou chose) avec une autre.
Carecer de lo necesario.	Etre privé du nécessaire.
Cargar (á alguno) de injurias.	Charger (quelqu'un) d'injures.
Cargarse de razon.	Se charger de raison.
Cargoso á sus amigos.	Onéreux à ses amis.
Casar (una persona, ó cosa) con otra.	Marier (une personne , ou une chose) avec une autre.
Casarse con su opinion.	Epouser ses opinions.
Catequizar (á alguno) para alguna cosa.	Cathéquiser (quelqu'un) pour quelque chose.
Causar (perjuicio) á alguno.	Porter (du préjudice) à quelqu'un.
Cautivar (á alguno) con beneficios.	Captiver (l'esprit de quelqu'un) par des bienfaits.
Cazcalear de una parte á otra.	Courir d'un côté et d'autre.
Ceder (algo) á otro.	Céder (quelque chose) à un autre.
Ceder á la fuerza.	Céder à la force.
Censurar (alguna cosa) de mala.	Qualifier (quelque chose) de mauvaise.
Ceñirse á lo que se puede.	Se borner à ce que l'on peut.

I

Cerciorar (á alguno) de alguna cosa. — Certifier (quelqu'un) de quelque chose.

Cerrarse en no responder. — Se tenir ferme á ne point répondre.

Cesar de pecar. — Cesser de pécher.

Chancearse con alguno. — Plaisanter avec quelqu'un.

Chapuzar (á alguno, ó alguna cosa) en el agua. — Plonger (quelqu'un, ou quelque chose) dans l'eau.

Chico de persona. — Petit de taille.

Ciego de entendimiento. — Aveugle d'esprit.

Cierto del suceso. — Sûr du succès.

Circunscribirse á una cosa. — Se borner á une seule chose.

Clamar por dinero. — Aboyer après l'argent.

Clamorear por los muertos. — Sonner (les cloches) pour les morts.

Clarearse de hambre. — Etre mort de faim.

Claro en las explicaciones. — Clair dans les explications.

Clavar (una aguja) por el brazo. — Enfoncer (une aiguille) par le bras.

Clavar (los ojos) en el suelo. — Regarder fixement en terre.

Coartar (la facultad) á alguno. — Borner (les pouvoirs) á quelqu'un.

Cobrar (dinero) de los deudores. — Recouvrer (de l'argent) des débiteurs.

Cocerse en dolores. — Se consumer par les douleurs.

Codicioso del bien ageno. — Envieux du bien d'autrui.

Coger (la palabra) á alguno. — Prendre (quelqu'un) au mot.

Coger (á alguno) de buen humor. — Trouver (quelqu'un) dans sa bonne humeur.

Colegir (una cosa) de, por otra. — Inférer (une chose) de, par une autre.

Coligarse con otro. — S'allier avec un autre.

Colmar (á alguno) de beneficios. — Combler (quelqu'un) de bienfaits.

Colocar (á alguno, ó alguna cosa) en su debido puesto. — Placer (quelqu'un, ou quelque chose) dans la place convenable.

Columpiarse en el ayre. — Se balancer en l'air.

Combatir con, contra alguno. — Combattre contre quelqu'un.

Combinar (unas cosas) con otras. — Combiner (des choses) avec d'autres.

Comedirse en las palabras. — Mesurer ses discours.

Comenzar á hacer ó decir algo. — Commencer á faire, ou á dire quelque chose.

Comerse de envidia. — Crever de jalousie.

Conmutar (algo) con otra cosa. — Échanger (une chose) contre une autre.

Conmutar (una pena) en otra. — Commuer (une peine) en une autre.

Compadecerse de alguno. — Avoir pitié de quelqu'un.

Compadecerse de los males agenos. — Compatir *aux* maux d'autrui.

Comparar (una persona ó cosa) con otra. — Comparer (une personne , ou une chose) *avec* une autre.

Comparecer ante el Juez. — Comparoître *devant* le Juge.

Compatible con la justicia. — Compatible *avec* la justice.

Compeler (á alguno) á hacer ó decir alguna cosa. — Forcer (quelqu'un) à faire ou à dire quelque chose.

Compensar una cosa con otra. — Compenser (une chose) *avec* une autre.

Competir con alguno. — Être compétiteur *de* quelqu'un.

Complacerse de alguna cosa. — Se complaire *dans* quelque chose.

Componerse con los deudores. — S'arranger *avec* les débiteurs.

Comprar (algo) á, de quien lo vende. — Acheter (quelque chose) à , de celui qui la vend.

Comprehensible al entendimiento. — Compréhensible.

Comprobar (algo) con instrumentos. — Prouver (quelque chose) *par des* instrumens.

Comprometerse en jueces árbitros. — Compromettre *entre* les mains des arbitres.

Comunicar (luz) á otra parte. — Faire communiquer (la lumière) à un autre endroit.

Comunicarse con otro. — Se communiquer *avec* un autre.

Concebir (alguna cosa) por buena. — Croire (quelque chose) bonne.

Concebir (algo) en el ánimo. — Concevoir (quelque chose) *dans* l'esprit.

Conceder (alguna cosa) á otro. — Accorder (quelque chose) à un autre.

Conceptuar (á alguno) de sabio. — Regarder (quelqu'un) comme savant.

Concertar (una cosa) con otra. — Accorder (une chose) *avec* une autre.

Concordar (una persona , ó cosa) con otra. — Accorder (une personne , ou une chose) *avec* une autre.

Concurrir á alguna parte. — Aller où d'autres doivent se trouver.

Concurrir á algun fin. — Concourir *á* quelque fin.

Concurrir con otros. — Concourir *avec* d'autres.

Concurrir en la funcion. — Se trouver (avec d'autres) à la fête.

Concurrir (muchos) en un dictamen. — Se trouver (beaucoup) *d'un* même avis.

Condecorar (á alguno) con la purpura. — Décorer (quelqu'un) *de* la pourpre.

Condenar (á alguno) á galeras, en costas. — Condamner (quelqu'un) *aux* galères, *aux* dépens.

Condescender á los ruegos. — Condescendre *aux* prières.

Condescender con *lo que se pide.*	Condescendre *à* ce que l'on demande.
Condolerse del *afligido.*	Avoir (compassion) *de* l'affligé.
Condolerse *de los trabajos agenos.*	Compatir *aux* peines d'autrui.
Conducente para *algun fin.*	Convenable *à* quelque fin.
Conducir (*algo*) *á tal parte.*	Conduire (quelque chose) *à, dans* un tel endroit.
Confabularse con *los contrarios.*	Conférer *avec* les ennemis.
Confederarse con *el poderoso, con una potencia.*	Se confédérer *avec* un homme puissant, *avec* une puissance.
Conferir (*una cosa*) con *otra.*	Conférer (une chose) *avec* une autre.
Conferir (*algun negocio*) con *los amigos.*	Conférer (une affaire) *avec* les amis.
Conferir (*beneficios*) *à* los eclesiasticos.	Conférer (des bénéfices) *aux* ecclésiastiques.
Confesar (*la culpa*) al *Juez.*	Confesser (son crime) *au* Juge.
Confesarse *de los pecados.*	Se confesser *de* ses péchés.
Confiar (*alguna cosa*) *à* una persona.	Confier (quelque chose) *à* une personne.
Confiar *en algo.*	Confier *en* quelque chose.
Confiarse *de alguno.*	Se confier *à* quelqu'un.
Confinar (*à alguno*) *á tal parte.*	Confiner (quelqu'un) *dans* un tel endroit.
Confirmarse en *su dictamen.*	Se confirmer *dans* son sentiment.
Conformarse con *el tiempo.*	S'accommoder *au* temps.
Conforme *á su opinion.*	Conforme *à* son opinion.
Conforme con *su voluntad.*	Conforme *avec* sa volonté.
Confrontar (*una cosa*) con *otra.*	Confronter (une chose) *avec* une autre.
Confundirse de *lo que se ve.*	S'étourdir *de* ce que l'on voit.
Congeniar con *alguno.*	S'accorder (par son humeur) *avec* un autre.
Congraciarse con *otro.*	Être d'accord *avec* quelqu'un après lui avoir fait la cour.
Congratularse con *los suyos de alguna cosa.*	Se réjouir *avec* les siens *de* quelque chose.
Congeturar (*lo futuro*) por *lo pasado.*	Conjecturer (de l'avenir) *par* le passé.
Conjurarse contra *alguno.*	Se conjurer *contre* quelqu'un.
Conocer de *una causa.*	Connoître *d'*une cause.
Consagrarse *á Dios.*	Se consacrer *à* Dieu.
Consentir en *algo.*	Consentir *à* quelque chose.
Conservarse en *la inocencia.*	Se conserver *dans* l'innocence.
Consolarse con *Dios.*	Se consoler *avec* Dieu.
Conspirar contra *alguno.*	Conspirer *contre* quelqu'un.

Conspirar á la fortuna de alguno.	Conspirer *à* la fortune de quelqu'un.
Consultar (alguna cosa) con letrados.	Consulter (quelque chose) *avec* des savans.
Consumado en el derecho.	Consommé *dans* le droit.
Consumirse de tristeza.	Se consumer *de* tristesse.
Contaminarse con los vicios.	Se corrompre *par* les vices.
Contaminarse de heregía.	Être infecté *d'*hérésie.
Contar (los bocados) á alguno.	Compter (les morceaux) *à* quelqu'un.
Contar con lo seguro.	Compter *avec* ce qui est sûr.
Contemporizar con alguno.	Temporiser *avec* quelqu'un.
Contender con alguno sobre alguna cosa.	Avoir démêlé *avec* quelqu'un *sur* quelque chose.
Contenerse en su obligacion.	Se tenir *dans* le devoir.
Contenerse entre los medios.	Se contenir *dans* un juste milieu.
Contentarse con poco.	Se contenter *de* peu.
Contextar á la pregunta.	Répondre *à* la demande.
Contraer (algo) á este asunto.	Faire venir quelque chose *à* ce sujet.
Contrapesar una cosa con otra.	Contre-peser (quelque chose) *par* une autre.
Contraponer (esto) á aquello.	Opposer (ceci) *à* cela.
Contrapuntearse de palabras.	Se prendre (*de* paroles) *avec* quelqu'un.
Contravenir á la ley.	Contrevenir *à* la loi.
Contribuir á , con tal cosa.	Contribuer *à* , *avec* telle chose.
Convalecer de la enfermedad.	Relever *de* maladie.
Convencer (á alguno) con sólidas razones.	Convaincre (quelqu'un) *par* des raisons solides.
Convencerse de lo contrario.	Se convaincre *du* contraire.
Convenir con otro en alguna cosa.	Convenir *avec* un autre en quelque chose.
Conversar con alguno.	Converser *avec* quelqu'un.
Convertir (la hacienda) en dinero.	Convertir (le bien) *en* argent.
Convertirse á Dios.	Se convertir *à* Dieu.
Convidar (á alguno) con dinero.	Offrir (de l'argent) *à* quelqu'un.
Convidarse á los trabajos.	S'encourager *aux* souffrances.
Convidar á , para una fiesta.	Inviter *à* une fête.
Convocar (la nobleza) á cortes.	Convoquer (la noblesse) *pour* les états généraux.
Cooperar á alguna cosa.	Coopérer *à* quelque chose.
Correr con una dependiencia.	Gouverner une affaire.
Correr por las calles.	Courir *par* les rues.
Correrse de vergüenza.	Rougir *de* honte.
Corresponder á los beneficios.	Correspondre, répondre *aux* bienfaits.

I 3

Corresponderse con los amigos. — Avoir correspondance avec les amis.

Cortar de vestir. — Faire un habit.

Corto de genio. — Honteux, timide.

Coserse con la tierra. — Se prosterner *contre terre.*

Cotejar (dos cosas) entre sí. — Comparer (deux choses) *entr'elles.*

Crecer en virtud. — Croître *en vertu.*

Crecido de cuerpo. — Grand *de* taille.

Creer (algo) por fé. — Croire (quelque chose) *par la* foi.

Creer en Dios. — Croire *en* Dieu.

Creerse de alguna cosa. — Croire (légèrement) quelque chose.

Cubrirse de sudor. — Être tout *en* sueur.

Cucharetear en todo. — Mettre (son nez) par-tout.

Cuidar de alguno, de alguna cosa. — Prendre (soin) *de* quelqu'un, *de* quelque chose.

Culpar (á alguno) de alguna cosa. — Blâmer (quelqu'un) *de* quelque chose.

Cumplir con alguno. — S'acquitter (de son devoir) *envers* quelqu'un.

Cumplir con su obligacion. — Remplir ses devoirs.

Curar (á alguno) de una enfermedad. — Guérir (quelqu'un) *d'*une maladie.

Curarse en salud. — Se précautionner *contre* la maladie.

Curtirse al ayre. — Endurcir (sa peau) en s'exposant à l'air.

Curtido al trabajo. — Endurci *au* travail.

Curtido del sol. — Qui a la peau endurcie *par* les rayons du soleil.

Curtido en trabajos. — Accoutumé *aux* souffrances.

D.

Dar (algo) á alguno. — Donner (quelque chose) *à* quelqu'un.

Dar (una cosa) por acabada. — Regarder (une chose) comme terminée.

Dar (á alguno) por inocente. — Déclarer (quelqu'un) innocent.

Dar á entender, á conocer, etc. — Donner à entendre, à connoître, etc.

Dar de blanco. — Blanchir.

Dar de vestir. — Donner (des habits) à quelqu'un.

Dar (á alguno) con la puerta en los ojos. — Fermer (la porte) *au* nez de quelqu'un.

Dar en disparatar. — Contracter (l'habitude) d'extravaguer.

Darse á estudiar. — S'adonner *à* l'étude.
Deber (dinero) á alguno. — Devoir (de l'argent) *à* quelqu'un.
Deber de hacer alguna cosa. — Devoir faire quelque chose.
Decaer de la autoridad. — Déchoir *de* l'autorité.
Decir (algo) á otro. — Dire (quelque chose) *à* un autre.
Declamar contra alguno. — Déclamer *contre* quelqu'un.
Declararse por tal partido. — Se déclarer *pour* un tel parti.
Declárarse á alguno. — Se déclarer *à* quelqu'un.
Declinar á , hácia tal parte. — Décliner *vers* un tel endroit.
Dedicar (tiempo) al estudio. — Destiner (un temps) *à* l'étude.
Deducir (alguna cosa) de otra. — Déduire (une chose) *d'*une autre.

Defender (á alguno) de sus contrarios. — Défendre (quelqu'un) *de* ses adversaires.
Deferir á otro dictámen. — Déférer *au* sentiment d'un autre.
Defraudar (algo) de la autoridad de otro. — Entreprendre *sur* l'autorité d'autrui.
Degenerar de sus antepasados. — Dégénérer *de* ses ancêtres.
Delatarse al juez. — Se dénoncer *au* juge.
Deleytarse en , de oir. — Se délecter *à* entendre.
Deleytarse con la vista. — Prendre (plaisir) en regardant.
Deliberar sobre tal cosa. — Délibérer *sur* telle chose.
Depender de alguno. — Dépendre *de* quelqu'un.
Deponer (alguna cosa) de un lugar. — Descendre (quelque chose) *d'*un endroit.
Deponer (á alguno) de su empleo. — Déposer (quelqu'un) *de* son emploi.
Depositar (algo) en alguna parte. — Déposer (quelque chose) quelque part.
Derivar de otro , de tal principio. — Tirer son origine *d'*un autre , *d'*un tel principe.
Derogar á nobleza. — Déroger *à* noblesse.
Derramarse por los vicios. — Se laisser aller *au* vice.
Derrenegar de alguno , de alguna cosa. — Abhorrer quelqu'un , quelque chose.
Derribar (á alguno) de su puesto. — Renverser (quelqu'un) *de* son poste.
Derrocar (á alguno) de su estado. — Précipiter (quelqu'un) *de* son état.
Derrocar (una ciudad) por tierra. — Renverser (une Ville) *par* terre.
Desabrirre con alguno. — S'aigrir *contre* quelqu'un.
Desabrocharse con su amigo. — Ouvrir (son cœur) *à* son ami.
Desacordarse de alguno , de alguna cosa. — Oublier quelqu'un , quelque chose.
Desagradable á Dios. — Désagréable *à* Dieu.
Desagradecido á algun beneficio. — Méconnoissant *du* bien reçu.

Desahogarse con alguno. — Découvrir (ses peines) à quelqu'un.

Desahuciar (á alguno) de sus esperanzas. — Oter (à quelqu'un) toute espérance de réussir.

Desolojar (al enemigo) de tal parte. — Déloger (l'ennemi) d'un tel endroit.

Desapasionar (una persona) de otra. — Oter (à une personne) la passion qu'elle a pour une autre.

Desapegarse de alguno, de alguna cosa. — Se détacher *de* quelqu'un, *de* quelque chose.

Desapoderar (á alguno) de sus bienes. — Déposséder (quelqu'un) *de* ses biens.

Desapropriarse de algo. — Se désapproprier *de* quelque chose.

Desarraigar (una pasion) del corazon. — Déraciner (une passion) *de* son cœur.

Desarrimar (á alguno) de su opinion. — Désentêter (quelqu'un) *de* son opinion.

Desasirse de alguno, de alguna cosa. — Se dessaisir *de* quelqu'un, *de* quelque chose.

Desavenirse (unos) con otros. — Se brouiller (les uns) *avec* les autres.

Desayunarse de una noticia. — Avoir (la première nouvelle) *de* ce qu'on ignoroit.

Desazonarse con alguno. — Prendre (de l'humeur) *contre* quelqu'un.

Desbastar (á alguno) de malas aficiones. — Dégager (quelqu'un) *de* ses mauvaises habitudes.

Descabezarse en alguna cosa. — Se rompre (la tête) *à* approfondir.

Descaecer de su autoridad. — Déchoir *de* quelque chose son autorité.

Descalabazarse, descalabrarse en alguna cosa. — S'opiniâtrer *à* vouloir, ou *à* savoir quelque chose.

Descalzarse de risa. — Crever *de* rire.

Descansar de la fatiga. — Se délasser *de* la fatigue.

Descantillar (algo) de una porcion. — Rogner (quelque chose) d'une portion.

Descararse con alguno. — Parler effrontément *à* quelqu'un.

Descargarse de la acusacion. — Se décharger *de* l'accusation.

Descartarse de algun encargo. — S'excuser de se charger *de* quelque commission.

Descender de Reyes. — Descendre *de* Rois.

Descender de su crédito. — Déchoir *de* sa réputation.

Descender á los valles. — Descendre *aux* vallées.

Descolgarse por la ventana. — Descendre *par* une fenêtre par le moyen d'une corde.

Descollar, descollarse sobre otros.	Exceller *sur* d'autres.
Descomponerse con alguno.	S'emporter *contre* quelqu'un.
Desconfiar de alguno.	Se méfier *de* quelqu'un.
Desconocido á los beneficios.	Méconnoissant.
Descontar (algo) de alguna cosa.	Décompter (quelque chose) *d'une* autre.
Descoyuntarse de risa.	Se tenir (les côtés) *de* rire.
Descuidarse con otra persona.	Se laisser aller *à* une autre personne.
Descuidarse de su obligacion.	Négliger son devoir.
Descuidado en el trage.	Négligé *dans* les habits.
Desdecirse de lo prometido.	Se dédire *de* ce qu'on avoit promis.
Desdeñarse de alguna cosa.	Dédaigner quelque chose.
Desechar (alguna cosa) de si.	Chasser (quelque chose) *de* son cœur.
Desembarazarse de alguno, de alguna cosa.	Se débarrasser *de* quelqu'un, *de* quelque chose.
Desembarcar en el puerto.	Débarquer *au* port.
Desenamorarse de alguno, de alguna cosa.	Se détacher *de* quelqu'un, *de* quelque chose.
Desenfrenarse en vicios.	S'abandonner *au* vice.
Desenredarse de una dificultad.	Se débarrasser *d'une* difficulté.
Desertar del exército.	Déserter *de* l'armée.
Desesperar del buen suceso.	Désespérer *du* succès.
Desfalcar (algo) de alguna cosa.	Défalquer (quelque chose) *d'une* autre.
Desfalcar (á alguno) de su propósito.	Éloigner (quelqu'un) *de* ses résolutions.
Deshacerse á trabajar.	S'épuiser *à* travailler.
Deshacerse de alguna cosa.	Se défaire *de* quelque chose.
Deshacerse de lágrimas.	Fondre *en* larmes.
Deslumbrar (al enemigo) de algun movimiento.	Cacher (quelque mouvement) *à* l'ennemi par des ruses qui l'éblouissent.
Deslustroso á alguno.	Deshonorant *pour* quelqu'un.
Desmembrar (una provincia) de un reyno.	Démembrer (une province) *d'un* royaume.
Desmerecedor de alguna cosa.	Indigne *de* quelque chose.
Desnudar (un reyno) de fuerzas.	Dénuer (un royaume) *de* ses forces.
Desnudarse de pasiones.	Se dépouiller *de* ses passions.
Desobedecer al Príncipe.	Désobéir *au* Prince.
Desobligar (á alguno) de ayunar.	Exempter (quelqu'un) *du* précepte du jeûne.
Desojarse en censurar.	Se tuer à censurer.
Despagarse de alguna cosa.	Se dégoûter *de* quelque chose.

Despedazarse de risa.	Étouffer de rire.
Despedirse de alguno.	Prendre (congé) de quelqu'un.
Despedirse de alguna cosa.	Renoncer à quelque chose.
Despegarse de las cosas de la tierra.	Se détacher des choses de la terre.
Despeñar (á alguno) de una roca.	Précipiter (quelqu'un) d'un rocher.
Despeñarse de un vicio en otro.	Se précipiter dans toutes sortes de vices.
Desperecerse de risa.	Mourir de rire.
Despertar del sueño.	S'éveiller, se réveiller.
Despicarse de la ofensa.	Se revancher de l'offense.
Despojar, desposeer (á alguno) de sus bienes.	Dépouiller, déposséder (quelqu'un) de ses biens.
Desposarse con alguno.	Épouser quelqu'un.
Desprenderse de algo.	Se défaire de quelque chose.
Desprevenido de todo.	Dépourvu de tout.
Desquiciar (á alguno) de su privanza.	Faire perdre (à quelqu'un) la faveur qu'il a auprès d'un autre.
Desquitarse de la pérdida.	Se racquitter de la perte.
Desterrar (á alguno) de su patria.	Bannir (quelqu'un) de sa patrie.
Destinar (algo) á, para tal cosa.	Destiner (quelque chose) à, pour telle autre.
Destituir (á alguno) de su empleo.	Destituer (quelqu'un) de son emploi.
Destrizarse de enfado.	Se consumer de colère.
Desvergonzarse á hacer alguna cosa.	Avoir (l'impudence) de faire quelque chose.
Desvergonzarse con alguno.	Parler (impudemment) à quelqu'un.
Desviarse del camino de la verdad.	S'éloigner du chemin de la vérité.
Desvivirse por algo.	Mourir (d'envie) de quelque chose.
Detenerse en dificultades.	S'arrêter à la vue des difficultés.
Determinarse á pelear.	Se déterminer à combattre.
Devolver (la causa) al juez.	Renvoyer (la cause) au juge.
Dexar (una manda) á alguno.	Laisser (un legs) à quelqu'un.
Dexar (una dependiencia) á cuidado de otro.	Commettre (une affaire) aux soins d'un autre.
Dexar de escribir.	Cesser d'écrire.
Dexar (algo) dexarse en las manos de otro.	Laisser (quelque chose) se laisser entre les mains d'un autre.
Dexar por acabar alguna cosa.	Laisser (quelque chose) sans la finir.
Diestro para alguna cosa.	Adroit pour quelque chose.
Diferenciarse de otros.	Se distinguer des autres.

Diferir (algo) á, para *otro tiempo.* — Renvoyer (quelque chose) *à,* pour un autre temps.

Dignarse de conceder lo que se pide. — Daigner accorder ce qu'on demande.

Dilatarse en la explicacion. — S'étendre *dans* l'explication.

Diligente en los encargos. — Diligent *dans* les commissions.

Diputar (á alguno) á la junta. — Députer (quelqu'un) à l'assemblée.

Diputar (un tal) para tal cosa. — Députer (un tel) *pour* telle chose.

Dirigir (á alguno) en los negocios. — Diriger (quelqu'un) *dans* les affaires.

Discernir (una cosa) de otra. — Discerner (une chose) *d'avec* une autre.

Discrepar en alguna cosa. — Différer *en* quelque chose.

Discreto en las palabras. — Discret *dans* les paroles.

Disgustarse por alguna cosa. — Se fâcher *pour* quelque chose.

Disgustarse con, de alguno. — Se fâcher *contre* quelqu'un.

Disgustarse con, de alguna cosa. — Se dégoûter *de* quelque chose.

Disponer de los bienes. — Disposer *des* biens.

Disponerse á caminar. — Se préparer *à* marcher, *à* voyager.

Disputar sobre alguna cosa. — Disputer *sur* quelque chose.

Disentir de otro dictamen. — S'opposer *au* sentiment d'un autre.

Disuadir (á alguno) de alguna cosa. — Dissuader (quelqu'un) *de* quelque chose.

Distinguir (una cosa) de otra. — Distinguer (une chose) *d'avec* une autre.

Distraerse de, en la conversacion. — Etre distrait *dans* la conversation.

Divertirse á, en jugar. — Se divertir *à* jouer.

Dividir (una cosa) de otra. — Séparer (une chose) *d'avec* une autre.

Dividir (el todo) en sus partes. — Diviser (le tout) *en* ses parties.

Doblar de lo justo. — S'écarter *de* ce qui est juste.

Dócil á los consejos. — Docile *aux* avis.

Dolerse de los pecados. — Se repentir *de* ses péchés.

Dormir en el suelo. — Coucher *sur* la dure.

Dormir sobre una alfombra. — Coucher *sur* un tapis de Turquie.

Dotado de excelentes prendas. — Doué *d'excellentes* qualités.

Dudar de alguna cosa. — Douter *de* quelque chose.

Durar hasta la primavera. — Durer *jusqu'au* printemps.

Durar por largos años. — Durer *pendant* longues années.

Duro de mollera. — Qui a la tête dure.

E.

Échar (algo) á, en, por *tierra.* — Jeter (quelque chose) *à, par* terre.

Echar (á alguno) de la ciudad.	Chasser (quelqu'un) *de la ville*
Echar (olor) de sí.	Exhaler de l'odeur.
Echar de ver.	Considérer.
Echarse á alguna cosa.	S'appliquer *à* quelque chose.
Elegante en las expresiones.	Élégant *dans* les expressions.
Elevarse al cielo.	S'élever *au* ciel.
Elevarse de tierra.	S'élever *de* terre.
Elevado en los pensamientos.	Sublime *dans* les pensées.
Embarazarse en las respuestas.	S'embarrasser *dans* les réponses.
Embarcar (á alguno) embarcarse en negocios.	Embarquer (quelqu'un) s'embarquer *dans* des affaires.
Embebecerse en alguna cosa.	Etre absorbé *dans* quelque chose.
Embeberse en doctrina sana.	Etre imbu *d'*une saine doctrine.
Embobarse con , en , de alguna cosa.	Bayer *aux* corneilles.
Emborracharse de cólera.	Se transporter *de* colère.
Emboscarse en el bosque.	S'embusquer *dans* un bois.
Embotijarse de ira.	Bouffer *de* colère.
Embreñarse en un despeñadero.	S'engager *dans* un précipice , *dans* un lieu escarpé.
Embutir (alguna cosa) de algodon.	Garnir (quelque chose) *en , de* coton.
Eminente en ciencia.	Éminent *en* science.
Empalagarse de alguna cosa.	Se rassasier *de* quelque chose.
Empaparse en agua.	Etre tout trempé.
Emparejar con alguno.	Joindre quelqu'un.
Emparentar con gente ilustre.	S'apparenter *avec* des gens illustres.
Empeñarse en alguna cosa.	S'opiniâtrer *sur* quelque chose.
Empeñarse por alguno.	S'intéresser *pour* quelqu'un.
Emplearse en alguna cosa.	S'employer *à* quelque chose.
Empujar (á alguno) á hacer alguna cosa.	Pousser (quelqu'un) *à* faire quelque chose.
Enamorarse de alguno , de alguna cosa.	Se rendre amoureux *de* quelqu'un , *de* quelque chose.
Enamoricarse de alguno.	S'amouracher *de* quelqu'un.
Encallecido en astucias.	Endurci *dans* la malice.
Encaminarse á , hácia tal parte.	S'acheminer *vers* un tel endroit.
Encaramar (á alguno) á los empleos.	Élever (quelqu'un) *aux* emplois.
Encaramarse por la pared.	Grimper *à* une muraille.
Encararse á , con alguno.	Regarder fixement quelqu'un.
Encargarse de algun negocio.	Se charger *de* quelque affaire.
Encarnizarse contra alguno.	S'acharner *contre* quelqu'un.
Encasquetarse en su opinion.	Ne point démordre *de* son opinion.

Encastillarse en alguna parte.	Se retirer, etc., dans un lieu de sureté.
Encaxarse (alguna cosa) en la cabeza.	Se mettre (quelque chose) dans la tête.
Encaxarse en, por alguna parte.	Se fourrer quelque part, par quelque endroit.
Encenegarse en vicios.	Croupir dans le vice.
Encenderse en ira.	S'enflammer de colère.
Encerrarse en su dictámen.	Persister dans son sentiment.
Encharcarse de, en agua.	Se remplir d'eau.
Encomendarse á Dios.	Se recommander à Dieu.
Enconarse con alguno.	Avoir de l'animosité contre quelqu'un.
Encontrarse en los dictámenes.	Différer dans les avis.
Encumbrarse sobre las nubes.	S'élever sur les nuées.
Enderezarse á tal fin.	Se diriger à, vers telle fin.
Enfermar del pecho.	Etre malade de la poitrine.
Enfrascarse en los negocios.	S'engager dans des affaires.
Engolfarse en cosas graves.	Entrer dans des affaires de conséquence.
Engreirse con la fortuna.	Devenir orgueilleux par la prospérité.
Enlazar (alguna cosa) con otra.	Enlacer (des choses) les unes dans les autres.
Ensangrentarse en la disputa.	S'échauffer dans la dispute.
Ensayarse á hacer alguna cosa.	S'essayer à faire quelque chose.
Ensayarse en alguna cosa.	S'essayer à quelque chose.
Entender en sus negocios.	Entendre ses affaires.
Entenderse con alguno.	S'entendre avec quelqu'un.
Entenderse con alguna cosa.	S'entendre à manier quelque affaire.
Enterarse de alguna cosa.	Se bien instruire de quelque chose.
Entrañarse con alguno.	S'unir (étroitement) avec quelqu'un.
Entrar en alguna parte.	Entrer dans quelque endroit.
Entrar á la parte.	Aller de moitié, de quart, etc.
Entrar de por medio.	Entrer dans l'arrangement de quelque affaire.
Entrar con uno.	Lier (amitié ou commerce) avec quelqu'un.
Entrar (á alguno) en su corazon.	Mettre (quelqu'un) dans son cœur.
Entrar dentro de sí.	Entrer en soi-même.
Entrarse á mercader.	Se faire marchand.
Entregar (algo) á alguno.	Livrer (quelque chose) à quelqu'un
Entregarse al comercio.	Se livrer au commerce.

Entremeterse en cosas de otro.	S'entremettre *des choses d'autrui.*
Entresacar (*una cosa*) *de otras.*	Choisir (*une chose*) *parmi* d'autres.
Entretener (*á alguno*) *con esperanzas.*	Entretenir (*quelqu'un*) *d'espérance.*
Entreverarse con otros.	Se mêler *avec* d'autres.
Entristecerse del mal ageno.	S'attrister *du mal d'autrui.*
Enviar (*algo*) *á alguno.*	Envoyer (*quelque chose*) *à* quelqu'un.
Envolverse en cuidados superfluos.	S'embarrasser *dans des soins* superflus.
Enzarzarse en negocios.	Entrer *dans des affaires épineuses.*
Equivocarse en los nombres.	S'équivoquer , ou dire un nom pour un autre.
Errar por el campo.	Errer *par* la campagne.
Escabullirse entre la gente.	Se glisser *parmi* le monde.
Escaparse de la prision.	Échapper, s'échapper *de* la prison.
Escarmentar de alguna cosa.	Apprendre (*quelque chose*) *à* ses dépens.
Escarmentar en cabeza agena.	Prendre (exemple) *sur* quelqu'un.
Esclavo de sus pasiones.	Esclave *de* ses passions.
Esconderse en alguna parte.	Se cacher quelque part.
Escribir (*cartas*) *á alguno.*	Écrire (*des lettres*) *à* quelqu'un.
Esculpir en bronce.	Sculpter *en* bronze.
Escurrirse de un peligro.	Esquiver *un* danger.
Escusarse de hacer alguna cosa.	S'excuser *dē* faire quelque chose.
Esforzarse á cumplir con su obligacion.	Tâcher *de* remplir son devoir.
Esmerarse en alguna cosa.	Mettre (tous ses soins) *à* quelque chose.
Espantarse de algo.	S'épouvanter *de* quelque chose.
Esperar en Dios.	Espérer *en* Dieu.
Estampar en papel.	Estamper *sur* le papier.
Estar á órden de otro.	Etre *aux* ordres d'autrui.
Estar á alguna cosa.	Répondre *de* quelque chose.
Estar de viage.	Devoir faire (incessamment *)* un voyage.
Estar en alguna parte.	Etre *dans* quelque endroit.
Estar en tal animo.	Etre *dans* tel dessein.
Estar para partir.	Etre sur le point *de* partir.
Estar por alguno.	Répondre *pour* quelqu'un.
Estar por hacer ó decir alguna cosa.	Etre tenté *de* faire ou *de* dire quelque chose.
Estimar (*alguna cosa*) *á una persona.*	Rendre grâces (à quelqu'un) *de* quelque chose.
Estrecharse con alguno.	Parler d'amitié *avec* quelqu'un.
Estrecharse de ánimo.	Manquer *de* cœur.

Estrellar (*una persona ó cosa*) us *contra la pared.* — Écraser (une personne , ou une chose) *contre* le mur.

Estrellarse con alguno. — S'emporter *contre* quelqu'un , et lui dire des injures.

Estrenarse con alguno empleo. — Commencer *à* exercer un emploi.

Estribar en , sobre alguna cosa. — S'appuyer *sur* quelque chose.

Estropiarse de un brazo. — S'estropier *d'un* bras.

Exceder (á alguno) en virtud. — Surpasser (quelqu'un) *en* vertu.

Excederse á sí mismo. — Se surpasser soi-même.

Exceptuar (á alguno) de alguna cosa. — Excepter (quelqu'un) *de* quelque chose.

Excitar (á alguno) á penitencia. — Exciter (quelqu'un) *à* pénitence.

Excluir (á alguno) de alguna parte ó cosa. — Exclure (quelqu'un) *de* quelque endroit, ou *de* quelque chose.

Exentar , ó eximir (á alguno) de alguna carga. — Exempter (quelqu'un) *de* quelque charge.

Exercitarse en buenas obras. — S'exercer *dans* de bonnes œuvres.

Exhortar (á alguno) á bien morir. — Exhorter (quelqu'un) *à* bien mourir.

Exigir (alguna cosa) de otro. — Exiger (quelque chose) *d'un* autre.

Exonerar (á alguno) exonerarse de su empleo. — Décharger (quelqu'un) se démettre *de* son emploi.

Expeler (á alguno) de alguna parte. — Expulser (quelqu'un) *de* quelque endroit.

Experto en las leyes. — Versé *dans* les lois.

Explicarse con alguno. — S'expliquer *avec* quelqu'un.

Exponerse al examen. — Se présenter *à* l'examen.

Extraer (á un reo) de la Iglesia. — Tirer (un criminel) *de* l'Eglise.

Extraer (una cosa) de otra. — Extraire (une chose) *d'une* autre.

Extrañar (á alguno) de su patria. — Expatrier quelqu'un.

Extrañarse de hacer alguna cosa. — Refuser *de* faire quelque chose.

Extraviarse de la carrera. — S'éloigner *du* chemin.

F.

Fácil de dirigerir. — Facile *à* digérer.

Faltar á la palabra. — Manquer *à* sa parole.

Falto de juicio. — Dépourvu *de* sens.

Familiarizarse con los inferiores. — Se familiariser *avec* les inférieurs.

Fastidiarse de alguno , de alguna cosa. — Se dégoûter *de* quelqu'un , *de* quelque chose.

Fatal á alguno , á alguna cosa. — Fatal *à* quelqu'un , *à* quelque chose.

Fatigarse en , por alguna cosa. — Se fatiguer à , *pour* quelque chose.

Favorable á , para alguno , ó alguna cosa. — Favorable à quelqu'un, *pour* quelque chose.

Favorecerse de alguno. — S'appuyer *sur* quelqu'un.

Favorecerse de alguna cosa. — S'aider *de* quelque chose.

Fecundo en promesas. — Fécond *en* promesses.

Fiar (algo) á alguno. — Fier (quelque chose) *à* quelqu'un.

Fiarse de alguno. — Se fier *à* quelqu'un.

Fiel á , con sus amigos. — Fidelle *à* ses amis.

Fixar (algo) en la pared. — Ficher (quelque chose) *dans le* mur.

Flaco de memoria. — Court *de* mémoire.

Flaquear por tal parte. — Être foible *par* un tel endroit.

Flaquear á la vista del peligro. — S'ébranler *à* la vue du danger.

Flexible á la razon. — Flexible *à* la raison.

Florecer en virtud y ciencia. — Fleurir *en* vertu *et en* science.

Fluctuar en las dudas. — Chanceler *dans* les doutes.

Fluctuar entre el temor y la esperanza. — Flotter *entre* la crainte et l'espérance.

Formalizarse por una friolera. — Se formaliser *d'une* bagatelle.

Fortificarse en alguna parte. — Se fortifier *dans* quelque endroit.

Forzar (á uno) á hacer alguna cosa. — Forcer (quelqu'un) *à* faire quelque chose.

Frágil de , por su naturaleza. — Fragile *de* , *par* sa nature.

Fraguar (alguna cosa) en la imaginacion. — Forger (quelque chose) *dans* l'imagination.

Franquear (á alguno) de impuestos. — Affranchir (quelqu'un) *des* impôts.

Franquearse á alguno. — S'ouvrir *à* quelqu'un.

Freirse de calor. — Brûler *de* chaud.

Frisar con otro. — S'accorder (d'humeur , etc.) *avec* un autre.

Fuerte de condicion. — Qui a un caractère dur.

Fundarse en razon. — Se fonder *en* raison.

G.

Ganar (á alguno) á correr. — Gagner (quelqu'un) *à* courir.

Ganar (á alguno) por la mano. — Devancer (quelqu'un) *dans* quelque chose.

Gastar (la paciencia) á alguno. — Épuiser (la patience) *de* quelqu'un.

Generoso de ánimo. — Qui a le cœur généreux.

Gigantizar en vicios. — Grandir *en* vices.

Girar (de una parte) á otra. — Tourner (d'un côté) *à* un autre.

Girar por tal parte. — Aller *par* un tel endroit.

Gloriarse

Gloriarse de alguna cosa. — Se glorifier *de* quelque chose.

Gordo de talle. — Gros *de* taille.

Gozar, Gozarse de alguna cosa. — Jouir, se réjouir *de* quelque chose.

Graduar (á alguno) de majadero. — Qualifier (quelqu'un) *de* nigaud.

Graduar (alguna cosa) de, por buena. — Qualifier (quelque chose) *de* bonne.

Grangear (la voluntad) á alguno. — Gagner (la volonté) *de* quelqu'un.

Grato al gusto. — Agréable *au* goût.

Gravar (los beneficios) en el corazon. — Graver (les bienfaits) *dans* son cœur.

Gravoso á alguno. — Onéreux, qui est à charge *à* quelqu'un.

Guardarse de alguno, ó de alguna cosa. — Prendre (garde) (1) *à* quelqu'un, *à* quelque chose.

Guarecerse de alguna cosa. — S'aider *de* quelque chose.

Guarecerse en alguna parte. — Se refugier quelque part.

Guarnecer (alguna cosa) con otra. — Garnir (quelque chose) *avec* une autre.

Guiarse por alguno. — Se guider *par* quelqu'un.

Guindarse por alguna parte. — Se laisser glisser *de* quelque endroit par le moyen d'une corde, etc.

Gustar de alguno. — Aimer (la personne, la conversation, etc.) *de* quelqu'un.

Gustar de alguna cosa. — Aimer quelque chose.

H.

Haber (á alguno) á las manos. — Trouver (quelqu'un) *sous* ses mains.

Hábil en papeles. — Habile *à* manier des papiers.

Hábil para el empleo. — Propre *pour* l'emploi.

Habilitar (á uno) para alguna cosa. — Habiliter (quelqu'un) *pour* quelque chose.

Habitar con alguno. — Habiter *avec* quelqu'un.

Habitar en tal parte. — Habiter *dans* un tel endroit.

Habituarse á, en alguna cosa. — S'habituer *à* quelque chose.

Hablar de, sobre alguna cosa. — Parler *de*, *sur* quelque chose.

Hablar al ayre. — Parler *en* l'air.

Hablar en tal materia. — Parler *sur* telle matière.

Hablar, hablarse con los ojos. — Parler, se parler *des* yeux.

Hablar con, por alguno. — Parler *avec*, *pour* quelqu'un.

Hablar en griego. — Parler *en* grec.

Hacer (punto) de alguna cosa. — Se faire (un honneur) *de* poursuivre quelque chose.

Hacer, hacerse á todo. — Faire, se faire *à* tout.

____

(1) Dans le sens d'éviter.

K

Hacer de valiente.	Faire le brave.
Hacer por alguno.	Faire pour quelqu'un.
Hallar (á alguno , ó alguna cosa) en tal parte.	Trouver (quelqu'un, ou quelque chose) dans un tel endroit.
Hallarse á , en la fiesta.	Se trouver à la fête.
Hartarse de alguna cosa.	Se rassasier de quelque chose.
Helarse de frio.	Se geler de froid.
Henchir (el cántaro) de agua.	Emplir (la cruche) d'eau.
Herir (á alguno) en la estima-cion.	Blesser (quelqu'un) dans sa réputation.
Hermanar (una cosa) con otra.	Assortir (une chose) à une autre.
Hervir de piojos.	Être plein de poux.
Hincarse de rodillas.	Se mettre à genoux.
Hincharse de soberbia.	S'enfler d'orgueil.
Hincharse por el buen suceso.	S'enfler du bon succès.
Hocicar en algun negocio.	Faire (quelque bévue) dans une affaire.
Holgarse con, de alguna cosa.	Se réjouir de quelque chose.
Hombrear con alguno.	Se mesurer avec un supérieur.
Huir de alguno , ó de alguna cosa.	Fuir de quelqu'un, ou de quelque chose.
Huirse á alguna parte.	Fuir, s'enfuir en quelque endroit.
Humear de cólera.	Fumer de colère.
Humillarse á alguno , ó á alguna cosa.	S'humilier à quelqu'un, ou à quelque chose.
Hundir (alguna cosa) en el agua.	Plonger (quelque chose) dans l'eau.
Hurtar en el precio.	Voler sur le prix.
Hurtarse á los ojos de alguno.	Se dérober aux yeux de quelqu'un.

I.

Identificar (una cosa) con otra.	Identifier (une chose) avec une autre.
Idolatrar en alguno.	Idolâtrer quelqu'un.
Idolatrar en alguna cosa.	Aimer (passionnément) quelque chose.
Idoneo para alguna cosa.	Propre à quelque chose.
Ignal á , con otro.	Égal à un autre.
Igualar (á alguno , ó alguna cosa) á , con otro , ú otra cosa.	Égaler (quelqu'un , ou quelque chose) avec un autre, ou avec une autre chose.
Imbuir (á alguno) en , de alguna cosa.	Faire que quelqu'un soit imbu de quelque chose.
Impeler (á alguno) á alguna cosa.	Pousser (quelqu'un) à faire quelque chose.

Impenetrable á los mas perspicáces. — Impénétrable *aux* plus clair-voyans.

Impetrar (una gracia) del Príncipe. — Impétrer (une grâce) *du* Prince.

Implicar (á alguno) implicarse en alguna cosa. — Impliquer (quelqu'un) s'engager *dans* quelque chose.

Imponer (penas) á alguno. — Imposer (des peines) *à* quelqu'un.

Imponerse en algun hecho. — Se mettre au fait *de* quelque événement.

Importunar (á alguno) con pretensiones. — Importuner quelqu'un *de* ses prétentions.

Impresionar (á alguno) de, en alguna cosa. — Prévenir (l'esprit de quelqu'un) *sur* quelque chose.

Imprimir (alguna cosa) en el ánimo. — Imprimer (quelque chose) *dans* l'esprit.

Impropio de, para su edad. — Qui n'est pas propre *de, pour* son âge.

Impugnar (alguna cosa) á alguno. — Contester (quelque chose) *à* quelqu'un.

Imputar (la culpa) á otro. — Imputer (la faute) *à* un autre.

Inaccesible á los pretendientes. — Inaccessible *aux* solliciteurs.

Inapeable de su opinion. — Qui ne veut point démordre *de* son opinion.

Incansable en el trabajo. — Infatigable.

Incapaz de remedio. — Incapable *de* remède.

Incesante en sus tareas. — Assidu *à* son ouvrage.

Incidir en culpa. — Tomber *en* faute.

Incitar (á otro) á alguna cosa. — Inciter (un autre) *à* quelque chose.

Inclinar (á alguno) á la virtud. — Porter (quelqu'un) *à* la vertu.

Inclinarse á tal opinion. — Pencher *pour* telle opinion.

Inclinarse por un tal. — Prendre (de l'inclination) *pour* un tel.

Incluir en el número. — Enfermer *dans* le nombre.

Incompatible con otra cosa. — Incompatible *avec* une autre chose.

Incomprehensible á los hombres. — Incompréhensible *aux* hommes.

Inconseqüente en dichos y hechos. — Inconséquent *dans* les paroles *et dans* les actions.

Inconstante en su proceder. — Inconstant *dans* son procédé.

Incorporar (una cosa) con, en otra. — Incorporer (une chose) *dans* une autre.

Incorporarse en la cama. — Se mettre *en, sur* son séant.

Increible á, para muchos. — Incroyable, *à* l'égard *de* bien *de* gens.

Inculcar (alguna cosa) á alguno. — Inculquer (quelque chose) *à* quelqu'un.

Incurrir en delitos. — Tomber *dans* des crimes.

K 2

Indeciso en resolver.	Indécis *dans* ses résolutions.
Independiente de otro.	Indépendant *d'un* autre.
Indicar (alguna cosa) á alguno.	Indiquer (quelque chose) *à* quelqu'un.
Indignarse con , contra alguno.	S'indigner *contre* quelqu'un.
Indigno de la gracia.	Indigne *de* la grâce.
Indisponer (á alguno) con otro.	Indisposer (quelqu'un) *contre* un autre.
Indisponerse con , para alguno.	S'indisposer *contre* quelqu'un.
Inducir (á alguno) á pecar.	Induire (quelqu'un) *à* pécher.
Inductivo de error.	Qui induit *en* erreur.
Indulgente con sus hijos.	Indulgent *à* , *pour* ses enfans.
Indultar (á alguno) de la pena.	Remettre (à quelqu'un) la peine.
Infatigable en la guerra.	Infatigable *à* la guerre.
Infecto de heregia.	Infecté *d'*hérésie.
Inferior á otro.	Inférieur *à* un autre.
Inferior en alguna cosa.	Inférieur *en* quelque chose.
Inferir (una cosa) de otra.	Inférer (une chose) *d'*une autre.
Infiel á su amigo.	Infidelle *à* son ami.
Inflexible á los ruegos.	Inflexible *aux* prières.
Influir en alguna cosa.	Influer *en* , *sur* quelque chose.
Informar (á alguno) , informarse de alguna cosa.	Informer (quelqu'un) , s'informer *de* quelque chose.
Infundir (ánimo) á alguno.	Inspirer (du courage) , *à* quelqu'un.
Ingrato á los beneficios.	Ingrat.
Inhábil para el empleo.	Inhabile *à* l'emploi.
Inhabilitar (á alguno) para alguna cosa.	Rendre (quelqu'un inhabile) *à* quelque chose.
Inhibir (al juez) de , en el conocimiento........	Inhiber (le juge) *de* la connoissance........
Insaciable de riquezas.	Insatiable *de* richesses.
Insensible á las injurias.	Insensible *aux* injures.
Inseparable de otro , de otra cosa.	Inséparable *d'*un autre , *d'*une autre chose.
Insertar (una cosa) en otra.	Insérer (une chose) *dans* une autre.
Insinuar (una cosa) á alguno.	Insinuer (quelque chose) *à* quelqu'un.
Insinuarse con los poderosos.	S'insinuer *dans* l'esprit des grands.
Insípido al gusto.	Insipide.
Insistir en alguna cosa.	Insister *sur* quelque chose.
Insolente en palabras.	Insolent *en* paroles.
Insolente con las mugeres.	Insolent *avec* les femmes.
Insoportable en todo.	Insupportable *en* tout.
Inspirar (alguna cosa) á alguno.	Inspirer (quelque chose) *à* quelqu'un.

Instalar (á alguno) en una dignidad. — Installer (quelqu'un) *dans* une dignité.

Instar por *alguna cosa.* — Faire (des instances) *pour* quelque chose.

Instruir (*á alguno*) en alguna cosa. — Instruire (quelqu'un) *à* quelque chose.

Insultar (*á alguno*) de *palabra.* — Insulter (quelqu'un) *de* paroles.

Intentar (*un pleyto*) á *alguno.* — Intenter (un procès) *à* , *contre* quelqu'un.

Interceder con alguno , por *otro.* — Intercéder *auprès de* quelqu'un *pour* un autre.

Interceder por *otro* con *alguno.* — Intercéder *pour* un autre *auprès de* quelqu'un.

Interesarse con alguno por *otro.* — S'intéresser *auprès de* quelqu'un *pour* un autre.

Interesarse por *otro* con *alguno.* — S'intéresser *pour* un autre *auprès de* quelqu'un.

Internarse con *alguno.* — Se mettre bien *avec* quelqu'un.

Internarse en *alguna cosa.* — Approfondir quelque chose.

Interpelar (*á alguno*) de *decir la verdad.* — Interpeller (quelqu'un) *de* dire la vérité.

Interpolar (*unas cosas*) con otras. — Mêler (des choses les unes) *avec* les autres.

Interponerse con *alguno.* — Interposer (son autorité , etc.) *auprès de* quelqu'un.

Intervenir en *un negocio.* — Intervenir *dans* une affaire.

Intimar (*una órden*) á *alguno.* — Intimer (un ordre) *à* quelqu'un.

Intimarse con *alguno.* — Se rendre (intime) *de* quelqu'un.

Introducirse con *los poderosos.* — S'introduire *avec* les grands.

Introducirse en alguna parte. — S'introduire quelque part.

Inundar (*el reyno*) de *libelos.* — Inonder (le Royaume) *de* libelles.

Invernar en *tal parte.* — Hiverner *dans* un tel endroit.

Invertir (*el caudal*) en *otro uso.* — Convertir (les fonds) *en* d'autres usages.

Invocar (*á Dios*) en *la tribulacion.* — Invoquer (le nom de Dieu) *dans* la tribulation.

Inxerir (*un árbol*) en *otro.* — Enter (un arbre) *dans* un autre.

Inxerirse en cosas de *otros.* — Se mêler *des* affaires des autres.

Ir (de Madrid) á , *hácia* Cadiz. — Aller (de Madrid) à , *vers* Cadiz.

Ir con , contra *alguno.* — Aller *avec* , *contre* quelqu'un.

Ir por *pan.* — Aller chercher du pain.

Ir por *mar , por tierra.* — Aller *par* mer , *par* terre.

Ir tras *alguno.* — Aller *après* quelqu'un.

Irritarse por *poco.* — S'irriter *pour* peu de chose.

K 3

J.

Jactarse de alguna cosa. — Se vanter de quelque chose.
Jugar (alguna cosa) á tal juego. — Jouer (quelque chose) á tel jeu.
Jugar (unos) con otros. — Jouer (les uns) avec les autres.
Jugar (alguna cosa) con otra. — Jouer (quelque chose) contre une autre.
Jugar del vocablo. — Faire des jeux de mots.
Juntar (una cosa) con otra. — Joindre (une chose) á , avec une autre.
Juntarse con los buenos. — Aller avec les bons.
Justificarse de alguna cosa. — Se justifier de quelque chose.
Jurar sobre Evangelios. — Jurer sur les Évangiles.
Juzgar de alguna cosa. — Juger de quelque chose.

L.

Ladear (alguna cosa) á tal parte. — Faire pencher (quelque chose) á , vers un tel endroit.
Ladearse á otro partido. — Pencher pour un autre parti , du côté , etc.
Ladrar á la oreja. — Aboyer après quelqu'un.
Lamentarse de alguna cosa. — Se lamenter de quelque chose.
Lanzar (una cosa) á , contra otra parte. — Jeter (quelque chose) á , contra un autre endroit.
Largo de cuerpo. — Long de taille.
Lastimarse de alguno. — Plaindre quelqu'un.
Leer (los pensamientos) á alguno. — Lire dans la pensée de quelqu'un.
Levantar (la voz) al Cielo. — Pousser (des cris) jusqu'au ciel.
Levantar (alguna cosa) del suelo. — Lever (quelque chose) de terre.
Levantar (alguna cosa) en alto. — Lever (quelque chose) en haut.
Levantarse á las estrellas. — S'élever jusqu'aux nuées.
Levantarse de la cama. — Se lever du lit.
Liberal para , con sus amigos. — Libéral envers ses amis.
Libertar (á alguno) de la cuerda. — Délivrer (quelqu'un) de la corde.
Librar (á alguno) de riesgos. — Garantir (quelqu'un) des dangers.
Lidiar con alguno. — Se disputer avec quelqu'un , combattre contre quelqu'un.
Ligar (una cosa) con otra. — Lier (une chose) avec une autre.
Ligarse con , contra otro. — Se liguer avec , contre un autre.
Ligero de bolsa. — Léger d'argent.
Limitar (las facultades) á alguno. — Borner (les pouvoirs) á quelqu'un.
Limitado de talentos. — Borné , qui a l'esprit borné.

Limpiarse de una acusacion. — Se purger d'une accusation.
Lisongearse de alguna cosa. — Se flatter de quelque chose.
Llamar á la puerta. — Frapper à la porte.
Llegar á alguna parte. — Arriver à, dans quelque endroit.
Llenar (la bolsa) de dinero. — Remplir (la bourse) d'argent.
Llenar (á alguno) de oprobrios. — Charger (quelqu'un) d'opprobres.
Llevar (algo) á alguna parte. — Porter (quelque chose) dans quelque endroit.
Llevar (á alguno) por la mano. — Mener (quelqu'un) par la main.
Llevarse de alguna pasion. — Se laisser entraîner par quelque passion.
Luchar con alguno. — Lutter avec, contre quelqu'un.

M.

Machacar en hierro frio. — Inculquer (des choses) à une personne incapable de les comprendre, etc.
Maliciar en las acciones mas inocentes. — Former (des soupçons) sur les actions les plus innocentes.
Malo para alguno, para alguna cosa. — Mauvais à quelqu'un, à quelque chose.
Malquistarse con alguno. — Se brouiller avec quelqu'un.
Manco de la mano derecha. — Manchot de la main droite.
Mancomunarse con otros. — S'unir avec d'autres.
Maltratar de palabra. — Maltraiter de parole.
Mandar (alguna cosa) á alguno. — Commander (quelque chose) à quelqu'un.
Manifestar (alguna cosa) á alguno. — Manifester (quelque chose) à quelqu'un.
Mantener (conversacion) á alguno. — Tenir (conversation) à quelqu'un.
Mantenerse en su dictámen. — Se maintenir dans son opinion.
Maquinar contra alguno. — Machiner contre quelqu'un.
Maravillarse de alguna cosa. — S'étonner de quelque chose.
Matarse á trabajar. — Se tuer à travailler.
Matarse por conseguir alguna cosa. — Se tuer pour obtenir quelque chose.
Matizar con , de colores. — Embellir avec , par des couleurs.
Mediano de cuerpo. — De moyenne taille.
Mediar por alguno. — Intercéder pour quelqu'un.
Mediar entre los contrarios. — Etre médiateur entre ceux qui ont des différens parmi eux.
Medirse en las palabras. — Se mesurer dans les paroles.
Meditar en la pasion. — Méditer sur la passion.

Medrar *en la fortuna.* — Augmenter *de fortune.*
Mejorar *de empleo.* — Obtenir un meilleur emploi.
Mejorar *(á alguno)* en *tercio y quinto.* — Avantager (quelqu'un) *d'un tiers et d'un quint.*
Menor *de edad.* — Inférieur *en âge.*
Merecer *á, con, de alguno.* — Mériter *à, de quelqu'un.*
Mesurarse *en las acciones.* — Se mesurer *dans les actions.*
Meter *(dinero)* en *el cofre.* — Mettre *(de l'argent)* dans le coffre.
Meter *á la lotería.* — Mettre *à la loterie.*
Meter *(á alguno)* en *berengenales.* — Mettre (quelqu'un) *dans des embarras.*
Meter *(la espada)* hasta *la empuñadura.* — Pousser *(quelqu'un)* à bout.
Meter *(los dedos)* por *los ojos.* — Faire *(accroire)* à quelqu'un tout ce qu'on veut.
Meterse *á gobernar.* — S'ingérer *de gouverner.*
Meterse *con alguno.* — Chercher *(noise)* à quelqu'un.
Meterse *en los peligros.* — Se mettre *dans les dangers.*
Mezclar *(una cosa)* con *otra.* — Mêler *(une chose)* avec une autre.
Mezclarse *en los negocios.* — Se mêler *des affaires.*
Militar *por el Rey de España.* — Porter (les armes) *pour le Roi d'Espagne.*
Mirar *á, hácia tal parte.* — Regarder *de tel côté, vers tel endroit.*
Mirar *por alguno.* — Avoir *(soin)* de quelqu'un.
Mirarse *en alguna cosa.* — Se regarder *dans quelque chose.*
Misericordioso *para, con los pobres.* — Miséricordieux *envers les pauvres.*
Mysterioso *en todo.* — Mystérieux *en toutes choses.*
Mitigar *(las penas)* á alguno. — Adoucir (les peines) *à quelqu'un.*
Moderarse *en las palabras.* — Se modérer *dans les discours.*
Modesto *en las acciones.* — Modeste *dans les actions.*
Mofarse *de alguno.* — Se mocquer *de quelqu'un.*
Mojar *(alguna cosa)* en *agua.* — Tremper *(quelque chose)* dans l'eau.
Mojar *en una conspiracion.* — Tremper *dans une conspiration.*
Moler *(á alguno)* á *palos.* — Rouer (quelqu'un) *de coups de bâton.*
Moler *(á alguno)* de *azotes.* — Assommer (quelqu'un) *de coups de verges.*
Molerse *á trabajar.* — Se tuer à travailler.
Molido *de trabajar.* — Rompu *du travail.*
Molestar *(á alguno)* con *visitas.* — Fatiguer *(quelqu'un)* par des visites.
Molesto *á los amigos.* — Incommode *aux* amis.
Montar *á caballo.* — Monter *à cheval.*

Montar en mula.	Monter *sur* une mule.
Montar en cólera.	Monter *en* colère.
Morar en poblado.	Demeurer *dans* un lieu habité.
Morir al mundo.	Mourir *au* monde.
Morir de poco tiempo.	Mourir *jeune.*
Morir de enfermedad.	Mourir *de* maladie.
Morir en gracia.	Mourir *dans* la grâce de Dieu.
Morirse de frio.	Mourir *de* froid.
Morirse por alguno.	Mourir d'amour *pour* quelqu'un.
Morirse por conseguir alguna cosa.	Mourir d'envie *d'*obtenir quelque chose.
Mortificarse en el comer.	Se mortifier *dans* le manger.
Mostrar (alguna cosa) á alguno.	Montrer (quelque chose) *à* quelqu'un.
Motejar (á alguno) de ignorante.	Reprocher (à quelqu'un) *d'*être ignorant , ou son ignorance.
Motivar (la providencia) con buenas razones.	Motiver (un décret , etc.) *sur* de bonnes raisons.
Mover , moverse (de una parte) á otra.	Mouvoir, se mouvoir (d'un côté) *à* un autre.
Mover , moverse á compasion.	Exciter, s'exciter *à* compassion.
Mudar (alguna cosa) á otra parte.	Changer (quelque chose) *à* un autre endroit.
Mudar de intento.	Changer *de* dessein.
Mudar , mudarse de casa.	Changer *de* maison.
Murmurar de alguno.	Murmurer *contre* quelqu'un.
Mutilar (á alguno) de un brazo.	Mutiler (quelqu'un) *d'*un bras.

N.

Nacer con fortuna.	Naître *dans* la fortune.
Nacer de padres ilustres.	Naître *de* pères illustres.
Nacer para trabajos.	Naître *pour* les souffrances.
Nadar en el rio.	Nager *dans* la rivière.
Nadar en la opulencia.	Nager *dans* l'opulence.
Nadar entre dos aguas.	Nager *entre* deux eaux.
Natural á alguno , á alguna cosa.	Naturel *à* quelqu'un , *à* quelque chose.
Navegar á Indias.	Naviguer *aux* Indes.
Navegar en alta mar.	Naviguer *en* pleine mer.
Necesario , á , para alguno , ó alguna cosa.	Nécessaire *à* , *pour* quelqu'un , ou *pour* quelque chose.
Necesitar de alguno , ó de alguna cosa.	Avoir (besoin) *de* quelqu'un , ou *de* quelque chose.
Negar (alguna cosa) á alguno.	Refuser (quelque chose) *à* quelqu'un.
Negarse á la comunicacion.	Se refuser *à* la communication.

Negligente en *sus negocios.*	Négligent en *ses affaires.*
Negociar en *lanas.*	Négocier *en* laines.
Nimio en *su proceder.*	Outré *dans* son procédé.
Nivelarse á lo justo.	Se conformer *à* ce qui est juste.
Noble de *nacimiento.*	Noble *de* naissance , *par sa* naissance.
Noble en *sus procederes.*	Noble *dans* ses procédés.
Nombrar (*á alguno*) *para el empleo.*	Nommer (quelqu'un) *à* l'emploi.
Notar (*á alguno*) *de imprudente.*	Taxer (quelqu'un) d'imprudence.
Noticiar, notificar (*alguna cosa*) *á alguno.*	Faire savoir , notifier (quelque chose) *à* quelqu'un.
Novicio, nuevo, en *su profesion.*	Novice , nouveau *dans* sa profession.
Nulo en *la forma.*	Nul *dans* la forme.

O.

Obedecer á sus padres.	Obéir *à* ses parens.
Obligar (*á alguno*) *á alguna cosa.*	Obliger (quelqu'un) *à* quelque chose.
Obscuro en *el estilo.*	Obscur *dans* le style.
Obstinarse en *alguna cosa.*	S'obstiner *à* quelque chose.
Obtener (*alguna gracia*) *de alguno.*	Obtenir (quelque grâce) *de* quelqu'un.
Obviar á los inconvenientes.	Obvier *aux* inconveniens.
Ocultar (*alguna cosa*) *á alguno.*	Cacher (quelque chose) *à* quelqu'un.
Ocupar (*á alguno*) en *alguna cosa.*	Occuper (quelqu'un) *à* quelque chose.
Ocurrir á otro.	Aller au-devant *d'un* autre.
Odioso al pueblo.	Odieux *au* peuple.
Ofender (*á alguno*) *de palabra,* en *su honor.*	Offenser (quelqu'un) *de* paroles, *en* son honneur.
Ofenderse de alguna cosa.	S'offenser *de* quelque chose.
Ofrecer (*alguna cosa*) *á alguno.*	Offrir (quelque chose) *à* quelqu'un.
Ofrecerse á los peligros.	S'offrir *aux* dangers.
Oir de confesion.	Entendre *en* confession.
Oler á alguna cosa.	Avoir (l'odeur) *de* quelque chose.
Olvidarse de lo pasado.	Oublier le passé.
Oneroso á alguno.	Onéreux *à* quelqu'un.
Opinar sobre, en *alguna cosa.*	Opiner *sur* quelque chose.
Oponerse á alguno, á alguna cosa.	S'opposer *à* quelqu'un , *à* quelque chose.

Oprimir (á alguno) con el poder.	Opprimer (quelqu'un) avec la puissance.
Optar á los empleos.	Opter les emplois.
Opulento en dinero.	Opulent en argent.
Orar por sus enemigos.	Prier pour ses ennemis.
Ordenar (á alguno) de sacerdote.	Ordonner (quelqu'un) prêtre.
Ordenarse de diacono.	Recevoir le diaconat.
Otillar á alguna parte.	S'approcher des côtes de quelque endroit.
Osado en las empresas.	Hardi à entreprendre, dans les entreprises.
Otorgar (alguna cosa) á alguno.	Octroyer (quelque chose) à quelqu'un.

P.

Paciente en la adversidad.	Patient dans l'adversité.
Pactar (alguna cosa) con otro.	Faire (un pacte sur quelque chose) avec un autre.
Pagar con palabras.	Payer de paroles.
Pagar en dinero.	Payer en argent.
Pagarse de buenas razones.	Se payer de bonnes raisons.
Paladearse con alguna cosa.	Savourer quelque chose.
Paliar (alguna cosa) con otra.	Pallier (quelque chose) avec une autre.
Pálido de semblante.	Qui a le visage pâle.
Palmear á alguno.	Frapper du plat de la main à quelqu'un
Parar á la puerta.	S'arrêter à la porte.
Parar en casa.	Demeurer dans la maison.
Pararse á descansar.	S'arrêter pour se reposer.
Pararse con alguno.	S'arrêter avec quelqu'un.
Parco en la comida.	Sobre dans le manger.
Parecer en alguna parte.	Paroître en, dans quelque endroit.
Parecerse á otro.	Ressembler à un autre.
Parecerse de rostro.	Ressembler de visage.
Participar (algo) á alguno.	Faire (part de quelque chose) à quelqu'un.
Participar de alguna cosa.	Participer de quelque chose.
Particularizarse en alguna cosa.	Se distinguer en quelque chose.
Particularizarse con alguno.	Faire (des démonstrations particulières d'amitié) à quelqu'un.
Partir á Madrid.	Partir pour Madrid.
Partir ou partirse de Paris.	Partir de Paris.
Partir (algo) con otro.	Partager (quelque chose) avec un autre.

Partir en *dos partes.*	Partager *en* deux portions.
Partir entre *los amigos.*	Partager *entre* les amis.
Partir por *mitad.*	Partager *par* moitié.
Pasar á *la Corte.*	Passer *à* la Cour.
Pasar á *comer.*	Passer *pour* dîner.
Pasar de *Versalles.*	Passer *de* Versailles.
Pasar entre *montes.*	Passer *entre* des montagnes.
Pasar por *el camino.*	Passer *par* le chemin.
Pasar por entre *árboles.*	Passer *à travers* des arbres.
Pasearse con *otro.*	Se promener *avec* un autre.
Pasearse por *el campo.*	Se promener *par* la campagne.
Pasmarse de *alguna cosa.*	Pâmer , se pâmer *de* quelque chose.
Patear de *despecho.*	Trépigner *de* dépit.
Pecar de, por *demasiado bueno.*	Pécher *pour* être trop bon.
Pecar contra *el próximo.*	Pécher *contre* son prochain.
Pecar contra *las reglas del arte.*	Pécher *contre* les règles de l'art.
Pecar en *alguna cosa.*	Pécher *en* quelque chose.
Pedir (*alguna cosa*) á *alguno.*	Demander (quelque chose) *à* quelqu'un.
Pedir contra *razon.*	Demander *contre* raison.
Pedir de *justicia.*	Demander *à* juste titre.
Pedir en *justicia.*	Demander *en* justice.
Pedir por *Dios.*	Demander *pour* l'amour de Dieu.
Pedir por *alguno.*	Demander *pour* quelqu'un.
Pegar (*una cosa*) á, con *otra.*	Attacher (une chose) *à*, *avec* une autre.
Pegar contra *la pared.*	Attacher *contre* le mur.
Pegarse á *alguno.*	S'attacher *à* quelqu'un.
Pelarse por *alguna cosa.*	Rechercher (avec ardeur) quelque chose.
Pelear contra *alguno,* contra *alguna cosa.*	Combattre *contre* quelqu'un, *contre* quelque chose.
Peligrar en *alguna cosa.*	Risquer *en* quelque chose.
Pelotearse con *alguno.*	Se disputer *avec* quelqu'un.
Penar en *la otra vida.*	Souffrir *dans* l'autre monde.
Penarse por *alguna cosa.*	S'affliger *de* quelque chose.
Pender de *alguna cosa.*	Dépendre *de* quelque chose.
Pendiente de *un clavo.*	Pendant *à* un clou.
Penetrar hasta *las entrañas,* hasta *la capital.*	Pénétrer *jusqu'aux* entrailles, *jusqu'à* la capitale.
Penetrar (*á alguno*) de *dolor.*	Causer (une vive douleur) *à* quelqu'un.
Pensar en *alguno,* en *alguna cosa.*	Penser *à* quelqu'un, *à* quelque chose.
Perder (*algo*) de *vista.*	Perdre (quelque chose) *de* vue.
Perderse en *el camino.*	Se perdre *dans* le chemin.

Perecer de hambre. — Périr de faim.
Perecerse de risa. — Mourir de rire.
Perecerse por alguna cosa. — Mourir (d'envie) de quelque chose.

Peregrinar por el mundo. — Voyager hors de son pays.
Perfecto en su arte. — Parfait dans son art.
Perfumar con incienso. — Parfumer avec de l'encens.
Perjudicial á alguno, á la salud. — Préjudiciable à quelqu'un, à la santé.

Permanecer en alguna parte. — Demeurer dans quelque endroit.
Permitir (alguna cosa) á alguno. — Permettre (quelque chose) à quelqu'un.

Permutar (una cosa) con, por otra. — Permuter (une chose) contre une autre.
Perorar por alguno. — Prier pour quelqu'un.
Perseverar en la virtud. — Persévérer dans la vertu.
Perseverar hasta la muerte. — Persévérer jusqu'à la mort.
Persistir en su designio. — Persister dans son dessein.
Persuadir (alguna cosa) á alguno. — Persuader (quelque chose) à quelqu'un.

Persuadirse á alguna cosa. — Se persuader de quelque chose.
Persuadirse de, por las razones de otro. — Être persuadé par les raisons d'un autre.
Perteneciente á alguno, á alguna cosa. — Appartenant à quelqu'un, à quelque chose.
Pertrecharse de lo necesario. — Se munir du nécessaire.
Pesar (á alguno) de lo que ha hecho. — Se repentir de ce qu'on a fait.

Pesado en la conversacion. — Pesant, ennuyeux dans la conversation.

Pescar con red. — Pêcher au filet.
Piar por alguna cosa. — Aboyer après quelque chose.
Picar con un alfiler. — Piquer avec une épingle.
Picar en alguna cosa. — Piquer dans quelque chose.
Picarse de alguna cosa. — Se piquer de quelque chose.
Pintiparado á otro. — Semblable, assorti à un autre.
Plagarse de granos. — Être couvert de boutons.
Plantar (á alguno) en la calle. — Mettre (quelqu'un) à la rue.
Plantarse en Burdéos. — Se rendre (en diligence) à Bordeaux.

Pleytear contra, por alguno. — Plaider contre, pour quelqu'un.
Pleytear por una herencia. — Plaider pour un héritage.
Poblar en buen parage. — Peupler dans un bon endroit.
Poderoso en caudal. — Puissant en argent comptant.
Pomposo en las descriptiones. — Pompeux dans les descriptions.
Ponderar (alguna cosa) de grande. — Exalter, vanter quelque chose.
Poner (á alguno) á oficio. — Mettre (quelqu'un) en métier.

Poner (á alguno) por intendente.	Faire (quelqu'un) intendant.
Poner (alguna cosa) en alguna parte.	Mettre (quelque chose) dans quelque endroit.
Poner por escrito.	Coucher par écrit.
Ponerse á comer.	Se mettre à table.
Porfiar con alguno.	Disputer (opiniâtrement) avec quelqu'un.
Posar en alguna parte.	Loger dans quelque endroit.
Posponer (una persona , ó cosa) á otra.	Estimer moins une personne ou une chose qu'une autre.
Posterior á otro , á otra cosa.	Postérieur à un autre , à une autre chose.
Postrarse á los pies de alguno.	Se prosterner devant quelqu'un.
Postrarse en cama.	Se jeter (de fatigue , ou par maladie) dans le lit.
Preceder (á otro) en dignidad.	Précéder (un autre) en dignité.
Preciarse de hermoso.	Se glorifier d'être beau.
Precipitar (á alguno) de alguna parte.	Précipiter (quelqu'un) de quelque endroit.
Precipitarse de , á alguna parte.	Se précipiter de , dans quelque endroit.
Precisar (á alguno) á hacer alguna cosa.	Forcer (quelqu'un) à faire quelque chose.
Predestinar (á alguno) para alguna cosa.	Prédestiner (quelqu'un) pour quelque chose.
Predicar en desierto.	Prêcher au désert.
Preferir (una persona , ó cosa) á otra.	Préférer (une personne , ou une chose) à une autre.
Preguntar (alguna cosa) á alguno.	Demander (quelque chose) à quelqu'un.
Prendarse de alguno.	Affectionner quelqu'un.
Prenunciar (alguna cosa) á alguno.	Prédire (quelque chose) à quelqu'un.
Preocuparse de alguna cosa.	Se préoccuper de quelque chose.
Preparar (á alguno) , prepararse á , para alguna cosa.	Préparer (quelqu'un) se préparer à , pour quelque chose.
Prescindir de alguna cosa.	Faire (abstraction) de quelque chose.
Presentar (alguna cosa) á alguno.	Présenter (quelque chose) à quelqu'un.
Presentar (á alguno) para un obispado.	Présenter (quelqu'un) pour un Evêché.
Preservar (á alguno) de alguna cosa.	Préserver (quelqu'un) de quelque chose.
Presidir en la asamblea.	Présider dans l'assemblée.
Prestar (dinero) á alguno.	Prêter (de l'argent) à quelqu'un.
Presumir de sabio.	Présumer de sa science.

Prevalecer contra otro.	Prévaloir *contre* un autre.
Prevenir (alguna cosa) á alguno.	Prévenir (quelque chose) à quelqu'un.
Prevenirse de lo necesario.	Se pourvoir *du* nécessaire.
Prevenirse para alguna cosa.	Se préparer *pour* quelque chose.
Primorear en la música.	Primer *dans* la musique.
Pringarse en alguna cosa.	Biaiser *en* quelque chose.
Privar (á alguno) de alguna cosa.	Priver (quelqu'un) *de* quelque chose.
Privar con alguno.	Priver *avec* quelqu'un.
Probar (alguna cosa) á alguno.	Prouver (quelque chose) à quelqu'un.
Probar de alguna cosa.	Goûter *de* quelque chose.
Proceder á la elecion.	Procéder à l'élection.
Proceder contra alguno.	Procéder *contre* quelqu'un.
Proceder de algun principio.	Procéder *de* quelque principe.
Procesar (á alguno) por delitos.	Faire (un procès à quelqu'un) *pour* des crimes.
Proclamar (á alguno) por Rey.	Proclamer (quelqu'un) Roi.
Procurar (alguna cosa) á alguno.	Procurer (quelque chose) à quelqu'un.
Procurar por alguno.	Solliciter *pour* quelqu'un.
Pródigo de su sangre.	Prodigue *de* son sang.
Pródigo en palabras.	Prodigue *en* paroles.
Producir (pruebas), contra, por alguno.	Produire (des preuves) *contre*, *pour* quelqu'un.
Producir (instrumentos), en juicio.	Produire (des pièces) *en* justice.
Proejar contra las olas.	Ramer *contre* les flots.
Proejar contra la adversidad.	Faire (face) à l'adversité.
Profesar (amistad) á alguno.	Témoigner (de l'amitié) à quelqu'un.
Profesar en religion.	Faire (la profession) *dans* un ordre religieux.
Profundo en las matemáticas.	Profond *dans* les mathématiques.
Prohibir (alguna cosa) á alguno.	Défendre (quelque chose) à quelqu'un.
Prometer (alguna cosa) á alguno.	Promettre (quelque chose) à quelqu'un.
Prometerse en casamiento.	Se promettre *en* mariage.
Promover (á alguno) á otro empleo.	Promouvoir (quelqu'un) à un autre emploi.
Pronto á servir á sus amigos.	Prompt à servir ses amis.
Propagar (la fé) por todo el mundo.	Étendre (la foi) *par* tout le monde.
Propasarse á, en alguna cosa.	S'oublier *en* quelque chose.
Propenso á hacer limosna.	Enclin à faire l'aumône.
Propicio á alguno.	Propice à quelqu'un.

Propio para *alguna cosa.*	Propre *à , pour* quelque chose.
Proponer (alguna cosa) á alguno.	Proposer (quelque chose) à quelqu'un.
Proponer (á alguno) para el empleo.	Proposer (quelqu'un) pour l'emploi.
Proponer (á alguno) en primer lugar.	Proposer (quelqu'un) en premier lieu.
Proporcionar (el gasto) á las rentas.	Proportionner (la dépense) aux revenus.
Proporcionarse para *alguna cosa.*	Se rendre propre pour quelque chose.
Prorogar (el plazo) á alguno.	Proroger (le terme) à quelqu'un.
Prorumpir en *lágrimas.*	Fondre en larmes.
Prosperar (á alguno) con riquezas.	Rendre (quelqu'un heureux) en lui donnant des richesses.
Proteger (á alguno) en sus pretensiones.	Protéger (quelqu'un) dans ses prétentions.
Protestar (alguna cosa) á alguno.	Protester (quelque chose) à quelqu'un.
Provechoso á la salud.	Utile , bon à la santé.
Proveer (la casa) de todo lo necesario.	Pourvoir (la maison) de tout ce qui est nécessaire.
Proveer (empleo) en alguno.	Pourvoir (quelqu'un) d'un emploi.
Provocar (á alguno) á risa.	Provoquer (quelqu'un) à rire.
Provocar (á alguno) con injurias.	Provoquer (quelqu'un) par des injures.
Próximo á morir.	Proche à la mort.
Prudente en las empresas.	Prudent dans les entreprises.
Pudrirse de tristeza.	Se consumer de tristesse.
Pujar por *alguna cosa.*	Faire (des efforts) pour obtenir quelque chose.
Purgar (á alguno) con mana.	Purger (quelqu'un) avec de la manne.
Purgar de sospecha.	Purger de tout soupçon.
Purificarse de las imperfecciones.	Se purifier de ses imperfections.

Q.

Quadrar á otro.	Plaire à un autre.
Quebrantar, quebrar (las piernas) á alguno.	Casser (les jambes) à quelqu'un.
Quebrantar (el corazon) á alguno.	Briser (le cœur) à quelqu'un.
Quebrar de un millon.	Faillir d'un million.
Quedar , quedarse en casa.	Rester à , dans la maison.
Quedar por cobarde.	Etre déclaré poltron.
Quedar por alguno.	Répondre pour quelqu'un.

Quedarse

Quedarse en el sermon.	Demeurer (court) *dans* le sermon.
Quejarse de alguno.	Se plaindre *de* quelqu'un.
Quemarse de alguna palabra.	Se piquer (extrêmement) *de* quelque parole.
Quemarse por alguna cosa.	Brûler (d'envie) *d'*avoir quelque chose.
Querellarse de alguno.	Se plaindre *de* quelqu'un.
Quitar (alguna cosa) á alguno.	Oter (quelque chose) à quelqu'un.
Quitar (alguna cosa) de alguna parte.	Oter (quelque chose) *de* quelque endroit.
Quitarse de quimeras.	S'éloigner *de* querelles.

R.

Rabiar de hambre.	Crier à la faim.
Rabiar por alguna cosa.	Enrager *de* quelque chose.
Radicarse en la virtud.	Se fortifier *dans* la vertu.
Raer (alguna cosa) de otra.	Râcler (quelque chose) *d'*une autre.
Rallar (las tripas) á alguno.	Ennuyer , ou chagriner quelqu'un.
Raro en su especie.	Rare *dans* son espèce.
Rayar en la virtud.	Briller *dans* la vertu.
Razonar con alguno.	Raisonner avec quelqu'un.
Razonar sobre alguna cosa.	Raisonner *sur* quelque chose.
Rebaxar (algo) del precio.	Rabattre (quelque chose) *du* prix.
Rebelarse contra su superior.	Se révolter *contre* son supérieur.
Rebosar de gozo.	Nager *dans* la joie , tressaillir de joie.
Recaer en una enfermedad , en una falta.	Retomber *dans* une maladie , *dans* une faute.
Recalcarse en lo dicho.	Rebattre la même chose.
Recatarse de alguno.	Être réservé *vis-à-vis de* quelqu'un.
Recavar (alguna cosa) de, con otro.	Obtenir (quelque chose) *de* quelqu'un.
Recetar (medicinas) á alguno.	Ordonner (des remèdes) à quelqu'un.
Recibir (alguna cosa) de alguno.	Recevoir (quelque chose) *de* quelqu'un.
Recibir (á alguno) en su casa.	Recevoir (quelqu'un) *chez* soi.
Recibir á prueba.	Recevoir à prouver.
Recibirse de doctor.	Se faire recevoir docteur.
Recio de cuerpo.	Qui a un corps robuste.
Reclamar contra la vexacion.	Réclamer *contre* la vexation.

Reclinarse en, sobre alguna cosa.	Se reposer *sur* quelque chose.
Recluir (á alguno) en alguna parte.	Reclure (quelqu'un) *dans* quelque endroit.
Recobrarse de la enfermedad.	Se remettre *de* la maladie.
Recoger (á alguno) en su casa.	Retirer (quelqu'un) *chez* soi.
Recogerse á alguna parte.	Se réfugier *dans* quelque endroit.
Recomendar, (alguna persona, ó cosa) á otra.	Recommander (quelque personne, ou chose) *à* une autre.
Recompensar (agravios) con beneficios.	Récompenser (les torts) *par* des bienfaits.
Reconciliar (á alguno) con otro.	Reconcilier (quelqu'un) *avec* un autre.
Reconocer (á alguno) por su pariente.	Reconnoître (quelqu'un) *pour* son parent.
Reconvenir á alguno con alguna cosa.	Reconvenir (quelqu'un) *de* quelque chose.
Recordar (alguna cosa) á alguno.	Faire ressouvenir (quelqu'un) *de* quelque chose.
Recostarse en la silla.	Se reposer (en s'appuyant le dos) *sur* une chaise.
Recudir (á alguno) con el sueldo.	Assister (quelqu'un) *de* sa solde ou paye.
Redondearse de deudas.	Se dégager *de* ses dettes.
Reducir (alguna cosa) á la mitad.	Réduire (quelque chose) *à* la moitié.
Reducirse á vivir de régimen.	Se réduire *à* vivre de régime.
Remplazar (á alguno) en su empleo.	Remplacer (quelqu'un) *dans* son emploi.
Rafinar en la Lengua.	Raffiner *sur* la Langue.
Referirse á alguna cosa.	Se rapporter *à* quelque chose.
Reflexionar sobre alguna cosa.	Réfléchir *sur* quelque chose.
Refocilarse con alguna cosa,	Réparer (ses forces, etc.) *avec* quelque chose.
Reformarse en el modo de pensar.	Se réformer *dans* la manière de penser.
Refugiarse á, en sagrado.	Se réfugier *dans* un lieu sacré.
Refutar (un escrito) con buenas razones.	Réfuter (un écrit) *avec* de bonnes raisons.
Regenerado en Christo.	Régénéré *en* Jesus-Christ.
Reglarse á lo justo.	Se conformer à ce qui est juste.
Regocijarse de alguna cosa.	Se réjouir *de* quelque chose.
Regodearse en alguna cosa.	Se délecter à quelque chose.
Regular en las cosas mas menudas.	Régulier *dans* les moindres choses.
Reincidir en la culpa.	Retomber *dans* la faute.
Reirse de alguno, de alguna cosa.	Rire *de* quelqu'un, *de* quelque chose.
Relaxarse en el servicio de Dios.	Se relâcher *dans* le service de Dieu.

Remirarse en alguna cosa.	Se mirer (à plusieurs reprises) dans quelque chose.
Remitir (alguna cosa) á alguno.	Remettre (quelque chose) à quelqu'un.
Remitirse al dictámen de otro.	Se rapporter au sentiment d'autrui.
Remontarse á las nubes.	S'élever jusqu'aux nuées.
Remover (á alguno) de su empleo.	Déposer (quelqu'un) de son emploi.
Renacer por el bautismo.	Renaître par le baptême.
Rendirse á la razon.	Se rendre à la raison.
Renegar de alguno, de alguna cosa.	Renier quelqu'un, quelque chose.
Renovarse en el espíritu.	Se renouveler dans l'esprit.
Repartir (alguna cosa) á, entre muchos.	Partager (quelque chose) entre plusieurs.
Replicar (alguna cosa) á alguno.	Répliquer (quelque chose) à quelqu'un.
Reposar (la cabeza) sobre la almohada.	Reposer (la tête) sur l'oreiller.
Reprender (á alguno) de sus faltas.	Reprendre (quelqu'un) de ses fautes.
Representar (alguna cosa) á alguno.	Représenter (quelque chose (à quelqu'un.
Representarse (alguna cosa) á la imaginacion.	Se représenter (quelque chose) à l'imagination.
Resentirse de alguna cosa.	Se ressentir de quelque chose.
Reservarse para la ocasion.	Se réserver pour l'occasion.
Resfriarse en la devocion.	S'attiédir dans la dévotion.
Resguardarse de alguno, de alguna cosa.	Prendre (garde) à quelqu'un, à quelque chose.
Residir en la capital.	Résider dans la capitale.
Resignarse á la voluntad de Dios.	Se résigner à la volonté de Dieu.
Resistir á la tentacion.	Résister à la tentation.
Resolverse á alguna cosa.	Se résoudre à quelque chose.
Responder á la pregunta.	Répondre à la demande.
Responder por alguno.	Répondre pour quelqu'un.
Restituir (alguna cosa) á alguno.	Restituer (quelque chose) à quelqu'un.
Restituirse á su patria.	Se rendre à sa patrie.
Retirarse á, de alguna parte.	Se retirer dans, de quelque endroit.
Retozar con alguno.	Folâtrer avec quelqu'un.
Retraer (á alguno) de su intento.	Éloigner (quelqu'un) de son dessein.
Retraerse á alguna parte.	Se réfugier quelque part.
Retratarse de lo dicho.	Se rétracter de ce que l'on a dit.
Retroceder á, hácia tal parte.	Reculer vers tel endroit.
Revelar un secreto á alguno.	Révéler (un secret) à quelqu'un.

Reventar de risa.	Crêver de rire.
Reventar por hablar.	Crêver (d'envie) de parler.
Revestirse de autoridad.	Se revêtir d'autorité.
Revocar (los poderes) á alguno.	Révoquer (les pouvoirs) à quelqu'un.
Revolcarse en los vicios.	Se vautrer dans le vice.
Revolver á, hácia el enemigo.	Retourner à, vers l'ennemi.
Revolver contra, sobre el enemigo.	Retourner contre, sur l'ennemi.
Reynar en los corazones.	Régner sur les cœurs.
Rezelarse de alguno, de alguna cosa.	Se défier de quelqu'un, de quelque chose.
Rico de su casa.	Riche de sa maison.
Rico en bienes raíces.	Riche en biens fonds.
Ridículo en el modo de pensar.	Ridicule dans la manière de penser.
Robar (dinero) á alguno.	Voler (de l'argent) à quelqu'un.
Rodar por alguno.	Rouler pour quelqu'un.
Rodear (á alguno) por todas partes.	Environner (quelqu'un) de tous côtés.
Rogar (alguna cosa) á alguno.	Prier (quelqu'un) de quelque chose.
Romper (la cabeza) á alguno.	Rompre (la tête) à quelqu'un.
Romper por alguna parte.	Rompre par quelque endroit.
Romper con alguno.	Rompre avec quelqu'un.
Rozarse en la conversacion.	Bredouiller, se couper souvent dans la conversation.

S.

Saber á qué atenerse.	Savoir à quoi s'en tenir.
Sabio en las matemáticas.	Savant dans les mathématiques.
Sacar (un libro) á luz.	Mettre (un livre) au jour.
Sacar (alguna cosa) de alguna parte.	Tirer (quelque chose) de quelque endroit.
Sacar (á alguno) de cautiverio.	Tirer (quelqu'un) de l'esclavage.
Sacar (una cosa) por la pinta.	Tirer (une conséquence) de ce que l'on voit, ou de ce que l'on entend.
Saciarse de alguna cosa.	Se rassasier de quelque chose.
Sacrificar (alguna cosa) á Dios.	Sacrifier (quelque chose) à Dieu.
Sacrificar (á alguno) á sus intereses.	Sacrifier (quelqu'un) à ses intérêts.
Sacrificarse por alguno.	Se sacrifier pour quelqu'un.
Sacudirse de alguno.	Se défaire (par mépris) de quelqu'un.
Salir á alguna cosa.	Se présenter pour quelque chose.

Salir de alguna parte.	Sortir *de* quelque endroit.
Salir con algo.	Réussir *en* quelque chose.
Salir por la ventana.	Sortir *par* la fénêtre.
Saltar á la cara de alguno.	Sauter *aux* yeux de quelqu'un.
Saltar del suelo.	Sauter *de* terre.
Saltar en tierra.	Prendre terre.
Saltar de gozo.	Sauter *de* joie.
Salvar (á alguno) del peligro.	Sauver (quelqu'un) *du* danger.
Sanar de la enfermedad.	Guérir *de* la maladie.
Satisfacer por las culpas.	Faire (pénitence) *de* ses péchés.
Satisfacerse de la deuda.	Se payer *de* la dette.
Secarse de sed.	Sécher *de* soif.
Segregar (á alguno) de alguna parte.	Mettre (quelqu'un) *á* part.
Seguir (á uno) á alguna parte.	Suivre (quelqu'un) *dans* quelque endroit.
Sembrar (una casa) de sal.	Semer *du* sel par-dessus une maison rasée.
Sembrar en mala tierra.	Semer *en* terre ingrate.
Semejante á otro.	Semblable *à* un autre.
Sentarse á la mesa.	S'asseoir *à* table.
Sentarse en alguna parte.	S'asseoir *dans* quelque endroit.
Sentenciar (á alguno) á presidio.	Condamner (quelqu'un) *aux* galères.
Sentirse de alguna cosa.	Se ressentir *de* quelque chose.
Señalarse en las armas.	Se signaler *dans* les armes.
Separar (una persona, ó cosa) de otra.	Séparer (une personne, ou une chose) *d'avec* une autre.
Ser de un buen natural.	Être *d'un* bon caractère.
Servir de mayordomo.	Servir *de* maître d'hôtel.
Servir en palacio.	Servir *dans* la maison du Roi.
Servirse de alguno, de alguna cosa.	Se servir *de* quelqu'un, *de* quelque chose.
Significar (alguna cosa) á alguno.	Signifier (quelque chose) *à* quelqu'un.
Sincerarse de alguna cosa.	Se justifier *de* quelque chose.
Singularizarse en alguna cosa.	Se singulariser *en* quelque chose.
Sisar de alguna cosa.	Ferrer la mule.
Situarse en alguna parte.	Se placer quelque part.
Sobrellevar (á alguno) en sus trabajos.	Supporter (quelqu'un) *dans* ses peines.
Sobrepujar (á alguno) en autoridad.	Surpasser (quelqu'un) *en* autorité.
Sobresalir en lucimiento.	Exceller en débitant, harauguant, etc.
Sobresalir entre todos.	Exceller *parmi* tous.
Sobresaltarse de alguna cosa.	S'effrayer *de* quelque chose.

Socorrer (*á alguno*) en *la ne-cesidad.* — Secourir (quelqu'un) *dans* le besoin.

Someterse *á alguno.* — Se soumettre *à* quelqu'un.

Sonsacar (*alguna cosa*) *á alguno.* — Tirer avec adresse (un secret) de quelqu'un.

Sordo *á las voces.* — Sourd *aux* cris.

Sorprender (*á alguno*) con *alguna cosa.* — Surprendre (quelqu'un) *avec* quelque chose.

Sospechar (*alguna cosa*) de *alguno.* — Soupçonner (quelque chose) *de* quelqu'un.

Subdelegar (*á alguno*) para *alguna cosa.* — Subdéléguer (quelqu'un) *pour* quelque chose.

Subdividir en *partes.* — Subdiviser *en* parties.

Subir á , de , por *alguna parte.* — Monter *dans* , *de* , *par* quelque endroit.

Subir sobre *la mesa.* — Monter *sur* la table.

Sublime en *los pensamientos.* — Sublime *dans* les pensées.

Subrogar (*una persona*) en *lugar de otra.* — Subroger (une personne) *à* la place d'une autre.

Subsistir de *limosnas.* — Subsister *de* charités.

Subsistir en *la opinion propia.* — Demeurer ferme *dans* son opinion.

Sustituir (*una persona , ó cosa*) en *lugar de otra.* — Substituer (une personne , ou une chose) *à* la place d'une autre.

Sustituir por *alguno.* — Remplacer quelqu'un.

Sustraer (*à alguno*) , *subtraerse* de *la obediencia.* — Soustraire (quelqu'un) , se soustraire *à* l'obéissance.

Suceder *á alguno.* — Succéder *à* quelqu'un.

Suceder *á la Corona.* — Succéder *à* la Couronne.

Suceder en *el empleo.* — Succéder *dans* l'emploi.

Sudar de *flaqueza.* — Suer *de* foiblesse.

Sudar por *la cabeza.* — Suer *de* la tête.

Sudar por *alguna cosa.* — Suer *pour* quelque chose.

Suffrir (*alguna cosa*) de *alguno.* — Souffrir (quelque chose) *de* quelqu'un.

Sufrir por *Dios.* — Souffrir *pour* Dieu.

Sugerir (*alguna cosa*) *á alguno.* — Suggérer (quelque chose) *à* quelqu'un.

Sujetarse *á alguno , á alguna cosa.* — S'assujettir *à* quelqu'un , *à* quelque chose.

Sumergir (*una persona , ó cosa*) en *alguna parte.* — Submerger (une personne , ou une chose) *dans* quelque endroit.

Suministrar (*lo necesario*) *á alguno.* — Fournir (le nécessaire) *à* quelqu'un.

Sumirse en *alguna parte.* — S'abymer *dans* quelque endroit.

Sumiso *á la voluntad agena.* — Soumis *à* la volonté d'autrui.

Superior *á sus enemigos.* — Supérieur *à* ses ennemis.

Suplicar de la sentencia. — Supplier *contre* la sentence.
Suplicar por alguno. — Supplier *pour* quelqu'un.
Suplir por alguno. — Suppléer *au* défaut de quelqu'un.
Surtir de víveres. — Fournir *de* vivres.
Suspender (*á un eclesiastico*) de sus funciones. — Suspendre (un Ecclésiastique) *de* ses fonctions.
Suspenso en el ayre. — Suspendu *en* l'air.
Suspirar por el mando. — Soupirer *après* le commandement.
Sustentarse de esperanzas. — Se nourrir *d'*espérance.

T.

Tachar (*à alguno*) de ligero. — Blâmer (quelqu'un) *d'*être léger.
Tapar (*la boca*) á alguno. — Fermer (la bouche) *à* quelqu'un.
Tardar en venir. — Tarder *à* venir.
Tasar (*alguna cosa*) á tal precio. — Taxer (quelque chose) *à* tel prix.
Temblar de frio. — Trembler *de* froid.
Temblar desde los pies hasta la cabeza. — Trembler *depuis les pieds jusqu'à* la tête.
Temeroso del castigo. — Craignant le châtiment.
Temible á los enemigos. — Redoutable *aux* ennemis.
Templarse en el comer. — Se modérer *dans* le manger.
Tenderse sobre la cama. — S'étendre *sur* le lit.
Tener (*á alguno, ó alguna cosa*) á su favor. — Avoir (quelqu'un, ou quelque chose) *en* sa faveur.
Tener (*á uno*) por otro. — Prendre (quelqu'un) *pour* un autre.
Tener (*el alma*) en, entre los dientes. — Avoir (la mort) *entre* les dents.
Tenerse por mas sabio que otro. — Se croire plus savant qu'un autre.
Teñir de azul. — Teindre *de*, *en* bleu.
Teñir con sangre. — Teindre *de* sang.
Testar de todos los bienes. — Tester *de* tous les biens.
Testar en favor de un tal. — Tester *en* faveur d'un tel.
Testificar (*alguna cosa*) á alguno. — Attester (quelque chose) *à* quelqu'un.
Tirar á, hácia tal parte. — Tirer *vers* tel endroit.
Tirar por tal parte. — Tirer *de*, *par* un tel endroit.
Tiritar de frio. — Trembloter *de* froid.
Titubear en alguna cosa. — Hésiter *dans* quelque chose.
Tocar á recoger. — Battre la retraite.
Tocar en el punto de la dificultad. — Toucher *au* point de la difficulté.
Tomar (*alguna cosa*) con, en las manos. — Prendre (quelque chose) *avec*, *dans* les mains.

Tomar (alguna cosa) por tal parte. — Prendre (quelque chose) *par* tel endroit.

Tomarse con alguno. — Avoir (prise) *avec* quelqu'un.
Torcer hácia tal parte. — Se tourner *vers* un tel endroit.
Torcido de piernas. — Qui a les jambes tortues.
Tornar á , de alguna parte. — Retourner *dans, de* quelque endroit
Trabajar en , por alguna cosa. — Travailler *en , dans , pour* quelque chose.

Trabajar para comer. — Travailler *pour* manger.
Trabar (una cosa) con otra. — Lier (une chose) *à* une autre.
Trabar (conversacion) con alguno. — Lier (conversation) *avec* quelqu'un.

Trabar en alguna cosa. — S'accrocher *à* quelque chose.
Trabarse de palabras. — Se disputer *avec* quelqu'un.
Trabucarse en las palabras. — Se méprendre *dans* les paroles.
Traducir en lengua vulgar. — Traduire *en* langue vulgaire.
Traer (alguna cosa) , á, de alguna parte. — Apporter (quelque chose) *dans , de* quelque endroit.
Transferir (alguna cosa) á otro tiempo. — Renvoyer (quelque chose) *à* un autre temps.
Transferirse á tal parte. — Se transporter *dans* un tel endroit.
Transfigurarse en otra cosa. — Se transformer *en* une autre chose.
Transformar (alguna cosa) en otra. — Transformer (quelque chose) *en* une autre.
Transigir con alguno. — Transiger *avec* quelqu'un.
Transitar por alguna parte. — Passer *par* quelque endroit.
Transpirar por todas partes. — Transpirer *par* toutes les parties du corps.

Transportar (alguna cosa) á , de alguna parte. — Transporter (quelque chose) *dans , de* quelque endroit.
Trasladar (alguna cosa) á tal parte. — Transférer (quelque chose) *dans* un tel endroit.
Traspasar (alguna cosa) á alguno. — Transmettre (quelque chose) *à* quelqu'un.

Trasplantar (de una parte) en , á otra. — Transplanter (d'un endroit) *dans , à* un autre.
Tratar con alguno. — Traiter *avec* quelqu'un.
Tratar de , sobre alguna cosa. — Traiter *de , sur* quelque chose.
Tratar (á alguno) de excelencia. — Traiter (quelqu'un) *d'*excellence.
Tratar en pedrería. — Traiter , trafiquer *en* pierreries.
Travesear con alguno. — Badiner , folâtrer *avec* quelqu'un.
Trepar por la pared. — Grimper *par* la muraille.
Tributar (respetos) á alguno. — Rendre (ses hommages ou respects) *à* quelqu'un.

Triste de , por alguna cosa. — Triste *de , pour* quelque chose.
Triste hasta la muerte. — Triste *jusqu'à* la mort.
Triunfar de los enemigos. — Triompher *des* ennemis.

Trocar (una cosa) por otra. — Troquer (une chose) *contre* une autre.

Tropezar con alguno. — Rencontrer quelqu'un.
Tropezar en alguna cosa. — Heurter *contre* quelque chose.
Turbar (á alguno) en alguna cosa. — Troubler (quelqu'un) *en, dans* quelque chose.

U.

Ultimo de, entre todos. — Le dernier *de, parmi* tous.
Uncir (los bueyes) al carro. — Atteler (les bœufs) *à* la charrette.
Ungir (á alguno, ó alguna cosa) con ungüentos. — Oindre (quelqu'un ou quelque chose) *avec* des onguens.
Unico en su especie. — Unique *en, dans* son espèce.
Uniformar (una cosa) á, con otra. — Rendre (une chose uniforme) *à* une autre.
Unir (una cosa) á, con otra. — Unir (une chose) *à* une autre.
Unir entre sí á los discordes. — Unir *entr'eux* ceux qui ne sont pas d'accord.
Unirse á un partido. — S'unir *à* un parti.
Unirse en comunidad. — S'unir *en* communauté.
Unirse entre sí. — S'unir ensemble.
Uno de, entre muchos. — Un *de, entre, parmi* plusieurs.
Usar de su derecho. — User *de* son droit.
Usurpar (alguna cosa) á alguno. — Usurper (quelque chose) *à, sur* quelqu'un.
Util para tal cosa. — Utile *à, pour* telle chose.
Utilizarse en, con alguna cosa. — Tirer (du profit) *de* quelque chose.

V.

Vacar á sus ocupaciones. — Vaquer *à* ses occupations.
Vaciarse por la boca. — Rendre *par* la bouche.
Vacilar en las respuestas. — Chanceler *dans* les réponses.
Vacío de seso. — Qui n'a point de sens.
Vagar por el mundo. — Vaguer *par* le monde.
Valerse de alguno, ó de alguna cosa. — Se servir *de* quelqu'un, ou *de* quelque chose.
Valuar (alguna cosa) en tal precio. — Evaluer (quelque chose) *à* tel prix.
Vanagloriarse de alguna cosa. — Se glorifier *de* quelque chose.
Variar en las opiniones. — Varier *dans* les opinions.
Vecino al cielo. — Voisin *au* ciel.

Vecino de Antonio.	Voisin d'Antoine.
Velar sobre *alguna cosa.*	Veiller *sur* quelque chose.
Vencer (al enemigo) en *batalla campal.*	Vaincre (l'ennemi) en bataille rangée.
Vencerse á alguna cosa.	Se résoudre *à* quelque chose.
Vendar (los ojos) á alguno.	Bander (les yeux) *à* quelqu'un.
Venderse á un partido.	Se vendre *à* un parti.
Venderse por amigo.	Se feindre l'ami de quelqu'un.
Vengarse de alguno.	Se venger *de* quelqu'un.
Venir, venirse á, de, por *alguna parte.*	Venir, s'en venir *à*, *de*, *par* quelque endroit.
Venir en lo que otro propone.	Tomber d'accord *dans* ce qu'un autre propose.
Venir con alguno.	Venir *avec* quelqu'un.
Verificar (un hecho) con buenos instrumentos.	Vérifier (un fait) *par* de bonnes pièces.
Versado en la literatura.	Versé *dans* la littérature.
Verse con alguno.	Se voir *avec* quelqu'un.
Verse en altura.	Se voir *dans* un poste élevé.
Vestir (á alguno) de pies á cabeza.	Habiller (quelqu'un) *depuis* les pieds *jusqu'à* la tête.
Vestirse de seda.	S'habiller *de* soie.
Viajar por lo Europa.	Voyager *par* l'Europe.
Vigilar sobre los inferiores.	Veiller *sur* les inférieurs.
Violentarse á, en *alguna cosa.*	Se faire (violence) *en*, *dans* quelque chose.
Visible á, para todos.	Visible à tout le monde.
Vivir con alguno.	Vivre *avec* quelqu'un.
Vivir de su oficio.	Vivre *de* son métier.
Vivir en comunidad.	Vivre en communauté.
Vivir en la corte.	Vivre à la cour.
Volar al cielo.	Voler *au* ciel.
Volar por el ayre.	Voler *en* l'air.
Volver (las espaldas) á alguno.	Tourner (le dos) à quelqu'un.
Volver (una cosa) en otra.	Changer (une chose) *en* une autre.
Volver á, de, por *tal parte.*	Tourner *à*, *de*, *par* tel endroit.
Volver por alguno, por la verdad.	Prendre (la défense) *de* quelqu'un, *de* la vérité.
Volver sobre sí.	Revenir *à* soi.
Volverse contra alguno.	Se tourner *contre* quelqu'un.
Vomitar (injurias) contra alguno.	Vomir (des injures) *contre* quelqu'un.
Votar en el pleyto.	Voter *dans* le procès.
Votar por alguno, por alguna cosa.	Voter *pour* quelqu'un, pour quelque chose.

X.

*X*eringar (*la paciencia*) *á alguno.*	Epuiser (la patience) de quelqu'un.

Y.

*Y*acer en *el sepulcro.*	Gésir (vieux) *dans* le sépulcre ou tombeau.

Z.

*Z*abullirse ou *zambullirse* en *el agua.*	Se plonger *dans* l'eau.
*Z*afarse de *alguno* , *ó de alguna cosa.*	Esquiver quelqu'un , ou quelque chose.
*Z*ambucarse , *zamparse* en *alguna parte.*	Se jeter (subitement) *dans* quelque endroit.
*Z*ampuzar (*alguna cosa*), *zampuzarse* en *el agua.*	Plonger (quelque chose) , plonger *dans* l'eau.
*Z*ozobrar en *la tormenta.*	Craindre de périr *dans* la tourmente.
*Z*urrar (*la badana*) *á alguno.*	Etriller quelqu'un.

REMARQUE I. On n'a pas compris dans la liste précédente les verbes qui ne se rapportent qu'aux choses , v. gr. : *acaecer* , arriver, *consistir* , consister ; car ils ne se disent jamais des personnes , et cependant ils ont un régime , puisqu'on dit : *ese suceso acaeció en tal tiempo* : cet événement-là arriva en tel temps : *toda su riqueza* consiste *en muebles* : toute sa richesse consiste en meubles. Il y a d'autres verbes, lesquels , bien qu'ils se disent des personnes , ont pourtant un régime différent , lorsqu'ils se disent seulement des choses , v. gr. : *ceder* , céder , *confinar* , confiner , dans ces phrases : *esto ha* cedido *en beneficio suyo* : ceci a tourné à son avantage : *España* confina *con Francia* : l'Espagne confine avec *la France*. Nous les avons exclus de la liste au moins presque tous , parce qu'on ne les emploie pas en françois à l'infinitif, comme on les emploie en espagnol. On dit , par exemple , dans cette langue : confinar (*España*) *con Francia* ; et l'on ne dit point en françois : confiner (l'Espagne) avec *la France*. Il faudroit donc traduire : l'Espagne confine avec la France : ce qui n'iroit pas bien avec la phrase espagnole. Outre cela , ces verbes sont en petit nombre , et il est aisé de tirer leur régime.

REMARQUE II. Tous les participes véritablement passifs demandent *de* ou *por* : *de* , quand ils expriment une opération de l'ame, comme : *amado* , aimé , *aborrecido* , haï , *pensado* , pensé , *imaginado* , imaginé ; *por* , quand ils expriment une action matérielle , v. gr. : *matado* , tué , *quemado* , brûlé , *comido* , mangé , *bebido* , bu. Il y en a d'autres qui prennent indifféremment *de* ou *por*, v. gr. : *alabado*, quand on dit : *el sermon ha sido* alabado *de*, por *todas las personas inteligentes :* le sermon a été loué *de*, par toutes les personnes intelligentes.

REMARQUE III. Quand on dit : *obrar con prudéncia*, agir avec prudence : *pedir* con *justicia*, demander avec justice : *sobrellevar los trabajos* con *paciencia*, supporter les peines avec patience, etc. : la préposition *con* forme un adverbial avec les substantifs qui la suivent, comme il a été observé dans la première Partie. Ainsi elle ne forme pas un régime proprement dit ; et s'il falloit ajouter ce régime aux mots qui en sont susceptibles, la liste n'auroit guère des bornes.

SYNTAXE ou CONSTRUCTION

Des parties du discours en tant que toutes ensemble composent un tout, ou DE L'ARRANGEMENT DES MOTS DANS LE DISCOURS.

Tout ce qu'on a dit jusqu'à présent touchant la syntaxe ou construction des parties du discours sous tous ses rapports, n'a d'autre but que la composition régulière et exacte de ce tout appelé *oraison* ou *discours*. C'est-là l'objet et la dernière fin, que la Grammaire se propose dans tous ses préceptes, dans toutes ses opérations.

L'on a vu au commencement de cette seconde Partie, qu'il y a deux sortes de construction, l'une fondée dans la nature, et l'autre sur l'usage ; et l'on y a dit aussi que c'est cette seconde construction, qui étoit notre principal objet dans cet abrégé.

Nous disons *principal*, parce que notre travail porte presque uniquement sur les règles établies par l'usage. C'est ce qui intéresse le lecteur françois, et ce qu'il veut savoir. Cependant nous devons lui faire entrevoir en même temps l'imperfection de ce même usage et la perfection à laquelle il doit aspirer. Cette théorie sert à connoître mieux l'usage, à lui accorder seulement ce qui lui appartient, et à ne point refuser à la raison ce qui est de son droit.

Dans la grande Grammaire nous examinons, 1.º quel est l'ordre naturel des mots ? 2.º la manière dont la Langue Espagnole le suit ? 3.º comment elle s'en éloigne ? 4.º comment tout cela est subordonné à l'harmonie ? 5.º quelle est en général la mécanique de cette Langue dans l'ordre et dans l'arrangement des mots ? Le développement des quatre premières questions, joint à la dissertation sur le système de figures grammaticales, offre l'explication et la preuve complette de la définition de la Grammaire, et division de la syntaxe données au commencement de la première et de cette seconde Partie. Mais les bornes d'un abrégé ne comportent pas des discussions d'une si grande étendue. C'est pour cela que nous nous bornerons ici à développer la cinquième question ; et après avoir exposé tout le système de figures , nous nous contenterons d'indiquer , comme nous l'avons promis , les principes fondamentaux pour sa totale destruction.

De différentes sortes de phrases et de la période.

Le *tout grammatical* , dont on vient de parler, pris à la rigueur , ne se trouve que dans l'oraison ou discours où entrent toutes ses parties , parce que c'est alors qu'on voit mieux l'ordre et l'arrangement qui est dû à chacune ; et que d'ailleurs un tout ne peut être parfait , si toutes les parties, qui entrent dans sa composition, ne s'y trouvent pas. Mais dans un sens plus étendu, on peut appeler *un tout grammatical* toute oraison ou phrase, où il y a un sens parfait; et c'est tantôt dans ce sens , tantôt dans l'autre qu'on en parlera ici.

L'oraison ou phrase peut être *imparfaite* ou *parfaite* , *simple* ou *composée* , ou bien *complexe*.

Elle est *imparfaite* , lorsqu'elle présente un sens imparfait ou suspendu, comme quand on dit : *el hombre es* : l'homme est : où l'esprit est dans une espèce de suspension, ne sachant pas ce que l'homme est , ou ce qu'on veut lui attribuer.

Elle est *parfaite* , lorsqu'elle présente un sens parfait, où l'esprit n'attend plus rien , v. g. : *el hombre es mortal* : l'homme est mortel.

Elle est *simple* , lorsqu'elle n'a qu'un seul sujet, un seul verbe, et un seul régime ou attribut, comme dans les exemples suivans.

El fuego derrite los metales.	Le feu fond les métaux.
El ayre es diáfano.	L'air est diaphane.

Elle est *composée* , lorsqu'elle a ou plusieurs sujets , ou plusieurs verbes , ou plusieurs régimes , ou attributs. Elle l'est plus ou moins, suivant que ces parties sont plus ou moins multipliées. Exemples.

La prudencia y el valor son necesarios en la guerra.	La prudence et la valeur sont nécessaires à la guerre.
San Fernando era muy guerrero y muy político.	Saint Ferdinand étoit fort guerrier et très-politique.
Julio César y Augusto fueron el uno el mas guerrero de los Emperadores Romanos , y el otro el mas feliz.	Jules César et Auguste ont été l'un le plus guerrier des Empereurs Romains , et l'autre le plus heureux.
La guerra , la hambre , y la peste arruinan , desuelan , consumen los Estados , los Reynos , los Imperios.	La guerre , la famine , et la peste ruinent , désolent , consument les États , les Royaumes , les Empires.

Elle est *complexe*, lorsqu'elle n'a qu'un sujet et qu'un attribut ou régime , mais dont l'un ou tous deux ensemble renferment d'autres phrases (appelées *incidentes*) qui les modifient , et y ajoutent quelque circonstance. Exemple.

Una persona de medianas conve-niencias , si goza de buena salud , es mas feliz que otra opulenta , si está siempre ó casi siempre enferma.	Une personne qui jouit d'une médiocre fortune et d'une bonne santé, est plus heureuse qu'une autre opulente , si elle est tou-jours ou presque toujours ma-lade.

La *période* est l'assemblage de plusieurs phrases ou simples , ou composées , ou complexes, ou tout à la fois l'un et l'autre. Exemple.

Roto Pompeyo en la batalla Phar-sálica , fugitivo del Cesar , y de la fortuna del Cesar , no discur-rió asilo mas oportuno para su seguridad , que el Reyno de Egipto , porque el Principe que allí reynaba entonces , le debia el gran beneficio de haber re-puesto á su Padre en el Trono , de donde los propios vasallos le habian derribado (1).	Pompée ayant été défait dans la bataille de Pharsale , fuyant ensuite le César , et la fortune du César , il ne trouva d'asyle plus propre pour sa sureté que le Royaume d'Egypte , parce que le Prince qui y régnoit , lui étoit redevable du grand bienfait d'avoir remis son Père sur le Trône , d'où ses propres sujets l'avoient chassé.

Les phrases *incidentes* , qui entrent dans la phrase *complexe* , et les *simples*, *composées*, ou *complexes*, qui forment la *période* , en sont appelées respectivement les *membres* ; mais le sujet, verbe , attribut , ou régime de la phrase *simple* n'en sont appelés que les *parties*.

De l'arrangement des mots dans le discours.

I.

L'on vient de voir ce que c'est que le *tout grammatical* , et les différentes manières de le prendre. Il faut savoir à présent les principes sur lesquels les Grammairiens fondent presque généra-lement la *méchanique de ce tout* , qu'on appelle autrement *l'arran-gement des mots dans le discours*.

Ces Messieurs nous disent que le principe ou règle générale de l'ordre et de l'arrangement des mots dans le discours doit se prendre de celui que les choses ont dans la nature. Par consé-quent ils nous assurent que le substantif doit se placer avant l'adjectif, parce que dans la nature la substance est avant sa qua-lité : que le nom sujet ou principe de l'action doit précéder le verbe qui la représente , parce que l'agent est toujours avant

***

(1) Feijoo Théatr. Crit. tom. 5. Disc. 4. §. 12.

l'action qu'il produit : que le verbe doit être mis avant son adverbe et son régime, parce que l'action est avant ce qui la qualifie, et avant le terme quelconque où elle tend. Par la même raison on doit dire : *exister et agir : naître et mourir : Dieu et les créatures : le Ciel et la terre : le soleil et la lune : les Pères et les enfans : le mari et la femme : la Ville et le village ;* etc. : parce que de cette manière on exprime les objets par l'ordre d'antériorité qu'ils ont dans la nature ; soit que cet ordre ait pour fondement la production des choses, où leur plus grande excellence et dignité.

Cet ordre est représenté dans l'exemple suivant.

La animosidad intrépida para entrarse ya por los rigores del acero, ya por los horrores de la pólvora, ó eleva al hombre sobre los hombres, ó le coloca entre los brutos (1).	Le courage intrépide à percer tantôt à travers du tranchant acier, tantôt au milieu de la foudroyante poudre, ou il élève l'homme sur les autres hommes, ou il le place parmi les brutes.

L'article *la* précède le substantif *animosidad*, celui-ci l'adjectif *intrépida*, l'un et l'autre les verbes *eleva* et *coloca*, le premier desquels précède le régime principal *al hombre*, lequel à son tour précède l'accessoire *sobre los hombres*, et le second le régime indirect *entre los brutos*. Plus : la préposition *para* qui commence la phrase incidente et dépendante du sujet *la animosidad intrépida*, suit l'adjectif qui la gouverne, et précède le verbe *entrarse* gouverné par elle : puis suit l'adverbe *ya*, et ensuite le régime indirect *por los rigores del acero* : il y a même procédé, dans l'autre partie de l'alternative : et enfin la conjonction *ó* précède les verbes *eleva* et *coloca*. De sorte que le principe général de l'arrangement des mots établi par les Grammairiens, est parfaitement bien observé dans cette période, si l'on en excepte le seul pronom personnel et relatif *le*, qu'on place par harmonie avant le verbe *coloca*.

Les exceptions de ce principe ou règle générale sont les suivantes.

Première. *L'adjectif, soit sujet ou régime, se place souvent avant son substantif pour donner plus de force à l'expression, ou par harmonie ou par le seul usage.*

Felícimos tiempos fueron aquellos.	Ces temps-là furent très-heureux.
Se iba huyendo á los altos montes.	Il s'en alloit en fuyant vers les hautes montagnes.
Le han dado muy buenos principios.	On lui a donné de très-bons principes.

Seconde. *Le nom ou pronom sujet se met toujours après le verbe,* 1.º dans les phrases interrogatives.

Qué dice tu amigo ?	Que dit ton ami ?
Qué responde ella ?	Que répond-elle ?

Voyez la page 99.

***

(1) Feijoo Théatr. Crit. tom. 4. Disc. 13. §. 3.

2.º Dans les parenthèses, lorsqu'on emploie l'un ou l'autre avec le verbe, pour rapporter les paroles de quelqu'un.

Confesamos (dice el Señor de san Évremont) *que los ingenios de Madrid son mas fértiles en invenciones que los nuestros* (I).

Nous avouons (dit Monsieur de Saint Évremont) que les génies de Madrid sont plus fertiles en inventions que les nôtres.

Muevenos, respondió uno de los quatro, dar la vida á su padre (II).

Ce qui nous y engage, répondit l'un des quatre, c'est de donner la vie à son père.

3.º Dans plusieurs autres occasions, soit par énergie ou par l'usage, comme dans les exemples suivans de *Feijoo.*

Signióse á ésta batalla el sitio y ruina de Sagunto (III).

Cette bataille fut suivie du siége et de la ruine de Sagunte.

No igualaba, ni con mucho, segun todas las apariencias, la Potencia de Cartago á la de Roma (IV).

Suivant toutes les apparences, la Puissance de Carthage n'égaloit pas, à beaucoup près, celle de Rome.

A mas de estos son colocados generalmente entre los críticos de primera clase el Sevillano Alfonso Garcia Matamoros, y el illustrisimo Antonio Agustino (V).

Outre ceux-ci, Alphonse Garcie Matamoros, et l'Evêque Antoine-Augustin sont généralement placés parmi les Critiques de la première classe.

REMARQUE. Il y a des pronoms qui se placent toujours avant le verbe, tels que *quien*, qui, *quienquiera*, *qualquiera*, quiconque, *el qual*, lequel, *tal*, tel, telle, pourvu qu'ils soient sujets.

Troisième. *Le nom régime simple ou composé se met souvent élégamment, pour donner plus de force à l'expression, avant le nom sujet et le verbe qui le gouvernent.*

Todas estas razones, que entre los dos pasaron, oyó el mozo de mulas, junto á quien Don Luis estaba (VI).

Toutes ces raisons, qui se sont passées entre les deux, furent entendues du valet d'écurie, près duquel étoit Don Louis.

A toda la Escuela Parisiense asombró (Fernando *de Córdova*) con su *admirable sabiduría* (VII).

Ferdinand de Cordoue étonna par son admirable savoir toute l'Université de Paris.

Le régime formé par différens pronoms se met à la tête de la phrase, soit principale, soit subordonnée, dont il fait partie.

Qué pruebas puedes oponer á estas?

Quelles preuves peux-tu opposer à celles-ci ?

---

(1) Le mêm. Tom. 4. Disc. 14, (II) Dom Quich. Tom. 1. Chap. 44. (III). Tom. 4. Disc. 13. §. 5. (IV). Au mêm. disc. §. 9. (V) Disc. 14. §. 18. (VI). D. Quich. tom. 1. Chap. 50. (VII). Feijoo Tom. 4. Disc. 14. §. 27.

Qual

Qual *quieres* ? A quien *buscas* ? Lequel voulez-vous ? Qui cherchez-vous ?

Son sujetos en quienes he puesto toda mi confianza. — Ce sont des personnes en qui j'ai mis toute ma confiance.

Quatrième. *L'adverbe aussi se place souvent avant le verbe par les mêmes principes que le nom et le pronom.*

Amenudo , *por falta de tomar prudentes precauciones,* se malogran *las empresas.* — Souvent , faute de prendre de sages précautions , les entreprises ont de mauvais succès.

Cinquième. *Parmi les conjonctions qui régissent seulement le verbe, il y en a qui se placent indifféremment avant ou après.* Telles sont empero , luego , pues (conclusive). Il est aisé d'en faire l'application aux exemples de la I.re Partie , p. 85 et 86.

Les autres conjonctions , qui lient tantôt les verbes , tantôt les autres parties du discours , précèdent ou suivent le verbe selon que l'exige la nature de la construction , ou celle de ces mêmes conjonctions. Chacun peut aussi en faire facilement l'application aux exemples qui précèdent et suivent ceux qu'on vient de citer.

I I.

Les mêmes principes qui règlent l'arrangement des mots entr'eux , règlent aussi l'arrangement des phrases entr'elles. C'est toujours l'énergie de l'expression ou l'harmonie , ou le seul usage , qui gouvernent la langue de ceux qui parlent bien , ou la plume de ceux qui écrivent purement et avec élégance. En voici trois exemples , qui les démontrent suffisamment , quoiqu'ils ne soient tirés d'aucun Auteur.

Cortes , atento para con todos , liberal , generoso , *supo grangearse las voluntades del pueblo , conciliarse la amistad de los grandes , y aun hacerse respetar de sus propios enemigos.* — Poli , honnête envers tout le monde , libéral , généreux , il sut gagner l'affection du peuple , se concilier l'amitié des Grands , et même se faire respecter de ses propres ennemis.

Viendo venir la flota enemiga , *se preparó inmediatamente, y con grande ánimo al combate , aunque muy inferior en fuerzas.* — Voyant venir la flotte ennemie , il se prépara tout de suite et avec un grand courage au combat , quoique très-inférieur en forces.

Tenia tanto ánimo , que aunque *habia perdido muchas batallas , y le amenazaban los enemigos de poner sitio á su propia Capital , nunca pudieron vencerle á que admitiese proposiciones de paz , que no fuesen muy honrosas.* — Il avoit tant de courage , que quoiqu'il eût perdu plusieurs batailles , et que les ennemis l'eussent menacé de mettre le siége devant sa propre capitale , on ne put jamais le porter à accepter des propositions de paix , qui ne fussent très-honorables.

M

Dans le premier exemple, la phrase incidente formée des adjectifs *cortes, atento,* etc., et d'un substantif sous-entendu, se met à la tête de la période, parce qu'elle contient les idées qui frappent le plus. Mais quoique cet arrangement soit le plus naturel et le plus élégant, le génie de la Langue Espagnole permet cet autre arrangement : *supo cortes, atento para con todos, liberal, genoroso, grangearse* etc.

Dans le second, la phrase incidente, *viendo venir la flota enemiga* se place aussi à la tête par énergie, et par harmonie. Par énergie, parce qu'elle renferme l'idée qui frappe d'abord, et qui est le fondement de toutes les autres. Car la flotte ennemie, loin de l'intimider, l'enhardit davantage, malgré la grande supériorité de forces ; et avant que de se préparer au combat, il falloit voir cette flotte. Par harmonie, parce que cette phrase incidente placée par-tout ailleurs, ou elle blesseroit l'oreille, ou au moins elle diminueroit l'agrément qui résulte d'une plus parfaite combinaison des sons.

La seconde phrase incidente, *aunque muy inferior en fuerzas,* auroit pu être placée à la tête, si l'idée de celui qui parle se portoit principalement sur l'infériorité de forces : l'harmonie n'auroit non plus aucunément souffert. Mais en supposant que l'idée fondamentale de la période soit la vue de la flotte, l'harmonie et la clarté de l'expression exigent qu'elle se mette à la fin.

Dans le troisième, les phrases incidentes, *aunque habia perdido muchas batallas, y le amenazaban los enemigos de poner sitio á la plaza,* se mettent avant la phrase principale *nunca pudieron,* etc., par le seul usage, puisque ni l'énergie ni l'harmonie ne souffriroient point en la mettant après. C'est cet usage qui fait qu'elle a plus de grâce placée où elle est.

DU SYSTÈME DE FIGURES GRAMMATICALES.

Les Grammairiens divisent la *syntaxe* en général en *construction naturelle,* et en *construction figurée.* Voyez la préface.

Ils appellent *construction naturelle* celle, où l'on suit rigoureusement l'ordre des mots tel qu'il a été exposé ci-dessus d'après leur opinion, et où l'on ne supprime aucun mot nécessaire à l'intégrité matérielle de l'expression, où il n'y a aucun mot de reste, et où les règles de la concordance sont exactement observées.

Ils appellent *construction figurée* celle, ou par raison d'énergie, ou d'élégance l'on renverse l'ordre des mots dont on vient de parler et où l'on supprime quelque mot nécessaire à l'intégrité matérielle de l'expression : où il y a quelque mot surabondant : et où l'on altère la concordance rigoureuse des mots entr'eux.

Quand on renverse l'ordre naturel des mots, ils disent que l'on forme la figure *hyperbate* : quand on supprime des mots, la figure *ellipse* ; quand on en emploie de trop, la figure *pléonasme* ; et quand on altère la concordance, la figure *syllepse*.

A ces quatre figures, qui ne regardent que la syntaxe, ils ajoutent plusieurs autres appelées de *diction*, lesquelles n'ont pour objet que l'altération matérielle des mots, afin d'adoucir par-là leur prononciation, ou de la rendre plus coulante et harmonieuse, ou bien afin de leur donner une certaine analogie avec les autres mots de la Langue, etc.

De l'Hyperbate.

L'HYPERBATE (mot grec ainsi que ceux des autres figures) signifie dans son origine la même chose qu'*inversion* ou *renversement de l'ordre naturel des mots.*

L'on a vu, en parlant de l'arrangement des mots, ce que les Grammairiens entendent par *ordre naturel des mots*, leur principe général là-dessus ; et les exceptions de ce même principe, lesquelles sont autant d'inversions ou renversemens de l'ordre naturel des mots, et par conséquent autant de manières dont se fait l'*hyperbate* ; de sorte qu'il paroît inutile de s'étendre davantage sur cette figure.

De l'Ellipse.

ELLIPSE signifie *omission*, *manque*, ou *suppression.*

Cette figure a lieu toutes les fois qu'on supprime ou qu'on retranche quelque mot nécessaire pour la régularité de la construction, comme dans l'exemple suivant.

No, dixo la sobrina, no hay para que perdonar á ninguno, porque todos han sido los dañadores (1).

Non, répliqua la nièce, il ne faut point en épargner aucun, parce que tous ont fait ce grand mal.

Après le premier *no* il y a *ellipse* du verbe *hay*, et de l'attribut *raison*, qui est également sous-entendu après le second *no*. Avant l'infinitif *perdonar* il faut sous-entendre aussi le verbe *queramos*, nous voulions, et *de ellos*, d'eux, après *ninguno*. Enfin après *todos* on sous-entend *los libros*, les livres ; et après *dañadores* sencillamente *libros*. De sorte que dans cette seule petite phrase il y a au moins sept à huit mots de supprimés, et qui seroient pourtant nécessaires pour la régularité de sa construction.

L'ellipse est d'un usage très-fréquent dans toutes les Langues, parce que, comme nous voulons exprimer nos pensées avec toute la vitesse et brièveté possibles, nous retranchons du discours tous les mots qu'il nous semble n'être pas nécessaires pour nous faire entendre. A peine lira-t-on ou dira-t-on quelque phrase, où il

____

(1) D. Quichote. Tom. 1. Chap. 6.

n'y ait quelque *ellipse.* La conversation familière en est pleine. En voici quelques exemples.

1.º Quand on se salue, et que l'on dit : *à Dios,* adieu ; *buenos dias,* bon jour ; *buenas tardes,* bon jour, (ou bon soir, si la nuit approche) ; *buenas noches,* bon soir, ou bonne nuit ; *como va ?* comment va ? *bien venido,* bien venu. Dans ces expressions prises grammaticalement, ou il n'y a aucun sens, ou il est très-incomplet, parce qu'il y manque le verbe qui puisse le former, ou le nom qui puisse le compléter. Mais en y sous-entendant les mots nécessaires, on peut trouver un sens, même complet, à ces expressions et semblables, de cette manière :

A Dios *te encomiendo,* ou , à Dios *ruego, que te guarde.*	Je vous recommande à Dieu, ou , je prie Dieu qu'il vous conserve.
Buenos dias , buenas tardes , buenas noches *te dé Dios,* ou , buenos dias , *etc.* , *te deseo.*	Dieu vous donne le bon jour, le bon soir, une bonne nuit, ou , je vous souhaite le bon jour , etc.
Como *te va de tu salud ?*	Comment vous en va de votre santé ?
Deseo que seas bien venido.	Je désire que vous soyez bien venu.

2.º Quand on répond à ces saluts, disant : *à Dios,* adieu ; *muy buenos,* bon jour, etc. ; *bien,* bien ; *y tú ?* et vous ? *bien hallado,* trouvez-vous bien. Car il faut y sous-entendre encore plus de mots, de cette manière.

A Dios *te encomiendo ,* ou , à Dios *ruego tambien que te guarde.*	Je vous recommande à Dieu aussi, ou , je prie Dieu aussi qu'il vous conserve.
Muy buenos *dias , etc. , te dé Dios ,* ou , *te deseo.*	Dieu vous donne un jour fort heureux, ou , je vous souhaite un jour fort heureux.
Me va bien de mi salud ?	Il m'en va bien de ma santé.
Y tú *como lo pasas de salud ?*	Et à vous comment il vous en va de votre santé ?
Deseo que seas bien hallado.	Je désire que vous vous trouviez bien ; c'est-à-dire , je désire de vous trouver en bonne santé , et avec toute sorte de prospérité.

REMARQUE. Le François ne doit pas pour cela s'imaginer qu'on se salue toujours, et qu'on réponde au salut de cette manière elliptique. Il en arrive en espagnol la même chose qu'en françois. On dit souvent.

Dios guarde à V͞md.	Dieu vous conserve.
Buenos dias le dé Dios à V͞md.	Je vous souhaite le bon jour.

Como le va á Vmd de salud ?   Comment vous portez-vous ? ou, comment va l'état de vorre santé ?

Bien venido sea Vmd.   Soyez le bien venu.

Et l'on répond à proportion. Les premières manières de saluer et de répondre sont familières, et les secondes respectueuses.

3.° Quand on demande l'avis de quelqu'un, qui est présent sur quelque chose qu'on a dit ou fait, ou qu'on dit ou l'on fait actuellement, en disant : *qué tal ?* et l'autre répond *bien, bien.* Car dans la demande et dans la réponse il y a plusieurs *ellipses ;* dans la demande, des mots *te parece eso :* et dans la réponse des mots *eso me parece. Qué tal te parece eso ?* Que vous semble-t-il de cela ? *Eso me parece bien.* Cela me semble bien. On pourroit dire encore avec raison, qu'après *bien* on sous-entend le participe *dicho* ou *hecho,* dit ou fait.

4.° Quand on prend congé et que l'on dit : *hasta luego,* jusqu'à tantôt ; *hasta la vista,* au revoir, au plaisir. Dans ces expressions on sous-entend plusieurs mots les uns avant, et les autres après : c'est tout comme si l'on disoit :

Me voy hasta luego que volveré.   Je m'en vais jusqu'à tantôt que je retournerai.

Me voy hasta que tenga el gusto ó la honra de ver á Vmd.   Je m'en vais jusqu'à ce que j'aye l'honneur de vous revoir.

Dans cette phrase on ne peut pas conserver le substantif *vista,* vue, sans qu'il y ait quelque *ellipse ;* c'est pour cela qu'on le rend par le verbe *ver.* On dit aussi très-souvent en espagnol : *hasta mas ver,* jusqu'au revoir.

5.° Quand on remercie quelqu'un pour quelque service rendu, et que l'on dit : *gracias, mil gracias,* grâces, mille grâces : on sous-entend après, *te doy por tal ó tal cosa,* je vous rends pour telle et telle chose. On dit aussi : *estimo,* bien obligé ; *viva Vmd,* (vivez), bien sensible : soit qu'on accepte, ou qu'on n'accepte pas le service. Dans la première de ces expressions, on sous-entend le substantif *el favor* ou *la fineza,* qu'on doit rendre en françois, après *obligé,* par les mots *du service, de la faveur, de l'amitié,* etc. Dans la seconde on sous-entend les mots *muchos años* ou *mil años,* lorsque le service ou bienfait est très-considérable. L'équivalent en françois de l'expression *viva Vmd mil años,* c'est : je ne saurois que vous remercier, je vous suis infiniment obligé, etc.

Ce qu'on appelle *apposition* en Grammaire et en Rhétorique, n'est qu'une espèce particulière d'*ellipse.* Car, quand on dit, v. gr. :

Ciceron el Orador Romano.   Ciceron l'Orateur Romain :

Londres corte del Rey de Inglaterra.   Londres, cour du Roi d'Angleterre :

Haria esa baxeza madre d'ella, quien todos reconocen por un exemplo de virtud ?   Sa mère, feroit-elle cette bassesse-là, elle que tout le monde reconnoît pour un exemple de vertu !

M 3

on sous-entend entre le nom propre *Ciceron* et l'adjectif appellatif *el Orador*, le pronom relatif *que qui*, et le verbe *es est*, de même qu'entre les deux substantifs *Londres*, *Corte*, et entre le substantif *madre* et le pronom personnel *ella*.

On a fait aussi mention de l'*ellipse* dans différens endroits de cette Grammaire, et l'on a démontré que, moyennant cette figure, ce ne sont pas des constructions irrégulières, ni des exceptions à la règle générale, certaines constructions qu'on regarde ordinairement comme telles.

Du Pléonasme.

Pléonasme signifie la même chose que surabondance ou rédondance. Cette figure est diamétralement opposée à l'*ellipse*, parce qu'elle fait employer dans le discours des mots qui ne sont pas nécessaires pour son intégrité grammaticale. Elle est vicieuse, lorsqu'on y emploie des mots entièrement superflus; et elle est fort utile, lorsque les mots qui semblent superflus, donnent plus de force et de vivacité à l'expression. C'est ce qui arrive dans les cas suivans.

1°. Quand on dit :

Yo lo vi por mis ojos, por mis propios ojos. — Je l'ai vu de mes yeux, de mes propres yeux :

Tú lo oirás por tus oídos, por tus propios oídos, — Tu l'entendras de tes oreilles, de tes propres oreilles :

Él lo escribe de su puño, de su propio puño, — Il l'écrit de sa main, de sa propre main :

où les mots *por mis ojos, por mis propios ojos; por tus oídos, por tus propios oídos; de su puño, de su propio puño,* semblent être de trop; mais ils sont nécessaires pour donner au discours plus de force et d'énergie, et ne laisser aucun doute sur ce qu'on assure.

REMARQUE. A la place de *propios* ou *propias*, on dit fort souvent *mismos*, *mismas*, mais on le traduit toujours en françois par *propres*.

2°. Quand on ajoute l'adjectif *mismo*, *misma* au nom ou pronom sujet, v. gr. :

Dios mismo lo dice, — Dieu même le dit :

Yo mismo se lo pedí, — Moi-même je le lui demandai :

Tú mismo le condenas, — Toi-même tu le condamnes :

Él mismo me justifica, — Lui-même me justifie :

où le mot *mismo* semble être superflu, puisque, sans son secours, la construction est régulière; mais il ne l'est point, parce qu'il communique à ces expressions beaucoup d'énergie, et sert à donner plus d'assurance à ce que l'on dit.

REMARQUE. A la place de *mismo*, on met souvent *propio* avec les pronoms personnels, mais non pas avec les noms dans le même sens. On ne dit point : *Dios propio lo manda : el Rey propio lo dice;* et l'on dit fort bien : *Yo propio lo digo :* je le dis moi-même.

El propio lo manda,	Lui-même l'ordonne.

3°. Quand on répète le même pronom en régime dans des terminaisons différentes, v. gr. :

Yo me reprendo á mí,	Je me blâme moi :
Tú te alabas á tí,	Tu te loues toi :
A él le conviene eso,	Cela lui convient à lui ;

parce que, parlant dans toute la rigueur grammaticale, cette répétition du même pronom en régime est superflue ; et, malgré cela, elle est autorisée par l'usage, et avec raison, puisqu'elle contribue à la plus grande clarté du discours.

4°. Quand on dit :

Volar por el ayre,	Voler en l'air :
Subir arriba,	Monter en haut :
Baxar abaxo,	Descendre en bas :

parce que, suivant les lois de la Grammaire prises à la rigueur, les mots *por el ayre, arriba, abaxo,* sont superflus, puisqu'on ne vole pas sur terre, on ne monte pas en bas, ni l'on ne descend point en haut : mais un usage louable a établi d'augmenter la signification de ces mots, afin de ne laisser aucun doute sur ce qu'on dit.

5°. Quand on dit, v. gr. :

Fué cruelmente despedazado,	Il a été cruellement déchiré :
Las lágrimas se le vinieron á los ojos,	Les larmes lui vinrent aux yeux :

où les mots *cruelmente, á los ojos,* semblent être de trop, puisqu'on ne peut pas déchirer quelqu'un avec tendresse, et on ne pleure point par la bouche, ni par le nez. Cependant ils ne le sont pas, parce qu'ils y font image, et qu'ils donnent à l'expression beaucoup de force et d'énergie.

De la Syllepse.

Syllepse signifie conception.

Cette figure est ainsi appelée, parce que, quand nous l'employons, nous accordons les mots non pas suivant leur valeur grammaticale, mais suivant le sens que nous y concevons.

On se sert de cette figure, 1.° quand on n'accorde pas l'adjectif ou participe avec les noms qui servent à différens traitemens des personnes. Par exemple : les noms *Magestad,* Majesté, *Alteza,* Altesse, *Excelencia,* Excellence, *Señoria (Ilustrísima),* Grandeur, sont des substantifs féminins, et malgré cela on les accorde avec des adjectifs ou des participes au masculin, puisqu'on dit au Roi :

Vuestra Magestad es justo,	Votre Majesté est juste :

et au Prince des Asturies, ou à quelqu'un des Infans :

Vuestra Alteza sea servido de tal ó tal cosa.	Plaise à votre Altesse de faire telle ou telle chose :

et ainsi respectivement aux autres personnes suivant leurs traitemens.

Dans ces exemples il n'y a point de concordance grammaticale, puisque l'adjectif *justo* et le participe *servido*, sont au masculin, et les substantifs *Magestad* et *Alteza* au féminin. Cependant, cette altération de la concordance a plus de grâce, et plaît plus à l'esprit, que si on suivoit à la rigueur les loix de la Grammaire.

2°. Quand on n'accorde pas le verbe avec son sujet au singulier, mais avec un autre nom qui suit au pluriel, v. gr. :

Una infinidad de personas asistie-   Une infinité de personnes assis-
ron á la fiesta.   tèrent à la fête.

Una multitud de soldados perecie-   Une multitude de soldats périrent
ron en la batalla.   dans le combat.

Un número prodigioso de bestias   Un nombre prodigieux de bêtes
fieras inundaron la campaña.   féroces inondèrent la campagne.

où les verbes *asistieron, perecieron, inundaron,* s'accordent non pas avec les collectifs singuliers *infinidad, multitud, número prodigioso,* mais avec les pluriels *personas, soldados, bestias fieras.*

Système de figures de diction.

Ce système n'a pour objet que le matériel des mots. L'on y change, l'on y retranche, ou l'on y ajoute quelques lettres, afin de rendre leur prononciation plus coulante, ou plus harmonieuse, douce, et agréable.

La mère de toutes ces figures est le *metaplasme,* qui signifie *transformation,* parce qu'elle fait que les mots reçoivent quelque altération, en y changeant, retranchant, ou ajoutant quelques lettres.

Ses filles sont les suivantes.

La *métathèse* (en espagnol *metátesis*), qui signifie *transposition,* parce qu'elle a lieu lorsqu'on change l'ordre des lettres, v. gr. : quand anciennement on disoit *Perlado* à la place de *Prelado,* Prélat: *decilde, traelde* à la place de *decidle, traedle,* dites-lui, apportez-le.

L'*antithèse* (*antítesis*), qui signifie *opposition,* et avoit lieu lorsqu'on ne changeoit pas seulement l'ordre des lettres, mais les lettres elles-mêmes, mettant les unes à la place des autres, comme dans *calongía* pour *canongía,* canonicat : *pedillo* pour *pedirlo,* le demander.

La *synalèphe* (*sinalefa*), qui signifie *contraction.* Elle a lieu, lorsqu'on supprime la vocale finale ou l'initiale de deux mots qui se rencontrent, comme quand on dit : *del,* du, pour *de él,* de le : *al,* au, pour *á el,* à le : *della,* ou *dello* pour *de ella* ou *de ello,* d'elle, de cela. Quelquefois on supprime deux lettres du mot suivant, s'il commence par *ha,* verbi gratiâ, quand on dit : *la cera de la calle,* pour *la hacera de la calle,* le haut pavé de la rue.

L'*aphérèse* (*aféresis*) qui signifie *retranchement.* Elle se fait lorsqu'on supprime une lettre ou une syllabe au commencement d'un mot, v. gr. : *os* pour *vos*, vous : *norabuena* pour *enhorabuena*, à la bonne heure, et *noramala* pour *enhoramala*, qui, avec le verbe *echar*, signifie *envoyer promener*.

La *syncope* (*sincopa*), qui signifie *diminution* ou *retranchement*. Elle consiste dans le retranchement d'une lettre ou d'une syllabe au milieu d'un mot, comme dans *cornado*, obole, pour *coronado*, qui veut dire à la lettre, couronné : *hidalgo* pour *hijodalgo*, hidalgue, gentilhomme : *navidad* pour *natividad*, nativité.

La *synérèse* (*sinéresis*), qui signifie *contraction*, et consiste dans la réunion de deux syllabes en une seule dans un même mot, v. gr. *comprension* pour *comprehension*, compréhension : *reprension* pour *reprehension*, repréhension.

L'*apocope* (*apócope*), qui signifie *rétrécissement*, et consiste dans le retranchement d'une lettre ou d'une syllabe à la fin du mot, v. gr. : *buen* pour *bueno*, bon : *gran* pour *grande*, grand.

Et enfin l'*épenthèse* (*epéntesis*), qui signifie *interposition*, et qui a lieu lorsqu'on ajoute quelque lettre au milieu du mot, comme dans *corónica* pour *crónica*, chronique : *coronista* pour *cronista*, chronologiste.

Observation *sur les figures grammaticales.*

En définissant la Grammaire et la Syntaxe, nous avons fait voir rapidement que le système de figures de *construction* (et par conséquent celui de figures de *diction*) non seulement n'existe point, mais qu'il est même impossible. Dans la grande Grammaire, nous prouvons fort au long que ce qu'on appelle *hyperbate* n'est autre chose, quant à l'énergie, que l'ordre naturel ou d'intérêt. Que l'*ellipse* n'est point fondée dans la nature, n'ayant d'autre base que l'harmonie et l'intérêt de la brièveté, ce qui ne peut point former de figure. Que le nom de *pléonasme* est regardé par des Grammairiens célèbres, comme un vice de locution; démontrant que dans tous les exemples rapportés en faveur de cette prétendue figure, il n'y a point de mot superflu ou surabondant. Que la *syllepse*, loin d'être une figure, n'est que l'imitation de la nature elle-même. Que le système de figures de *diction*, presque par-tout diamétralement opposé à celui de figures de *construction*, n'a d'autre fondement que la mauvaise formation ou composition des mots, puisque toutes les altérations qu'on y fait, n'ont d'autre objet que de les polir de plus en plus, afin de les rendre plus agréables à l'oreille, et que cependant il faudroit dire que ces mots si bruts et si mal formés, sont les naturels; ce qui est non moins absurde que sans fondement. Enfin, que le nom même de *figure* ne peut convenir ni aux uns ni aux autres; car, suivant le sentiment commun des Grammairiens, *figure* ne veut dire autre chose que *fiction*, et c'est dans ce sens qu'on s'en sert dans la Grammaire , parce que les expressions figurées ou feintes se mettent à la place des naturelles et des véritables. Et l'on démontre, au contraire, que toutes les expressions et tous les mots qu'on y emploie, sont très-naturels et très-véritables, et qu'il n'y a pas même l'ombre de *fiction*. Nous le répétons : c'est avec un véritable regret que nous différons de donner au Public la dissertation dont on a plusieurs fois parlé , où l'on développe toute cette importante matière.

Fin de la seconde Partie.

GRAMMAIRE ESPAGNOLE
A L'USAGE DES FRANÇOIS.

TROISIÈME PARTIE.

Elle expose les règles de la Prononciation , de la Prosodie , et de l'Orthographe, etc.

DE LA PRONONCIATION.

Définition et division de la Prononciation espagnole en général.

La prononciation espagnole, de même que celle des autres Langues, n'est autre chose que l'expression des sons qui sont renfermés dans cette Langue.

La Langue Espagnole a un grand nombre de sons représentés par les vingt-huit lettres suivantes , qui composent tout son alphabet.

a b c ch d e f g h i j   k l ll m n ñ
a be ce che de e efe ge ache i jota ou ijota ka ele elle eme ène eñe
o p q r   s t u v   x y z
o pe que ere et erre ese te u vocal v consonne equis y grec zede ou zete.

Toutes ces lettres sont regardées comme féminines par les Espagnols, et prononcées par eux de la manière qu'on vient d'exprimer.

Mais , suivant le système des François modernes (qu'on adoptera dans la suite) , ces lettres sont masculines , et doivent se prononcer de la manière suivante.

a b c ch d e f g h i j k l ll m n ñ o p q r
a be ce che de e fe ge he i j ke le llie me ne gne o pe que re et

U se prononce comme *ou* : *ge* et *ye* en grasseyant : *che* comme le *ce* italien : *ge*, *je* de la gorge : *ll*, *ñ* se mouillent. Le reste comme en françois. Voyez l'explication qu'on en donnera ci-après.

Les lettres sont ou voyelles ou consonnes. *A*, *e*, *i*, *o*, *u*, *y*, quand il a le son de l'*i*, sont les seules voyelles, et toutes les autres des consonnes.

A, *e*, *i*, *o* et *u* sont appelées *voyelles*, parce qu'elles se prononcent par la seule ouverture de la bouche, sans avoir besoin du mouvement de la langue, ni de la compagnie d'aucune autre lettre. Chaque *voyelle* a sa modification particulière, ce qui constitue sa différence d'avec les autres ; toutes les autres lettres sont appelées *consonnes*, parce qu'elles ne peuvent être prononcées sans le secours des voyelles.

Ces lettres peuvent former des *syllabes*, les voyelles par elles seules, et les consonnes avec les voyelles.

Une *syllabe* est un ou plusieurs sons réunis dans une seule émission de voix.

Si le mot n'a qu'une syllabe, comme *Dios*, Dieu, on l'appelle *monosyllabe* : s'il en a deux, comme *padre*, père, on l'appelle *dissyllabe* : et s'il en a trois, comme *Trinidad*, Trinité, on l'appelle *trissyllabe*, etc.

Prononciation des voyelles simples.

L'on vient de dire que les voyelles simples se prononcent comme en françois, excepté *u*, qui se prononce toujours *ou*.

Cependant il faut remarquer, 1.° que l'*a* et l'*o* ont très-souvent, à la fin du mot, un son foible qu'ils n'ont pas en françois : comme dans *musa*, muse : *templo*, temple.

2.° Que l'*e* a les quatre sortes de sons qu'on distingue dans la Langue françoise.

Celui de l'é fermé, comme dans *édicto*, édit : *beneficio*, bénéfice : *café*, café.

Celui de l'è très-ouvert, comme dans *interès*, intérêt : *francès*, françois ; et même il seroit bon de le marquer en écrivant, comme on le fait à présent.

Celui de l'è moyen, comme dans *poeta*, poëte : *regla*, règle : *cruel*, cruel.

Celui de l'e muet ou féminin, comme dans *madre*, mère, *amable*, aimable, et généralement dans tous les mots terminés en *e*, pourvu qu'ils ne soient pas marqués de l'accent.

3.º Que l'y appelé improprement grec se prononce comme *i* dans *y* conjonction, et par-tout où il ne commence pas la syllabe.

Prononciation des voyelles nazales.

Le système des modernes François sur les voyelles nazales n'est pas encore reçu en Espagne ; mais il y a apparence qu'on l'adoptera dans la suite.

On sait que ces voyelles sont appelées *nazales*, parce que leur prononciation est modifiée par l'organe du nez.

Ces voyelles sont *an*, *en*, *in*, *on*, *un*, qui se prononcent comme elles sonnent : *áncora*, ancre : *entendimiénto*, entendement : *industria*, industrie : *onza*, once : *uncion*, onction.

Am, *em*, *im*, *om*, *um* devant *b*, *p* ont le même son qu'*an*, *en*, *in*, *on*, *un*, comme dans *ambicion*, ambition ; *embarco*, embarquement ; *impuesto*, impôt ; *ombligo*, nombril ; *umbral*, seuil. Voyez ci-après les lettres *M*, *N*.

Des diphtongues et des triphtongues.

La *diphtongue* est la réunion de deux sons ou voyelles, et la *triphtongue* la réunion de trois en une seule émission de voix.

On compte en espagnol seize *diphtongues* formées par les voyelles simples, neuf par les nazales, et huit *triphtongues* formées par les premières voyelles.

Diphtongues formées par les voyelles simples.

ai ou *ay.*	*Amais. . . Bayle.*	Vous aimez . . Bal.
au.	*Pausa.*	Pause.
ea.	*Linea.*	Ligne.
ei ou *ey.*	*Ameis. . . Ley.*	Que vous aimiez. Loi.
eo.	*Purpureo.*	Pourpré.
eu.	*Deuda.*	Dette.
ia.	*Gloria.*	Gloire.
ie.	*Cielo.*	Ciel.
io.	*Estudio.*	Étude.
iu.	*Viuda.*	Veuve.
oe.	*Héroe.*	Héros.
oi ou *oy.*	*Sois . . . Soy.*	Vous êtes. . Je suis.
ua.	*Agua.*	Eau.
ue.	*Sueño.*	Sommeil.
ui ou *uy.*	*Ruido. . . Buytre.*	Bruit. . . Autruche.
uo.	*Proficuo.*	Profitable.

Diphtongues formées par les voyelles nazalles.

aun.	*Aunque.*	Quoique.

eia.	*Veinte.*	Vingt.
eon.	*Galeon.*	Galéon.
ian.	*Guardian.*	Gardien.
ion.	*Ficcion.*	Fiction.
uàn.	*Guante.*	Gant.
uen.	*Fuente.*	Fontaine.
uin.	*Ruin.*	Vilain.

Triphtongues formées par les voyelles simples.

eai.	*Delineais.*	Vous dessinez.
iai.	*Acariciais.*	Vous caressez.
iei.	*Aprecieis.*	Que vous appréciez.
uae.	*Guaepin.*	Espèce de domino.
uai ou *uay.*	*Fraguais. . Paraguay.*	Vous forgez. . Para- guay.
uea.	*Agüea* (1).	Aqueuse.
uei ou *uey.*	*Atestigueis. . Buey.*	Que vous témoigniez. Bœuf.
ueo.	*Agüeo.*	Aqueux.

PRONONCIATION DES CONSONNES.

La prononciation des consonnes en général se réduit à ce seul principe.

B, d, f, g, h, k, l, m, n, p, q, r, s, t, y, et *c, g* devant *a, o, u* se prononcent comme en françois : *ch, j, v, z,* et *c, g* devant *e, i* en ont un son différent : *ll, ñ* en ont un équivalent ; et *x* tantôt l'un, tantôt l'autre.

Mais à ce principe général il faut ajouter le détail suivant.

C. Z.

C devant *e, i* se prononce comme *z* devant toutes les voyelles, c'est-à-dire, en grasseyant.

Cecilia.	Cécile.	*Zizaña.*	Zizanie.
Zelo.	Zèle.	*Zona.*	Zone.
		Zurdo.	Gaucher, gauche.

Le *c* conserve le son dur devant *e, i,* lorsqu'il est suivi d'un *l* ou un *r,* comme dans *clero,* clergé ; *clima,* climat ; *crédito,* crédit ; *critica,* critique.

Cependant la prononciation grasseyante est désagréable, et devroit par la même raison être changée en une autre plus agréable.

---

(1) L'Académie même dans sa nouvelle Orthographe pag. 175 écrit *áqüeo, áqüea,* et à la page 231 *terraqüeo, qüea.*

CH.

Il se prononce comme le *ce*, *ci* des Italiens, ou le *ch* des Provençaux dans les mots *chate*, petite fille; *chin*, *chine*, *chien*, *chienne*, etc. Exemples.

Chapitel.	Chapiteau.	*Chevron.*	Chevron.
Chibato.	Chevreau de six mois.	*Chocolate.*	Chocolat.
Chupa.	Veste.		

Quelquefois il a le son du *K*, comme dans *chimia*, chimie; *chirógrapho*, chirographe; *Christo*, Christ. Voyez la grande liste à la fin de cette 3.me Partie.

G. J. X.

Ils ont un son guttural très-fort, le premier devant *e*, *i*, pourvu qu'il n'y ait pas une autre lettre entre les deux, le second devant toutes les voyelles, et le troisième dans bien de rencontres, qu'on indiquera ci-après.

Ce son guttural est une aspiration semblable à celle des mots françois *harpe*, *héros*, etc., avec cette différence que cella-là est très-forte, et celle-ci douce. Celle-là se forme au fond du gosier en le serrant un peu, et celle-ci à l'entrée sans aucun effort.

Cette prononciation devroit être changée. Cependant quelque dure qu'elle paroisse aux Étrangers, les Espagnols qui ont l'organe délicat, et qui se piquent de parler leur Langue avec douceur, en rendent le son presque sans aucune rudesse. Au reste ils l'ont prise des Maures, mais il est étonnant que les ayant chassés d'Espagne, ils ne l'eussent renvoyée en Afrique avec eux.

Voici des exemples de ce son pour les trois lettres.

General.	Général.	*Girofle.*	Girofle.
Jamon.	Jambon.	*Jesus.*	Jesus.
Pajita.	Petite paille.	*Joya.*	Joyau.
Juicio.	Jugement.		
Xabon.	Savon.	*Xefe.*	Chef.
Xicara.	Tasse.	*Floxo, xa.*	Lâche.
Xugo.	Suc.		

G, suivi de l'*e*, ou de l'*i*, a le même son que devant *a*, *o*, *u*, lorsqu'entre les deux lettres il y a une consonne, ou bien la voyelle *u*, comme dans *iglesia*, église; *griega*, grecque; *guerra*, guerre; *guia*, guide.

Lorsque l'*u*, qui est entre le *g* et l'*e* ou l'*i*, doit se prononcer, on met dessus le trema ou deux points, v. gr. *antigüedad*, antiquité, ancienneté; *contigüidad*, contiguité.

X a le son guttural dans un grand nombre de mots dérivés du latin et de l'arabe. On peut les voir dans la liste déjà citée.

Il a encore le même son à la fin de plusieurs mots, comme:

carcax, carquois ; *relex*, relais ; *dix*, jouets d'enfans ; *box*, buis ; *relox*, horloge ; *almoradux*, marjolaine.

Il se prononce comme *CS* dans un grand nombre de mots dérivés du latin et du grec, v. gr. *excusa*, excuse ; *existentia*, existence ; *extasis*, extase ; *exarco*, exarque.

Lorsque le *X* est suivi d'une consonne, le *CS* s'unit à la voyelle qui le précède, comme dans *exceso*, *ecs-ceso*, excès ; mais s'il est suivi d'une voyelle, le *CS* se partage de cette manière ; *exigencia*, *ec-sigencia*, exigence.

H.

Le *H* n'est qu'une marque d'aspiration devant les voyelles, de même qu'en françois. Mais en espagnol cette aspiration n'a lieu que dans très-peu de mots, v. gr. : *hueso*, os, *huevo*, œuf ; encore est-elle si peu caractérisée, qu'on peut douter s'il y en a.

Étant joint au *p*, il a le son du *f*, comme dans *Pharaon*, Pharaon. Voyez la grande liste.

LL.

Ces deux lettres représentent un son simple, savoir : celui du *l* mouillé. Ainsi toutes les fois qu'elles se trouvent ensemble dans un mot, elles se prononcent mouillées, v. gr. *llaga*, plaie ; *lluvia*, pluie ; *batalla*, bataille ; *quilla*, quille.

M.

Il a le son qui lui est propre dans *amnistía*, amnistie ; *somnolencia*, envie, passion de dormir ; *somnifero*, somnifère ; *calumnia*, calomnie ; *columna*, colonne ; et semblables.

N. Ñ.

Lorsqu'il y a deux *nn* de suite, le premier a le son nazal, comme dans *ennoblecer*, ennoblir ; *innovacion*, innovation.

Le *Ñ* est la même chose que le *N* mouillé représenté en françois par *gn*. *España*, Espagne ; *niñez*, enfance ; *niño*, enfant.

P.

Il se prononce toujours, excepté dans quelques mots pris de langues étrangères, comme *pneumático*, pneumatique, *pseudoprofeta*, pseudoprophète, faux prophète, qu'on prononce : *neumático*, *seudoprofeta*.

Q.

Cette lettre est toujours suivie d'un *u*, lequel se prononce toutes les fois qu'il a le tréma, ou un *a* après lui, comme *dans qüestion*, question : *iniqüo*, inique : *quadro*, quadre ou cadre. Voyez la grande liste.

R.

R.

Il a un son doux, comme dans *araña*, araignée : *pera*, poire ; et il l'a fort lorsqu'il est accompagné d'un autre, comme dans *barra*, barre : *hierro*, fer.

Le *R* simple a le son fort, 1.º lorsqu'il commence le mot, comme dans *raza*, race : *rio*, rivière.

2.º Au milieu du mot après une voyelle nazale, v. gr. : *enriquecer*, enrichir : *honrar*, honorer : ou lorsque celui-ci étant composé, il commence la première syllabe d'un des mots composans, comme dans *malrotar*, dissiper : *abrogar*, abroger : *maniroto*, libéral, très-généreux : *prorata*, prorata. Hors de là il se prononce toujours doux.

V.

Il se prononce très-abusivement comme *b*. Cependant il se prononçoit anciennement comme il se prononce en françois : et l'Académie remarque très-judicieusement que cette prononciation devroit être rétablie. Ainsi le François fera fort bien de le prononcer à la françoise par-tout où il le trouvera écrit dans la nouvelle Orthographe. Voyez la grande liste.

Y.

Cette lettre est une véritable consonne, lorsqu'elle commence la syllabe, comme dans *aya*, gouvernante, *yerva*, herbe : *mayor*, majeur, plus grand : *yugo*, joug.

On l'appelle pour l'ordinaire, bien qu'improprement, un *i* mouillé. Le son en est semblable à celui des mots françois *royal*, *employer*, que l'on divise ainsi dans la prononciation *roi-ial*, *emploi-ier*, et où le second *i* se mouille, c'est-à-dire, qu'il est une vraie consonne, puisqu'il est impossible d'en rendre le son sans le secours d'une voyelle.

DE LA PROSODIE.

LA Prosodie Espaguole est encore dans son enfance, c'est-à-dire, dans le même état où étoit la Françoise avant que M. l'Abbé d'Olivet eût publié son fameux Traité sur cette matière. Nous avons voulu la tirer de cet état, et la porter, s'il étoit possible, à celui de virilité, en marchant sur les traces de ce grand Maître. En conséquence nous avons formé dans la grande Grammaire une espèce de Traité de la Prosodie Espagnole, que nous avons divisé en six articles de la manière suivante.

1.ᵉʳ *Définition et division de la Prosodie Espagnole.*

N

2.d *État actuel de la Prosodie Espagnole.*

3.me *Quelques observations sur l'état actuel de la Prosodie Espagnole.*

4.me *Principes fondamentaux de la Prosodie Espagnole.*

5.me *Préliminaires pour la quantité des syllabes.*

6.me *Règles générales et particulières de la quantité des syllabes.*

Il seroit très-conforme à nos désirs d'en donner ici un Abrégé. Mais pour peu que l'on y réfléchisse, on sentira qu'un Abrégé d'un Traité qui n'a pas encore été publié, et sur une matière inconnue même à la Nation Espagnole, et sur laquelle il doit nécessairement s'élever de grandes difficultés et contestations, seroit peu utile aux François et très-obscur, ces matières exigeant, dans l'état où elles sont, de grands développemens. Ce qui intéresse pour le présent le lecteur, c'est de savoir la manière dont les Espagnols entendent la Prosodie de leur Langue, et celle qui doit lui servir de guide pour bien prononcer les mots de cette même Langue. C'est ce qu'on va lui apprendre.

I.

Les Espagnols définissent la Prosodie *la manière de marquer les accens et les syllabes longues et brèves.*

Ils entendent par *accens* l'élévation ou abaissement de la voix ; et ils prétendent que dans un mot de deux syllabes v. gr. *padre*, père, la voix s'élève dans la première, parce qu'elle est longue et se baisse dans la seconde, parce qu'elle est brève, ou au moins parce qu'elle est après la longue.

Ils entendent encore par *accens* les syllabes longues elles-mêmes ; ensorte que chez eux *accent* et *syllabe longue*, c'est la même chose avec cette différence, que *syllabe longue* a un rapport marqué à la lenteur de la prononciation, et celui-ci à l'élévation de la voix.

Quoique par le mot *accent* en général ils n'entendent ordinairement que celui où réside la syllabe longue, ils l'appellent aussi, sans doute pour le mieux caractériser, *accent aigu*, et les syllabes longues *aigues*, parce que la voix y frappe d'une manière plus marquée que dans les autres.

Chaque mot, ajoutent-ils, quelque long qu'il soit, n'a qu'un seul *accent*, ni par conséquent qu'une seule *syllabe longue*, à cause qu'il n'y en a qu'une seule où la voix frappe de la manière qu'on vient d'exposer.

Pour faire mieux comprendre ce que c'est que cet *accent*, et la différence qu'il y a entre le principe général de la Prosodie Espagnole et ceux de la Françoise, il faut savoir que dans ce mot, v. gr. *incomprensible*, ils disent que l'*accent* réside dans la syllabe *si*, parce que c'est là que la voix frappe ; et que toutes les autres syllabes sont brèves et également brèves. Les Prosodistes François au contraire enseignent que dans ce mot *incompréhensible*, qui répond au précédent, la syllabe *si* est brève, quoiqu'elle se prononce *aiguë* de la même manière qu'en Espagnol ; que les syllabes *in*, *com*, *en* sont longues, bien qu'il n'y ait point d'accent ; et que la syllabe *ble* est féminine, c'est-à-dire, plus brève que la plus brève des masculines.

Il est évident, par ce qui vient d'être exposé, que c'est cet accent qui règle la Prosodie des Espagnols ; et c'est pour cela que quelques-uns l'appellent *l'ame des mots*. Il faut donc savoir la manière de l'appliquer aux mots, et l'on aura par-là des règles sures pour ne pas se tromper, sinon dans l'exacte quantité des syllabes, au moins dans la correcte prononciation des terminaisons.

I I.

Première règle générale.

Toutes les fois qu'un mot de plus d'une syllabe n'a point d'accent aigu imprimé, suivant la nouvelle Orthogrophe, (c'est ainsi qu'il faut l'entendre toujours) *et qu'il termine en voyelle, l'accent prosodique se trouve dans la pénultième syllabe.* Exemples.

Alma	Ame.	*Coche*	Carrosse.	*Lobo*	Loup.
Ampolla	Ampoule.	*Banquete*	Banquet.	*Candado*	Cadenat.
Defensiva	Défensive.	*Hospedage*	Hospitalité.	*Parapeto*	Parapet.
Bestia	Bête.	*Serie*	Suite.	*Vicio*	Vice.
Justicia.	Justice.	*Temperie*	Tempéra-ment.	*Topacio*	Topaze.

Ignominia. Ignominie. *Intemperie* Intempérie. *Monopolio* Monopole.

La double voyelle finale des derniers mots forme une diphtongue : ainsi ils ne sont que de deux, de trois, et de quatre syllabes, l'accent résidant toujours sur la pénultième.

Seconde règle générale.

Toutes les fois qu'un mot de plus d'une syllabe n'a point d'accent imprimé et termine en consonne, l'accent prosodique se trouve dans la finale, si c'est un nom commun ou un adjectif. Exemples.

Animal	Animal.	*Altar*	Autel.	*Disfraz*	Déguisement.
Pared	Muraille.	*Mercader*	Marchand.	*Mendiguez*	Mendicité.
Irregular	Irrégulier.	*Incapaz*	Incapable.	*Descortes*	Impoli.

Ceux qui terminent en *n* sont compris dans la règle précédente.

On a dit *si c'est un nom commun*, parce que il y a, 1.º des noms propres qui terminent en consonne, et qui ont l'accent dans la pénultième, comme *Covarrubias*, *Fragal*, *Vazquez*, *Henriquez*, et généralement tous les patronimiques, excepté *Alvarez* qui l'a dans la première syllabe ; 2.º Des temps des verbes où l'accent se transporte, comme on l'a vu dans les conjugaisons, à l'antépénultième syllabe, ou à la finale, v. gr. *amabamos*, nous aimions, *amad*, aimez.

Troisième règle générale.

Toutes les fois qu'un mot quelconque a un accent imprimé, c'est là aussi que réside l'accent prosodique ; de sorte que l'accent aigu et le prosodique sont toujours d'accord. Exemples.

Perú	Perou.	*Javalí*	Sanglier.	*Amó*	Il aima.
Arbol	Arbre.	*Mástil*	Mât.	*Fácil*	Facile.
Bárbaro	Barbare.	*Católico*	Catholique.	*Fácilmente*	Facilement.
Bárbaramente	Barbarement.	*Dixose*	On a dit.	*Córrijasemele*	Qu'on me le corrige.

Quatrième règle générale.

Tout monosyllabe (excepté ceux dont on parlera incessamment) est long, soit qu'il termine en voyelle ou en consonne. Exemples.

Don, don. *Fin*, fin. *Da*, il donne. *Ve*, il voit.

Quoique l'Académie ne mette aucune exception à cette règle, cependant d'autres observent, avec raison, que les monosyllabes qui dépendent entièrement du mot suivant, doivent être brefs. Par exemple, quand on dit : en *vida*, en vie ; con *prudencia*, avec prudence ; el *papel*, le papier ; mi *sombrero*, mon chapeau : il est évident que les monosyllabes *en*, *con*, *el*, *mi*, dépendent absolument dans leur signification et prononciation des mots suivans, et qu'ils sont brefs par conséquent.

Au reste, pour ce qui concerne l'usage de l'accent imprimé, on en parlera au long dans l'Orthographe.

DE L'ORTHOGRAPHE.

Définition et division de l'Orthographe.

L'Orthographe (mot grec qui signifie manière correcte d'écrire) est l'art d'exprimer nos idées par des lettres ou caractères propres et analogues aux sons, et par le même ordre dont elles sont exprimées par ces sons.

C'est l'art d'exprimer nos idées, parce que l'écriture n'a été inventée que pour faire, sur-tout avec les absens et la postérité, les mêmes fonctions que la parole fait avec les présens. Son but donc n'est autre chose que de leur exprimer nos pensées par des caractères de la même manière que si nous leur parlions de vive voix.

Par des lettres ou caractères propres et analogues aux sons. Plus les caractères sont beaux, plus ils sont propres à exprimer les sons. Car, de même que les sons, plus ils sont agréables et analogues à la chose qu'ils expriment, plus ils plaisent à l'oreille et à l'esprit : de même les caractères, plus ils sont clairs, nets, et bien formés, plus ils plaisent à la vue, et ressemblent aux sons qu'ils représentent.

Et par le même ordre dont elles sont exprimées par ces sons. La langue écrite étant l'image de la langue prononcée, il doit nécessairement se trouver le même ordre dans les lettres ou caractères que dans les sons. Nous devons parler comme nous pensons, lorsque nous voulons nous exprimer ; nous devons donc écrire de même, c'est-à-dire, par le même ordre. Et voilà le complément de l'imitation de la nature pour ce qui concerne l'Orthographe.

Cet art est divisé en deux parties. L'une traite de la manière d'écrire les mots de la Langue espagnole, et l'autre de la façon de les ponctuer. Dans la première, on ne regarde que le corps du mot, et dans la seconde on considère tous ses accidens.

De la manière d'écrire les sons et les mots de la Langue Espagnole.

Quand on a donné les règles de la prononciation, on a pu observer suffisamment la manière dont les sons et les mots s'écrivent en espagnol. Cependant il est important et même nécessaire d'en donner une explication plus détaillée.

Les lettres de l'alphabet espagnol représentent toujours un son, excepté l'*u*, le *h* et le *p* dans les cas prévus ou insinués, lorsqu'on a parlé de leur prononciation.

L'*u* s'écrit toujours après le *q*, quoiqu'il ne se prononce point dans bien de rencontres, comme on vient de le dire.

Le *h*, quoiqu'il ne s'aspire jamais ou presque jamais, s'écrit dans un grand nombre de mots, qu'on peut voir dans la grande liste.

Les sons exprimés par les voyelles *a*, *e*, *o*, et par les consonnes *d*, *l*, *ll*, *ñ*, *s*, *t*, s'écrivent toujours par ces mêmes lettres.

Le son exprimé par la voyelle *i* s'écrit tantôt par cette même lettre, tantôt par l'*y* grec.

Voici les cas où il s'écrit par cette dernière.

1.º Quand il forme la copulative.

2.º Quand il forme une diphtongue avec la voyelle qui la précède, comme dans *ley*, loi : *Rey*, Roi : *reyno*, royaume : *Reyna*, Reine : *peyne*, peigne : *muy*, très, fort : *doy*, je donne : *voy*, je vais : *oygo*, j'entends : *traygo*, j'apporte.

On en excepte les mots où il est précédé d'un *u*, comme dans *cuidado*, soin : *ruido*, bruit : *descuido*, négligence : *intuitivo*, intuitif.

Buytre, autruche, suit la règle générale.

N 3

On en excepte aussi toutes les secondes personnes du pluriel des verbes, comme : *amais*, vous aimez : *amasteis*, vous aimâtes : *debeis*, vous devez : *debais*, que vous deviez, et plusieurs autres mots.

L'usage porte aussi d'employer dans les écrits à la main, l'*y* grec à la place de l'*i* latin, lorsqu'il doit être majuscule. Ainsi l'on écrit : *Ysla*, île ; *Yglesia*, Eglise, au lieu de *Isla*, *Iglesia*.

Mais quand cette lettre est consonne, elle s'écrit toujours *y*, n'ayant point de caractère qui puisse exprimer le même son.

Il est vrai qu'il y a beaucoup de personnes qui prononcent les mots *hierro*, fer, *hiel*, fiel, *hiero*, je blesse, *hiervo*, je bous, comme s'il y avoit un *y* : *yerro*, *yel*, *yero*, *yervo*. Mais il est évident que c'est par pure corruption qu'ils prononcent de la sorte.

Le son exprimé par la consonne *b* est représenté aussi, quoique abusivement par la lettre *v*. Pour savoir donc la manière exacte d'écrire ce son, il faut avoir recours à la grande liste, où l'on met tous les mots qui s'écrivent par *v*.

Le son dur du *c* est représenté quelquefois par *ch*, d'autres par *k*, et d'autres par *q*.

Il est représenté par *ch*, et par *k* seulement dans quelquess noms propres, et d'autres empruntés des langues étrangères, comme : *Charibdis*, Charibde : *Melchisedec*, Melchisedech : *Han*, Cham : *Kiries*, Kyriés.

Il s'écrit par *q* dans un assez grand nombre de mots dérivés presque tous du latin, et dont on donne la liste à la fin, ainsi que des précédens.

Le son grasseyant du *c* s'écrit par *z* devant *a*, *o*, *u*, et tantôt par l'un, tantôt par l'autre devant *e*, *i*. Voyez dans la liste les mots qui s'écrivent par *z* devant ces dernières voyelles.

Le son représenté par *f* s'écrit dans quelques mots par *ph*, et on les trouvera aussi dans la même liste générale.

Le son doux du *g*, c'est-à-dire, celui qu'il a devant *a*, *o*, *u* (c'est tout le contraire de ce qui arrive en françois), ne se confond jamais avec aucune autre lettre, mais le dur s'écrit toujours ou par *g* devant *e*, *i*, ou par *j*, ou par *x* devant toutes les voyelles. Voyez dans la liste générale tous les mots qui s'écrivent ou par *j* ou par *x*, et qui ont le son dont il est question.

Le son double *cs* s'écrit toujours, bien qu'abusivement, par la lettre *x*.

Le son fort du *r* s'écrit toujours par un simple *r* au commencement du mot, et dans les cas prévus en parlant de la prononciation de cette lettre. Hors de là toujours par un double *rr*.

Pour complément de cet article, il faut savoir que toutes ces lettres sont ou *majuscules* ou *minuscules*.

On a donné, au commencement de cette troisième Partie, l'alphabet des *minuscules*. Voici à présent celui des *majuscules*.

A B C CH D E F G H I J K L LL M N Ñ O P Q R S T
U V X Y Z.

Ces lettres, qu'on appelle encore *capitales*, parce que les chapitres des livres commencent toujours par quelqu'une d'entr'elles, s'emploient de la manière suivante.

Elles doivent être toujours les premières du mot, de sorte qu'on ne les écrit jamais au milieu, pas même dans les mots composés, contre l'usage des François. Ainsi l'on écrit : *Jesuchristo*, Jesus-Christ, au lieu de *JesuChristo* ou *Jesu-Christo*.

Les cas particuliers où elles s'emploient, sont, 1.º au commencement d'un titre, chapitre, article, ou division quelconque.

2.º Au commencement d'une période ou oraison quelconque, après un point final.

3.º Aux noms propres quelconques des personnes, animaux, parties du monde, empires, royaumes, provinces, états, villes, bourgs, villages, châteaux, montagnes, mers, rivières, fontaines, etc. Exemples.

Fernando	Ferdinand.	*Bucéphalo*	Bucéphale.	*Europa*	Europe.
España	Espagne.	*Castilla*	Castille.	*La China*	La Chine.
Madrid	Madrid.	*Rueda*	Rueda.	*Villagarcía*	Villegarcie.
El Escurial	L'Escurial.	*Los Pire-néos*	Les Pyré-nées.	*El Océano*	L'Océan.
El Duero	le Douero.	*Hipocrène*	Hypocrène : etc.		

4.º Dans les noms de famille, dignités, d'emplois ou de charges honorifiques, et dans les titres ou épithètes.

Pimentel.	Pimentel.	*Rodriguez.*	Rodriguez.
Virey.	Vice-roi.	*Présidente.*	Président.
El gran Capitan.	Le grand Capi-taine.	*El Filósofo.*	Le Philosophe.

5.º Dans les noms qui servent à des traitemens de politesse, quand on les emploie à cette fin, soit qu'on les mette tous entiers ou abrégés, v. gr. *Vuesa Magestad* ou *V. M.*, Votre Majesté ou V. M. ; *Vuesa Alteza* ou *V. A.*, Votre Altesse ou V. A.

6.º Dans les noms propres des arts, des sciences et des élémens, quand on les emploie dans leur sens principal ou plus remarquable. Exemples.

La Gramática es una de las artes mas útiles é importantes.	La Grammaire est un des arts les plus utiles et les plus importans.
La Matemática es una de las ciencias mas dificiles.	La Mathématique est une des sciences les plus difficiles.
El Fuego es un elemento voracísimo.	Le Feu est un élément très-vorace.

7.º Dans certains noms collectifs, v. gr. : *reyno*, royaume, *provincia*, province ; *órden*, ordre ; *consejo*, conseil ; *universidad*, université ; *marina*, marine ; *infantería*, infanterie, etc., lorsque leur signification est prise dans un sens remarquable, comme dans ces exemples.

N 4

El Reyno *de* España *es muy antiguo.*	Le Royaume d'Espagne est très-ancien.
La Provincia *de* Campos *abunda en trigo y vino.*	La Province de Campos abonde en blé et en vin.
La Orden *del* Toison *es la mas distinguida de las* órdenes *militares de* España.	L'Ordre de la Toison est le plus insigne des ordres militaires d'Espagne.
El Consejo *de* Castilla *fué creado por San* Fernando *tercero de ese nombre.*	Le Conseil de Castille a été créé par Saint-Ferdinand troisième de ce nom.
La Universidad *de* Salamanca *ha sido una de las mas famosas del mundo.*	L'Université de Salamanque a été une des plus fameuses du monde.
La Marina Inglesa *tiene el primer puesto entre todas las demas.*	La Marine Angloise a le premier rang parmi toutes les autres.
La Infantería Española *fué invencible por largo tiempo.*	L'Infanterie Espagnole a été invincible pendant long-temps.

8.º Au commencement des tercets, des quatrains, des huitains, et de toutes sortes de rimes ; et de chaque vers hendécasyllabe, ou alexandrin. C'est sans doute de là que vient à ces lettres la dénomination de *versales*, c'est-à-dire, propres des vers.

De la manière de ponctuer les mots de la Langue Espagnole ou de la PONCTUATION.

Il y a deux sortes de figures dont on se sert pour marquer ce qu'on appelle *la Ponctuation.* Les unes ont directement pour objet les repos dans les discours, et d'autres propriétés de la prononciation : c'est *la Ponctuation* proprement dite. Les autres ne servent qu'à désigner des choses entièrement étrangères à la prononciation ; aussi elles ne sont que secondairement, et même improprement des marques de *la Ponctuation.* On traitera des premières dans cet article, et des autres dans le suivant.

LA PONCTUATION, donc, *est la manière de marquer les repos dans le discours, suivant le sens qu'on y conçoit, et les inflexions de la voix qu'on fait dans ce même discours.*

Cette définition est justifiée et développée dans la grande Grammaire. L'on y démontre que les Auteurs les plus célèbres l'adoptent souvent dans la pratique, bien qu'ils l'abandonnent aussi, peut-être plus souvent encore ; inconséquence qui vient de ce qu'on n'a pas ni développé, moins encore fixé cette matière. L'on y fait voir aussi que la définition donnée par un célèbre Grammairien moderne, ainsi qu'Académicien et Encyclopédiste, non seulement est fausse, mais que lui-même se contredit dans la théorie et dans la pratique. Pour le présent l'on est contraint à se borner à quelques règles d'usage, qui sont à-peu-près les mêmes qu'en françois.

Les marques qui regardent proprement la *Ponctuation*, sont : la *virgule*, le *point et la virgule*, le *deux points*, le *point final*, le *point interrogatif*, le *point admiratif*, et la *parenthèse*.

De la virgule.

La *virgule* (en espagnol *coma*), qu'on figure de cette manière (,) sert à marquer un des repos principaux dans le discours, mais le moindre, puisque le sens y est entièrement suspendu, comme quand on dit : *ninguno con razon puede dudar*, personne ne peut douter avec raison.

Comme la virgule emporte avec elle une séparation de sens, on doit l'employer toutes les fois qu'il y a cette séparation ; et l'on doit au contraire la supprimer, lorsqu'il n'y a point de séparation.

Il y a une séparation de sens, quand on dit, v. gr.

Las artes, las ciencias, y el buen gusto ilustran los paises. — Les arts, les sciences, et le bon goût illustrent les pays.

El Principe, que ama la justicia, es digno de toda alabanza. — Le Prince, qui aime la justice, est digne de toute louange.

La economía conserva las familias, y la disipacion las pierde. — L'économie conserve les familles, et la dissipation les perd.

Debemos amar al próximo, sea amigo, ó enemigo. — Nous devons aimer le prochain, qu'il soit ami, ou ennemi.

Il n'y a pas une séparation de sens dans ces autres exemples.

El marido y la muger deben estar muy unidos entre sí. — Le mari et la femme doivent être fort unis entre eux.

Deseo que cumplas con tu obligacion. — Je désire que tu remplisses ton devoir.

O el uno ó el otro vendrá luego. — Ou l'un ou l'autre viendra bientôt.

Et quoique dans le premier et troisième exemple on puisse prétendre qu'il y a une séparation de sens semblable à celle des exemples précédens ; l'usage porte que dans les petites phrases de même nature que celles dont il est question, on ne mette pas la virgule.

Il est aisé d'appliquer tous les exemples précédens à d'autres cas. La nature elle-même et le bon sens nous y menent. Cependant il est bien difficile de pouvoir fixer tous les cas où l'on doit mettre la virgule, sur-tout par préférence au point et à la virgule ensemble ; de même que de déterminer ceux où l'on doit préférer ceux-ci aux deux points, et ces derniers au point final. C'est ce qui sera développé avec tout le reste dans la dissertation ci-dessus citée.

Du point et la virgule.

Le *point et la virgule* (en espagnol *punto y coma*), figurés de cette manière (;) marquent un repos plus considérable que celui qui est marqué par la seule virgule ; parce que le sens de la phrase n'y est pas aussi suspendu. Exemple.

Pretende ha muchos años uno de los mejores empleos de la Córte ; pero hasta ahora no ha podido conseguirle.	Il aspire il y a bien des années à un des meilleurs emplois de la Cour ; mais jusqu'à présent il n'a pas pu l'obtenir.

Lorsque la phrase est courte, on emploie la virgule à la place de ces deux figures.

No respondió palabra, aunque le injuriaron gravemente.	Il ne répondit pas le mot, quoiqu'on l'eût injurié grièvement.

Des deux points.

Les *deux points* (en espagnol *dos puntos*) figurés ainsi (:) marquent un repos presque parfait, parce que le sens de la phrase y est aussi presque fini.

Un hombre de bien no hace trahicion á sus amigos, aunque ganase en ello un mundo entero : el ruin no repara en nada, ni sigue en sus acciones sinó su interes propio.	L'homme de bien ne trahit jamais ses amis, quoiqu'il y gagnât un monde entier : celui qui ne l'est pas, passe par-dessus tout, et il n'a dans ses actions d'autres vues que son propre intérêt.

On met aussi les deux points avant les paroles, qu'on cite à la lettre comme remarquables, ou auxquelles on veut qu'on porte une attention particulière, v. gr.

El Señor Fenelon se explica así : un Historiador, que tiene genio, entre veinte lugares saber elegir el mas oportuno para colocar un echo.	M. de Fénélon s'explique ainsi : un Historien qui a du génie, parmi vingt places, sait choisir la plus convenable pour placer un fait.
La razon mas fuerte que alega para su justificacion, es esta : no me hallé, dice, en aquella casa en la hora, en qué se cometió el delito.	La plus forte raison qu'il allègue pour se justifier, est celle-ci : je ne me suis pas trouvé, dit-il, dans cette maison-là à l'heure où le crime se commit.

Lorsque la phrase est courte, on met la virgule à la place des deux points, v. gr.

El alma justa goza de una paz indecible, el pecador nunca la tiene perfecta.	L'ame juste jouit d'une paix inexprimable, le pécheur ne l'a jamais parfaite.

Quelquefois les repos se suivent dans la même gradation, et alors il faut répéter la même figure pour les marquer, comme dans les exemples suivans de Feijoo.

En la Historia toda la elevacion han de costear la viveza de las expresiones, la natural energia de las frases, la profundidad	Dans l'histoire toute l'élévation doit se faire aux frais de la vivacité des expressions, de l'énergie naturelle des phrases,

de los conceptos, la agudeza de las sentencias.

de la profondeur des pensées, de la subtilité des sentences (1).

No ignoraba (Annibal), que para hacerse paso por las Galias habia de romper por muchas Naciones enemigas ; que en el pasage de los Alpes habia de tener por enemiga la naturaleza misma; que vencido todo esto, meteria su Exército muy disminuido en una Region, donde no poseia un palmo de tierra ; que se habia de hacer la guerra contra un Estado poderoso y formidable ; que para asegurarse dentro de Italia, etc.

Il n'ignoroit pas (Annibal), que, pour se faire un passage par les Gaules, il lui falloit rompre à travers plusieurs Nations ennemies ; que dans le passage des Alpes il devoit avoir pour ennemie la Nature elle-même ; que tout cela ayant été surmonté, il mettroit son armée fort diminuée dans une région, où il ne possédoit pas même un pouce de terrain ; que la guerre devoit se faire contre un État puissant et formidable; que pour s'assurer dans l'Italie, etc. (2).

Purgóse España de la Morisma : agregóse el Reyno de Navarra á la Corona de Castilla : conquistóse dos veces el Reyno de Nápoles contra todo el poder de la Francia.

On purgea l'Espagne des Maures: on unit le Royaume de Navarre à la Couronne de Castille : on conquit deux fois le Royaume de Naples contre toute la puissance de la France (3).

Il est aisé de remarquer dans ces exemples, que ce qui règle la ponctuation, n'est pas le seul repos de la voix, puisque dans le premier, v. gr., les paroles qui sont avant la première virgule, en contiennent trois, *en la historia — toda la elevacion han de costear — la viveza de las expresiones* ; et que par conséquent il faut avoir recours à la séparation de sens dont on a déjà parlé. Il arrive à proportion la même chose dans tous les autres repos. Au reste, comme ces repos ne sont que respectifs, un repos qui ne demande que le point et la virgule dans une phrase, demanderoit les deux points, ou le point final dans un autre, et réciproquement un repos qui demande dans cette phrase les deux points ou le point final, demanderoit dans celle-là la virgule, ou le point et la virgule, etc.

Du point final.

Le *point final* (en espagnol *punto final*) figuré de cette manière (.), sert à marquer un repos parfait, parce que le sens de la phrase y est fini, et n'attend plus rien, comme dans plusieurs des exemples précédens.

(1) Tom. 4. Disc. 8. §. V.
(2) Dans le mêm. tom. Disc. 13. §. VI.
(3) Ibid. §. XXIII.

Le *point interrogant* ou *interrogatif* (en espagnol *punto interrogante* ou simplement *interrogante* ou *interrogacion*), se figure par un point et un *s* dessus renversé de cette manière (?), et n'ajoute au repos exprimé par le seul point que le ton d'interrogation, comme quand on dit : *Qué dices ? Qué haces ? En qué piensas ?* Que dis-tu ? Que fais-tu ? A quoi penses-tu ?

Lorsque les périodes où entre l'interrogation, sont longues, ou que l'interrogation commence après quelques mots de la période, on se sert du *point interrogant* renversé, et figuré de cette manière (¿), au commencement de la période, si l'interrogation commence alors ; ou à l'endroit où le ton interrogant doit commencer à se faire sentir, mais en sorte qu'on n'omette pas le point interrogant final ordinaire. Les deux exemples suivans montreront la chose.

¿ Como es posible hallar expresado el nombre y hazañas de Bernardo del Carpio , ni de otros muchos Caudillos , que rigieron las Esquadras Españolas , en unos sumarios , que en algunos reynados solo dicen à secas , que tal , y tal Rey ganaron muchas victorias , sin expresar quantas , ni quando , ni donde , ni contra quien , ni con qué gente , ni otra circunstancia alguna ?

Comment est-il possible de trouver le nom de Bernard du Carpio , ni de plusieurs autres chefs qui commandèrent les troupes Espagnoles , exprimé dans des abrégés , lesquels , dans quelques règnes , disent seulement qu'un tel et un tel Roi remportèrent plusieurs victoires , sans exprimer combien , ni quand , ni où , ni contre qui , ni avec combien de monde , ni aucune autre circonstance ? (1)

Y si esto es asi , como lo es , y tú eres tan christiano como caballero , ¿ porqué por tantos rodeos dilatas de hacerme venturosa en los fines , como me hiciste en los principios ?

Et si cela est ainsi , comme c'est en effet , et si tu es aussi bon chrétien que tu es gentilhomme , pourquoi diffères-tu , par tant de détours , de me faire heureuse à la fin , comme tu me l'as faite dans le commencement ? (2)

Du point admiratif.

Le *point admiratif* (en espagnol *punto de admiracion* , ou simplement *admiracion*) , est figuré par un point et par une ligne perpendiculaire dessus , de cette manière (!) , et n'ajoute au repos représenté par le seul point que le ton d'admiration , comme dans ces expressions :

Quan bueno es Dios !   Que Dieu est bon !

---

(1) Feijoo au mêm. end. §. IX.
(2) D. Quich. tom. I. Chap. XXXVI.

Quan grandes son sus misericordias !	Que sa miséricorde est grande !
Quan ingrato es el hombre para con su Criador !	Que l'homme est ingrat envers son Créateur !

On emploie le *point admiratif* renversé, qui se figure de cette manière (¡), dans les mêmes cas que le point interrogatif renversé. Exemples.

¡ Qué afrenta para los Romanos, y que gloria para los Españoles, que en cada partido, ó pequeña Provincia, congregándose el rudo paisanage, años enteros hiciese frente á las disciplinadas Tropas Romanas, comandadas por sus mas escogidos Caudillos !	Quelle honte pour les Romains, et quelle gloire pour les Espagnols, que dans chaque contrée, ou petite Province, des paysans grossiers assemblés fissent face, pendant des années entières, aux Troupes Romaines disciplinées, et commandées par leurs meilleurs Généraux ! (1)
Doy que haya libros ; ¡ quan dificil es instruirse bien por ellos en qualquiera Facultad, sin el auxilio de viva voz del Maestro !	J'accorde qu'il y ait des livres ; combien est-il difficile de se bien instruire par eux seuls dans quelle science ou art que ce soit, sans le secours de la vive voix du Maître ! (2)

Ces deux figures du *point interrogant* et *admiratif* renversés, sont fort commodes pour ne pas se tromper dans le ton avec lequel on doit lire les périodes longues. Elles sont de l'invention de l'Académie, et l'on feroit fort bien de les adopter en France.

Il y a d'autres tons dont on se sert en prononçant ; mais on n'a pas encore inventé des figures pour les marquer.

De la Parenthèse.

La *parenthèse* (en espagnol *paréntesis*), figurée ainsi ( ), sert à marquer un repos et un sens distinct et séparé de celui de la période, où les paroles qu'elle renferme sont insérées ; mais en sorte qu'elles contribuent aussi à une plus grande clarté ou explication de ce qu'on dit. Exemple.

Quieren los Maestros del Arte, que en las transiciones de la Historia (así llaman el paso que se hace de unos sucesos á otros) se guarde tal conformidad de las partes con el todo, que ni se haga monstruoso el cuerpo de la Histo-	Les Maîtres de l'art veulent que, dans les transitions de l'Histoire (c'est ainsi qu'on appelle le passage que l'on fait des événemens les uns aux autres) on observe une telle conformité des parties avec le tout, que ni

---

(1) Feijoo. Tom. 4. Disc. XIII. §. X.
(2) Le mêm. Disc. XIV. §. XXII.

ria con la demasia de los miembros, ni dexe de tener los que son necesarios para conseguir la hermosura de la variedad (1).	le corps de l'Histoire devienne monstrueux par l'excès de ses membres, ni elle en manque de nécessaires pour acquérir la beauté qu'engendre la variété.

Le repos qu'on doit employer avant et à la fin de la parenthèse précédente, c'est celui du point et la virgule.

Si la parenthèse est courte, on doit préférer pour l'ordinaire les deux virgules aux deux demi-cercles, par lesquels elle est figurée, v. gr. :

La benedicion del Señor, dice Salomon en los Proverbios, *hace à los hombres ricos.*	*La bénédiction du Seigneur*, dit Salomon dans les Proverbes, enrichit les hommes.

D'autres emploient dans des cas semblables la parenthèse ; mais l'usage presque général est de lui préférer les deux virgules, surtout dans les citations, comme dans l'exemple précédent.

On doit observer pourtant, que lorsque les paroles renfermées dans la parenthèse n'ont qu'un rapport fort éloigné avec le reste de la période, les demi-cercles doivent être préférés aux deux virgules, quelque courte que soit la parenthèse.

On a vu souvent aussi, qu'on emploie les deux demi-cercles pour renfermer les lettres ou les nombres dont on se sert pour les citations.

Des autres figures dont on se sert en écrivant.

Ces figures sont *les accens*, *le tréma*, *le trait d'union*, *les guillemets*, *l'astérisque*, *les pieds de mouche*, *les points continués simples ou doubles*, *la main*, *l'alinea*, et *le paragraphe*.

Des accens.

Ils sont au nombre de trois, *l'aigu*, le *grave*, et le *circonflexe*. L'accent *aigu* se forme en tirant une ligne de la droite à la gauche de cette manière (ı). Le *grave* en tirant une autre ligne de la gauche à la droite en cette forme (ı). Le *circonflexe* en réunissant ces deux lignes de cette façon (ʌ).

L'accent *grave* n'est pas en usage dans la nouvelle orthographe. On devroit pourtant s'en servir pour marquer quantité d'e ouverts.

L'accent *aigu*, comme on l'a vu ci-dessus, sert à marquer que la syllabe sur laquelle on le met est longue, ou bien qu'elle est moins brève que celle d'un autre mot avec lequel il pourroit se confondre, ou que les autres syllabes qui la suivent.

Ces mots sur lesquels on met l'accent *aigu*, sont, 1.º *a* préposition, et *e*, *o*, *u*, conjonctions, v. gr. : *voy á Páris*: je

---

(1) Solis Hist. du Mexique. Chap. I.

vais à Paris : *eso es malo é indecente* : cela est mauvais et indécent : *ó uno ú otro*, ou l'un ou l'autre.

2.º Les pronoms personnels *tú*, tu ; *tí*, toi ; *mí*, moi ; *él*, il, lui ; *sí*, soi, ouï ; et les verbes *dé*, qu'il donne : *sé*, je sais : *estás*, tu es : *está*, il est : *estés*, que tu sois : *esté*, qu'il soit.

On met l'accent sur la plûpart de ces mots, afin de les distinguer d'autres ; parce que *tu* et *mi* sans accent sont des adjectifs possessifs ; *el* un article ; *si* une conjonction ; *de* une préposition ; *se* un pronom personnel : *estas, esta, este* des adjectifs démonstratifs.

3.º Les mots de deux syllabes et au-delà terminés en voyelle masculine, laquelle emporte l'appui ; v. g. : *aquí*, ici ; *allí*, là ; *allá*, là, de votre côté ; *maná*, manne ; *sabá*, saba : *cubrepié*, couvrepié ; et tous les autres composés de *pié* avec leur racine ; *aloé*, aloës ; *Noé*, Noé ; *Bartolomé*, Barthelemi ; *carmesí*, cramoisi ; *Javalí*, Sanglier ; *Leví*, Levi ; *Jericó*, Jericho : *Perú*, Perou ; *Jehú*, Jehu.

4.º Les premières et troisièmes personnes du singulier du prétérit parfait de l'indicatif dans leurs dernières syllabes, lorsqu'on y appuie, v. gr. : *presté*, je prêtai ; *prestó*, il prêta : *leí*, je lus ; *leyó*, il lut : *sentí*, je sentis ; *sintió*, il sentit.

5.º Les trois personnes du singulier et les deux dernières du pluriel du futur de l'indicatif dans leurs finales, v. g. : *cantaré*, *cantarás*, *cantará*, *cantaréis*, *cantarán*, je chanterai, etc. : et la première du pluriel du même futur dans sa pénultième, v. gr. : *cantarémos*, nous chanterons.

6.º Les noms dactyliques dans leur antépénultième syllabe ; et les verbes qui deviennent dactyliques par l'addition de quelque pronom, v. gr. : *bárbaro*, barbare ; *cláusula*, clause ; *década*, décade ; *fábula*, fable ; *término*, terme ; *felicísimo*, très-heureux : *escúchame*, écoute-moi ; *cállate*, tais-toi ; *aconsejábale*, il le conseilloit ; *múerase*, qu'il se meure ; *súpose*, on sut. On doit comprendre ici ces verbes, auxquels on ajoute deux ou trois pronoms, et qui portent par conséquent l'appui sur la quatrième ou cinquième syllabe, en commençant par la dernière, v. g. *vúelvesela*, rendez-la lui : *castíguesemele*, qu'on me le châtie.

7.º Les noms et les verbes de trois syllabes au moins, terminés en *ee, ia, ie, ua, ue, uo*, (dissyllabes) le reçoivent dans l'avant-dernière, v. g. *posée*, il possède : *cortesía*, politesse ; *envía*, il envoie : *confíe*, qu'il confie ; *falúa*, felouque ; *gradúa*, il gradue ; *exceptúe*, qu'il excepte : *redíuto*, je rapporte.

On en excepte les premières et troisièmes personnes du singulier de l'imparfait de l'indicatif et du subjonctif terminées en *ia* (et par conséquent les autres des mêmes temps terminées en *ias, ian*) : et les mots terminés en *ea, ae, ao, au, ea, eo, oa, oe, oo*, lorsque ces voyelles forment deux syllabes. Mais si elles n'en forment qu'une, on met l'accent sur la syllabe qui la précède.

comme dans *etéreo*, *etérea*, éthéré, éthérée : *momentáneo*, *momentánea*, momentané, momentanée : *héroe*, héros.

On ne met pas l'accent sur l'avant-dernière syllabe des terminaisons précédentes, ni sur celles des dissyllabes semblables, quoiqu'on y appuie considérablement, parce qu'on les prononce ordinairement de la sorte.

8.º Les noms terminés en consonne, et dont la pénultième emporte l'appui de la voix, doivent être accentués dans cette même syllabe.

Lorsque ces mots, et les dactyliques entrent en composition, ils doivent conserver aussi leur accent, v. gr. : *fácilmente*, facilement ; *dócilmente*, docilement ; *útilmente*, utilement ; *pérfidamente*, perfidement ; *intrépidamente*, intrépidement ; *prudentísimamente*, très-prudemment. Il n'y a que les adjectifs qui forment ces sortes de composition.

Les noms patronimiques terminés en *ez*, comme *Fernandez*, *Alvarez*, dont le premier porte l'appui sur la pénultième, et le second sur l'antépénultième, ne s'accentuent point.

Les pluriels tant des noms que des verbes, suivent pour ce qui concerne les accens, la règle du singulier, si ce n'est *caractéres*, caractères, lequel change la place de l'accent, parce que l'appui de la prononciation change aussi.

L'accent *circonflexe* se met, 1.º sur la voyelle qui suit immédiatement le *ch*, lorsqu'il a le son du *K*, comme dans *chîmera*, chimère ; *chîrógrapho*, billet sous seing privé.

2.º Sur la voyelle qui suit de la même manière le *x*, lorsqu'il a le son de *cs*, comme dans *exâcto*, exact : *exêcrable*, exécrable ; *exîstencia*, existence : *exôrdio*, exorde.

Le François fera fort bien de ne point employer l'accent *circonflexe* à ces usages, 1.º parce que cela est fort embarrassant, puisque dans les prononciations dactyliques il faut lui préférer l'accent *aigu*, comme dans *chímico*, *chímica*, chimique ; *exámetro*, hexamètre : *exánime*, consterné : *exótico*, exotique : et dans *exámen*, examen ; etc. ; 2.º parce que dans d'autres prononciations dactyliques il faut multiplier les accens, v. g. dans *chírógrapho* déjà cité, *chíromántico*, chiromancien : *exíto*, issue, succès : *exôdo*, exode : ce qui, outre l'embarras, défigure l'écriture ; 3.º parce que cet usage est fort nouveau, et qu'il n'est pas fort bien appuyé ; 4.º parce qu'il faut toujours une liste de mots où le *ch* se prononce comme *K*, et le *x* comme *j*, et cela rend l'accent inutile ; 5.º parce qu'en françois cet accent a un usage très-différent ; ce qui augmenteroit encore l'embarras.

Du tréma.

On appelle *tréma* (en Espagnol *crema*) deux points qu'on met sur l'*u*, lorsqu'il se prononce dans les combinaisons *gue*, *gui*,

que

que , qüe , comme dans *ambigüedad* , ambiguité : *contigüidad* , contiguité : *inconseqüencia* , inconséquence : *iniqüo* , inique.

Du trait d'union.

. Le trait d'union (appelé en espagnol par quelques-uns *guion , division , reclamo*) est une ligne horisontale de cette figure (-) , et qui ne sert qu'à marquer qu'on partage le mot à la fin de la ligne ; ce qu'on fait souvent en Espagne. Mais un François , en écrivant , fera fort bien de conserver la manière d'écrire de son pays , ne partageant point les mots à la fin de la ligne ; et s'il y reste un vide , le remplissant par un trait de plume.

Quelques-uns appliquent cette figure à unir certains mots composés , v. g. *Nueva-España* , Nouvelle-Espagne : *Vera-Cruz* , Vera-Cruz : *Villa-Nueva* , Ville-Neuve : *Villa-Real* , Villa-Real : *Cinco-Iglesias* , Cinq-Églises. Mais l'usage ordinaire adopté par l'Académie supprime le trait d'union dans ces mots et semblables ; et même dans plusieurs on unit la seconde partie du mot à la première , sans y employer la majuscule suivant la règle donnée ci-dessus.

Il est aisé de remarquer dans les imprimés , que jamais on n'y partage les mots à la fin de la ligne que par syllabes. Par exemple , si on veut partager ce mot *amable* , qui est de trois syllabes , on doit le partager ainsi *a-mable* , ou *ama-ble* , et jamais *am-able* ou *amb-le* ; parce que cela confondroit les syllabes entr'elles.

Lorsque ces syllabes sont composées de consonnes doubles , la division du mot doit se faire aussi à la fin de la syllabe , comme dans *bata-lla* , bataille , *to-rre* , tours ; de sorte que la lettre double ne doit jamais être partagée , parce qu'elle forme une syllabe unique avec la voyelle qui la suit.

La consonne *x* , si elle équivaut à *cs* , doit suivre la voyelle qui la précède , lorsqu'elle est suivie d'une autre consonne , comme dans *exceso* , *ex-ceso* ; mais elle doit suivre la voyelle après , s'il n'y a point de consonne entre les deux , comme dans *existir* , *e-xistir* , quoique le *x* se partage en deux sons , et que l'un accompagne la voyelle précédente , et l'autre la suivante , comme on l'a remarqué en son lieu.

Le François qui voudra suivre la méthode des Espagnols dans le partage des mots à la fin de la ligne , doit s'accommoder au procédé de l'imprimerie , qu'on vient d'expliquer.

Des guillemets.

Les guillemets ou double virgule (en Espagnol *comillas*) figurés de cette manière (») , s'emploient pour marquer les texte , les autorités , ou les passages qu'on cite. On les met à la tête , et à la fin de ce passage , et même au commencement de chaque ligne.

O

Souvent aussi on se sert de la lettre bâtarde à la place des guillemers, sur-tout si ce qu'on cite n'est pas long. Dans les manuscrits on souligne tout cela.

De l'astérisque.

L'*Astérisque* (en espagnol *asterisco* ou *estrella*) se figure ainsi (*), et s'emploie au même usage que les virgules ; mais on le met seulement au commencement et à la fin des paroles ou des passages qu'on cite, et jamais à chaque ligne, comme on met les virgules. Aujourd'hui on ne se sert guère de cette figure en ce sens, mais on la voit employée quelquefois, principalement en François, pour renvoyer le Lecteur à la fin de la page, ou de l'article, etc. où l'on fait quelque remarque, observation, etc.

Des pieds de mouche.

Cette figure, appelée en Espagnol *calderones*, et qu'on désigne de cette manière (¶¶), est employée ordinairement par les imprimeurs au même usage que l'*astérisque* ; quoique le plus principal et le plus ordinaire soit ce qu'on appelle *signature* dans l'imprimerie, c'est-à-dire, ces marques, par où se gouvernent les Imprimeurs et les relieurs dans ce qu'ils appellent *les commencemens* : c'est ce qui contient les feuilles où se trouve *le titre de l'ouvrage, la dédicace, les approbations, les permissions, la préface*, etc. parce que comme on les imprime après le corps de l'ouvrage, on n'a pas pu les faire entrer dans la *signature* commune. C'est-là l'usage en Espagne.

Des points continués simples ou doubles.

On les marques de cette manière (.... :::), et on les emploie à la place des mots ou des phrases qu'on a retranchées du texte, ou du passage qu'on cite, afin de faire connoître d'un côté la fidélité de la citation, et d'un autre que ces mots et ces phrases ne sont pas nécessaires pour l'intelligence du texte, et qu'ils ne font rien au sujet que l'on traite. On ne s'en sert ordinairement que lorsque les textes ou passages sont trop longs.

Quand on transcrit quelque pièce ou instrument, et qu'on n'entend pas quelque mot, on met à sa place les *points simples* pour preuve de la fidélité de la copie.

Quelquefois on se sert aussi des *points simples* à la place d'un ou plusieurs mots, qu'on supprime exprès, sans qu'il y soit question des citations. On les met encore après une lettre initiale, sur-tout des noms propres, parce qu'on ne veut pas faire connoître la personne dont on parle. D'autres mettent à leur place des *astérisques*.

De la main.

On se sert de cette figure, bien que rarement, pour faire entendre au Lecteur que les paroles qu'elle désigne sont remarquables, utiles, ou nécessaires. On la marque de cette manière (☞) et on l'appelle en espagnol *manecilla*, qui veut dire *petite main*.

De l'alinéa.

L'*alinéa* (qu'on appelle en espagnol *párrafo*, et quelquefois *número*, parce qu'on est assez en usage de mettre à chacun un nombre) n'est autre chose que recommencer une nouvelle ligne, quoique la précédente ne soit pas entièrement remplie.

Cette manière d'écrire est la division la plus générique d'un ouvrage, ou d'un écrit quelconque; et on doit l'employer toutes les fois que ce que l'on a à écrire n'a pas une liaison immédiate avec ce que l'on a déjà écrit.

Du paragraphe.

Le *paragraphe*, qui s'appelle en espagnol proprement *parágrafo* et plus communément *párrafo*, est un chiffre de cette figure (§), laquelle est une division assez commune dans les écrits, et équivaut assez souvent à ce qu'on appelle *Article*, et quelquefois aussi au *Chapitre*, suivant le goût ou la volonté des Écrivains; ce qui n'a pas encore été fixé.

Des Abréviations.

L'*Abréviation* n'est autre chose que la suppression de quelques lettres dans un mot.

Elle a été inventée afin d'écrire plus vîte et gagner du temps.

Les *abréviations* le plus en usage en espagnol, sont contenues dans la liste suivante.

LISTE *des Abréviations dont on se sert souvent dans les écrits faits à la main.*

A.C.	Año Christiano A. C. ó comun.	Année chrétienne ou commune.
@	Arroba ó arrobas.	Arrobe ou arrobes (25 liv.)
Adm.or	Administrador.	Administrateur.
Ag.to	Agosto.	Août.
am.o	amigo.	ami.
Ant.o	Antonio.	Antoine.
app.co app.ca	apostólico, ca app.que	apostolique

Liste des Abréviations, etc.

Espagnol		Français	
A. R.	Alteza Real.	A. R.	Altesse Royale.
Art. Art.o	Artículo.	Art.	Article.
Arzbpo.	Arzobispo.		Archevêque.
A. Ser.ma	Alteza Serenísima.	A. Sérén.me	Altesse Sérénissime.
B.	Beato.	B.	Bienheureux.
b (dans les citations.)	vuelta.		revers.
B.r	Bachiller.		Bachelier.
B. L. M, ó Blm.	beso ó besa la mano ó las manos.		je baise ou N. baise la main ou les mains.
B. L. P. ó Bl. p.s	beso ó besa los pies.		je baise ou N. baise les pieds.
C. M. B.	cuyas manos beso.		dont je baise les mains.
C. P. B.	cuyas pies beso.		dont je baise les pieds.
B.mo P.e	Beatísimo Padre	T. S. P.	Très-Saint Père.
Cam.ra	Cámara.		Chambre.
cap.	capítulo.	chap.	Chapitre.
Cap.n	Capitan.		Capitaine.
Capp.n	Capellan.		Aumônier, chapelain.
col.	colúmna.	col.	colonne.
Comis.o ou Comis.rio			Commissaire.
comp.a	compañía.	comp.e	Compagnie.
Cons.o	Consejo (tribunal).		Conseil (tribunal).
conv.te conven.te	conveniente.		convenable.
Corr.te	corriente.		courant.
D. D.n	Don (tratamiento)	D. D.n D.m	Don ou Dom (traitement).
DD.	Doctores, Doctor Don.	DD.	Docteurs, Docteur Don.
dho, dha	dicho, dicha.		dit, dite.
dro	derecho.		droit.
Diz.re	Diciembre.	Déc.re	Décembre.
Dom.o	Domingo		Dominique.
ecc.co ecc.ca	eclesíastico, ca		ecclésiastique.
Em.mo	Eminentísimo.		Eminentissime.
En.o	Enero.	Janv.r	Janvier.
Ex.mo Ex.ma	Excelentísimo, ma.		Excélentissime.
fho, fha	fecho, fecha.		daté, datée.
Feb.o	Febrero.	Fevr.r	Février.

fol.	folio.	*fol.*	folio.
Fr.	Fray ou Frey.	*Fr.*	Frère (religieux).
*Fran.*co	Francisco.		François.
Frnz	Fernandez.		Fernandez.
*g.*de ou *gue*	guarde.		garde (verbe).
gra	gracia.		grâce.
*Gen.*l	General.	*Gén.*l	Général.
gral	general.	*gral.*	général.
Ygla	Iglesia.		Eglise.
*Ill.*e	ilustre.		illustre.
*Ill.*mo *Ill.*ma	ilustrísimo, ma.		illustrissime.
*Ynq.*or	Inquisidor.		Inquisiteur.
*Intend.*te	Intendente.		Intendant.
Jhs	Jesus.	*Jhs.*	Jesus.
Jph.	Joseph.	*Jph.*	Joseph.
*Ju.*n	Juan.		Jean.
lib. (en las citas)	libro.	*liv.* (dans les citations)	livre.
*lib.*s	libras.	*liv.*s.	livres.
lin	linea.	*lin.*	ligne.
*Liz.*do	Licenciado.		Licencié.
M. P. S.	Muy Poderoso Señor.	*T. P. S.*	Très - puissant Seigneur.
*m.*e	madre.		mère.
*M.*r	Monsieur.	*M. M.*r	Monsieur.
*m.*or	mayor.		plus grand.
*m.*s a.s.	muchos años.		beaucoup d'années.
*Mag.*d	Magestad.		Majesté.
*Man.*l	Manuel.		Emmanuel.
*May.*mo	Mayordomo.		Majordome, maître d'hôtel.
*Mig.*l	Miguel.		Michel.
Minro	Ministro.		Ministre.
mrd	merced.		merci , vous.
Mrn	Martin.		Martin.
Mrnz	Martinez.		Martinez.
Mro	Maestro.		Maître.
mrs	maravedis.		maravedis.
MS.	manuscrito.	*MS.*	manuscrit.
MSS.	manuscritos.	*MSS.*	manuscrits.
N. S.	Nuestro Señor.	*N. S.*	Notre Seigneur.
*N. S.*a	Nuestra Señora.	*N.*e *D.*e	Notre-Dame.
nro , nra	nuestro, nuestra	*nre*	notre.
*Nov.*re *9re*	Novembre.	*Nov.*re *9.*re	Novembre.
Obpo	Obispo.		Evêque.
*Oct.*re *8.*re	Octobre.	*Oct.*re	Octobre.

oz	onza ú onzás.		once ou onces.
Orn	Orden.		Ordre.
P. D.	Posdata.	P. S.	Post-scriptum, apostille,
p.a	para.		pour.
P.e	Padre.		Père.
P.o	Pedro.		Pierre.
p.r	por.		par.
p.ta	plata.		plate, argent.
p.ta	parte.		partie.
p.to	puerto.		port.
pag.	página.	pag.	page.
pl.	plana.		page d'une écriture, etc.
pp.co	público.		public.
pral	principal.	pral.	principal.
Pror	Procurador.		Procureur.
Próv.or	Provisor.		Grand Vicaire Official.
R. P. M.	Revendo Padre Maestro.		Révérend Père mon Maître.
R.l R.les	Real, Reales.		Royal, Royaux, Royale, Royales.
r.s	réales (monnoie).		réaux, réales.
R.mo R.ma	Reverendísimo, ma.		Révérendissime.
Rev.do Rev.da	Reverendo, da.	Rév.d Rév.de	Révérend, Révérende.
R.vi	reciví.		je reçus.
qf	que.		que
S. A.	Su Alteza.	S. A.	Son Altesse.
S.	San ou Santo.	S.	Saint.
S. C. R. M.	Sacra Real Magestad.		Sacrée Majesté.
S.n	San	S.t	Saint.
S.to S.ta	Santo, ta.	S.t S.te	Saint, Sainte.
S. M.	Su Magestad.	S. M.	Sa Majesté.
S. S.d	Su Santidad.	S. S.	Sa Sainteté.
Seb.n	Sebastian.	Seb.n ou Sebast.n	Sebastien.
S.rio Secret.o Secret.rio	Secretario.		Secrétaire.
S.ria Secret.a Secret.ria	Secretaría, Secretaria.		Secrétariat, Secrétairerie; femme à qui on confie un secret, ou qui fait les fonctions de Secrétaire.

Sept.bre	Septiembre.	Sept.re 7re	Septembre.
Ser.mo Ser.ma	Serenísimo, ma.		Sérénissime.
Ser.mo P.	Serenísimo Prín-cipe.		Prince Sérénis-nissime.
serv.o	servicio.		service.
serv.or	servidor.		serviteur.
sig.te	siguiente.	suiv.te	suivante.
SS.mo	Santísimo (el Sacramento).		Le Très-Saint Sacrement.
SS. PP.	Santos Padres.	SS. PP.	Saints Pères.
SS.no	Escrivano.	Not.re	Notaire.
supp.ca supp.ca	suplíca.		supplie.
sup.te	suplicante.		suppliant.
Sup.te	Superintendente		Surintendant.
Ten.te	Tenieute.		Lieutenant.
tom.	tomo.	tom.	tome.
tpo	tiempo.		temps.
V. V.e Ven.e	Venerable.	V. V.e Vén.e	Vénérable.
V. A.	Vuestra Alteza.	V. A.	Votre Altesse.
V. B.d	Vuestra Beati-tud.	V. S.	Votre Sainteté.
V. E. V. Exc.	Vuecelentia.	V. E. V. Exc.	Votre Excellence.
v. g.	verbigracia.	v. g.	verbigratia.
V. M.	Vuestra Mages-tad.	V. M.	Votre Majesté.
Vm. Vmd.	Vuesa merced ó Usted.		Votre merci, *ou* Vous.
V. P.	Vuesa Paterni-dad.	V. P.	Votre Paternité.
V. R. ou R.a	Vuesa Reveren-cia.	V. R.	Votre Révérence.
V. S.d	Vuestra Santidad	V. S.	Votre Sainteté.
V. S.	Vueseñoria *ou* Usía.	V. S.	Votre Seigneurie, Vous.
V. S. J.	Vueseñoria *ou* Usía Ilustrísima.		Votre Grandeur.
v.n	vellon.	b.n	billon.
vol.	volumen.	vol.	volume.
vro, vra	vuestro, vuestra.	vre.	votre.
x.mo	diezmo.		dixme.
Xptiano.	Christiano.		Chrétien.
Xpto.	Christo.		Christ.
Xptobal.	Christobal.		Christophe.

REMARQUE.

Il faut observer très-attentivement, que les imprimeries de France ne fournissant pas, au moins pour l'ordinaire, des chiffres suffisans pour représenter parfaitement les abréviations espagnoles, on a été forcé d'omettre quelques-unes de ces chiffres, parce que, comme ils sont attachés aux mots sur lesquels ils se placent, il auroit fallu faire faire à Paris des matrices exprès pour la fonte de ces mots. Pour remédier à ce défaut, non seulement on a fait graver deux de ces mots, mais un des deux chiffres qui accompagnent les autres mots en question. Ces chiffres sont une espèce de *s* long figuré de cette manière ⌒ et une ligne ou barre horisontale figurée de cette autre —— Le premier se couche de la gauche à la droite sur les abréviations *Arzbpo*, *Frnz*, *gue*, *gra*, *gral*, *Ygla*, *Minro*, *mrd*, *Mrn*, *Mrnz*, *Mro*, *mrs*, *nro*, *nra*, *Obpo*, *Orn*, *pral*, *Pror*, *tpo*, *vro*, *vra*, *Xptiano*, *Xpto*, *Xptobal*; mais de telle manière qu'on ne le place jamais sur les majuscules, ni, pour l'ordinaire, sur les lettres où il n'y a pas d'abréviation. Il ne s'étend pas non plus au-delà de trois lettres. Ainsi dans *Xptiano*, ce chiffre doit commencer sur le *p* et finir tout au plus sur l'*i*. On a dit *pour l'ordinaire*, parce dans *Xpobal* le chiffre commence sur le *p* et finit sur l'*o*. Le second traverse le haut des caractères des abréviations suivantes : *dho*, *dha*, *fho*, *fha*, *Jll.e*, *Jllmo Jll.ma*, *Jhs*, de manière qu'il se met entre le corps de la lettre, et sa pointe d'en haut, si elle en a deux.

LISTE *Alphabétique des mots, qui ont une* ORTHOGRAPHE DOUTEUSE, *et qui au commencement et au milieu du mot doivent s'écrire par* Ch *à la place de* C : *par* H : *par* J *dans les combinaisons* Je, Ji *à la place de* G : *par* K *à la place de* C *dans quelques combinaisons, et de* Q *dans d'autres : par* Ph *à la place de* F : *par* Q *dans les combinaisons* Qua qüe qüo *à la place de* C : *par* V *à la place de* B : *par* X *de prononciation forte à la place de* G *dans quelques combinaisons et de* J *dans d'autres : par* Z *dans les combinaisons* Ze, Zi *à la place de* C. *Et l'on doit entendre que les mots qui ne sont pas compris dans cette liste doivent s'écrire par les mêmes lettres qui sont équivalentes dans la prononciation.*

A.

*A*BAXO, abaxar, etc.　　　　Dessous, abaisser, etc.

Abovedar, abovedado.　　　　Voûter, voûté.

Abrevar, abrevadero, etc.　　Abreuver, abreuvoir, etc.

Abreviar, abreviador, abreviatura, etc.　　Abréger, abréviateur, abréviation, etc.

Absolver.　　　　　　　　Absoudre.

Abstraer , abstraido.	Abstraire , abstrait.
Acañaverear , acañavereado.	Blesser ou tuer , etc. à coups de traits de canne , blessé ou tué etc.
Acéphalo , la.	Acéphale.
Acervo (monton).	Tas , monceau.
Acervo , (agrio ou áspero).	Apre ou aigre.
Acervar.	Aigrir.
Acivilàr , acivilado.	Avilir , avili.
Acorvar , acorvado.	Courber , courbé.
Adarve.	Le chemin d'une muraille après les crénaux.
Adequar , adequado , adequada- mente , etc.	Égaler , égalé , également , etc.
Adeshora.	A des heures indues.
Adherir , adherencia , adhesion , etc.	Adhérer , adhérence , adhésion , etc.
Adiva ou adive.	Adive.
Adivas.	Avives.
Adivino , adivinar , adivinacion , etc.	Devin , deviner , divination , etc.
Adjetivo , adjetivar , etc.	Adjectif, accorder une chose avec une autre , etc.
Advenedizo , za.	Étranger , ère , nouveau venu de l'étranger.
Advenimiento.	Avénement.
Adventicia , cia.	Adventif, ive.
Adverbio , adverbial, etc.	Adverbe , adverbial , etc.
Adverso , sa , adversidad , adver- sario , etc.	Adverse , adversité , adversaire , etc.
Advertir , advertido , advertencia , etc.	Avertir , averti , avertissement , etc.
Adviento.	Avent.
Advocacion.	Invocation (en parlant du titre sous lequel une Église est dédiée).
Afervorar , afervorizar.	Encourager , exciter à la ferveur.
Afloxar.	Lâcher.
Agavillar , agavillado.	Gerber , gerbé.
Agravar , agravante , agravado , etc.	Aggraver , aggravant , aggravé.
Agraviar , agraviado , agravio.	Blesser , blessé dans la fortune , honneur , offense.
Agurero , agurerear.	Trou , trouer.
Ah , interjection.	Ah !
Ahao , interjection.	Hola !
Ahelear , aheleado.	Rendre amer comme le fiel , rendu etc.

Ahembrado, da.	Efféminé, ée.
Aherrojar, aherrojado,	Mettre les fers aux pieds et aux mains de quelqu'un, etc.
Aherrumbrarse, aherrumbrado.	Prendre la couleur du fer, etc., pris etc.
Ahí.	Là.
Ahidalgado, da.	Qui a les manières nobles, etc.
Ahijar, ahijado, etc.	Imputer, imputé, adopter, adopté, filleul.
Ahilar, ahilado, ahilo, etc.	Affoiblir, affoibli, défaillance.
Ahincar, ahincadamente, ahinco, etc.	Faire effort, ardemment, ardeur, etc.
Ahitar, ahitado, ahito.	Se surcharger l'estomac, surchargé etc., crudité.
Ahobachonado, da.	Paresseux, euse, nonchalant, te.
Ahogar, ahogadero, ahogo, etc.	Suffoquer, suffocation, étouffement, etc.
Ahombrado, da.	Qui ressemble l'homme dans la force, etc.
Ahondar, ahondado.	Approfondir, approfondi.
Ahora.	A présent.
Ahorcar, ahorcado.	Pendre, pendu.
Ahorcajarse, ahorcajadas ou *ahorcajadillas.*	Monter à califourchon, à califourchon.
Ahormar, ahormado.	Mettre en forme ou en moule, mis etc.
Ahornagarse, ahornagamiento.	Brouir, être broui, brouissure.
Ahornar, ahornado.	Enfourner, enfourné.
Ahorquillar, ahorquillado.	Étayer par des fourches, étayé, etc.
Ahorrar, ahorro, ahorrativo.	Épargner, épargne, qui lésine.
Ahoyar.	Faire des trous ou de petites fosses.
Ahuchar, ahuchador, etc.	Serrer l'argent épargné, celui qui le serre, etc.
Ahuecar, ahuecado.	Creuser, creusé.
Ahumar, ahumado, etc.	Fumer, fumé, etc.
Ahusar, ahusado.	Rendre délié, etc. comme un fuseau, délié etc.
Ahuyentar, ahuyentado.	Mettre en fuite, mis en fuite.
Albahaca, albahaquero.	Basilic, vase où on plante le basilic.
Alcahaz, alcahazar, etc.	Cage d'osier, mettre les oiseaux ou la volaille en cage pour les engraisser.
Alcahuete, ta, alcahutear, alcahuteria, etc.	Maquereau, elle, faire le métier de maquereau, de maquerelle, maquerelage, etc.

Alcaravan. — Espèce de héron, butor ou gaillerand.

Alcaravea. — Carvi, espèce de chervi.

Alcohol, alcoholar, etc. — Antimoine, peindre ou teindre avec de l'antimoine.

Aleve, alevoso, alevosía, etc. — Perfide, traître, perfidie, etc.

Alexijas. — Boullie faite avec de l'orge mondé, des aulx, de l'huile, et de l'eau.

Alhaja, alhajar. — Bijou, ornement, orner, etc.

Alhamels. — Cheval de bât.

Alharaca, alharaquienta. — Criaillerie, criailleur.

Alhavega. — Basilic.

Alheña. — Nielle, le brouillard qui la produit.

Alholi. — Magasin de grain pour le public.

Alholva. — Fenu-grec.

Alhombra. — Tapis de Turquie.

Alhuzema. — Lavande.

Aliquanta. — Aliquante.

Aliqüota. — Aliquotte.

Aliviar, alivio, etc. — Soulager, soulagement, etc.

Alixares. — Cours, promenade autour de villes ou villages.

Alkermes. — Confeccion faite avec des perles, du lapis, de l'aloës, et de la canelle trempés dans du syrop de kermès, et des pains d'or, etc., kermès.

Almarraxa. — Arrosoir d'eau de senteur.

Almogaráves ou *almogaváres.* — Vieux soldats expérimentés.

Almohada, Almohadilla, etc. — Oreiller, petit oreiller, etc.

Almohatre. — Cinabre.

Almohaza, almohazar, etc. — Étrille, étriller, etc.

Almotazen, almotazenazgo. — Officier de ville qui taxe, etc.; l'office de cet officier.

Almoxarife, almoxarifazgo. — Receveur des droits de mer; ce droit et l'office.

Almoxaya. — Modillon.

Aloxa, aloxero, aloxería, etc. — Espèce de limonade, limonadier, boutique du limonadier.

Alpha lettre grecque. — Alpha.

Altiloqüio, qüia. — Sublime dans l'expression.

Altivo, vá, altivez. — Hautain, hauteur.

Alveo. — Lit d'une rivière.

Alverja, alverjon, etc. — Vesce sauvage, grosse vesce, etc.

Amphisbena. — Amphisbène.

Andarivel. — Funin.

Anhelar, anhelo, etc. Haleter, aspirer avec ardeur; désir ardent, etc.

Aniversario. Anniversaire.

Antechinos. Moulure, ciselure.

Antechristo. Antechrist.

Antever. Prévoir.

Antibachío. Antibacchique.

Antichresis. Antichrèse.

Antiquado, da, antiquario. Ancien, ne, inusité, ée, antiquaire.

Antuviar, antuvion. Hâter hors de saison, hors de saison.

Aovar, aovado. Pondre, pondu.

Aparvar, aparvado. Amonceler, mettre des gerbes dans un tas, amoncelé.

Aphaca. Vesceron.

Aphelio. Aphélie.

Apoplexía. Apoplexie.

Aprehender, aprehension, aprehensivo, etc. Appréhender, appréhension, qui craint sans beaucoup de fondement, etc.

Aprovechar, aprovechamiento, etc. Faire des progrès, avancement, etc.

Aquadrillar, aquadrillado. Former en quadrille, formé en quadrille.

Aquario. Le verseau.

Aquartelar, aquartelado. Mettre en quartier d'hiver, mis, etc.

Aquátil. Aquatique.

Aqüeducto. Aqueduc.

Aqüeo, ea. Aqueux, euse.

Archivo, archivar, archivero, etc. Archive, déposer des papiers dans des archives, archiviste, etc.

Argavieso. Orage subit.

Arguaxaque. Sel ammoniac.

Arrexaque. Trident.

Arveja, arvejon, arvejal. Vesce, grosse vesce, lieu planté de vesce.

Asphalto. Bitume du lac -Asphaltite.

Ataharre. Croupière.

Atahona, atahonero. Moulin à bras, meunier d'un moulin à bras.

Atalvina. Bouillie faite avec de la farine et du lait d'amendes.

Atavia, atavio. Ajuster, parer, ajustement, parure.

Atavillar, atavillado. Plier des pièces de toile, ou de drap, en sorte que les lisières sortent de chaque côté.

Atraher , atrahido.	Attirer , attiré.
Atrahillar , atrahillado.	Mener des chiens en laisse , mené en laisse.
Atravesar , atravesado , atravesaño.	Traverser , traversé , traverse.
Atreverse , atrevido , atrevimiento , etc.	Oser , hardi , hardiesse , etc.
Avadarse.	Devenir guéable.
Avahar , avahado.	Échauffer ses mains de son haleine , échauffé , etc.
Avalorar , avalorado.	Priser , prisé.
Avantal.	Tablier de femmes.
Avante.	Avant.
Avantren.	Avant-train.
Avanzar , avance , avanzo.	Avancer, assaut, compte en gros, surplus.
Avaro , ra , avaricia , avariento , etc.	Avare , avarice , avaricieux , etc.
Avasallar , avasallado , avasallamiento , etc.	Subjuguer , subjugué , assujettissement , etc.
Ave , avechucho , etc.	Oiseau , oiseau laid , etc.
Avecinar , avecinado.	Avoisiner , avoisiné.
Avecindar , avecindado.	Être habitant , qui est habitant.
Avellana , avellano , avellanarse , etc.	Noisette , noisetier , devenir sec comme une noisette , etc.
Avena , avenal , etc.	Avoine , champ semé d'avoine , etc.
Avenado , da.	Insensé , ée par intervalles.
Avenenar , avenenado.	Empoisonner , empoisonné.
Avenirse , avenido , avenencia , avenida.	S'accommoder à l'humeur d'autrui, accommodé , etc. , accord avec les autres , inondation.
Aventajar , aventajado , aventajadamente.	Avantager , avantagé , avantageusement.
Aventar , aventador.	Éventer , éventé.
Aventicio , cia.	Adventif , ive.
Aventura, aventurar , aventurero , etc.	Aventure, aventurer , aventurier , etc.
Avergonzar , avergonzado.	Faire rougir , rougi.
Avería.	Avarie.
Averiguar , averiguacion , averiguador , etc.	S'enquérir, recherche , celui qui recherche , s'enquiert , etc.
Averno.	Averne.
Averso , sa , aversion.	Adverse , contraire , aversion.
Avestruz.	Autruche.
Avezar , avezado , etc.	Habituer , habitué , etc.
Aviar , aviado , avio , etc.	Acheminer , acheminé , apprêt , etc.

Aviciar. — Vicier.

Avido, da. — Avide.

Avieso, sa, aviesamente. — Tortueux, euse, vicieux, euse, tortueusement.

Avilantez. — Audace.

Avillanarse, avillanado. — S'avilir, avili.

Avinagrar, avinagrado. — Aigrir, aigri.

Avion. — Martinet (oiseau).

Avisar, avisado, aviso, etc. — Donner avis, avisé, avis, etc.

Avispa, avispar, avispado, — Guêpe, donner de l'aiguillon, piqué, etc.

Avistar, avistado. — Voir, vu.

Avitar (terme de marine). Habitar. — Virer au cabestan. Habiter.

Avitones. — Rouets des poulies de navire.

Avituallar, avituallado. — Avitailler, ravitailler, avitaillé, ravitaillé.

Avivar, avivado. — Aviver, avivé.

Avizor, avizorar. — Espion, être aux aguêts.

Avocar, avocamiento. — Évoquer, évocation.

Avos. — Fraction.

Avucasta. — Poule d'eau.

Avutarda. — Outarde.

Axarafe ou alxarafe. — Terrasse.

Axedrea. — Sarriette.

Axedrez. — Jeu des échecs.

Axenjos. — Absinthe.

Axi. — Poivre rouge.

Axorcas. — Bracelets d'or.

Axuar. — La dot.

Azahar. — Fleur d'orange.

Azimut, azimutal. — Azimut, azimutal.

Azimo, ma. — Azime.

Azolvar. — Boucher un canal d'eau.

B.

Bahari. — Épervier.

Bahia. — Baie.

Bahorrina. — Le menu peuple.

Bahuno, na. — Gens de rien.

Bahurrero. — Oiseleur.

Barahunda. — Grand bruit et confus.

Barahustar, barahustador, etc. — Poignarder, poignard, etc.

Bardaxe. — Bardache.

Baxel. — Bâtiment.

Baxio. — Basses.

Baxo, xa, baxar, baxada, baxeza, etc. — Bas, sse, baisser, descente, bassesse, etc.

Bajon. — Basson.

Behetría. — Bruit confus de voix.

Benévolo, la, benevolencia. — Bienveillant, te, bienveillance.

Bienaventurado, bienaventuranza, etc. — Bienheureux, béatitude, etc.

Bienhadado, da. — Fortuné, ée.

Bienhechor, tora. — Bienfaiteur, trice.

Bogavante. — Vogue-avant.

Bohemio. — Bohême.

Bohordo, bohordar. — Passade du cheval, etc., courir les baguettes à cheval.

Boquihundido, da. — Qui a la bouche enfoncée.

Boquiverde. — Parleur.

Borraxa. — Bourrache.

Bósphoro. — Bosphore.

Bovage ou bovático. — Ancien tribut par chaque paire de bœufs.

Bóveda, bovedilla. — Voûte, petite voûte.

Bovino, na. — Qui concerne les bœufs.

Boxar ou boxear, boxeo. — Contenir, mesurer la circonférence de quelque chose, l'action de mesurer celle d'un pays.

Boxedal. — Lieu planté de buis.

Brahon. — Haut-de-manche.

Bravo, va, bravear, braveza, etc. — Brave, faire le brave, valeur, etc.

Breva, breval. — Figue hâtive, figuier hâtif.

Breve, brevedad, breviario, etc. — Bref, ève, briéveté, bréviaire, etc.

Brúxula, bruxulear. — Boussole, regarder avec attention.

Bucéphalo. — Bucéphale.

Buhedo, buhedal. — Terre crayonneuse, lieu plein de craie.

Buhera. — Lucarne.

Buho. — Hibou.

Buhonero, ra, buhonería. — Colporteur, boîte ou petite malle de marchandises pendue au cou.

Buxeda. — Bois rempli de buis.

Buxería, buxeta. — Affiquets, jouets d'enfans, boîte de senteur.

C.

Cadahalso ou cadalso. — Échafaud.

Cadáver, cadavérico. — Cadavre, cadavéreux.

Cahiz. — Mesure de grain ou de plâtre qui contient la charge d'un mulet, etc.

Calatrava.	Calatrave.
Calavera.	Tête de mort sans les chairs.
Calva, calvo, calvar, etc.	Tête chauve, chauve, devenir chauve, etc.
Cañaheja.	Férule (plante).
Cañavera, cañaveral.	Canne sauvage, lieu où naissent ces cannes.
Cañavete ou cañivete.	Espèce de sauterelle, etc.
Cañilavado, da.	Qui a les jambes menues.
Caravana.	Caravane.
Carave.	Ambre jaune.
Cárcava, cárcavo, carcavear, carcavuezo, etc.	Crevasse, le creux de l'estomac, creuser, grand creux causé par les eaux, etc.
Carnivoro, ra.	Qui mange de la chair des animaux.
Cartuxo, cartuxa, etc.	Chartreux, chartreuse, etc.
Carvi.	Carvi.
Casquivano, na.	Vaniteux, euse.
Cava, cavar, caverna, cavidad, etc.	Cave, fouir, caverne, cavité, etc.
Cavilar, cavilacion, caviloso, etc.	Réfléchir trop, cavillation, qui réfléchit trop, etc.
Cavilla, cavillador.	Cabillot, tourneur qui fait, qui tourne les cabillots.
Caxa, caxero, caxon, etc.	Tabatière, caissier, caisson, etc.
Cerrojillo.	Petit verrouil.
Cerviz.	Le chignon.
Chavari.	Une espèce de toile.
Cherva.	Palme de christ.
Chimera (monstre fabuleux).	Chimère.
Quimera.	Querelle.
Chimia, chimico.	Chimie, chimiste.
Chiragra.	Chiragre.
Chirivia.	Chervis, hochequeue.
Chirógrapho.	Billet sous seing privé.
Chiromancia, chiromántico.	Chiromancie, chiromancien.
Chova.	Geai.
Chria.	Chrie.
Cria.	Ventrée.
Chrisopeya.	Chrysopée.
Christo, christiano, christiandad, etc.	Christ, chrétien, chrétienneté, etc.
Chrisogono.	Chrisogonum.
Chilo.	Chyle.
Ciervo, cerval, cervato, cerveza, etc.	Cerf, de cerf, daguet, bière, (boisson) etc.
Circunvalar, circunvalacion, etc.	Faire une circonvallation, circonvallation, etc.

Circunvecino,

Circunvecino , na.	Circonvoisin , ine.
Circunvolucion.	Circonvolution.
Civil , civilidad , civilmente , etc.	Civil , civilité , civilement , etc.
Clave , clavero.	Clef d'une voûte, de musique , etc. Clavier.
Clavel , clavelina.	Œillet , œillet simple.
Claveque.	Pierre semblable au diamant.
Clavete , clavetear.	Petit clou , garnir de clous dorés ou argentés.
Clavicordio.	Clavessin.
Clavija	Cheville.
Clavo , clavar , clavazon , etc.	Clou, clouer, garniture de clous etc.
Coacervar.	Amonceler.
Coequal.	Égal.
Cohechar , cohechador , cohecho , etc.	Suborner , suborneur , surbornation , etc.
Coheredero , ra.	Cohéritier, ère.
Coherente , coherencia.	Cohérent , cohérence.
Cohete , cohetero.	Fusée volante , artificier.
Cohibir , cohibicion.	Réprimer , l'action de réprimer.
Cohol.	Antimoine.
Coliquar.	Fondre , dissoudre.
Comprehender , comprehension , comprehensible , etc.	Comprendre , compréhension , compréhensible , etc.
Cóncavo , concavidad.	Concave , concavité.
Conclave	Conclave.
Conjetura , conjeturar , etc.	Conjecture , conjecturer , etc.
Connivencia.	Connivence.
Conseqüente , conseqüencia , etc.	Conséquent , conséquence , etc.
Conserva, conservar, conservacion, etc.	Conserve , conserver , conservation , etc.
Contrahacer , contrahecho.	Contrefaire , contrefait.
Contraher , contrahido	Étrecir , étreci.
Contravalar , contravalacion.	Faire une contrevallation , contrevallation.
Contravenir , contravencion , etc.	Contrevenir , contravention , etc.
Contraveros.	Contrevair.
Controvertir , controversia , controversista , etc.	Controvertir , controverse , controversiste , etc.
Convalecer , convalecido , convalecencia , etc.	Relever de maladie , relevé de maladie , convalescence , etc.
Convecino , na.	Voisin , ine.
Convencer , convencimiento , convicto , etc.	Convaincre , l'action de convaincre , convaincu , etc.
Convenir , convencion , conveniente , conveniencia , convenible , convenio , etc.	Convenir , convention , convenable , commodité et convenance , convenable et raisonnable, accord , etc.

P

Convento, conventual, etc. — Couvent, conventuel, etc.

Conversar, conversacion, etc. — Couverser, conversation, etc.

Convexô, xâ, convexîdad. — Convexe, convexité.

Convictorio. — Pensionnat ou quartier de pension.

Convocar, convocacion, convocaboria, etc. — Convoquer, convocation, lettre ou dépêche de convocation, etc.

Convulsion, convulsivo. — Convulsion, convulsif.

Corcova, corcovado. — Bosse, bossu.

Corva, corvejon. — Jarret, jarret du cheval, etc.

Corveta. — Courbette.

    Corbeta. — Corvette.

Corvillo. — Mercredi des cendres.

Corvina. — Un poisson de mer semblable au congre.

Corvo, va, corvar, corvadura. — Courbe, courber, courbure.

Covacha, covachuela. — Caverne, petite caverne.

Coxcoxita. — L'action de sauter sur un pied.

Coxin. — Coussin.

Coxo, xa, coxear, coxera, etc. — Boiteux, euse, boiter, l'action de boiter.

Cruxia. — Port de galère, etc.

Cruxir, cruxido. — Craquéter, craquement.

Cuervo, cuerva. — Corbeau, corneille.

Cueva, cuevecita, cuevero. — Cave, petite cave, faiseur de caves.

Cultivàr, cultivo. — Cultiver, culture.

Curva, curvaton, curvatura. — Les genoux du navire, bois courbé, courbure.

Curvo, curva, curvilineo. — Courbe, courbé, bée, curviligne.

D.

Dádiva, dadivosa. — Don, libéral.

Declive ou *declivio.* — Pente.

Defluxo. — Fluxion, etc.

Dehesa, dehesar, dehesero, etc. — Pâturage, convertir les terres labourables en pâturages, garde de pâturages, etc.

Delinqüente. — Délinquant.

Dentivano, na. — Cheval ou cavale qui a les dents longues et larges avec quelques vides entr'elles.

Depravar, depravado, depravacion, etc. — Dépraver, dépravé, dépravation, etc.

Deriyar, derivada, derivacion, etc. — Dériver, dérivé, dérivation, etc.

Desahijar, desahijado. — Séparer les agneaux des brebis pour les empêcher de teter, séparé, etc.

Desahógar, desahogado, desaho- | Alléger, allégé, allégement, etc.
go, etc.

Desahuciar, desahuciado. | Oter toute espérance, à qui on
a ôté etc.

Desaprovechar, desaprovechado. | Perdre le temps, perdu etc.
Desavahar, desavahado, etc. | Aérer, aéré, etc.
Desaviar, desavio, etc. | Égarer, égarement, etc.
Desavenir, desavenencia, desave- | Mettre de mauvaise intelligence,
nido. | mauvaise intelligence, mis de etc.
Desemparvar. | Amonceler ce qu'on a battu sur
l'aire.

Desenquadernar, desenquadernado. | Défaire la reliûre d'un livre, dé-
fait etc.

Deshabituar, deshabituado. | Déshabituer, déshabitué.
Deshacer. | Défaire.
Desharrapado, da. | Déguénillé, ée.
Deshebrar, deshebrado. | Effiler, effilé.
Deshecho. | Défait.
    Desecho. | Rebut.
Deshelar, deshelado. | Dégeler, dégelé.
Desheredar, desheredado, etc. | Déshériter, deshérité.
Deshinchar, deshinchado. | Débonder, débondé (au figuré.)
Deshojar. | Effeuiller.
    Desojar. | Faire créver l'œil.
Deshollinar, deshollinador. | Ramoner, ramoneur.
Deshonesto, ta, deshonestidad, | Deshonnête, deshonnêteté, etc.
etc.
Deshonor, deshonorar, etc. | Deshonneur, deshonorer, etc.
Deshonra, deshonrar, etc. | Deshonneur, deshonorer, etc.
Deshora, deshorado. | Heure indue, qui vient à contre-
temps.

Desmadexado, da. | Mou, molle, etc.
Desnervar. | Énerver.
Desnevar. | Dégeler.
Desovar, desove. | Faire ses œufs, en parlant des
poissons, le temps que les
poissons poussent leurs œufs.

Desparvar. | Tendre les gerbes de blé sur
l'aire.

Despavesar. | Moucher une chandelle, etc.
Despavorir, despavorido. | Effrayer, effrayé.
Desquadernar, desquadernado. | Défaire la reliûre d'un livre,
défait etc.

Desquadrillar, desquadrillado. | Épointer, épointé.
Desquartizar, desquartizado. | Écarteler, écartelé.
Desquixarar, desquixarado. | Rompre les mâchoires, rompu
etc.

P 2

Deservir, deservicio, etc.	Desservir, mauvais service, etc.
Desvaido, da.	Languissant, te.
Desvalido, da, desvalimiento.	Délaissé, ée, délaissement.
Desvan.	Grenier.
Desvanecer, desvanecido, desvanecimiento.	Évanouir, évanoui, évanouissement.
Desvarar.	Déchouer.
Desvariar, desvario.	Extravaguer, extravagance.
Desvelar, desvelado, desvelo, etc.	Faire veiller, qui ne dort pas, insomnie, etc.
Desvenar, desvenado.	Oter les fibres de la chair, etc.; ôté, etc.
Desvencijar, desvencijado.	Avoir une descente, qui a une descente.
Desventura, desventurado, etc.	Malheur, malheureux, etc.
Desviar, desviado, desvio.	Écarter, écarté, éloignement.
Desvirar, desvirado.	Polir la semelle, poli.
Devanar, devanadera, devanador, etc.	Dévider, dévidoir, dévideur, etc.
Devanear, devaneo.	Délirer, délire.
Devantal.	Tablier.
Devastar, devastacion, etc.	Dévaster, dévastation, etc.
Devengar, devengado.	Gagner, gagné par ses soins, etc.
Devolver, devuelto, devolucion, etc.	Renvoyer, renvoyé, dévolution, etc.
Devorar, devorador, etc.	Dévorer, dévorant, etc.
Devoto, ta, devocion, devocionario, etc.	Dévot, te, dévotion, livre de dévotion, etc.
Dexar, dexacion, dexo, etc.	Laisser, cession, abandon, etc.
Dibuxar, dibuxante, dibuxo, etc.	Dessiner, dessinateur, dessin, etc.
Diluvio.	Déluge.
Disolver.	Dissoudre.
Distraher, distrahido, etc.	Distraire, distrait, etc.
Divan.	Divan.
Divergente, divergencia.	Divergent, divergence.
Diverso, sa, diversidad, etc.	Divers, se, diversité, etc.
Divertir, divertido, diversion, etc.	Divertir, diverti, diversion, etc.
Dividir, diviso, division, etc.	Diviser, divisé, division, etc.
Divieso.	Furoncle.
Divino, na, divinidad, divinizar, etc.	Divin, ne, divinité, diviniser, etc.
Divisa, divisero, etc.	Devise, héritier, roturier.
Divisar, divisado.	Apercevoir, aperçu.
Divorcio, divorciar, etc.	Divorce, prononcer sentence de divorce.
Divulgar, divulgador, etc.	Divulguer, qui divulgue, etc.
Dixe ou dixes.	Joyaux d'enfans.

Doyela. — Douelle.
Dozavo , va. — Le douzième , la douzième partie.

E.

Elevar , elevado , elevacion , etc. — Élever , élevé , élévation , etc.
Eloqüente , eloqüencia , etc. — Éloquent , éloquence , etc.
Embaxada , Embaxador , ora. — Ambassade , Ambassadeur , drice.
Embermejecer , embermejecido. — Rougir , rougi.
Emboxar , emboxado. — Ajuster des branches de buis autour d'une chambre pour les vers à soie , ajusté.
Embravecer , embravecido , etc. — Mettre en colère , mis en colère , etc.
Enmohecerse , enmohecido. — Se moisir , moisi.
Empavesar , empavesada , etc. — Bastinguer , bastingue , etc.
Empolvorar , empolvorizar , etc. — Poudrer et couvrir de poussière , etc.
Encarcavinar , encarcavinado. — Empuantir , empuanti.
Encavillado , da. — Serré , ée avec le cabillot.
Encaxar , encaxe , etc. — Enchâsser ; enchâssure , etc.
Encaxonar , encaxonado , etc. — Encaisser , encaissé , etc.
Enclavijar , enclavijado. — Enclaver , enclavé.
Encohetar , encohetado. — Garnir de fusées , garni de fusées.
Encorvar, encorvado , encorvadura , etc. — Courber , courbé , courbure , etc.
Encovar , encovado. — Encaver , encavé.
Encoxado. — Rendu boiteux.
Enervar , enervado , etc. — Énerver , énervé , etc.
Enfervorizar , enfervorizado. — Encourager , encouragé.
Engavillar , engavillado. — Gerber , gerbé.
Enhastar , enhastado. — Mettre un fût à une lance , qui a un fût , etc.
Enhastiar , enhastiado , etc. — Dégoûter , dégoûté , etc.
Enhebrar , enhebrado. — Enfiler , enfilé.
Enherbolar , enherbolado. — Empoisonner avec des herbes , empoisonné.
Enhestar , etc. — Dresser , etc.
Enhiesto , ta. — Dressé , ée.
Enhilar , enhilado. — Enfiler des chapelets, etc., enfilé , etc.
Enhocar. — Faire bouffer l'habillement.
Enhorabuena. — A la bonne heure.
Enhoramala. — Envoyer promener , ou au diable.
Enhornar , enhornado. — Enfourner , enfourné.
Enquadernar , enquadernacion , enquadernado , etc. — Relier , reliûre , relieur , etc.

Enrehojar.	Blanchir la cire.
Enroxecer, enroxecido.	Roussir le fer etc. dans la forge, roussi.
Entreverar, entreverado.	Entre-mêler, entre-mêlé.
Entroxar, entroxado.	Serrer les grains dans le grenier, serré etc.
Envainar, envainado.	Rengainer, rengainé.
Envarar, envaramiento, etc.	Engourdir, engourdissement, etc.
Envarbascar.	Entortiller, parlant des racines qui s'attachent au soc de la charrue.
Envasar, envasador, etc.	Entonner, qui entonne, etc.
Envedijar, envedijado.	Mêler, brouiller les cheveux, mêlé etc.
Envejecer, envejecido.	Vieillir, vieilli.
Envenenar, envenenador, etc.	Envenimer, empoisonner, empoisonneur, etc.
Envergar, envergues.	Enverguer, cordes qui servent à l'envergure.
Envestir.	Investir, donner l'investiture.
Embestir.	Investir, attaquer.
Envestidura.	Investiture.
Enbestidura.	Investissement.
Enviar, enviado.	Envoyer, envoyé.
Enviciar, enviciado.	Infecter, infecté.
Envidia et ses dérivés.	Envie, jalousie.
Envilecer, envilecido.	Avilir, avili.
Envinar, envinado.	Mettre du vin dans une autre liqueur, qui a du vin, etc.
Envirar.	Faire le trépoint.
Enviscar, enviscado.	Engluer de petites branches, englué.
Enviudar, enviudado.	Devenir veuf ou veuve, devenu veuf.
Envizcar.	Agacer des chiens.
Envolver, envuelto, envoltorio, etc.	Envelopper, enveloppé, paquet mal fait, etc.
Enxabonar, enxabonado.	Savonner, savonné.
Enxalma, enxalmar.	Bât à la moresque, bâter à la moresque.
Enxambre, enxambrar.	Essaim, essaimer.
Enxarciar, enxarciado.	Mettre des agrêts, qui a des agrêts.
Enxerir ou inxerir.	Enter, insérer.
Enxerto, enxertar.	Ente ou greffe, enter.
Enxugar, enxugador, enxuto, etc.	Essuyer, instrument de bois en rond pour sécher le linge, essuyé, etc.

Exhalar, **exhalacion**, etc. — Exhaler, exhalation, etc.
Enxundia ou *inxundia*. — La graisse du croupion.
Éphoros. — Éphores.
Equable. — Égal, en parlant du mouvement.
Equacion. — Équation.
Equador ou *equator*. — Équateur.
Eqüestre. — Équestre.
Equivaler, *equivalencia*, *equivalente*. — Équivaloir, équivalence, équivalent.
Equívoco, *ca*, *equivocarse*, etc. — Équivoque, s'équivoquer, etc.
Equóreo, *rea*. — Marin, de la mer.
Eschínante ou *eschínanto*. — Qui a rapport à l'esquinancie.
Esclavina. — Collier garni de coquilles.
Esclavo, *va*, *esclavitud*, etc. — Esclave, esclavage, etc.
Esclavon, *na*. — Esclavon, onne.
Esdrúxulo, *la*. — Dactylique.
Esparavan. — Petit héron.
Esparavel. — Épervier.
Esquadra, *esquadrar*, etc. — Équerre, équarrir, etc.
Esquadrón, *esquadronar*, etc. — Escadron, escadronner, etc.
Esquivo, *va*, *esquivar*, *esquivez*, etc. — Dédaigneux, euse, esquiver, dédain, etc.
Esteva, *estevado*. — Manche de charrue, cagneux, euse.
Estival. — Botte à monter à cheval.
Estivar, *estivado*. — Presser, fortement pressé.
Estivo, *va*. — Qui appartient à l'été.
Estrave. — Étrave.
Estruxar, *estruxado*, *extruxon*. — Comprimer, comprimé, le dernier serre qu'on donne au pressoir.
Estuve, *estuviera*, *estuviese*. — Je fus, je serois, que je fusse.
Evacuar, *evacuacion*, etc. — Évacuer, évacuation, etc.
Evadir, *evasion*, etc. — Évader, évasion, etc.
Evangelio, *evangélico*, etc. — Évangile, évangélique, etc.
Evaporar, *evaporacion*, etc. — Évaporer, évaporation, etc.
Eviccion. — Éviction.
Evidente, *evidencia*, *evidenciar*, etc. — Évident, évidence, rendre évident, etc.
Evitar, *evitado*. — Éviter, évité.
Evocar, *evocacion*. — Évoquer, évocation.
Excavar, *excavacion*. — Creuser, excavation.
Exe. — Essieu.
Executar, *execucion*, etc. — Exécuter, exécution, etc.
Exemplo, *exemplar*, etc. — Exemple, exemplaire, etc.
Exercer, *exercicio*, *exercitar*, etc. — Exercer, exercice, exercer, etc.
Exército. — Armée.

P 4

Exhausto, ta.	Épuisé, ée.
Exheredacion.	Exhérédation.
Exhibir, exhibicion.	Exhiber, exhibition.
Exido.	Terre inculte proche des villes, etc.
Extravagante, extravagancia.	Extravagant, extravagance.
Extravasarse, extravasado.	S'extravaser, extravasé.
Extravenarse, extravenado.	S'extravaser, extravasé, en parlant du sang.
Extraviar, extraviado, extravio.	Égarer, égaré, égarement.

F.

Favonio.	Zéphir.
Favor, favorecer, favorable, etc.	Faveur, favoriser, favorable, etc.
Faxa, faxar, faxos, etc.	Bande, emmaillotter, layette ou langes.
Férvido, da.	Fervent, te, bouillant, te.
Fervor, fervorizar, fervoroso, etc.	Ferveur, encourager, rendre fervent, fervent, bouillant.
Fixa.	Fiche.
Fixo, xa, fixar, etc.	Fixe, fixer, etc.
Floxo, xa, floxedad, etc.	Mou, molle, paresse, etc.
Fluvial.	Qui appartient au fleuve.
Fluxo.	Flux.

G.

Gallipavo.	Poulet d'Inde.
Gavanco.	Églantier.
Gaveta.	Tiroir de cabinet.
Gavia, gaviero, gavieta.	Hune, sentinelle sur la hune, petite hune, etc.
Gavilan.	Épervier.
Gavilla, gavillar, gavillero, etc.	Botte ou javelle, assembler, lieu où l'on amoncelle les bottes ou gerbes.
Gavion.	Gabion.
Gaviota.	Mouette.
Gazela.	Gazelle.
Gazeta, gazetero, etc.	Gazette, gazetier, etc.
Gazies.	Mahometans esclaves convertis.
Ginoves, esa, genovina, etc.	Genois, oise, Genevoise, etc.
Giróvago.	Gyrovague.
Grandiloquo, qua.	Qui parle pompeusement.

Gravámen.	Charge onéreuse.
Gravar.	Charger ou opprimer.
Grabar.	Graver.
Grave, gravedad, gravoso, etc.	Grave, gravité, onéreux, etc.
Grávido, da.	Plein, eine, pesant, te.

H.

Ha, interjection.	Ha.
A, préposition.	A.
Haba, habar, habichuela.	Féve, champ semé de féves, haricot.
Haber, habido.	Avoir eu.
Habil, habilidad, habilitar, etc.	Habile, habileté, habiliter, etc.
Habitar, habitacion, habitable, etc.	Habiter, habitation, habitable, etc.
Hábito, habitud, habituar, etc.	Habit des prêtres, etc., et habitude; habitude ou disposition, habituer, etc.
Habla, hablar, hablador, etc.	Parole, etc.; parler, parleur, etc.
Haca, hacanea.	Bidet, double bidet.
Hacer, hacedor, hacimiento, etc.	Faire, faiseur, action de, etc.
Hacha, achazo, hachero, etc.	Hache, coup de hache ou de flambeau, grand chandelier.
Hácia.	Vers ou du côté.
Hacienda, hacendado.	Biens, qui a des biens-fonds.
Hacina, hacinar, etc.	Monceau de gerbe ou botte, botteler, etc.
Hadas ou *hadadas.*	Les Parques.
Hado, hadar, etc.	Fatum ou destin, deviner par l'art du diable.
Haiz.	Position d'une planette.
Hala, interjection.	Hola!
Ala.	Aile.
Halacabullas.	Une grande confusion mêlée de grands cris.
Halagar, halago, halagueño, etc.	Cajoler, carresse, carressant, etc.
Halar, halacuerdas.	Haler, haleboulines.
Halcon, halconero, etc.	Faucon, fauconnier, etc.
Halda, haldear, haldeado, etc.	Jupe de femme, marcher les habits retroussés jusqu'à la ceinture, qui a les habits retroussés, etc.
Halieto.	Aigle de mer.
Hálito.	Haleine.

Hallar, hallazgo, etc. — Trouver, trouvaille et récompense pour ce qu'on a trouvé, etc.

Hallullo. — Pain cuit sous la cendre chaude.

Halon (espèce de météore). — Couronne parélie.

    Alon. — Aileron.

Hamaca. — Hamac.

Hamadriades. — Hamadryades.

Hambre, hambrear, hambriento, etc. — Faim, affamer et avoir faim, famélique, etc.

Hamburgo, hamburgues. — Hambourg, qui est de Hambourg.

Hamezes. — Les rognures des plumes des oiseaux de proie.

Hampa. — Bravade entre des gens de mauvaise vie.

Hampon, na. — Fastueux, euse.

Hanega, hanegada. — Boisseau ou fanégue, terre qui contient un boisseau ou fanégue de semence.

Hao (interjection). — Holà *ou* oh !

Haragan, haraganear, haraganería, etc. — Fainéant, fainéanter, fainéantise, etc.

Harapo. — Haillon.

Harbar. — Bousiller *ou* travailler à la hâte.

Harija. — Folle farine.

Harina, harinero. — Farine, farinier.

Harmaga. — Rhue sauvage.

Haron, na, haronear, etc. — Lent, te, être lent.

Harritranco. — Balancine de Beaupré.

Harto, ta, hartar, hartazgo, etc. — Rassasié, ée, rassasier, rassasiement, etc.

Hasta, hástil, hastilla, etc. — La hampe d'une lance, le manche d'une hache, etc., copeau, etc.

Hasta (préposition). — Jusque *ou* jusques.

Hastial. — Muraille qui forme la croisée d'une Église.

Hastiar, hastio, etc. — Dégoûter, dégoût, etc.

Hatajo. — Pile ou tas.

    Atajo. — Sentier ou traverse pour abréger le chemin.

Hato, hatero, hatillo. — Hardes, l'homme ou animal qui porte aux bergers le manger, petites hardes.

Hau, hau, (interjection). — L'aboiement du chien.

Haya. — Hêtre ou Tau.

    Aya. — Gouvernante qui a soin des enfans.

Haz , haces,	Face ou surface et fagot, fagots, etc.
Haza.	Champ couvert de gerbes.
Hazaña , hazañero , hazañería , hazañoso , etc.	Exploit , qui se scandalise de rien , mignardise , qui fait des exploits , etc.
Hazino , na.	Chiche.
He , (verbe , adverbe ou interjection).	J'ai , voici , voilà , hé !
É (conjonction).	Et.
Hebdómada , hebdomadario.	Semaine , semainier.
Heben.	Espèce de raisin blanc comme le damas.
Hebilla , hebillage , etc.	Boucle , garniture de boucles d'harnois , ou de carrosse , etc.
Hebra , hebrudo , etc.	Aiguillée , qui a du nerf.
Hebreo , ea , hebráico , etc.	Hebreux , euse , hébraïque , etc.
Hecatombe.	Hécatombe.
Hechizar , hechizo , hechicero , etc.	Charmer , charme , sorcier ou qui charme , etc.
Hecho , hechura.	Fait , façon , etc.
Heder , hedor , hediondo , etc.	Puer , puanteur , puant , etc.
Hegira.	Hégire ou l'époque des Arabes.
Helar , helado.	Jeler , jelé.
Helecho.	Fougère.
Helenismo.	Hellénisme.
Helera.	Une sorte de maladie qui attaque la volaille.
Hélices.	La grande ourse.
Helioscopio.	Tithymale.
Heliotropio.	Tournesol.
Hematoso , sa.	Sanglant , te.
Hembra , hembruno.	Femelle , féminin.
Hemicrania.	Migraine.
Hemistichio.	Hémistiche.
Hemorróidas.	Hémorroïdes.
Henchir , henchido.	Emplir , empli.
Hender , hendedura , etc.	Fendre , fente , etc.
Heno , henil.	Foin , fenil.
Heñir.	Paîtrir.
Hepática , hepático.	Hépatique , hépatique ou qui appartient au foie.
Heptágono.	Heptagone.
Heraldo , heráldico.	Héraut , héraldique.
Herbage , herbagero , herbajar.	Herbage , fermier des pâturages , paître les troupeaux dans le pâtis.

Herboso, sa.	Herbu, ue.
Herbolario.	Herboriste.
Hercúleo, lea.	Qui appartient à Hercule.
Heredad, heredar, heredero, herencia, etc.	Hérédité, hériter, chéritier, héritage, etc.
Herege, heregía, heresiarcha.	Hérétique, hérésie, hérésiarque.
Herético, ca, heretical, etc.	Hérétique, ou qui appartient à l'hérésie.
Herir, herida, etc.	Blesser, blessure, etc.
Hermafrodita.	Hermaphrodite.
Hermano, na, hermandad, hermanar, etc.	Frère, sœur, fraternité, fraterniser, etc.
Hermoso, sa, hermosear, hermosura, etc.	Beau, belle, embellir, beauté, etc.
Hernia, hernista.	Hernie, herniste.
Héroe, heroina, heróico, etc.	Héros, héroïne, héroïque, etc.
Herpes.	Herpe.
Herrada.	Seau à puiser de l'eau.
Herrador, herradura.	Maréchal ferrant, fer de cheval, etc.
Herrage.	Serrurerie.
Herramienta.	Ferremens.
Herrar.	Ferrer.
Errar.	Errer.
Herren, hereñal.	Fourrage verd, champ pour le fourrage verd.
Herrero, herrería.	Forgeron, forge ou moulin à forge.
Herreruelo.	Manteau long qui descend jusqu'à la cheville du pied.
Herrete.	Le bout d'une aiguillette.
Herrumbre.	Rouille de fer.
Herventar.	Faire bouillir.
Hervir, hervor, hervidero, etc.	Bouillir, bouillon ou bouillonnement, bouillonnement ou fermentation, etc.
Héspero, hesperio.	Du couchant, Cap-vert.
Heterodoxo, xa.	Hétérodoxe.
Heterogeneo, nea.	Hétérogène.
Hexácordo.	Hexacorde.
Hexáedro.	Hexaèdre.
Hexámetro.	Hexamètre.
Hexápeda.	Mesure de six pieds.
Hez.	Lie.
Hiadas.	Hyades.
Hibleo, ea.	Qui est de cette ville, de cette montagne.

Hidalgo, ga, hidalguía, etc. — Hidalgue ou gentilhomme, noblesse, etc.

Hidra. — Hydre.

Hidráulico, ca. — Hydraulique.

Hidria. — Urne ou tine à mettre de l'eau.

Hidrografía, hidrográfico. — Hydrographie, hydrographique.

Hidromancie, hidromántico. — Hydromancie, qui appartient à l'hydromancie.

Hidrometría, hidrómetro. — L'art de mesurer les eaux, qui sait l'art de mesurer les eaux.

Hidropesía, hidrópico. — Hydropisie, hydropique.

Hidrofobia, hidrófobo. — Hydrophobie, hydrophobe.

Hidrostática. — Hydrostatique.

Hiel. — Fiel.

Hiemal. — Qui appartient à l'hiver.

Hienda. — Fiente.

Hierro. — Fer.

Yerro. — Erreur.

Higa, higadillo, etc. — Amulette, petit foie, etc.

Higo, higuera. — Figue, figuier.

Hijo, ja, hijito, hijastro, hijuela, etc. — Fils, ille, petit mignon, beau fils ou fils du premier lit, élargissure, etc.

Hijodalgo. — Gentilhomme.

Hila, hilacha. — Filage, etc. fil qui se détache des étoffes.

Hilada. — Assise de briques, pierres, etc.

Hilandera. — Fileuse.

Hilera. — File, ligne.

Hila, hilar, hiladillo, hilaza, etc. — Fil, filer, fleuret, filage, etc.

Hilvan, hilvanar. — L'action de faufiler, faufiler.

Himeneo. — Hymenée.

Himno. — Hymne.

Hincar, hincado, hincapié. — Ficher, fiché, effort qu'on fait avec le pied en l'appuyant contre, etc.

Hincha. — Inimitié.

Hinchar, hinchado, hinchazon, etc. — Enfler, enflé, enflure, etc.

Hiniesta. — Genêt.

Hinojo. — Fenouil.

Hipar, hipo. — Hoqueter, hoquet.

Hipérbaton. — Hyperbate.

Hipérbole, hiperbólico. — Hyperbole, hyperbolique.

Hipocondría, hipocóndrico, hypocóndrios. — Hypocondrie, hypocondriaque, hypocondres.

Hipocras, hipocrático. — Hypocras, hypocratique.

Hipócrita, hipocresía, etc. — Hypocrite, hypocrisie, etc.

Hípogripho. — Hippogriffe.

Hipopótamo. — Hippopotame.

Hipóstasis, hipostático, etc. — Hypostase, hypostatique, etc.

Hipotenusa. — Hypoténuse.

Hirco. — Bouc.

Hisopo, hisopear, hisopada, etc. — Hyssope, asperger, aspersion avec l'hyssope, etc.

Hispano, na, hispanismo, hispanizar, etc. — Espagnol, le hispanisme, faire des hispanismes, etc.

Histérico, ca. — Hystérique.

Historia, historiar, histórico, etc. — Histoire, écrire l'histoire, historique, etc.

Histrion, histriónico. — Histrion, qui appartient à l'histrion.

Hita. — Clou sans tête.

Hito, ta. — Noire ou qui ne réfléchit point de lumière.

Hobacho, cha, hobachon, etc. — Lâche, grand lâche ou nonchalant, etc.

Hocico, hocicar, hocicudo, etc. — Museau, fouiller avec le museau, qui a le museau long, etc.

Hocino. — Serpe à émonder les arbres.

Hogar. — Foyer ou âtre.

Hogaza. — Gros pain.

Hoguera. — Grand feu et souvent feu de joie.

Hoja, hojarasca, hojuela, etc. — Feuille, la feuille qui tombe des arbres, gaufre, etc.

Hojear. — Feuilleter.

  Ojear. —   Regarder avec attention.

  Oxear. —   Battre les buissons.

Hola. — Holà !

Holgar, holgazan, holgura, etc. — Chômer, batteur de pavé, partie de plaisir, etc.

Hollar, hollado. — Fouler aux pieds, foulé aux pieds.

Hollejo. — La peau qui enveloppe les fruits.

Hollin. — Suie de cheminée.

Holocausto. — Holocauste.

Homarrache. — Masque ou personne masquée.

Hombre, hombrear, hombría, etc. — Homme, faire l'important.

Hombro, hombrillo, hombrear, etc. — Épaule, gousset de chemise, etc. faire force avec les épaules.

Homérico, ca. — Qui regarde Homère.

Homicida, homicidio. — Homicide.

Homilia, homiliario. — Homelie, livre d'homelies.

Homogéneo, ea. — Homogène.

Honda. — Fronde.

Onda.	*Onde.*
Hondillos.	Fonds de culotte.
Hondo, da, hondura, hondon, etc.	Profond, de, profondeur, le fond, etc.
Honesto, honestar, honestidad, etc.	Honnête, disculper, honnêteté, etc.
Hongo.	Champignon.
Honor, honorario, honorífico, etc.	Honneur, honoraire, honorifique, etc.
Honra, honrar, honrado, etc.	Honneur, honorer, honoré, etc.
Hopa, hopalanda.	Habillement ancien en forme de tunique, longue queue de soutanes et de robes.
Hopo, hopear.	Queue de renard, remuer la queue.
Hoque.	Pot de vin.
Hora, horario.	Heure, horaire.
Horado, horadar, horadado, etc.	Trou et antre, trouer, troué, etc.
Horca, horqueta, horquilla, etc.	Potence, petite fourche, maladie de cheveux qui les rend fourchus.
Horcajo, horcajadura.	Collier de mules et de chevaux, l'entrecuisse de l'homme.
Horcate.	Collier de mules et de chevaux qui tirent la charrette.
Hordiate.	Tisane faite avec de l'orge.
Horma, hormilla, hormero.	Forme de souliers, de chapeaux, moule de bouton, formier.
Hormiga, hormiguear, hormiguero, etc.	Fourmi, fourmiller, fourmillière, etc.
Hormigo, hormigon, hormiguillo, etc.	Ragoût fait avec d'avélines écrasées, et paîtries avec du pain râpé et du miel, mortier fait avec du gravier, de la chaux et de bitume, teigne de mules et de chevaux, etc.
Hornabeque.	Ouvrage à corne.
Horno, hornaza, hornillo, hornero, etc.	Four, fourneau à fondre, petit four de cuivre ou de fer pour les pâtisseries, qui a un four banal, etc.
Horóscopo.	Horoscope.
Horrendo, da.	Horrible.
Hórreo.	Grenier à grain.
Horro, rra.	Franc, che, ou qui n'a aucune charge.
Horror, horrible, hórrido, horroroso, etc.	Horreur, horrible, épouvantable affreux, etc.
Hortaliza.	Herbe potagère.

Hortelano.	Jardinier.
Hosco, ca.	Sombre ou brun, ne, etc.
Hospedar, hospedage, hospedería, etc.	Loger, hospitalité, hospice, etc.
Hospital, hospitalero, haspitalidad, etc.	Hôpital, hospitalier, hospitalité, etc.
Hostal, hostalage, hostalero, etc.	Hôtellerie, ce qu'on donne à l'auberge pour le logement, etc. aubergiste.
Hostería.	Hôtellerie.
Hostia, hostiario.	Hostie, boîte à hosties.
Hostigar, hostigado, etc.	Châtier, châtié, etc.
Hostil, hostilidad, hostilizar, etc.	Ennemi, ie, hostilité, faire des hostilités, etc.
Hoy.	Aujourd'hui.
Hoya, hoyada.	Fosse, creux ou terre basse.
Hoyo, hoyuelo, etc.	Trou, petit trou, etc.
Hoz.	Faucille.
Hozar, hozadura, etc.	Fouiller (en parlant des taupes) trou fait avec le museau, etc.
Hucha.	Huche.
Huchoho.	Mot dont se servent les chasseurs pour attirer l'oiseau lorsqu'il a remonté.
Huebra, huebrar.	Journal ou arpent, labourer un journal ou un arpent de terre.
Huesa.	La petite raie spirale qui est au bout du fuseau.
Hueco.	Trou et présomptueux.

Hueco, ca, creux, euse. Ses dérivés et ses composés s'écrivent sans *h* toutes les fois qu'ils changent l'*hue* en *o,* comme dans *oquedad,* concavité.

Húelfago.	Maladie qui ôte la respiration aux bêtes et aux oiseaux.
Huelga.	Relâche.
Huelgo.	Haleine.
Huella, huello.	Vestige ou piste, sol ou superficie.
Huerco.	Morne ou triste.
Huero, ra.	Vide.

Húerfano, na, orphelin, ne. Ses dérivés quand ils conservent l'*o* de leur origine, s'écrivent sans *h,* comme dans *orfandad,* état d'orphelin.

Huerta, huerto.	Grand jardin potager, jardin potager et fruitier, enclos de murailles.
Huesa.	Fosse ou sépulture.

Huero.

Hueso. Os. Ses dérivés et ses composés quand ils conservent l'o de leur origine latin, s'écrivent sans *h*, comme dans *osamenta*, ossemens, *desosar*, désosser, etc.

Huesped. — Hôte ou personne de passage.

Hueste. — Armée.

Huevo. Œuf. Ses dérivés et ses composés, quand ils conservent l'o de leur origine latin, s'écrivent sans *h*, comme *ovalo*, ovale, *ovario*, moulure taillée en forme d'œuf, *ovar*, pondre, faire ses œufs, en parlant des poissons, etc.

Huir, huido, huida, etc. — Fuire, fui, fuite, etc.

Hule. — Espèce de toile cirée dont on garnit les carrosses par déhors.

Humano, humanar, humanidad, etc. — Humain, transformer en homme, humanité, etc.

Humedo, humedad, humedecer, etc. — Humide, humidité, humecter, etc.

Humilde, humildad, etc. — Humble, humilité, etc.

Humillar, humilladero, etc. — Humilier, lieu de dévotion où l'on s'arrête sur les chemins, etc.

Humo, humear, humero, etc. — Fumée, fumer, tuyau d'une cheminée, etc.

Humor, humorada, humorado, etc. — Humeur, enjouement, qui a des humeurs bonnes ou mauvaises, etc.

Hundir, hundimiento, etc. — Submerger ou abaisser, enfoncement, etc.

Hurd. — Fronde.

Huracan. — Ouragan.

Huraco. — Trou.

Huraño, ña. — Farouche ou intraitable.

Hurgar. — Remuer avec une fourche, pêle, etc.

Hurgon, hurgonazo, hurgonear, etc. — Petit fer en forme de broche, qui sert à remuer le feu, grand coup d'estocade, remuer le feu avec un petit fer, etc.

Huron, huronear, huronera. — Furet, chasser avec un furet, gîte de furet.

Hurtar, hurto, etc. — Voler, vol, etc.

Husillo. — Vis.

Husmo, husmear, etc. — Senteur ou puanteur, odorer et commencer à sentir mauvais, etc.

Huso. — Fuseau.

Uso. — Usage.

Huta. — Hutte.

Q

I.

Inadvertencia , inadvertido.	Inadvertence , inconsidéré.
Inconseqüente , inconseqüencia.	Inconséquent , inconséquence.
Incontrovertible.	Incontestable.
Inconvencible.	Ce dont on ne peut point convaincre.
Inconveniente.	Inconvénient.
Inconversable.	Insociable.
Inconvertible.	Immuable.
Indevoto , ta , indevocion.	Indévot , te , indévotion.
Individuo , individual , individuar , etc.	Individu , individuel , elle , traiter en particulier de chaque chose , etc.
Indiviso , sa , indivisible.	Qui n'est point partagé , indivisible.
Inhabil , inhabilidad , inhabilitar , etc.	Inhabile , inhabilité , inhabiliter , etc.
Inhabitable , inhabitado.	Inhabitable , inhabité.
Inherente , inherencia.	Inhérent , inhérence.
Inhibir , inhibicion , etc.	Inhiber , inhibition , etc.
Iniqüo , iniqüa , iniquidad , etc.	Inique , iniquité , etc.
Inhumano , inhumanidad , etc.	Inhumain , inhumanité , etc.
Innavegable.	Qui n'est point navigable.
Innovar , innovacion ,	Innover , innovation , etc.
Intervalo.	Intervalle.
Intervenir , intervencion.	Intervenir , intervention.
Invadir , invasion , etc.	Envahir , invasion , etc.
Inválido , invalidar , invalidacion , etc.	Invalide , invalider , l'action de rendre une chose invalide , etc.
Invariable , invariablemente , etc.	Invariable , invariablement , etc.
Invectiva.	Invective.
Invencible , invenciblemente.	Invincible , invinciblement.
Inventar , invencion , inventor , etc.	Inventer , invention , inventeur , etc.
Inventario , inventariar , etc.	Inventaire , inventorier , etc.
Invertir , inverso , inversion , ecc.	Invertir , renversé sans dessus dessous , inversion , etc.
Inverisimil , inverisimilitud.	Qui n'est pas vraisemblable , ce qui n'a pas de vraisemblance.
Investigar , investigacion , etc.	Rechercher , recherche , etc.
Investir , investidura.	Investir , investiture.
Inveterar , inveterado.	Invétérer , invétéré.
Invicto , ta.	Qui n'est pas vaincu , cue.
Invida , da.	Envieux , euse.
Inviolable , inviolablemente.	Inviolable , inviolablement.

Inviolado, da. — Entier, ère, ou sans tâche.
Invisible, invisiblemente, etc. — Invisible, invisiblement, etc.
Invitatorio. — Invitatoire.
Invocár, invocácion, invocatorio. — Invoquer, invocation, qui sert ou est disposé pour invoquer.
Involuntario, involuntariamente, etc. — Involontaire, involontairement, etc.
Invulnerable. — Invulnérable.
Inxerir. — Enter.
   Ingerirse. — S'entremettre et s'introduire.
Irreprehensible. — Irrépréhensible.
Irreverente, irreverencia. — Irrévérent, irrévérence.
Irrevocable, irrevocablemente. — Irrévocable, irrévocablement.

J.

Jaharrár, jaharro, etc. — Crépir, crépi, etc.
Jesus, jesuita, etc. — Jesus, jesuite, etc.
Joven, juvenil, juventud. — Jeune, ce qui appartient à la jeunesse, jeunesse.
Jovial, jovialidad. — Jovial, ale, enjouement.
Judihuelo, la. — Petit juif, petite juive.
Jueves. — Jeudi.

K.

Kali. — Alkali.
Karmes. — Kermès.
Kirieleison. — Kyriéléison, terme pour exprimer qu'on va enterrer quelqu'un.
Kiries. — Kyrie.

L.

Larva, larval. — Esprit follet, qui concerne les esprits follets.
Laval. — Laval.
Lavanco. — Canard sauvage ou de rivière.
Lavándula. — Lavande.
Lavár, lavadero, lavandiero, etc. — Laver, lavoir, blanchisseur, etc.
Lavacias ou lavazas. — Lavures des vaisselles.
Laxa. — Pierre plate propre à faire des carreaux.
Leva, levar, levada, levadizo, levadura, etc. — Départ d'un vaisseau du port, partir du port, action d'escrimer, levis, levain, etc.

Levantar, levantamiento, etc.	Élever et soulever, élévation et soulèvement, etc.
Levante, levantisco.	Le levant, levantin.
Leve, levedad, etc.	Léger, légéreté, etc.
Levita, levítico.	Lévite, lévitique.
Lexía.	Lessive.
Liviano, na, liviandad, etc.	Léger et coquet, légère et coquette, légéreté et coquéterie, etc.
Livianos.	Lobes.
Livor.	Rougeur ou meurtrissure.
Lixa, lixar.	Chien de mer, polir avec la peau du chien de mer.
Llave, llavero.	Clef, clavier.
Llevar, llevadero, etc.	Porter, etc., tolérable, etc.
Llover, llovedizo, lloviznar, etc.	Pleuvoir, eau de pluie, pleuvoir à petites gouttes.
Lluvia, lluvioso.	Pluie, pluvieux.
Loquaz, loquacidad, loqüela.	Babillard, babil et bavardise, manière de parler de chacun.
Luxuria, luxurioso, etc.	Luxure, luxurieux, etc.

M.

Madexa.	Écheveau de fil, soie, etc.
Mahometano, na, mahometismo.	Mahométan, ne, mahométisme.
Mahona.	Une espèce de galère ou bâtiment fort en usage autrefois dans la Méditerranée.
Malavenido, da.	Pointilleux, euse, ou qui ne peut vivre avec personne.
Malévolo, la, malevolencia.	Malveillant, malveillance.
Malhechor.	Malfaiteur.
Malherido, da.	Blessé, ée à mort.
Malhojo.	Rebut ou ce qu'on jette aux ordures.
Malva, malvar, malvavisco.	Mauve, lieu rempli de mauves, guimauve.
Malvado, da, malvadamente.	Méchant, te, méchamment.
Malvasía.	Malvoisie.
Malversar, malversacion.	Malverser, malversation.
Malvis, ou malviz.	Mauvis.
Manquadra.	Terme d'escrime.
Maravedí.	Maravedis.
Maravilla, marivillar, maravilloso, etc.	Merveille, émerveiller, merveilleux, etc.

Matahogado.	Mot dont on se sert pour se mocquer d'un fanfaron qui fait le brave, et qui ne l'est point.
Matalahuga.	Anis.
Mexilla.	Joue.
Moharrache ou *moharracho.*	Un masque.
Mohatra, mohatrar, mohatrero.	Mohatra, faire des contrats *mohatra*, qui fait le contrat mohatra.
Mohina, mohino, na.	Facherie, chagrin, ne.
Moho, mohoso, mohecer, etc.	Moisissure, moisi, se moisir, etc.
Motivo, motivar, etc.	Motif, motiver, etc.
Mover, movedor, movedizo, movible, movimiento, etc.	Mouvoir, remuant, mouvant, mobile, mouvement, etc.
Moxi.	Une espèce de bassin en usage dans le royaume de Grenade, et le ragoût qu'on fait dans cette sorte de vase.
Muharra.	Le fer ou la lance d'un drapeau.

N.

Nava, navajo.	Plaine, marc.
Navaja, navajada, navajero, etc.	Couteau, coup de couteau, coutelier, etc.
Navarro, rra.	Navarrois, oise.
Nave, naveta, navio, naval, etc.	Vaisseau, navette, vaisseau de ligne, naval, &c.
Navegar, navegacion, navegable, etc.	Naviguer, navigation, navigable, etc.
Navidad.	La Noël.
Nervio, nervoso, nervudo, etc.	Nerf, nerveux, etc.
Nieve, nevar, nevada, nevero, etc.	Neige, neiger, la neige qui tombe, marchand de glace, etc.
Nivel, nivelar, etc.	Niveau, niveler, etc.
Noval, novalio, lia.	Novale, qui appartient aux novales.
Novar, novato, novator, etc.	Renouveler, nouveau, novateur, etc.
Novel, novela, novelero, novelería, etc.	Neuf ou qui commence, nouvelle, nouvelliste, conte, etc.
Noveno, na, novenario, etc.	Neuvième, neuvaine, etc.
Novicio, cia, noviciado.	Novice, noviciat.
Noviembre.	Novembre.

Q 3

Novillo , novillada , novillero , etc. Jeune taureau , course de jeunes taureaux , étable de jeunes taureaux , etc.

Novilunio. Nouvelle lune.

Novio , via. Nouveau marié , nouvelle mariée.

Nueve , novecientos , noventa, etc. Neuf , neuf cents , quatre-vingt-dix , etc.

Nuevo , va , novedad , novísimo , etc. Neuf , neuve , nouveauté , très-neuf et dernier.

O.

Oaxaca. La poudre de cacao , vanille , sucre, etc. , propres de la province d'Oaxaca.

Objeccion. Objection.

Objeto , objetar , etc. Objet , objecter , etc.

Obliqüo , qüa , obliquar , etc. Oblique , poser de biais , etc.

Obseqüente. Obéissant et complaisant.

Observar , obsérvador , observacion , observancia , etc. Observer , observateur , observation , observance , etc.

Obvencion. Obvention.

Obvio , via , obviar. Qui se présente aux yeux , qui est à la portée , obvier.

Ochavo , ochavada. Liard , octogone.

Octavo , va , octavar , octavario , etc. Huitième , faire des octaves avec des instrumens , octave , etc.

Oliva , olivo , olivar , etc. Olive , olivier , etc.

Olvidar , olvidadizo , olvido , etc. Oublier , oublieux , oubli , etc.

Ova. Algue *ou* varech.

Ovacion. Ovation.

Oval , óvalo , ovalado. Ovale , ovale ou figure ressemblante à l'ellipse , qui a la figure ovale.

Ovaria. Moulure taillée en forme d'œuf.

Oveja , ovejero , ovejuno , etc. Brebis , berger qui garde les brebis , qui appartient à la brebis, etc.

Overo , ra. Qui est de couleur jaune.

Oviparo , ra. Ovipare.

Ovillo , ovillejo , ovillar. Peloton de fil , soie , etc. , une espèce de ver , dévider.

Oxalá. Plût à Dieu.

Oxalme. Saumure mêlée avec du vinaigre.

Oxear , oxeo. Battre les buissons , battue.

Oxte , interjection. Ote-toi , éloigne-toi.

P.

Paradoxa, *paradóxico*. Paradoxe, paradoxal.

Paralaxe. Paralaxe.

Parva. L'action de coucher les blés sur l'aire.

Parvo, *va*, *parvedad* ou *parvidad*. Petit, te, petitesse.

Pavana. Pavane.

Pavés, *pavesada*. Pavois, pavesade.

Pavesa. Flammèche.

Pavimento. Pavé d'une église, salle, etc.

Paviota. Alcyon.

Pavo, *va*, etc. Coq d'Inde, *ou* dindon.

Pavon, *pavonar*, *pavonada*, *pavonazo*, etc. Paon, faire parade de son mérite et se pavaner, promenade courte, espèce de couleur rouge, etc.

Pavor, *pavoroso*, etc. Frayeur, redoutable, etc.

Paxaro, *xa*, *paxarera*, *paxarillo*, etc. Oiseau, femelle d'un oiseau, volière, petit oiseau, etc.

Perplexo, *xa*, *perplexidad*, etc. Perplexe, perplexité, etc.

Perseverar, *perseverancia*, etc. Persévérer, persévérance, etc.

Perverso, *sa*, *perversidad*, etc. Pervers, se, perversité, etc.

Pervertir, *perversion*, etc. Pervertir, perversion, etc.

Pervigilio. Insomnie.

Pexe, *pexe-muller*. Poisson, poisson-femme.

Phalange. Phalange.

Phalangio. Phalange, *ou* petit insecte vénimeux.

Pharmacia, *pharmacéutico*. Pharmacie, qui concerne la pharmacie.

Pharmacopea. Pharmacopée.

Phases. Phases.

Philaucia. Amour de soi-même.

Pihuela. Petite entrave qu'on met aux pieds de l'oiseau, ou l'attache d'envoi ou de retenue d'un oiseau de proie.

Pisaverde. Jeune homme qui fait l'agréable.

Pluvia, *pluvial*, *pluvioso*. Pluie, pluvier, pluvieux.

Polihedro. Polyedre.

Polvo, *pólvora*, *polvorear*, *polvorista*, etc. Pousssière, poudre à tirer, poudrier, marchand de poudre, etc.

Ponlevi. Pont-levis.

Preservar, *preservation*, etc. Préserver, préservation, etc.

Q 4

Prevalecer, prevalecido, etc.   Prévaloir, prévalu, etc.

Prevaricar, prevaricacion, preva-   Prévariquer, prévarication, pré-
   ricador, etc.   varicateur, etc.

Prevenir, prevencion, etc.   Prévenir, prévention, etc.

Prever, prevision, previsto, etc.   Prévoir, prévision, prévu.

Previo, via.   Préalable.

Primavera.   Printemps.

Privar, privacion, privado, pri-   Priver, privation, privé, pri-
   vativo, etc.   vatif, ive, etc.

Prohibir, prohibicion, etc.   Prohiber, prohibition, etc.

Prohijar, prohijador, etc.   Adopter, celui qui adopte, etc.

Prolixo, prolixidad, etc.   Prolixe, prolixité, etc.

Propinquo, qüa, etc.   Prochain, ne, etc.

Protervo, va, protervia, etc.   Opiniâtre, opiniatreté, etc.

Provecho, provechoso, etc.   Profit, profitable, etc.

Provecto, ta.   Avancé, ée en âge.

Proveer, proveedor, provision,   Pourvoir, pourvoyeur, provi-
   provisor, provisto, etc.   sion, pourvoyeur et official,
                             pourvu, etc.

Provenir, provento.   Provenir, utilité ou gain.

Proverbio, proverbial, etc.   Proverbe, proverbial, ale, etc.

Próvido, da, providencia, provi-   Prévoyant, te, providence, qui
   dencial, etc.   appartient à la providence, ou
                            à la prévoyance.

Provincia, provincial, etc.   Province, provincial, etc.

Provocar, provocador, provocatio,   Provoquer, celui qui provoque,
   etc.   querelleur, etc.

Próximo.   Prochain.

Pujavante.   Boutoir.

Q.

Quaderna.   Traverse, ou pièce de bois de-
                          puis l'étrave à l'étambot.

Quaderno, quadernal, quadernillo,   Cahier, Moufle, petit cahier,
   etc.   etc.

Quadra.   Étable.

Quadrado, da.   Quarré, ée.

Quadragenario, ria.   Quadragénaire.

Quadragésimo, ma, quadragési-   Quadragésime, quadragésimal,
   mal, etc.   etc.

Quadrángulo, quadrangular.   Quadrangle, quadrangulaire.

Quadrante, quadrantal.   Cadran, triangle ayant un côté
                         qui forme un quart de cercle.

Quadrar, quadratura.   Quarrer, quadrature.

Quadrícula, quadricular.   Division par carreau dans la pein-
                        ture, quarrer ou diviser par
                        carreau.

Quadriga. — Quadrige et attelage de quatre chevaux.

Quadril. — Os de la hanche.

Quadrilátero, ra. — Quadrilatère.

Quadrilla, quadrillero. — Quadrille, chef de quadrille.

Quadrilongo, ga. — Qui a la figure d'un carré long.

Quadro, quadrete. — Carré ou quarré, petit carré ou quarré.

Quadrúpedo, da. — Quadrupède.

Quadruplo, pla, quadruplicar, quadruplicacion, etc. — Quadruple, quadrupler, multiplication par quatre, etc.

Qual, qualidad, qualquiera, etc. — Quel, quelle, qualité, quiconque, etc.

Quan, quanto, quantía, quantidad, quantioso, etc. — Tant ou autant que, quantité, quantité et somme, considérable, etc.

Quando. — Quand.

Quarenta, quarentena, quaresma, etc. — Quarante, quarantaine, carême, etc.

Quartago. — Cheval ragot.

Quartana, quartanario. — Fièvre quarte, qui a la fièvre quarte.

Quartel, quartelado. — Quartier, écartelé de quatre quartiers.

Quarteron. — Quarteron.

Quarteta, quarteto. — Quatrain, l'un des deux premiers quatrains d'un sonnet.

Quartilla, quartillo. — Quatrième partie d'un poids de vingt-cinq livres, demi-chopine.

Quarto, ta, quartar, quartear. — Quatrième, donner le quatrième labour, partager en quatre.

Quatro, quatralbo, quatrero, quatrin, quatropea, quatrocientos, etc., en un mot tous les dérivés et composés de *quatro*, et de *qual*, quel, quelle, *quanto*, quant, toutes les fois qu'ils conservent l'*U* de l'origine latin, s'écrivent par *Q* et non par *C*. — Quatre, cheval balzan qui a les quatre pieds blancs, voleur de bestiaux, petite et ancienne monnoie d'Espagne, dont le nom s'applique ordinairement dans le style familier à signifier l'argent en général, impôt sur les chevaux qui se vendent au marché, quatre cents, etc.

Qüestion, qüestionar, etc. — Question, questionner, etc.

Qüestor, qüestura. — Questeur, questure.

Quexigo, quexigal. — Frêne sauvage, forêt de frênes sauvages.

Quixada. — Mâchoire.

Quixal ou quixar. — Dent mâchelière ou molaire.

Quixote, quixotada, quixoteria. — Quichote ou extravagant, quichotade ou extravagance.

Quociente.	Quotient.
Quodlibeto, quodlibético, etc.	Quodlibet ou question que l'auteur propose à sa volonté, ce qui appartient au quodlibet, etc.
Quota.	Quote ou quote part.
Cota.	Cotte d'armes, cotte ou jaque de mailles.

R.

Rebaxa, rebaxo, rebaxar.	Rabais, entaille, rabaisser.
Recavar, recavado.	Bêcher de nouveau, bêché, etc.
Reconvenir, reconvencion, etc.	Reconvenir, reconvention, etc.
Recova, recovero.	Achat d'œufs, etc. dans les villages pour les revendre, coquetier.
Recoveco.	Tour et retour.
Reflexa.	Adresse ou tour de finesse d'esprit.
Reflexo.	Réflexion ou rejaillissement.
Reflexo, xa.	Réfléchi, ie.
Refluxo.	Reflux.
Rehabilitar, rehabilitacion, etc.	Réhabiliter, réhabilitation, etc.
Rehacer, rehecho.	Refaire, refait.
Rehen.	Otage.
Rehenchir, rehenchimiento.	Remplir de nouveau, remplage ou remplissage.
Rehilar, rehilandera, rehilete, rehilo.	Retordre trop en filant, moulinet de papier pour amuser les enfans, une espèce de volant, chancellement.
Rehuir, rehuida, etc.	S'enfuir, fuite et refuite, etc.
Rehundir, rehundido.	Submerger et refondre, submergé, etc.
Rehurtado, rehurtada.	Qui refuit avec ruse, en termes de chasse.
Rehusar, rehusado.	Refuser, refusé.
Rejuvenecer.	Rajeunir.
Relaxar, relaxado, relaxacion, etc.	Relâcher, relâché, relâchement, etc.
Relevar, relevacion, relevante, etc.	Relever, relèvement, relevé, etc.
Relexe, relexar.	Concavité du canon où l'on met la poudre, former un relais en berme ou en lisière.
Relieve.	Relief.
Remover, removido, etc.	Remuer, remu, etc.
Renovar, renovacion, renuevo, etc.	Renouveler, renouvellement et rénovation, rejeton, etc.

Reserva, reservar, reservacion, etc. — Réserve, réserver, réservation, etc.

Resolver. — Résoudre.

Respahilar. — Faire les choses fort à la hâte.

Retraher, retrahido, etc. — Rapporter et éloigner, rapporté, etc.

Revalidar, revalidacion, etc. — Ratifier, ratification, etc.

Revelar, revelado. — Revéler, revélé.

Rebelarse, rebelada. — Se rebeller, rebellé.

Revelacion, revelador. — Révélation, qui revèle la confession ou un secret.

Revender, revendedor, reventa, etc. — Revendre, revendeur, revente, etc.

Revenirse, revenido. — Revenir d'une prévention, etc., revenu.

Reventar, reventadero, reventon, etc. — Crever, peine ou fatigue excessive, crevasse, etc.

Rever, revision, revisor, revista, etc. — Revoir, révision, réviseur, revue, etc.

Reverberar, reverberacion, reverbero, etc. — Réverbérer, réverbération, le lieu où se fait la réverbération, etc.

Reverdecer. — Reverdir.

Reverendo, da. — Révérend, de.

Reverente, reverencia, reverencial, reverenciar, etc. — Respectueux, révérence ou vénération, respectueux, révérer, etc.

Reverso, reversion. — Revers de médailles, reversion.

Reves, revesar, revesado, etc. — Revers, vomir, vomi, etc.

Revestir, revestido, etc. — Revêtir, revêtu.

Revezar, revezado, revezo. — Se relever tour-à-tour, relevé, etc., alternative.

Revivir. — Revivre.

Revocar, revocacion, revoco, revocable, etc. — Revoquer, revocation, couleur extérieure qu'on donne aux façades ou aux murs des maisons, revocable, etc.

Revolcarse, revolcadero, etc. — Se vautrer, lieu où on se vautre, etc.

Revolear, revuelo, revoletear, revoleteo, etc. — Voler autour de, etc., vol de l'oiseau à plusieurs reprises, etc., voler ou voltiger, vol rapide autour de, etc., etc.

Revolver, revolucion, revuelta, revoltillo, revoltoso, etc. — Retourner, révolution, l'action de se retourner, paquet de plusieurs choses, turbulent, etc.

Rezelar, *rezelo*, *rezeloso*, etc. — Appréhender, appréhension, craintif, etc.

Rival. — Rival.

Rixo, *rixoso*. — Démangeaison de sensualité, querelleur.

Ropavejero, *ropavejeria*. — Fripier, friperie.

S.

Saliva, *salivar*, *salivacion*, etc. — Salive, saliver, salivation, etc.

Salva, *salvilla*. — Salve, soucoupe.

Salvado, *salvadera*. — Du son, poudrier.

Salvage, *salvagina*, etc. — Sauvage, bête sauvage, etc.

Salvaguardia. — Sauve garde.

Salvatela. — Salvatelle.

Salvia. — Sauge.

Salvo, *va*, *salvar*, *salvacion*, *salvador*, *salvamento*, etc. — Sauf, ve, sauver, salut, sauveur, l'action de sauver et de se sauver, etc.

Selva, *selvático*, *selvoso*, etc. — Forêt, qui appartient à la forêt, de la forêt, etc.

Sequaz, *seqüela*, *seqüencia*. — Sectaire ou partisan, conséquence, séquence.

Seqüestrar, *seqüestro*. — Séquestrer, séquestre.

Servilleta. — Serviette.

Serviola. — Bosseurs.

Severo, *ra*, *severidad*, etc. — Sévère, sévérité, etc.

Sevillano, *na*. — De Séville.

Siervo, *va*, *servil*, *servir*, *servitio*, etc. — Esclave ou serviteur, servante, servile, servir, service, etc.

Silva, *silvestre*. — Bois ou forêt, sauvage.

Sobrehaz. — Surface.

Sobrehueso. — Enflûre sur l'os.

Sobrehusa. — Une espèce de sauce avec laquelle on accommode la merluche, ou un autre poisson après l'avoir frit.

Sobrellevar. — Supporter.

Sobrevenir. — Survenir.

Sobrevesta. — Soubreveste.

Sobrevienta, *sobreviento*. — Tous les côtés du vent.

Sobrevista. — La visière d'un casque.

Socava, *socavar*, *socaveña*, *socavon*. — L'action de miner, miner, souterrain ou galerie.

Solvente. — Solvable.

Sophi. — Sophi, ou qualité qu'on donne au Roi de Perse.

Sernaviron.   Coup du revers de main.

Sotavento, sotaventarse.   Sous le vent, être sous le vent.

Suave, suavidad, suavizar, etc.   Doux, ce, douceur, adoucir, etc.

Subhastar, subastacion.   Vendre au plus offrant et dernier enchérisseur, subhastation.

Sublevar, sublevacion.   Soulever, soulèvement.

Subseqüente.   Subséquent.

Sujetar, sujecion, sujeto, etc.   Assujettir, assujettissement, sujet, assujetti, etc.

T.

Tahalí.   Bandoulière ou baudrier ancien.

Taharel.   Terre qui produit beaucoup de tamaris.

Tahona, tahonero.   Moulin à bras ou dont la pierre est tournée par un cheval, etc., meûnier d'un moulin à bras, etc.

Tahulla.   La sixième partie d'un arpent de terre destinée à être semée.

Tahur, tahurería.   Joueur de profession, lieu où l'on joue aux dés, etc.

Talvina.   Bouillie faite avec de la farine et du lait d'amande.

Tarahal.   Lieu planté de tamaris.

Taravilla.   Traquet.

Tauxía.   Marqueterie en or ou en argent, etc.

Tavillado, da.   Marqué, ée, des marques de la fabrique.

Tergiversar, tergiversacion, etc.   Tergiverser, tergiversation, etc.

Terraqüeo, qüea.   Qui appartient au globe composé de terre et d'eau.

Texer, texido, texedor.   Tistre ou faire de la toile, etc., tissu, tisserand.

Texo.   If.

    Tejo.   Tuileau.

Texon.   Taisson ou blaireau.

Tixeras, tixeretas, tixeretear, tixeretada, etc.   Ciseaux, petits ciseaux, couper, jouer, etc., avec les ciseaux, coup de ciseaux; etc.

Todavía.   Cependant, encore.

Tolva, tolvanera.   Trémie, tourbillon de poussière.

Torvisco.   Garou.

Torvo, va.   Affreux, euse.

Totovía.   Alouette.

Traer, traida, etc.   Apporter, conduite ou l'action de conduire, etc.

Trahilla , trahillar , etc. — Lesse , applanir une terre.

Trashoguero , ra. — Qui est derrière le feu , comme une plaque de fer ou une buche.

Trashojar. — Feuilleter.

Trasvenarse , trasvenado. — S'extravaser , en parlant du sang , extravasé.

Trasvinarse. — S'écouler , en parlant du vin.

Transvolar. — Voler passant d'un côté à un autre.

Través , travesar , travesero. — Travers , traverser , traversin.

Travesía. — Traverse.

Traviesa. — Traverse.

Travieso , sa , travesear , travesura. — Qui est de travers , être inquiet , etc. , méchanceté d'enfant , etc.

Triunviro , triunvirato. — Triumvir , triumvirat.

Trivial , trivialmente , etc. — Trivial , vulgairement.

Trova , trovar , trovador. — Composition métrique d'une histoire ou fable en vers , vérifier , troubadour , trouverre ou trouveur.

Troxe ou trox. — Grenier.

Truhan , truhanería , etc. — Baladin , action de baladin , etc.

Tuve , tuviera , tuviese. — J'eus , j'aurois , que j'eusse.

Temps du verbe *tener*, tenir et avoir. On doit écrire de même par *V* les temps analogues des verbes composés de celui-ci, v. gr. on doit écrire *contuve*, je contins, du verbe *contener*, contenir ; *obtuviera*, j'obtiendrois , du verbe *obtener*, obtenir ; *retuviese*, que je retinsse, du verbe *retener*, retenir, etc.

U.

Universo, universal, universidad, etc. — Univers, universel, université, etc.

Univoco , ca , univocarse , univocacion. — Univoque , être univoque , univocation.

Uva , uvate , uvero , etc. — Raisin , raisiné , marchand de raisin.

Uxier. — Huissier du Palais du Roi.

V.

Vaca , vacada , vacuno , vaquero , etc. — Vache , troupeau de bœufs , vaches , etc. , qui appartient aux bœufs , etc. , vacher , etc.

Vacilar , vacilante , etc. — Vaciller , vacillant , etc.

Vacio , vacia , vaciar , vaciadero , vaciadizo , vaciedad , etc. — Vide , vider , égoût , jeté en moule, parole mal-honnête, etc.

Vaco , ca , vacar , vacacion , vacante , etc. — Vacant , te , vaquer , vacation , vacant , etc.

Vacuo, cua. — Vide.

Vado, vadear, vadeable. — Gué, guéer, guéable.

Vago, ga, vagar, vagamundo, etc. — Errant, te, vaguer, vagabond, etc.

Vaharera. — Pustule.

Vaho, vahear, etc. — Exhalaison, exhaler, etc.

Vaido. — Vertige.

Val pour valle. — Val ou vallée.

Vale. — Billet.

Valer, valedor, valedero, valimiento, etc. — Valoir, patron ou protecteur, valable, privauté, etc.

Valeroso, sa. — Valeureux, euse.

Valido. — Favori.

 Balido. — Bêlement.

Válido, da, validar, validacion, válidamente, etc. — Valable, valider, validation, validement, etc.

Valiente, valentia, valenton, etc. — Vaillant, vaillance, faux brave, etc.

Valiza. — Balise.

Valla, vallado, valladar, etc. — Barrière, enclos, barrière, etc.

Valle. — Vallée.

Valon. — Walon.

 Balon. — Balle ou ballot.

Valona. — Espèce de rabat fort large.

Valor, valorar, etc. — Valeur, priser, etc.

Valuar, valuado, valuacion, etc. — Évaluer, évalué, évaluation, etc.

Válvula. — Valvule.

Vándalo, la. — Wandale.

Vanguardia. — Avant-garde.

Vano, na, vanidad, vanagloria, vaniloquo, etc. — Vain, ne, vanité, vaine gloire orgueilleux, etc.

Vapor, vaporoso, vaporizar, etc. — Vapeur, vaporeux, s'évaporer, etc.

Vaqueta. — Cuir de bœuf ou vache préparé.

 Baqueta. — Baguette.

Vara, varal, varapalo, varear, vareta, varilla, et tous les autres ses dérivés et composés s'écrivent par *V*. — Verge, perche, longue perche, gauler, verge d'alguazil, petite branche d'arbre déliée, gaule.

Varar, varado. — Lancer un vaisseau à l'eau, lancé.

Vardasca ou verdasca, vardascazo. — Baguette, coup de baguette.

Vario, ria, variar, variable, variacion, variedad, etc. — Divers, se, varier, variable, variation, variété, etc.

Varon. — Mâle, en parlant de l'homme.

 Baron. — Baron.

Varonia. — Descendance de mâle en mâle.

 Baronia. — Baronnie.

Vasallo, vasallage. — Sujet et vassal, vasselage.

Vascongado, da. — Biscayen, enne.

Vascuence. — La langue biscayenne.

Vaso, vasera, vasija, vasito, etc. — Verre, verrier, vaisseau à conserver des liqueurs, petit verre, etc.

Vástago. — Rejeton.

Vasto, ta. — Vaste.

 Basto, ta. — Grossier, ère.

Vaticinar, vaticinador, vaticinio, etc. — Deviner, devin, divination, etc.

Vaya. — Baie ou moquerie.

 Baya. — Baie ou graine de laurier, etc.

Vayna, vaynazas, vaynica, etc. — Fourreau, flasque, gousse ou cosse, etc.

Vayven. — Branlement.

Vecino, na, vecindad, vecindario, etc. — Voisin, ine, voisinage, le nombre d'habitans d'une ville, village, etc.

Veda, vedar, vedado, etc. — Prohibition, prohiber, prohibé, etc.

Vedija, vedijar, vedijado. — Toupet ou peloton de laine grasse ou crue, etc. faire des pelotons de laine, etc. qui a été fait en peloton, etc.

Veduño. — Une espèce de vignes ou de raisins.

Veedor, veeduría. — Censeur ou contrôleur, l'emploi de censeur, etc.

Vega. — Campagne unie et vaste.

Vegetarse, vegetable, vegetativo, etc. — Végéter, végétable, végétatif, etc.

Vehemente, vehemencia, &c. — Véhément, véhémence.

Vehículo. — Véhicule.

Veinte, veinteno, veintiquatro, veintiquatreno, veintiquatría, etc. — Vingt, le vingtième, vingt-quatre, qui appartient au nombre vingt-quatre, la charge d'échevin, ainsi appelée dans l'Andalousie, parce que dans certaines Villes le nombre de ces Magistrats monte à vingt-quatre.

Vejez, vejestorio. — Vieillesse, tout ce qui est vieux et usé, etc.

Vela, velar, velacho, velamen, velero, veleta, etc. et enfin tous les autres dérivés et composés de *vela,* veille, et de *velo,* voile, s'écrivent par *V.* — Veille, veiller, voile de hune, jet de voiles, bon voilier, girouette, etc.

Veleidad. — Véléité.

Velesa.

Velesa.	Cerfeuille.
Velicar, velicacion.	Picoter, picotement des humeurs.
Vello.	Poil follet.
Bello.	Beau.
Vellera.	Barbière.
Vellocino.	Bisquain.
Vellon.	Toison.
Vellora.	Nœud qui se forme sur le drap en le tissant.
Vellori.	Drap de couleur cendrée.
Vellorita.	Primevère.
Velloso, sa, velludo, etc.	Velu, ue, pelu, etc.
Velo, velar, velete, velillo, etc.	Voile, voiler, petit voile, etc.
Velon, velonera, velonero.	Lampe, espèce de plaque qui tient le chandelier ou lampe, artisan qui fait des lampes de cuivre, etc.
Veloz, velocidad, etc.	Léger, vélocité, etc.
Vena, venero, venoso, etc.	Veine, minière de métaux, etc. veineux, etc.
Venacion, venatorio, etc.	Venaison, qui concerne la chasse, etc.
Venablo.	Demi-lance dont on se sert à la chasse du sanglier.
Venado.	Espèce de cerf du Pérou.
Venal, venalidad.	Vénal, vénalité.
Vanaquero.	Garde-cerfs.
Vencejo.	Martinet, oiseau.
Vencer, vencedor, vencida, vencimiento, etc.	Vaincre, vainqueur, victoire, l'action de vaincre, ou de se vaincre, etc.
Venda, vendar, etc.	Bande, bander, etc.
Vendaval.	Vent d'aval.
Vender, vendedor, vendeja, etc.	Vendre, vendeur, vente publique, etc.
Vendicion.	Vendition.
Bendicion.	Bénédiction.
Vendimia, vendimiar, vendimiador, etc.	Vendange, vendanger, vendangeur, etc.
Venéfico.	Vénimeux.
Benéfico.	Bienfaisant.
Veneno, venenoso, etc.	Poison, venin, vénimeux, etc.
Venera.	Croix de chevalier.
Venerar, veneracion, venerable, etc.	Vénérer, vénération, vénérable, etc.
Venéreo, rea.	Vénérien, enne.
Vengar, vengador, venganza, vengativo, etc.	Venger, vengeur, vengeance, vindicatif, etc.

R

Venia, venial, venialidad, venial- Pardon et permission, véniel-
mente.　elle, faute vénielle, vénielle-
　ment.

Venir, venida, venidero, viniente, Venir, venue, futur, venant, etc.
etc.

Venta, etc. Hôtellerie de campagne, Hôtelier
　d'hôtellerie en pleine campagne.

Ventaja, ventajoso, etc. Avantage, avantageux, etc.

Ventana, ventanage, ventanero, etc. Fenêtre, fenêtrage, ouvrier qui
　fait des fenêtres.

Ventear, venteado. Ventet, venté.

Ventilar, ventilacion. Ventiler ou discuter, etc. discus-
　sion, etc.

Ventisca, ventiscar, ventisquero. Vent fort, faire de grands vents,
　amas de neige fait par les vents.

Ventolera. Vent violant et qui dure peu.

Ventor. Chien courant.

Ventosa. Ventouse.

Ventoso, sa, ventosear, ventosi- Venteux, euse, péter, ventosi-
dad, etc.　té, etc.

Ventregada. Ventrée ou portée.

Ventrera. Bande pour se ceindre le ventre.

Ventrículo. Ventricule.

Ventrudo, da. Ventru, ue.

Ventura, venturero, venturoso, etc. Félicité, aventurier, fortuné, etc.

Venturina. Aventurine.

Vénus, venusto. Vénus, beau.

*Ver, voir, et ses dérivés et composés qui sont placés dans les
　endroits respectifs.*

Vera. Borne et bord.

Verano, veranear, veraniego, etc. Été, passer l'été en quelque en-
　droit, qui regarde l'été et celui
　que l'été rend maigre, etc.

Veras. Choses vraies.

Veraz, veracidad. Véridique, coutume de dire vrai.

Verbasco. Bouillon blanc.

Verbena. Verveine.

Verbigracia. Verbi gratiâ, par exemple.

Verbo, verbal, verbalmente, ver- Verbe, verbal, verbalement,
boso, etc.　verbeux, etc.

Verdad, verdadero, etc. Vérité, véritable, etc.

Verde, verdear, verdor, verdura, Vert, te, verdir, verdeur, ver-
verdoso, et ainsi tous ses déri-　dure, verdâtre.
vés et composés.

Verdugo, verdugon. Rejeton et bourreau, grande
　marque que laisse le coup de
　fouet.

Verdugado. — Vertugadin.

Vereda, veredero, etc. — Ordre ou avis qu'on envoie aux Villes, etc. la personne qui les porte, etc.

Verga, vergajo, etc. — Verge, etc., verge de taureau, etc.

Vergel. — Verger.

Verguenza, vergonzoso, vergonzante, etc. — Honte, honteux, ou qui manque de hardiesse, honteux ou qui a de la honte, etc.

Vericueto. — Chemin âpre.

Verídico, ca. — Véridique.

Verificar, verificacion, etc. — Vérifier, vérification, etc.

Verisimil ou verosimil, verisimilitud, etc. — Vraisemblable, vraisemblance, etc.

Verja. — Grille.

Vernal. — Vernal, ale.

Verónica. — Véronique.

Veros. — Vair.

Verraco, verraquear. — Verrat, grogner.

Verriondo, da, verriondez. — Qui appartient au verrat quand il est en chaleur, chaleur du verrat.

Verrucaria. — Verrucaire.

Verruga. — Verrue.

Versales. — Propres de vers ou appartenantes aux vers.

Versar, versado. — Verser, verso.

Versión. — Version.

Verso, versículo, versificar, etc. — Vers, verset, versifier, etc.

Vértebra. — Vertèbre.

Vertellos. — Racage.

Verter, vertedero, vertiente, etc. — Verser ou répandre, égoût, versant et chûtes d'eaux, etc.

Vértice, vertical, etc. — Sommet de la tête, vertical, etc.

Vértigo, vertiginoso. — Vertige, qui est sujet aux vertiges.

Véspero, vespertino. — Vénus ou l'étoile du soir, qui appartient au soir.

Vestíbulo. — Vestibule.

Vestigio. — Vestige.

Vestiglo. — Monstre horrible.

Vestir, vestido, vestidura, vestuario, etc. — Vêtir, vêtement, habit, habillement, etc.

Veta. — Veine de mine, etc.

Beta. — Bosses et la seconde lettre de l'alphabet grec.

Veterano, na. — Vétéran, ancienne.

Vexar, vexacion, vexámen, etc. — Vexer, vexation, raillerie, etc.

Vexiga, vexigazo, vexigatorio, etc. — Vessie, coup avec une vessie enflée, vésicatoire, etc.

Vez, vecero, vezar, etc. — Fois, celui qui fait une chose tour-à-tour, habituer, etc.

Via, viador, viandante, viático, etc. — Chemin, voyageur, passager, viatique, etc.

Viadera. — Pièce du métier d'un tisserand.

Viage, viajar, viagero, viajador. — Voyage, voyager, viager, voyageur.

Vianda. — Viande.

Vibora, viborrezno. — Vipère, vipereau.

Vibrar, vibracion, etc. — Brandir, vibration, etc.

Vicario, vicaria, vicariato. — Vicaire, vicairie, vicariat.

Vicealmirante, Vicecanciller, Vice-amiral, Vice-chancelier, et tous les autres composés qui commencent par le mot *vice* s'écrivent aussi par *V.*

Vicio, viciar, vicioso, etc. — Vice, corrompre, vicieux, etc.

Vicisitud. — Vicissitude.

Victima. — Victime.

Victor, victorear, victoria, victoriosa, etc. — Mot de joie en signe d'applaudissement, et qui répond au mot *bravo* Italien, qui commence à s'introduire en France; applaudir, victoire, victorieux, etc.

Vicuña. — Vigogne.

Vid, vidueño ou *viduño.* — Cep, ou souche, espèce ou qualité de vignes.

Vida. — Vie.

Vidrio, vidriar, vidriado, vidriera, vidriero, vidrioso, etc. — Verre, vernisser, vernissé, vitrage, vitrier, fragile comme le verre, etc.

Vieja, ja, vejete, etc. — Vieux, vieille, viellot, etc.

Viento, vent, et tous ses dérivés et composés qui sont placés dans les endroits respectifs, s'écrivent par *V.*

Vientre, et ses composé et dérivés. — Ventre.

Viernes. — Vendredi.

Viga, vigueta. — Poutre, petite poutre.

Vigésimo, ma. — Vingtième.

Vigia, vigiar. — Échauguette, regarder dans l'échauguette pour tâcher de découvrir les bâtimens sur mer.

Vigilar, vigilante, vigilancia, vigilia, etc. — Veiller, vigilant, vigilance, veille, etc.

Vigor, vigorar, vigoroso, etc. — Vigueur, fortifier, vigoureux, etc.

Vigotas. — Poulies de navire plattes et sans moufles.

Vihuela. — Guitare.

Vil, vileza, vilmente, etc. — Vil, vileté, vilement, etc.

Vilicacion. — Administration.

Vilipendiar, vilipendio. — Vilipender, mépris.

Villa, village, villano, villanía, villancico, etc. — Ville qui n'est pas cité, village, roturier et villageois, vilainie, noël, etc.

Villar. — Village ou petit bourg.

Billard. — Billard.

Vinagre, vinagrera, vinagrero, vinagrillo, etc. — Vinaigre, vinaigrier ou vase où l'on met le vinaigre, vinaigrier ; vinaigre qui a peu de force, etc.

Vinculo, vincular, etc. — Lien, rendre ses biens inaliénables, etc.

Vindicar, vindicacion, vindicta, etc. — Venger et revendiquer, vindication, vengeance et vindicte, etc.

Vino, vinatero, vinoso, etc. — Vin, marchand de vin, vineux, etc.

Viña, viñadero, viñador, viñedo, etc. — Vigne, messier, vigneron, vignoble, etc.

Viola, violin, violon, violinista, etc. — Viole, violon, basse de viole, violon ou qui joue du violon, etc.

Violar, violacion, violador. — Violer, violation, violateur.

Violento, ta, violentar, violencia, etc. — Violent, te, violenter, violence, etc.

Violeta, violáceo, etc. — Violette, violet, etc.

Viperino, na. — Qui appartient à la vipère.

Viquitortes. — Pièces de bois courbes dont on fait les balcons d'un vaisseau.

Vira, virador, virilla, virote, etc. — Espèce de trait ou de flèche fort délié, et trépoint, l'instrument pour faire la trépointe ; trépointe, espèce de javelot, etc.

Virar. — Virer.

Virgen, virginal, virgineo, virginidad, virgo. — Vierge, virginal, virginité, vierge ou un des signes du zodiaque.

Virgilla, virgulilla. — Verge, virgule.

Viril, virilidad, viripotente, etc. — Viril, virilité, nubile, etc.

Virrey, virreyna, virreynato. — Vice-Roi, Vice-Reine, Vice-royauté.

Virtud, virtual, virtuoso, etc. — Vertu, virtuel, vertueux, etc.

Viruela, virolento. — Vérole, vorolé et marqué de la vérole.

R 3

Viruta.	Copeau.
Visage.	Grimace.
Visco, viscoso, viscosidad.	Glu, visqueux, viscosité.
Visir.	Visir ou vizir.
Visita, visitar, visitacion.	Visite, visiter, visitation.
Vislumbre, vislumbrar.	Lueur, entrevoir.
Visa… visera, visible, vision,	Lieu élevé d'où l'on peut voir,
visivo, visual, etc.	visière, visible, vision, visible, visuel, elle, etc.
Vispera.	La veille.
Vista, visillas, vistoso.	Vue, éminence pour voir de loin, orné proprement, etc.
Vital, vitalidad, vitalicio.	Vital, ale, mouvement vital, viager.
Vitando, da.	Qui doit être évité.
Vitela.	Veau.
Vitreo, trea.	Vitré, ée.
Vitrificar, vitrificacion.	Vitrifier, vitrification.
Vitriolo.	Vitriol.
Vitualla.	Vivres.
Vituperar, vituperable, vituperio, etc.	Blâmer, blâmable, blâme, etc.
Viudo, da, viudedad, viudez, etc.	Veuf, euve, viduité, veuvage, etc.
Vivandero.	Vivandier.
Vivar, vivera ou vivera.	Garenne, parc où l'on nourrit des bêtes de chasse.
Vivaz, vivacidad.	Vivace, vivacité.
Vivo, va, viveza, vivir, vividor, vividero, víveres, etc.	Vif, ive, ou vivant, te, vivacité, vivre, qui vit long-temps, habitable, vivres, etc.
Vizcaino, na.	Biscayen, enne.
Vizconde, esa, vizcondado.	Vicomte, esse, vicomté.
Vocablo, vocabulario, etc.	Mot, vocabulaire, etc.
Vocacion.	Vocation.
Vocal, vocalmente.	Vocal, ale, de bouche, avec la voix, à haute voix.
Vocativo.	Vocatif.
Vocear, voceador, vocería, vocero.	Crier, crieur, crierie, avocat.
Vociferar, vociferacion, vociferador.	Prôner ou publier avec bruit, tintamarre de paroles, crieur et vantard.
Vocinglero, ra, vocinglería, etc.	Criard, de, criaillerie, etc.
Volar, vuelo, volador, volandas, volandero, volatería, volatil.	Voler, vol, volant, en volant, qui vole, chasse aux oiseaux et volaille, volatile, etc.
Volada.	Volée.

R 4

Bolada.	Coup de boule.
Volatin.	Danseur de corde.
Volcan.	Volcan.
Volcar, vuelco.	Tourner, tour.
Voltario, voltariedad.	Changeant, inconstance.
Voltear, volteador, voltear, etc.	Voltiger, voltigeur, voltiger souvent, sauter en l'air, etc.
Voluble, volubilidad.	Aisé à tourner, volubilité.
Volúmen, voluminoso.	Volume, volumineux.
Voluntad, voluntario, voluntarioso, etc.	Volonté, volontaire, qui aime à faire ce qu'il veut, etc.
Volver, vuelto, vuelta, etc.	Tourner, tourné, tour, etc.
Volvo ou vólvulo.	Miséréré, colique très-violente et dangereuse.
Vomitar, vómito, vomitoria, vomitorio, etc.	Vomir, vomissement, vomissement d'ivrogne, etc., vomitif, etc.
Voraz, voracidad, etc.	Vorace, voracité, etc.
Vos, vosotros, etc.	Vous, vous autres, etc.
Votar.	Voter, et vouer.
Voto.	Vœu et suffrage.
Votivo, va.	Votif, ive.

Voz, voix et mot, et tous ses dérivés et composés, qui sont placés dans les endroits respectifs, s'écrivent par *Vo*.

Vuelco.	Tour, etc.
Vuelo.	Vol.
Vuelta.	Tourner.
Vueso, sa, vuestro, tra.	Votre.
Vulgo, vulgar, vulgaridad, vulgarizar, vulgata.	Le vulgaire, vulgaire, des raisons ou des paroles, qui ne sont propres que du vulgaire, divulguer, vulgate, etc.
Vulnerar, vulnerable, vulnera... etc.	Enfreindre, vulnérable, vulnéraire, etc.

X.

Xabalcon ou xabalcax, xabalconax ou xabalonax.	Bois pour le toit des maisons, dresser un toit.
Xabeba.	Espèce de flûte moresque.
Xabega, xabeguera.	Tramail, pêcheur qui pêche avec le tramail.
Xabeque.	Chebec.
Xabon, xabonar.	Savon, savonner, faiseur et marchand de savon, etc.

Xácara , xacarear , xacarero , etc. Chanson de quelque historiette amoureuse ou tragique , chanter souvent de ces chansons , chanteur de rue , etc.

Xácaro. Babard.

Xaco. Ancien habit court en usage dans la milice.

Xalapa. Xalapa (plante).

Xalear. Aboyer après le gibier.

Xalma. Espèce de bât à la moresque.

Xaloque. Siroc ou le sud-est.

Xamuga. Selle de cheval pour femme.

Xaque , xaquear. Échec , donner échec.

Xaqueca. Migraine.

Xaquel. Orange aigre-douce.

Xaqueta , xaquetilla , etc. Espèce d'habillement moresque , le même habit plus court , etc.

Xáquima. Licol ou licou.

Xara , xaral. Ladanum , hallier.

Xarabe , xarabearse , etc. Syrop , prendre des syrops régulièrement , etc.

Xaramago. Roquette sauvage.

Xarameño , ña. Qui est de Xarama , on le dit des taureaux , etc.

Xaramuejo. Une espèce de poisson fort petit.

Xarcia. Agrès.

Xarifo , fa. Qui a de la grâce , de l'agrément.

Xarope , Xaropear. Julep , donner des juleps.

Xateo. Petit chien matois qui court le renard.

Xato. Veau ou génisse d'un an.

Xau , interjection. Espèce de cri pour animer les taureaux.

Xauria. Troupe de chiens couchans.

Xeme , xemal. L'étendue du bout du pouce à celui du doigt index , qui a la longueur d'un demi-pied.

Xeque. Chef , etc. d'un pays.

Xerezano , na. Qui est de Xerez.

Xerga , xerguilla , xergon. Étoffe grossière , étoffe très-fine en soie , etc. , paillasse.

Xerife ou xarife. Chérif.

Xeringa , xeringar , xeringazo , etc. Seringue , seringuer , l'action de seringuer , etc.

Xeta. Grosse lèvre.

Xibia , xibion. Sèche , ou de la sèche.

Xícara. Tasse.

Xiferó, ó ra, *xiferah*, etc. Qui appartient à la tuerie ou au lieu de la tuerie, coup de dague, etc.

Xilguero. Chardonneret.

Xilobálsamo. Xilobalsamum.

Ximio. Singe.

Xuagarzo. Une espèce d'arbuste qui porte des épines.

Xugo, *xugoso.* Suc, succulent.

Y

Yervo. Ers.

Z

Zaareño, *ña.* Hagard, arde, en parlant du faucon.

Zaheris, *zaheridor*, etc. Blâmer ou blasonner, celui qui reproche les bienfaits qu'il a faits, etc.

Zahondar Fouir ou creuser.

Zaheri. Homme à qui le vulgaire attribue la vertu de voir ce qui est caché dans la terre, etc.

Zahorra. Lest.

Zahurda. Étable à cochon.

Zanahoria. Panais ou pastenade.

Zeda ou zeta. Prononciation du z espagnol.

Zéfiro. Zéphir, et en poësie zéphire.

Zelo, *zelos*, *zelar*, *zeloso*, etc. Zèle, jalousie, zéler, jaloux, etc.

Zenit. Zénith.

Zequi. Monnoie d'or chez les Mores.

Zis, *zas.* Le bruit ou son que font les coups frappés sur quelque chose.

Zitara. Cloison simple faite de briques.

Zizaña, *zizañero*, *ña.* Zizanie, semeur de zizanie ou brouillon.

REMARQUE. On ajoutera une autrefois à cette liste quelques mots dont on n'a pas pu trouver la signification.

LISTE *de différens surnoms et de quelques Villes, Bourgs, Villages et rivières d'Espagne dont on fixe l'Orthographe, la manière de les écrire étant douteuse.*

Acevedo.	Haro.	Sevilla.	Vergara.
Alava.	Heredia.	Silva.	Viana.
Alvarado.	Herrera.	Talavera.	Vicuña.
Alvarez.	Hinestrosa.	Toван.	Vigil.
Avellaneda.	Hinojosa.	Valdes.	Vigo.
Avendaño.	Hoyos.	Valencia.	Villafranca.
Avila.	Huerta.	Valenzuela.	Villagarcia.
Avilés.	Hurtado.	Valera.	Villalpando.
Benavente.	Jover.	Valero.	Villaumbrosa.
Benavides.	Luxan.	Valverde.	Villegas.
Calatrava.	Maraver.	Valladolid.	Villena.
Carvajal.	México.	Valladares.	Vivanco.
Chaves.	Monsalve.	Valle.	Vique.
Covadonga.	Moxica ou Mu-	Vallejo.	Vivero.
Covarrubias.	xica.	Varela.	Vizcaya.
Cueva.	Narvaez.	Vargas.	Xalon.
Dávalos.	Nava.	Vazquez.	Xarama.
Dávila.	Navarra.	Vela.	Xaraquemada.
Escovar.	Ovando.	Velasco.	Xátiva.
Esquivel.	Oviedo.	Velazquez.	Xavier.
Faxardo.	Quevedo.	Velez.	Xerez.
Feixoo. (1)	Roxas.	Venegas.	Ximenez.
Guadalquivir.	Saavedra.	Venezuela.	Xúcar.
Guevara.	Sandoval.	Vera.	Zavala.
Haedo.	Segovia.	Veragua.	

Tous ces mots s'écrivent de la même manière en françois, excepté *México, Valencia, Villafranca, Vizcaya,* que l'on écrit
Mexique, Valence, Ville-franche, Biscaïe, ou Biscaye. *Cala-
trava, Navarra, Oviedo, Segovia, Sevilla, Villagarcia* changent
seulement la voyelle finale en *e* muet ou féminin.

---

(1) Dans plusieurs éditions du Théâtre Critique du fameux Père Béné-
dictin de ce nom, on écrit *Feijoo*, et c'est ainsi qu'on l'a cité dans le
corps de cet Ouvrage.

DÉMONSTRATION PRATIQUE

Des règles précédentes de la Prononciation, de la Prosodie et de l'Orthographe dans un Dialogue entre Don Quichote, Sancho Pança et le Bachelier Samson Carrasco, tiré de Michel de Cervantes dans son Histoire de Don Quichote, (tom. 2, chap. 3), et rangé en trois colonnes. La première contient la traduction du texte, la seconde le texte, et la troisième la prononciation.

Don Quichote. Samson Carrasco. Sancho Pança.

TRADUCTION.	TEXTE.	PRONONCIATION.
Samson Carrasco.	Sanson Carrasco.	San-son Carras-co.

TRADUCTION.

Samson Carrasco.

Permettez, grand Seigneur Don Quichote de la Manche, que je baise vos mains. Car par l'habit ecclésiastique que je porte, (bien que je n'aye reçu que les quatre moindres), que vous êtes un des plus fameux Chevaliers errans qu'il y ait jamais eu, et qu'il y aura à l'avenir dans toute l'étendue de l'Univers. Soit mille fois loué Cide Hamet Benengeli du soin qu'il a pris d'écrire l'histoire de vos glorieux exploits, et soit cent mille fois loué l'Amateur qui a eu

TEXTE.

Sanson Carrasco.

Deme Vuestra Grandeza las mános, Señor Don Quixote de la Mancha, que por el hábito de San Pedro (1), que visto, (aunque no tengo otras órdenes que las quatro primeras), que es Vuesa Merced uno de los mas famosos Caballeros Andantes que ha habido, ni aun habrá en toda la redondez de la tierra. Bien haya Cide Hamete Benengeli, que dexó escrita la historia de vuestras grandezas, y rebien haya el curioso, que tuvo cuidado de hacerlas traducir del Arábigo en nuestro vulgar Castellano, para

PRONONCIATION.

San-son Carras-co.

Dé-me Bués-tra Gran-de-za las má-nos, Se-ñor Don Guí-jó-te de la Mán-cha, que por el á-bi-to de San Pé-dro, que bis-to, (áun-que no ten-go ó-tras ór-de-nes que las cuá-tro pri-mé-ras), que es Bué-sa Mer-céd ú-no de los más fa-mó-sos Ca-ba-llé-ros An-dán-tes, que a a-bí-dó; ni áun a-brá en tó-da la re-dón-déz de la tie-rra. Bien á-ya Cí-de Ha-mé-te Be-nen-gé-li, que de-jó es-crí-ta la is-tó-ria de bués-tras gran-dé-zas, i ta-bien ú-ya el cu-rió-so, que tú-bo cui-dá-do de a-cér-las tra-du-cir del Ará-bi-go en

---

(1) En Espagne on appelle assez ordinairement dans le style familier *l'habit ecclésiastique l'habit de Saint Pierre.*

soin de les faire tra-
duire de l'Arabe dans
notre Castillan, pour
l'amusement universel
des gens.

DON QUICHOTE.

Il est donc vrai
que l'on a écrit mon
histoire, et que c'est
un More et savant
celui qui en est l'Au-
teur.

CARRASCO.

Cela est si vrai,
Monseigneur, qu'à
l'heure qu'il est, je
crois qu'on en a impri-
mé plus de douze mille
volumes. Témoins
Portugal, Barcelone,
et Valence, où ils ont
été imprimés, et mê-
me le bruit court
qu'elle s'imprime à
présent à Anvers. Et
quant à moi, je pré-
sage qu'on la traduira
un jour en toutes sor-
tes de langues.

DON QUICHOTE.

Une des choses qui
doit faire le plus de
plaisir à un homme
vertueux et d'un méri-
te éminent, c'est de
se voir, pendant sa
vie, loué de tout le
monde, imprimé et en
estampe. J'ai dit loué,
parce que si c'est tout
le contraire, il n'y
auroit point de mort
qui pût être comparée
à ce malheur.

CARRASCO.

S'il n'est question

---

universal entretenimien-
to de las gentes.

DON QUIXOTE.

De esa manera ver-
dad es que haya histo-
ria mia, y que fué
Moro, y sabio el que
la compuso.

CARRASCO.

Es tan verdad, Se-
ñor, que tengo para
mí, que el dia de hoy
estan impresos mas de
doce mil libros de la
tal historia; sinó digalo
Portugal, Barcelona,
y Valencia, donde se
han impreso; y aun
hay fama, que se está
imprimiendo en Am-
beres; y á mí se me
trasluce, que no ha de
haber nacion ni lengua,
donde no se traduzca.

DON QUIXOTE.

Una de las cosas que
debe dar contento á un
hombre virtuoso y emi-
nente, es verse, vivien-
do, andar con buen nom-
bre por las lenguas de
las gentes, impreso,
y en estampa. Dixe con
buen nombre, porque
siendo al contrario, nin-
guna muerte se le igua-
lara.

CARRASCO.

Si por buena fama,

DON QUI-JO-TE.

De é-ça ma-né-ra
ber-dad es que á-ya is-
tó-ria mí-a, i que fué
Mó-ro, i sá-bio el que
la con-pú-so.

ÇA-RRAS-ÇO.

Es tan ber-dad Se-
ñor, que tén-go pá-ra
mí, que el di-a dé oi
es-tán in-pré-sos mas
de dó-ce mil li-bros de
la tal is-tó-ria; si-nó
di-ga-lo Por-tu-gál,
Bar-ce-ló-na, i Va-
lén-cia, dón-de se an
in-pré-so; i aún ái fá-
ma, que se es-tá in-
pri-mién-do en An-bé-
res; i á mí se me
tras-lú-ce, que no á de
a-bér na-ción ni lén-
gua, dón-de no se tra-
diz-ca.

DON QUI-JO-TE.

U-na de las có-sas,
que dé-be dar con-tén-
to á un on-bre vir-tu-
ó-so i e-mi-nén-te, es
ber-se, bi-bién-do, an-
dár con buén nón-bre
por las lén-guas de lás
gén-tes, in-pré-so, i
en es-tán-pa. Di-je
con buén nón-bre, pór-
que sién-do al con-trá-
rio, nin-gú-na mŭer-te
se le i-gua-lá-ra.

ÇA-RRAS-ÇO.

Si pór bué-na fá-

SANCHO PANÇA

Je n'ai jamais entendu nommer par *Don* Madame Dulcinée, mais seulement *la Dame Dulcinée du Toboso*, et voilà déjà une faute dans l'Histoire.

CARRASCO.

Ce n'est pas là une objection d'importance.

DON QUICHOTE.

Non, assurément. Mais dites-moi, je vous prie, Monsieur le Bachelier, quels sont ces exploits qu'on vante le plus dans cette histoire-là.

---

y si por bien nombre va, solo Vuesa Merced lleva la palma á todos los Caballeros Andantes. Porque el Moro en su lengua, y el Christiano en la suya, tuvieron cuidado de pintarnos muy al vivo la gallardía de V. m., el ánimo grande en acometer los peligros, la paciencia en las adversidades, y el sufrimiento, así en las desgracias, como en las heridas; la honestidad y continencia en los amores tan Platónicos de V. m., y de mi Señora Doña Dulcinea del Toboso.

SANCHO PANZA.

Nunca he oido llamar con Don (1) á mi Señora Dulcinea, sino solamente la Señora Dulcinea del Toboso, y ya en esto anda errada la Historia.

CARRASCO.

No es objeccion de importancia esa.

DON QUIXOTE.

No por cierto. Pero dígame. V. m., Señor Bachiller, que hazañas mias son las que se ponderan en esa historia?

---

ma, i si por buén nómbre va, só-lo Bué-sa Mer-céd llé-ba la pál-ma á tó-dos los Ca-ba-llé-ros An-dán-tes. Pó-rque el Mó-ro en sú lén-gua, i el Cris-tiá-no en la sú-ya tu-bié-ron cui-dá-do de pin-tár-nos mui al bi-bo-la ga-llar-dí-a de Bué-sa Mer-céd, el á-ni-mo gran-de en a-co-me-tér los pe-lí-gros, la pa-cién-cia en las ad-ber-si-dá-des; i el su-fri-mién-to, a-sí en las des-grá-cias, có-mo en las e-rí-das; la o-nes-ti-dád i con-ti-nén-cia en los a-mó-res tan Pla-tó-ni-cos de B. m., i de mi Se-ñó-ra Dó-ña Dul-ci-né-a del To-bó-so.

SAN-CHO PAN-ZA.

Nun-ca é o-í-do lla-már con Don á mi Se-ñó-ra Dul-ci-né-a, si-nó so-la-mén-te la se-ñó-ra Dul-ci-né-a del To-bó-so, i ya en és-to án-da e-rtá-da la is-tó-ria.

CA-RRAS-CO.

No es ob-jec-ción de in-por-tán-cia é-sa.

DON QUI-TÓ-TE.

No por ciér-to. Pé-ro di-ga-me B. m. Se-ñor Ba-chi-llér, que a-zá-ñas són las que se pon-dé-ran en é-sa is-tó-ria.

(Colonne française, suite)

que d'une bonne réputation et d'un bon nom, votre Seigneurie l'emporte de cent piques sur tous les Chevaliers Errans. Parce que l'Auteur More dans sa langue, et le Chrétien dans la sienne ont eu soin de dépeindre avec des couleurs très-vives votre hardiesse, votre grand courage à braver les dangers, votre fermeté dans les adversités, votre patience dans les disgraces et dans les blessures; votre honnêteté et retenue extrème dans les amours si Platoniques entre vous et Madame Donna Dulcinée du Toboso,

---

(1) Alors le *Don* étoit aussi rare qu'il est commun à présent.

CARRASCO.

Ainsi qu'il y a différent goûts, ainsi il y a différentes opinions là-dessus. Les uns donnent la préférence à l'aventure des moulins à vent, que votre Seigneurie prit pour des Briarées et pour des Géans, que d'autres à celle des Moulins à foulon: celui-ci se déclare pour la description des deux Armées qui se trouvèrent depuis être deux grands troupeaux de moutons: celui-là prise extrêmement l'aventure du mort qu'on portoit à Ségovie pour l'y enterrer. L'un dit que l'aventure des forçats à qui vous donnâtes la liberté surpasse toutes les autres; l'autre soutient que celle des Géans Bénédictins avec le combat du valeureux Biscaïen l'emporte sur tout le reste.

SANCHO.

Dites-moi, je vous prie, Monsieur le Bachelier, n'est-il point parlé dans cette Histoire de l'aventure des Yangois, quand il prit fantaisie à Rossinante de faire le galant?...

CARRASCO.

L'Auteur n'oublie rien, il a tout dit,

En eso hay diferentes opiniones, como hay diferentes gustos. Unos se atienen á la aventura de los molinos de viento, que á V. md. le parecieron Briareos y Gigantes; otros á la de los batanes; este á la descripcion de los dos Exércitos que despues parecieron ser dos manadas de carneros; aquel encarece la del muerto, que llevavan á enterrar á Segovia. Uno dice, que á todas se aventaja la de la libertad de los galeotes; otro, que ninguna iguala á la delos Gigantes Benitos, con la pendencia del valeroso Vizcaino.

SANCHO.

Digame, Señor Bachiller, i entra ahi la aventura de los Yangüeses, quando á nuestro Rocinante se le antojó pedir cotufas en el golfo?

CARRASCO.

No se le quedó nada al sablo en el tintero,

---

rén-tes o-pi-nió-nes, có-mo ai di-fe-rén-tes gús-tos. U-nos se a-tié-nen á la A-ven-tú-ra de los mo-li-nos de vién-to, que á B. m. le pa-re-cié-ron Bri-a-ré-os i Gi-gán-tes; ó-tro á la de los ba-ta-nes; es-te á la des-crip-ción de los dos E-xér-ci-tos, que des-pués pa-re-cié-ron ser dos ma-na-das de car-né-ros; a-quel en-ca-re-ce la del muer-to que lle-va-ban á en-te-rrár á Se-go-bia. U-no di-ce, que á tó-das se a-ben-tá-ja la de la li-ber-tad de los ga-leó-tes: ó-tro, que nin-gú-na i-gua-la á la de los Gi-gán-tes Be-ni-tos, con la pen-den-cia del Vi-ca-í-no.

SAN-CHO.

Di-ga-me, Se-ñor Ba-chi-llér, i én-tra a-í la a-ben-tú-ra de los Yan-güe-ses, cuán-do á nués-tro Ro-ci-nán-te se le an-to-jó pe-dir co-tu-fas en el gól-fo.

CA-RRAS-CO.

No se le que-dó ná-da al-sa-bio en el tin-

et tout bien circons-
tancié, jusqu'aux ca-
brioles que le bon
Sancho fit dans la
couverture.

SANCHO.

Je ne fis point des
cabrioles dans la cou-
verture; c'est en l'air
que je les fis, et beau-
coup plus que je n'en
aurois voulu.

DON QUICHOTE.

A ce que je m'ima-
gine, il n'est point
d'histoire au monde
qui se soutienne tou-
jours également, sur-
tout celles qui trai-
tent de la Chevalerie,
parce qu'elles ne peu-
vent pas toujours ren-
fermer des événemens
heureux.

CARRASCO.

Cependant, parmi
ceux qui ont lu cette
histoire, il y en a qui
auroient souhaité que
ses Auteurs eussent
oublié une partie de
ce nombre infini de
coups de bâton, qu'en
différentes rencontres
reçut le Seigneur Don
Quichote.

SANCHO.

C'est là que com-
mence la vérité de
l'histoire

DON QUICHOTE.

Ils auroient pu aussi
les avoir tû par équi-
té; car il n'est pas
nécessaire de rappor-
ter les faits qui ne
changent, ni n'altè-

---

todo lo dice, y todo
lo apunta, hasta lo
de las cabriolas que
el buen Sancho hizo
en la manta.

SANCHO.

En las montañas
hice yo cabriolas, en
el ayre si, y aun mas
de las que yo hubiera
querido.

DON QUIXOTE.

A la que yo ima-
gino, no hay historia
humana en el mundo,
que no tenga sus al-
tibaxos, especialmente
las que tratan de Ca-
ballerías, las quales
nunca pueden estar lle-
nas de prósperos su-
cesos.

CARRASCO.

Con todo eso dicen
algunos, que han leido
la historia, que se hol-
garan, se les hubiera
olvidado á los Autores
della algunos de los
infinitos palos, que en
diferentes encuentros
dieron al Señor Don
Quixote.

SANCHO.

Ahí entra la verdad
de la historia.

DON QUIXOTE.

Tambien pudieran
callarlos por equidad,
pues las acciones que
ni mudan, ni alteran
la verdad de la histo-
ria, no hay para que

---

té-ro, tó-do lo di-ce,
i tó-de lo a-pún-ta,
ás-ta lo de las ca-brió-
las que el buén Sán-
cho i-zo en la mán-ta.

SAN-CHO.

En las món-ta no
yo ca-brió-las, en el
ai-re si, y aun-mas de
las que yo u-bié-ra
que-rí-do.

DON QUI-JO-TE.

A lo que yo i-ma-
gi-no, no ái is-tó-ria
u-má-na en el mun-do,
que no tén-ga sus al-
ti-bá-jos, es-pe-cial-
mén-te las que tra-
tan de Ca-ba-lle-rí-as
las qua-les nun-ca pué-
den es-tár llé-nas de
prós-pe-ros su-cé-sos.

CA-RRAS-CO.

Con tó-do é-so di-
cen al-gú-nos, que an
le-í-do la is-tó-ria, que
se ol-gá-ran, se les u-
bié-ra ol-vi-dá-do á los
Au-tó-res dél lla al-
gú-nos de los in-fi-ni-
tos pá-los, que en di-
fe-rén-tes en-cuén-tros
die-ron al Se-ñór Don
Quixó-te.

SAN-CHO.

A-í én-tra la ver-
dád de la is-tó-ria.

DON QUI-JO-TE.

Tán-bién pu-dié-ran
ca-llar-los por e-qui-
dád, pues las ac-ció-
nes que ni mú-dan,
ni al-té-ran la ver-
dád de lla is-tó-ria no

rent en rien la vérité de l'histoire, s'ils doivent faire mépriser celui qui en est d'objet. Enée n'a pas été assurément aussi pieux que Virgile le dépeint, ni Ulysse aussi prudent que le fait Homère.

CARRASCO.

Cela est juste ; mais autre chose est d'écrire en poëte , et autre chose d'écrire en historien. Le poëte peut raconter ou chanter les choses, non comme elles se sont passées, mais comme elles devroient être : au lieu que l'historien doit les rapporter, non comme elles devroient être , mais comme elles sont, sans rien ajouter et sans rien ôter à la vérité.

SANCHO.

Puisque cet Auteur More se mêle ainsi de dire les vérités , assurément qu'en parlant des coups de bâton de mon Maître , il aura fait mention des miens ; car on n'a jamais pris mesure aux épaules de mon Maître, qu'on ne l'eût prise à tout mon corps. Mais il n'y a pas de quoi en être

escribirlas , si han de redundar en menosprecio del Señor de la historia. A fé que no fué tan piadoso Enéas, como le pinta Virgilio, ni tan prudente Ulises, como le describe Homero.

CARRASCO.

Así es ; pero uno es escribir como poeta, y otro como historiador. El poeta puede contar ó cantar las cosas, no como fueron , sinó como debian ser : y el historiador los ha de escribir , no como debian ser , sinó como fueron , sin añadir , ni qüitar á la verdad cosa alguna.

SANCHO.

Pues si es que se anda (1) á decir verdades ese Señor Moro , á buen seguro , que entre los palos de mi Señor se hallan los mios. Porque nunca á su Merced le tomaron la medida de las espaldas, que no me la tomasen á mí de todo el cuerpo. Pero no hay de qué maravillarse , porque, co

ái-pi-ra qué es-cri-birlas , si-an de re-dundár en me-nos-pré-cio del Se-ñór de la is-tória. A fé que no fué tan pi-a-dó-so E-néas , có-mo le pín-ta Vir-gí-lio , ni tan prudén-te U-lí-ses , có-mo le des-cri-bè Ho-mé-ro.

CA-RRASCO.

A-sí es ; pé-ro ú-no es es-cri-bír có-mo po-é-ta, y ó-tro có-mo is-to-ria-dór. El po-éta pué-de con-sár , ó can-tár las có-sas , no có-mo fué-ron, si-nó có-mo de-bi-an ser : i el is-to-ria-dór las á de es-cri-bir , no cómo de-bí-an ser , sinó có-mo fué-ron , sin a-ña-dír , ni qui-tár á la ber-dád có-sa algú-na.

SAN-CHO.

Pues si es que se án-da á de-cír ber-dádes é-se Se-ñór Mó-ro, á-buén se-gú-ro , que én-tre los pá-los de mí Se-ñór se á-llan los mí-os. Pór-que nún-ca á su Mer-céd le tomá-ron la me-dí-da de las es-pál-das , que no me la to-má-sen á mí de tó-do el cuér-po. Pé-ro no ái de qué mara-bi-llar-se, pór-que,

---

étonné ;

étonné, parce que, comme lui-même dit, le chef ne souffre jamais que les autres membres ne s'en ressentent.

DON QUICHOTE.
Vous êtes bien malin, Sancho. Il paroît que vous ne manquez pas de mémoire, quand vous voulez.

SANCHO.
Quand j'aurois voulu oublier les coups de bâton qu'on m'a donnés, les meurtrissures qui sont encore toutes fraîches sur mon dos, ne l'auroient point souffert.

DON QUICHOTE.
Taisez-vous, Sancho, et n'interrompez point Monsieur le Bachelier. Continuez, Monsieur, je vous prie; je serai bien aise de savoir tout ce qu'on dit de moi dans cette histoire.

SANCHO.
Et de moi, qu'on dit aussi que j'en suis un de principaux patronages.

CARRASCO.
Personnages, et non pas *patronages*, Sancho mon ami.

SANCHO.
Voici un autre correcteur de termes.

---

mo dice el mismo Señor mio, del dolor de la cabeza han de participar los miembros.

DON QUIXOTE.
Socarron soys, Sancho. A fé que no os falta memoria, quando vos queréis tenerla.

SANCHO.
Quando yo quisiese olvidarme de los garrotazos, que me han dado; no lo consentirian los cardenales, que aun se estan frescos en las costillas.

DON QUIXOTE.
Callad, Sancho, y no interrumpais al Señor Bachiller, á quien suplico pase adelante, en decirme lo que se dice de mí en las referida Historia.

SANCHO.
Y de mí, que tambien dicen, que soy uno de los principales patronages della.

CARRASCO.
Personages, que no patronages, Sancho amigo.

SANCHO.
Otro reprochador de voquibles (1) tene-

---

só-mo di-ce el mis-mo Se-ñór mí-o; del do-lór de la ca-bé-za an de par-ti-ci-pár los miém-bros.

DON QUI-JO-TE.
So-ca-rrón sóis, Sán-cho. A fé que nó os fál-ta me-mó-ria, quan-do vos que-réis te-nér-la.

SAN-CHO.
Cuán-do yo qui-siè-se ul-bi-dár-me de los ga-rro-tá-zos, que me an dá-do; no lo con-sen-ti-rían los cár-de-ná-les, que áun se es-tán frés-cos en las cos-ti-llas.

DON QUI-JO-TE.
Ca-llád, Sán-cho, i no in-te-rrun-páis al Se-ñór Ba-chi-ller, á quién su-pli-có pá-se a-de-lán-te en de-cír-me lo que se di-ce de mí en las re-fe-rí-da Is-tó-ria.

SAN-CHO.
I dé mí, que tám-bién dí-cen, que sói ú-no de los prin-ci-pá-les pa-tro-ná-ges dé-lla.

CA-RRAS-CO.
Per-so-ná-ges, que no pa-tro-ná-ges, Sán-cho á-mí-go.

SAN-CHO.
O-tro, re-pro-cha-dór de vo-qui-bles

---

(1) *Voquibles* est une corruption de *vocablos*. Les paysans et gens du bas peuple se prennent souvent la liberté d'altérer beaucoup de mots.

Amusez-vous à cela, et nous ne finirons jamais.

CARRASCO.
Malheur à moi, Sancho, si vous n'êtes pas la seconde personne de l'Histoire. Il y en a même qui aiment mieux vous entendre parler, qu'à celui qui joue le mieux son rôle. Cependant il y en a aussi qui vous reprochent d'avoir été trop crédule, lorsque vous ajoutâtes foi à l'offre faite par le Seigneur Don Quichote, qui est ici présent, à l'offre, dis-je, du gouvernement de cette île, que vous savez.

DON QUICHOTE.
Il n'y a rien qui presse encore. Plus Sancho avancera-t-il en âge, plus il se rendra propre pour le Gouvernement; l'expérience qu'on acquiert avec le temps, étant un grand maître.

SANCHO.
Par-bleu, Monsieur, l'île que je ne gouvernerai pas à l'âge que j'ai, je ne la gouvernerois point à l'âge de Mathusalem. Le mal consiste en ce que cette île s'amuse, je ne sais pas où; et non pas

---

mos, pues andense á eso, y no accabarémos en toda la vida.

CARRASCO.
Mala me la dé Dios, Sancho, si no soys vos la segunda persona de la historia, y que hay tal que precia mas oiros hablar á vos, que al mas pintado de toda ella; puesto que tambien hay quien diga, que anduvisteis demasiadamente de crédulo en creer, que podia ser verdad el gobierno de aquella insula ofrecida por el Señor Don Quichote, que está presente.

DON QUIXOTE.
Aun hay sol en las bardas, y mientras mas fuere entrando en edad Sancho, con la experiencia que dan los años, estará mas idoneo y mas habil para ser Gobernador, que no está ahora.

SANCHO.
Por Dios, Señor, la isla que yo no gobernase con los años que tengo, no la gobernaré con los años de Matusalen: el daño está en que la dicha insula se entretiene, no sé donde, y no en faltarme á mí el caletre

---

te-né-mos; pués án-den-se á eso, y no ca-ba-ré-mos en tó-da la bí-da.

CA-RRAS-CO.
Má-la me la dé Diós, Sán-cho, si no sóis bos la se-gún-da per-só-na de la Ri-tó-ria, i que ái tal que pré-cia mas o-í-res a-blár á bos, que al mas pin-tá-do de tó-da é-lla, pués-to que tan-bién ái quién di-ga, que an-du-bís-teis de-ma-sia-da-mén-te de cré-du-lo en creér, que po-dí-a ser ber-dád el go-biér-no de a-qué-lla ín-su-la o-fre-cí-da por el Se-ñór Don Qui-jó-te, que es-tá pre-sén-te.

DON QUI-JO-TE.
Aún ái sol en las bár-das, i mién-tras mas fué-re en-trán-do en e-dád Sán-cho, con la ecs-pe-rién-cia que dan los á-ños, es-ta-rá mas i-dó-neo, i mas á-bil pá-ra ser Go-ber-na-dór, que no es-tá a-ó-ra.

SAN-CHO.
Pór Diós, Se-ñór, la ís-la, que yo no go-ber-ná-se con los á-ños que téngo, no la go-ber-na-ré con los á-ños de Ma-tu-sa-lén: el dá-ño es-tá en que la dí-cha in-su-la se en-tre-tié-ne, no sé-dón-de, i no en

en ce qu'il me man-que à moi une bonne caboche pour la gou-verner.

DON QUICHOTE.

Recommandez cela à Dieu, Sancho; et tout ira bien, et peut-être mieux que vous ne le croyez. Car il ne tombe pas une feuille de l'arbre, que ce ne soit par la vo-lonté de Dieu.

CARRASCO.

Cela est très-vrai. Car si Dieu le veut, Sancho aura, je ne dis pas une île à gou-verner, mais mille.

SANCHO.

J'ai vu des Gou-verneurs dans le mon-de, lesquels, à mon avis, ne me vont pas à la cheville du pied, et cependant on leur donne *de la seigneurie*, et ils se font servir en vaisselle d'argent.

CARRASCO.

Ce ne sont pas là des Gouverneurs d'î-les, mais d'autres sortes de gouverne-mens moins impor-tans. Ceux-là doivent pour le moins savoir la Grammaire.

SANCHO.

Je serois bien d'ac-cord avec le *gramen*, mais quant au *tique*, je ne m'en mêle point, parce que je n'y con-nois rien du tout. Lais-sant ce qui concerne

---

para gobernarla.

DON QUIXOTE.

Encomendalo á Dios, Sancho, que todo se hará bien, y quizá mejor de lo que vos pensais; que no se mueve la hoja en el árbol sin la voluntad de Dios.

CARRASCO.

Así es verdad, que si Dios quiere, no le faltarán á Sancho mil islas que gobernar, quanto mas una.

SANCHO.

Gobernadores he vis-to por ahí, que á mi parecer no llegan á la suela de mi zapato, y con todo eso los lla-man señoría, y se sir-ven con pláta.

CARRASCO.

Esos no son Gober-nadores de ínsulas, sinó de otros gobier-nos mas manuales, que los que gobiernan ínsulas; por lo menos han de saber Gramá-tica.

SANCHO.

Con la grama bien me avendria yo, pero con la tica, ni me tiro, ni me pago, porque no la entiendo. Pero dexando esto del go-bierno en las manos de

---

DON QUI-JO-TE.

En-co-men-dáz-lo á Diós, Sán-cho, que to-do se a-rá bien, i qui-zá me-jór de lo que vos pen-sáis; que no se mué-be la ó-ja en el ár-bol sin la bo-lun-tád de Diós.

CA-RRAS-CO.

A-sí es ber-dád, que si Diós quié-re, no le fal-ta-rán á San-cho mil ís-las que gober-nár, cuán-to mas ú-na.

SAN-CHO.

Go-ber-na-dó-res á bis-to por a-hí, que á mi pa-re-cér no llé-gan á la sué-la de mi za-pá-to, i con tó-do é-so los llá-man Se-ño-rí-a i se sír-ben con plá-ta.

CA-RRAS-CO.

E-sós no son Go-ber-na-dó-res de ín-su-las, si-nó de ó-tros go-biér-nos mas ma-nuá-les, que los que go-biér-nan ín-su-las; por lo mé-nos an de sa-bér Gra-má-ti-ca.

SAN-CHO.

Con la grá-ma bien me a-ben-drí-a yo, pé-ro con la tí-ca ni me tí-ro, ni me pá-go, pór-que no la en-tién-do. Pé-ro de-ján-do es-to del go-biér-no en las

le gouvernement entre les mains de Dieu; (qu'il m'envoie aux pays, où je serai le plus utilement employé à son service); je dis, Monsieur le Bachelier Samson Carrasco, que j'ai reçu un plaisir infini de ce que l'Auteur de cette Histoire a parlé de moi, de manière que les choses qu'il raconte de moi n'ennuyent point le Lecteur. Car, foi de bon écuyer, s'il eût rapporté de moi des choses qui ne fussent très-dignes d'un vieux Chrétien, tel que je suis, les sourds nous auroient entendu.

CARRASCO.

Ce seroit faire des miracles.

SANCHO.

Miracles ou non miracles, que chacun regarde bien ce qu'il dit, ou ce qu'il écrit des personnes, et qu'il n'aille point dire à tort et à travers la première chose qui lui vient à la tête.

CARRASCO.

Une des fautes qu'on attribue à cette Histoire, c'est que l'Auteur y a mis une nouvelle intitulée, le

---

Dios, que me eche á las partes, donde más de mí se sirva, digo Señor Bachiller Sanson Carrasco, que infinitamente me ha dado gusto que el Autor de la Historia haya hablado de mí, de manera que no enfadan las cosas, que de mi se cuentan, que á fé de buen escudero, que si hubiera dicho de mí cosas, que no fueran muy de Christiano viejo como soy, que nos habian de oir los sordos.

CARRASCO.

Eso fuera hacer milagros.

SANCHO.

Milagros ó no milagros, cada uno mire como habla, ó como escribe de las personas y no ponga á troche moche lo primero que se le viene al magin (1).

CARRASCO.

Una de las tachas, que ponen á la historia es, que su Autor puso en ella una novela intitulada, El curioso

---

má-nos de Diós que me é-che á las tié-rras, dón-de más de mí se sirba, dí-go, Sé-ñor Ba-chi-ller San-són Ca-rras-co, que in-fi-ni-ta-mén-te me a da-do gús-to, que el Au-tór de la is-tó-ria á-ya a-blá-do de mí, de ma-né-ra que nó en-fá-dan las cosas, que de mí se cuén-tan, que á fé de buen es-cu-dé-ro, que si u-bié-ra dí-cho de mí có-sas, que no fué-ran múi de Cris-tiá-no bié-jo có-mo sói, que nos a-bí-an de o-ír los sór-dos.

CA-RRÁS-CO.

É-so fué-ra a-cér mí-lá-gros.

SAN-CHO.

Mi-lá-gros ó no mi-lá-gros, cá-da úno mí-re có-mo á-blá, ó có-mo es-crí-be de las per-só-nas, i no pón-ga á tró-che mó-che lo pri-mé-ro que se le bié-ne al ma-gín.

CA-RRAS-CO.

U-na de las tá-chas, que pó-nen á la is-tó-ria, es que su Au-tór pú-so en é-lla ú-na no-bé-la in-ti-tu-lá-da,

---

(1) *Magin* est une corruption d'*imagination*. L'Auteur en prête quelquefois à Sancho des semblables, et assez souvent des expressions basses et populaires.

Curieux impertinant, non pas qu'elle soit mauvaise, ni mal écrite, mais parce qu'elle n'a rien de commun avec l'histoire du Seigneur Don Quichote.

SANCHO.

Je gagerai que ce chien d'Auteur a tout fourré là-dedans pêle-mêle.

DON QUICHOTE.

Je dis à présent, que l'Auteur de mon Histoire n'a pas été un habile homme, mais quelque discoureur ignorant, lequel a entrepris au hasard de l'écrire, et sans aucune réflexion, comme faisoit Orbaneja, Peintre d'Ubéda. Car quand on lui demandoit : qu'est-ce que vous peignez-là ? Il répondoit : ce qui se rencontrera. Il arrivoit quelquefois qu'il peignoit un coq d'une manière si étrange et si peu ressemblante, qu'il falloit qu'il mît avec des lettres gothiques au-dessous, c'est un coq. Je crains qu'il n'en soit pas de même de mon Histoire ; et qu'elle n'ait grand besoin des comentaires pour la bien comprendre.

CARRASCO.

Point du tout ; car

---

impertinente, no por mala, ni por mal razonada, sinó por no ser de aquel lugar, ni tener que ver con la Historia de su Merced el Señor Don Quixote.

SANCHO.

Yo apostaré que ha mezclado el hideperro berzas con capachos.

DON QUIXOTE.

Ahora digo, que no ha sido sabio el Autor de mi Historia, sinó algun ignorante hablador, que á tiento, y sin algun discurso, se puso á escribirla, salga lo que saliere, como hacia Orbaneja, el Pintor de Ubeda, al qual preguntándole, que qué pintaba, respondió, lo que saliere. Tal vez pintaba un gallo de tal suerte, y tan mal parecido, que era menester, que con letras góticas escribiese junto á él, éste es gallo, y así debe de ser de mi historia que tendrá necesidad de comento para entenderla.

CARRASCO.

Esto no ; porque es

El cu-rió-so in-per-ti-nén-te, no por má-la, ni por mal ra-zo-ná-da, si-nó por no ser de a-quél lu-gár ni te-nér que ber con la is-tó-ria de su Mer-céd el Se-ñor Don Qui-jó-te.

SAN-CHO.

Yo a-pos-ta-ré, que a mez-clá-do el i-de-pé-rro bér-zas con ca-pá-chos.

DON QUI-JO-TE.

A-ó-ra di-go, que no a-si-do sá-bio el Au-tór de mi is-tó-ria, si-nó al-gún ig-no-rán-te a-bla-dór, que á tién-tas, i sin al-gún dis-cúr-so, se pú-so á es-cri-bír-la, sál-ga lo que sa-lié-re, có-mo a-cí-a Or-ba-né-ja, el Pin-tór de U-be-da, al cuál pre-gun-tán-dó-le, que qué pin-tá-ba, res-pon-dió, ló que sa-lié-re. Tal bez pin-ta-ba un gá-llo de tal suér-te, i tan mal pa-re-cí-do, que é-ra me-nes-tér, que con lé-tras gó-ti-cas es-cri-bié-se jún-to á él, éste es gá-llo, i a-sí dé-be de ser de mi is-tó-ria, que ten-drá ne-ce-si-dád de co-mén-to pá-ra en-ten-dér-la.

CA-RRAS-CO.

Es-to no ; pór-que

la clarté y règne tellement, qu'il n'y a rien qui y présente la moindre difficulté. Les enfans la manient, les jeunes gens la lisent, les hommes faits l'entendent, et les vieillards la célèbrent. Enfin, elle est tellement lue et sue de toute sorte de gens, qu'aussitôt qu'on voit quelque haridelle, on dit : *voilà Rossinante*. Mais ceux qui se sont appliqués le plus à cette lecture, ce sont les Pages. Il n'y a point d'anti-chambre de grand Seigneur, où il n'y ait un *Don Quichote*. D'abord qu'un le laisse, l'autre le prend. Les uns le demandent, et les autres veulent l'avoir presque par force. Enfin, la telle histoire sert à l'amusement le plus agréable, et le moins pernicieux qu'on ait encore vu. Car on n'y découvre point, ni de loin, la moindre expression déshonnête, ni aucune pensée qui ne soit très catholique.

DON QUICHOTE.

Si l'on écrivoit autrement, ce ne seroit pas écrire des vérités, mais des mensonges ; et les historiens qui forgent des mensonges, devroient être

tan clara, que no hay cosa que dificultar en ella. Los niños la manosean, los mozos la leen, los hombres la entienden, y los viejos la celebran ; y finalmente es tan trillada y tan leida, y tan sabida de todo género de gentes, que á penas han visto algun rocin flaco, quando dicen, allí va Rocinante ; y los que mas se han dado á su lectura son los Pages. No hay antecámara de Señor, donde no se halle un Don Quixote. Unos le toman, si ótros le dexan. Estos le embisten, y aquellos le piden. Finalmente la tal historia es del mas gustoso, y menos perjudicial entretenimiento que hasta ahora se haya visto ; porque en toda ella no se descubre ni por semejas una palabra deshonesta, ni un pensamiento menos que Católico.

DON QUIXOTE.

A Escribir de otra suerte, no fuera escribir verdades sinó mentiras, y los historiadores, que de mentiras se valen, habian de ser quemados, como

es tan clá-ra, que no ás có-sa que di-fi-cul-tár en é-lla. Los ní-ños la ma-no-sé-an, los mó-zos la lé-en, los ón-bres la en-tién-den, i los vié-jos la ce-lé-bran ; i fi-nal-mén-te es tan tri-llá-da i tan le-í-da, i tan sa-bí-da de tódo gé-ne-ro de gén-tes, que á pénas an bís-to al-gún ró-cin fláco, cuándo dí-cen, a-llí va Ro-ci-nán-te ; i los que mas se an dádo á su lec-tú-ra son los Páges. No ái an-te-cáma-ra de Se-ñór, dón-de no se á-lle un Don Qui-jó-te. U-nos le tó-man, si ó-tros le dé-jan. És-tos le en-bís-ten, i a-qué-llos le pí-den. Fi-nal-mén-te la tal is-tó-ria es del mas gus-tó-so, i mé-nos per-ju-di-ciál en-tre-te-ni-mién-to, que ás-ta a-ó-ra se á-ya bís-to ; pór-que en tó-da é-lla no se des-cú-bre ni por se-mé-jas ú-na pa-lá-bra de-so-nés-ta, ni un pen-sa-mién-to mé-nos que Ca-tó-li-co.

DON QUI-JO-TE.

A es-cri-bír de ó-tra suér-te, no fué-ra es-cri-bír ber-dá-des, si-nó men-tí-ras, i los is-to-ria-dó-res, que de men-ti-rat se bá-len, a-bi-an de ser que-má-

brûlés, comme ceux qui fabriquent de la faussemonnoie. Je ne sais pas quelle raison a eu l'Auteur pour y mêler des nouvelles et des narrations étrangères , ayant tant de matière dans mes propres faits. Car , quand il n'auroit fait que mettre au jour mes pensées , que dépeindre mes soupirs , qu'exprimer mes larmes , que rendre publiques mes bonnes intentions, et que décrire mes combats , il auroit pu faire un volume plus gros , ou pour le moins autant que toutes les œuvres du Tostat (1) ensemble. En effet , ce que je conçois là-dessus , Monsieur le Bachelier , c'est que pour composer une histoire ou un autre livre quelconque , il faut un grand jugement et un esprit mûr. Dire des bons mots et écrire des plaisanteries fines, n'appartient qu'à de grands esprits. Le rôle le plus fin de la comédie est celui du Niais , parce qu'il ne doit pas l'être celui qui veut faire entendre qu'il est un imbécille. L'histoire est

los que hacen moneda falsa ; y no sé yo , qué le movió al Autor á valerse de novelas y cuentos agenos, habiendo tanto que escribir en los mios. Pues en verdad que en solo manifestar mis pensamientos , mis suspiros , mis lágrimas , mis buenas deseos , y mis acometimientos pudiera hacer un volumen mayor , o tan grande , que el que pueden hacer todas las obras del Tostado. En efecto , lo que yo alcanzo, Señor Bachiller , es que para componer historias , y libros de qualquier suerte que sean , es menester un gran juicio , y un maduro entendimiento. Decir gracias, y escribir donayres es de grandes ingenios. La mas discreta figura de la comedia es la del Bobo ; por que no lo ha de ser el que quiere dar á entender , que es simple. La historia es como cosa sagrada ; porque ha de ser verdadera , y donde está la verdad , está Dios, en quanto verdad. Pero no obstante esto , hay algunos , que así componen , y arrojan libros de sí, como si fuesen buñuelos.

dos , có-mo los que á-cen mo-né-da fál-sa ; i no sé yo qué le mo-bió al Au-tór á ba-lér-se de no-bé-las i cuén-tos a-gé-nos , a-bién-do tánto que es-cri-bír en los mí-os. Pués en ber-dád que en só-lo ma-ni-fes-tár mis pen-sa-mién-tos , mis sus-pí-ros , mis lá-grimas , mis bué-nos de-sé-os , i mis a-co-me-ti-mién-tos , pu-dié-ra a-cer un bo-lú-men ma-yór , á tan grán-de , que el que pué-den a-cer tó-das las ó-bras del Tós-tá-do. En e-féc-to , lo que yo al-cán-zo , Se-ñor Ba-chi-ller , es que pá-ra con-po-nér is-tó-rias , i lí-bros de cual-quiér suér-te que sé-an , es me-nes-tér un gran juí-cio , i un ma-dú-ro en-ten-di-mién-to. De-cír grá-cias , i es-cri-bír do-nái-res es de grán-des in-gé-nios. La mas dis-cré-ta fi-gú-ra de la co-mé-dia es la del Bó-bo ; pór-que no lo á de ser el que quié-re dar á en-ten-dér , que es sin-ple. La is-tó-ria es có-mo có-sa sa-grá-da ; por-que a de ser ber-da-dé-ra , i don-de es-tá la ber-dád , es-tá Dios , en cuán-to ber-dád. Pé-ro no obs-tán-

---

(1) C'est un fameux Évêque Espagnol qui écrivit immensement.

comme une chose sa-
crée, parce qu'elle
doit être vraie, et où
est la vérité, Dieu
est aussi en tant que
vérité. Cependant il
y a des gens qui com-
posent et qui lan-
cent des livres, comme
si c'étoient des bei-
gnets.

CARRASCO.

Il n'est point de
livre, quelque mauvais
qu'il soit, qui n'ait
quelque chose de bon.

DON QUICHOTE.

Cela n'est point dou-
teux. Mais il arrive
souvent que ceux qui
s'étoient acquis avec
raison une grande ré-
putation par leurs
écrits, l'ont perdue
ou entièrement, ou en
partie, lorsqu'ils les
ont fait imprimer.

CARRASCO.

La raison de cela
c'est, que comme les
ouvrages imprimés
sont examinés à tête
reposée, on découvre
facilement leurs fau-
tes; et plus la réputa-
tion de l'Auteur est
grande, plus l'ouvrage
est sévèrement exami-
né. Les hommes fa-
meux par leurs génies,
les grands Poëtes, les
Historiens illustres
sont toujours ou le
plus souvent jalousés
par ceux dont le plai-

---

*te es-ta, ái al-gu-nas
que así con-pó-nen, i
a-rró-jan li-bros de sí
co-mo si fué-sen bu-
ñué-los.*

CARRASCO.

*No hay libro tan ma-
lo, que no tenga algo
de bueno.*

DON QUIXOTE.

*No hay duda en eso;
pero muchas veces acon-
tece, que los que te-
nian   merecidamente
grangeada y alcanzada
gran fama por sus es-
critos, en dándolos á
la estampa, la perdie-
ran del todo, ó la
menoscabaron en algo.*

CARRASCO.

*La causa de eso es,
que como las obras im-
presas se miran despa-
cio, fácilmente se ven
sus faltas, y tanto mas
se escudriñan, quanto
es mayor la fama del
que las compuso. Los
hombres famosos por
sus ingenios, los grán-
des Poetas, los ilustres
Historiadores siempre,
ó las mas veces son em-
bidiados de aquellos, que
tienen por gusto, y por
particular entreteni-
miento, juzgar los es-*

CA-RRAS-CO.

*No ái li-bro tan má-
lo, que no tén-ga ál-
go de bué-no.*

DON QUI-JO-TE.

*No ái dú-da en é-
so; pé-ro mú-chas vé-
çes a-con-té-ce, que
las que te-nian me-re-
çi-da-mén-te gran-geá-
da i al-can-zá-da gran
fáma por sus es-crí-tos,
en dán-do-los á la
es-tán-pa, la per-dié-
ron, del tó-do, ó la
me-nos-ca-bá-ron en ál-
go.*

CA-RRAS-CO.

*La cáu-sa de é-so es,
que có-mo las ó-bras
in-pré-sas se mi-ran
des-pá-cio, fá-cil-mén-
te se ben sus fál-tas,
i tán-to mas se es-cu-
drí-ñan, cuán-ta es
ma-yór la fá-ma del
que las con-puíso. Los
ón-bres fa-mó-sos por
sus in-gé-nios, los grán-
des Po-é-tas, los i-lús-
tres is-to-ria-dó-res
sién-pre, ó las mas
bé-ces son en-bi-diá-dos
de a-qué-llos, que
tié-nen pór gús-to, i*

sir et l'amusement sont de censurer les ouvrages des autres, sans avoir jamais donné au jour aucun de leur cru.

DON QUICHOTE.
Il ne faut pas s'en étonner. Il y a quantité de Théologiens, qui ne sont pas bons pour la Chaire, et qui sont excellens pour connoître ce qu'il manque, ou ce qu'il y a de trop aux Sermons.

CARRASCO.
Cela est très-vrai, Seigneur Don Quichote. Mais je voudrois que ces Censeurs fussent plus indulgens, et moins scrupuleux; qu'ils ne regardassent pas de si près les taches presque imperceptibles du soleil brillant qui les éclaire, c'est-à-dire, de l'ouvrage qu'ils censurent. Que si Homère *sommeilla quelquefois*, ils doivent considérer qu'il a veillé très-long-temps, afin de mettre au jour la lumière pure de ses ouvrages avec le moins d'ombres et le moins d'obscurité qu'il lui étoit possible. Et il pourroit se faire encore, que ce qu'ils prennent pour des fautes, soient de ces signes, qui relèvent quelquefois la beauté du visage de la per-

---

critos agenos, sin haber dado algunos propios á la luz del mundo.

DON QUIXOTE.
Eso no es de maravillar, porque muchos Teólogos hay, que no son buenos para el púlpito, y son bonísimos para conocer las fáltas, ó sobras de los que predican.

CARRASCO.
Todo eso es así, Señor Don Quixote; pero quisiera yo, que los tales Censuradores fuesen mas misericordiosos, y ménos escrupulosos, sin atenerse á los átomos del sol clarísimo de la obra de qué murmuran. Que si Homero dormita algunas veces, consideren lo mucho que estuvo despierto, por dar la luz de su obra con la ménos sombra que pudiese; y quizá podria ser, que lo que á ellos les parece mal, fuesen lunares, que á las veces acrecientan la hermosura del rostro que los tienne. Y así digo, que es grandísimo el riesgo, á qué se pone el que imprime un libro, siendo de toda imposibilidad imposible componèrle tal que satisfaga, y contente á todos

---

por par-ti-cu-lár en-tre-ni-mién-to juz - gár los es-crí-tos a-gé-nos, sin a-ber dá-do al-gú-nos pró-pios á la luz del mún-do.

DON QUI-JO-TE.
E-so no es de ma-ra-bi-llár, pór-que mú-chos Te-ó-lo-gos ái, que no son bué-nos pá-ra el púl-pi-to, i son bo-ní-si-mos pá-ra co-no-cér las fál-tas, ó só-bras de los que pre-di-can.

CA-RRAS-CO.
Tó-do é-so es a-sí, Se-ñor Don Qui-jó-te; pé-ro qui-sié-ra yo, que los tá-les Cen-su-ra-dó-res fué-sen mas mi-se-ri-cor-dió-sos, i mé-nos es-cru-pu-ló-sos, sin a-te-nér-se á los á-to-mos del sol cla-rí-si-mo de la ó-bra de qué mur-múran. Que si O-mé-ro dor-mi-ta al-gú-nas vé-ces, con-si-dé-ren lo mú-cho que es-tú-bo des-piér-to, por dar la luz de su ó-bra cón la mé-nos són-bra que pu-dié-se: i qui-zá po-drí-a ser, que lo que á é-llos les pa-ré-ce mal, fué-sen lu-ná-res, que á las bé-ces a-cre-cien-tan la er-mo-sú-ra del rós-tro que los tié-ne. I a-sí di-go, que es gran-dí-si-mo el riés-go, á qué se pone el que in-pri-me un li-bro, sién-do de to-da in-po-si-bi-li-dad in-po-

sonne qui les a. J'en conclus donc que celui qui fait imprimer un livre, s'expose extrêmement, étant impossible, de toute impossibilité, qu'il le compose tel qu'il contente tous les lecteurs.

DON QUICHOTE.

Celui qui traite de moi, n'aura pas contenté beaucoup de personnes.

CARRASCO.

C'est tout le contraire. Car ainsi que *le nombre des insensés est infini*, ainsi il y a eu une infinité de gens à qui cette Histoire a fait beaucoup de plaisir. Mais il y en a qui reprochent à l'Auteur de manquer de mémoire, ou d'affecter d'en manquer, puisqu'il ne dit pas qui a été le voleur qui déroba le Grison à Sancho. Ce fait n'y est point expliqué. On infère seulement par ce qui a été dit que le Grison a été volé, et peu de temps après nous voyons Sancho sur le même âne, sans qu'il y soit expliqué comment l'avoit-on trouvé. On dit aussi que l'Auteur a oublié de rapporter ce que Sancho fit de ces cent écus qu'il trouva dans le porte-manteau à Sierra Morena, car

los que le leyeren.

DON QUIXOTE.
El que de mi trata, á pocos habrá contentado.

CARRASCO.
Antes es al reves; que como es infinito el número de los necios, infinitos son los que han gustado de la tal Historia. Y algunos han puesto falta y dolo en la memoria del Autor, pues se le olvida de contar, quien fué el ladron, que hurtá el Rucio á Sancho, y que alli no se declara, y solo se infiere de lo escrito, que se le hurtaron; y que de alli á poco le vemos á caballo sobre el mismo jumento sin haber parecido. Tambien dicen, que se le olvidó poner lo que hizo Sancho de aquellos cien escudós, que halló en la maleta en sierra Morena, que nunca mas los nombra; y hay muchos que desean saber qué hizo dellos, ó en qué los gastó, que es uno de los puntos sustanciales, que faltan en la Obra.

DON QUI-JO-TE.
El que de mi trá-ta, á pó-cos a-brá con-ten-tá-do.

CARRASCO.
An-tes es al re-bés, que có-mo es in-fi-ní-to el nú-me-ro de los né-cios, in-fi-ní-tos son los que an gus-tá-do de la tal is-tó-ria. Y al-gú-nos an pués-to fál-ta, i dó-lo en la me-mó-ria del Au-tór, pues se le ol-bí-da de con-tár, quién fué el la-drón, que ur-tó el Rú-cio à Sán-cho, i que a-llí no se de-clá-ra, i só-lo se in-fié-re de lo es-crí-to, que se le ur-tá-ron; i que de a-llí á pó-co le bé-mos á ca-bá-llo só-bre el mís-mo ju-mén-to, sin a-bér pa-re-cí-do. Tan-bién dí-cen, que se le ol-bi-dó po-nér lo que i-zo Sán-cho de a-qué-llos cién es-cú-dos, que a-lló en la ma-lé-ta en Sié-rra Mo-ré-na, que nún-ca mas los nón-bra; i ái mú-chos que de-sé-an sa-bér qué i-zo dé-llos, ó en que los gas-tó, que es ú-no

après il n'en fait plus mention ; et il y en a beaucoup qui désirent savoir ce que Sancho en fit, ou en quoi il les dépensa ; ce qui est un des faits essentiels qui manquent à cette Histoire.

SANCHO.

Moi , Monsieur Samson , je ne suis pas maintenant bien en état de faire des comptes ni des contes ; il m'a pris un mal au cœur , et si je n'y porte pas du remède avec deux bons coups de l'excellent vieux que j'ai chez moi , je crains de tomber entièrement en défaillance. J'y vais donc en diligence , ma femme m'attend , et aussitôt que j'aurai dîné , je retournerai et je vous satisferai vous et tout le monde sur toutes les questions que vous voudrez me faire , et particulièrement sur la perte de l'âne , et sur l'emploi des cent écus.

SANCHO.

Yo , Señor Sanson , no estoy ahora para ponerme en cuentas ni cuentos , que me ha tomado un desmayo de estómago , que si no le reparo con dos tragos del añejo , me pondrá en la espina de Santa Lucia. En casa le tengo , mi muger me aguarda , en acabando de comer daré la vuelta , y satisfaré á V. M. , y á tódo el mundo de lo que preguntar quisieren , así de la perdida del jumento , como del gásto de los cien escudos.

SAN-CHO.

Yo , Se-ñór San-són , no es-tói a-ó-ra pá-ra po-nér-me en cuén-tas ni cuén-tos , que me a to-má-do un des-mà-yo de es-tó-ma-go , que si no le re-pá-ro con dos trá-gos del a-ñé-jo , me pon-drá en la es-pí-na de Sánta Lu-cí-a. En cá-sa le tén-go, mi mu-gér me a-guár-da , en a-ca-bán-do de co-mér da-ré la buél-ta , i sa-tis-fa-ré á B. M. , i á tó-do el mún-do de lo que pre-gun-tár qui-sié-ren , a-sí de la pér-di-da del ju-mén-to , có-mo del gás-to de los cien es-cú-dos.

de los pún-tos sus-tan-ciá-les , que fal-tan en la O-bra.

REMARQUE I. Afin de ne pas trop défigurer l'écriture en représentant la manière de prononcer les mots , nous avons conservé l'*u* , le *ll* , le *ñ* , le *que* et *qui* , que nous aurions dû représenter par *ou* , *lli* , *gn* , *ke* , *ki* , en les rapprochant de la prononciation françoise. Mais , comme on suppose qu'on a lu les règles de la prononciation , on suppose aussi qu'on se souvient que l'*u* en espagnol se prononce toujours *ou* , le double *ll* comme *llie* et ainsi des autres.

REMARQUE II. Il arrive très-souvent que dans les discours familiers on supprime la voyelle finale d'un mot , lorsque le suivant commence par la même voyelle , pourvu toutefois que l'un et l'autre se prononcent de suite, comme dans *la aventura*, *de esá manera*, *está aqui*, que l'on prononce ordinairement, *laventura*, *desa manera*, *estaquí*. Mais lorsque ces voyelles sont différentes, on les prononce presque toujours, les bâillemens étant beaucoup plus fréquens dans la Langue Espagnole que dans la Françoise.

REMARQUE III. Le son du *v* a été rendu par celui du *b*, ces deux lettres ayant le même son dans l'usage actuel de la Langue, comme on l'a observé en parlant de leur prononciation. Relisez ce qu'on y a dit.

TABLE
DES TITRES CONTENUS DANS CETTE GRAMMAIRE.

PREMIÈRE PARTIE.

SECONDE PARTIE.

Fin de la Table.

ANALYSE.

ANALYSE

DES principales Grammaires Espagnoles publiées en France, à l'usage des François, où l'on démontre combien elles sont défectueuses et incompletes.

ON peut dire avec vérité que notre Grammaire manquoit absolument à la Littérature Françoise. Toutes les Grammaires Espagnoles publiées en France jusqu'à présent, sont si défectueuses et si incomplettes, qu'on ne sauroit s'en servir sans se former des idées peu justes et peu étendues de la Langue dont elles donnent les principes. Parmi toutes ces Grammaires, il n'y en a que trois qui puissent fixer l'attention du Lecteur. Ce sont celles de MM. de Port-Royal, de Sobrino et de M. l'Abbé J. E. de Pellizer. Les autres sont entièrement tombées dans l'oubli. Cependant nous dirons aussi un mot sur celle de M. Bartera. Nous souhaiterions d'en avoir un exemplaire sous les yeux, afin de pouvoir en donner une idée un peu plus étendue. Par cette dissertation, le François se formera une juste idée des méthodes qui lui ont servi de guide pour apprendre l'Espagnol; et voyant combien elles sont inutiles et même pernicieuses pour cette fin, il se convaincra de la nécessité de la nouvelle Grammaire qu'on lui présente, et dont la bonté est incontestable. C'est là tout le but de cette Analyse.

GRAMMAIRE
Des Messieurs de Port-Royal.

MM. de Port-Royal sont des premiers Grammairiens qui ont donné des principes aux François pour apprendre l'Espagnol. Ce fut en 1660 (1) qu'ils publièrent, pour la première fois, leur Grammaire, et qu'ils lui donnèrent le titre de *Nouvelle Méthode Espagnole*. L'occasion qu'ils saisirent pour la publier, fut des plus favorables. L'Infante d'Espagne Donna Marie Thérèse, à qui ils eurent l'honneur de dédier leur ouvrage, alloit épouser Louis XIV. Ce lien sacré ne pouvoit que produire l'union de deux puissantes Nations, depuis long-temps divisées par des guerres les plus fâcheuses et les plus opiniâtres. Le rapport et l'amitié des deux Cours devoient amener insensiblement le commerce et la liaison des Espagnols et des François. Le langage en étant l'instrument nécessaire; une méthode exacte pour apprendre la Langue espagnole devenoit, dans ces circonstances, d'un prix presqu'inestimable. La plume des MM. de Port-Royal excelloit dans ce genre de travail : aussi furent-ils les seuls qui l'entreprirent. Leurs profondes connoissances dans les matières grammaticales, et dans différentes langues, tant mortes que vivantes, faisoient espérer une production achevée. Et, à

____

(1) C'est cette édition qu'on cite dans cette Analyse.

T

la vérité, quoiqu'ils ne se fussent proposés que de composer un *petit abrégé* (1) de la Grammaire Espagnole, ils y embrassèrent toutes ses parties, savoir, la prononciation, la prosodie sous le nom d'accent, l'orthographe, le nombre, les propriétés et l'emploi des parties du discours, la syntaxe, la versification, et même la composition des mots qui dérivent du latin. Ce plan étoit beau, sans contredit, et fort étendu. Il auroit été à souhaiter que ces MM. eussent eu une connoissance plus particulière de la Langue Espagnole, l'exécution auroit sans doute répondu au plan ; mais ils ne connoissoient cette Langue que par les livres : la délicatesse de sa prononciation, l'exactitude de sa construction leur étoient inconnues. Ils ne savoient pas même faire la différence du langage espagnol ancien et moderne. De-là cette multitude de faux préceptes dans leur méthode, ces fautes grossières contre la Langue, et ce mélange du langage du dix-septième siècle avec celui des siècles précédens. Ce sont là ces trois propositions que nous allons entreprendre de prouver.

MM. de Port-Royal donnent un grand nombre de faux préceptes.

Ils disent, à la page 2, que l'*E* se prononce en espagnol toujours fermé.

Il y a en espagnol les quatre sortes d'*e*, qu'on distingue dans la Langue françoise, comme on l'a fait voir dans la 3.me Partie de notre Grammaire.

Ils enseignent, à la même page, que l'*o* espagnol tient de l'*oméga* des Grecs, sur-tout lorsqu'il est final, comme dans ces mots, *cuerpo*, corps, *sapo*, crapaud, etc.

C'est tout l'opposé. L'*o* final dans ces mots, et dans une infinité d'autres, tient si peu de l'*oméga* des Grecs, qu'au contraire il tient ordinairement de leur *omicron*, et par conséquent il est presque toujours bref. Dans ce mot, par exemple, *oso*, qui signifie l'ours et j'ose, le premier *o* est très-long, fort plein et ouvert ; et le second très-bref, fort mince et foible.

Ils avancent aussi, à la même page 2, que l'*o* devant *n*, à la dernière syllabe, se prononce en touchant le haut du palais avec le bout de la langue, contre la coutume des François, comme dans *accion*, action. Les Espagnols prononcent cette voyelle nazale de la même manière que les François.

L'*y* grec, ajoutent-ils encore à la même page, se prononce comme un *i* voyelle de même qu'en françois. Voyez les exceptions de cette règle dans l'orthographe de l'Académie, 1.re Part., ch. III, lettres *I* et *Y*, et ce que nous en avons dit dans la 3.me Partie.

A la page 3, ils disent que le *B* se prononce comme font les Gascons, ne battant les lèvres qu'à demi. Les Espagnols prononcent le *B* comme les François, battant les lèvres entièrement.

A la page 4, ils enseignent que le *ch* se prononce en lui donnant quelque chose du *t* : *mucho*, comme *mutcho*, beaucoup. On n'y fait point sentir le *t*.

____

(1) C'est ainsi que MM. de Port-Royal l'appellent.

A la page 7, ils disent que l'*u* après le *q* ne se prononce pas, excepté lorsqu'il y a un *a* après, et dans le mot *eloquencia*, éloquence. Voyez-en plusieurs autres exceptions dans l'endroit cité de l'Acad., lettre *Q*, lors même qu'il est suivi d'un *o*.

A la même page, que le *R* se redouble entre deux voyelles, il y a une infinité d'exceptions : *caro*, cher, *pera*, paire, *dureza*, dureté, etc. etc. Et à la page 11 ils ajoutent que, quand même il n'y auroit qu'un *R*, on le prononceroit toujours fortement; on le prononce au contraire toujours doux, de même qu'en françois, sauf quelques exceptions.

A la page 8, ils enseignent que le *S* devant *R* se change en un autre *R* : *Irrael* pour *Israel*; ou qu'au moins il ne se prononce point. L'on écrit et l'on prononce *Israel*, et point du tout *Irrael*, moins encore *Irael*.

A la page 9, que le *Z* se prononce en lui donnant un peu du *D* ou du *T* : *Alteza* presque comme *Altetza*, Altesse. Cette prononciation est une prononciation italienne. Les Espagnols prononcent ce mot et leurs semblables, comme ils les écrivent, *Alteza*.

A la page 15, ils prétendent que la seconde personne du pluriel des deux présens, a toujours l'accent sur la pénultième. Elle ne l'a jamais que sur la dernière. Car ou elle termine en *ais*, ou en *eis*, ou en *is*. Si elle termine en *ais* ou en *eis*, les deux voyelles *ai*, *ei* forment des diphtongues, comme dans *amais*, vous aimez, *ameis*, que vous aimiez : *temeis*, vous craignez, *temais*, que vous craigniez. Ainsi l'on prononce *a-mais*, *a-meis*, *te-meis*, *te-mais*; et point du tout *a-ma-is*, *a-me-is*, *te-me-is*, *te-ma-is*. Dans les verbes qui forment des triphtongues aux mêmes temps et personnes, l'accent se trouve également dans la dernière syllabe, parce que les trois voyelles ne font qu'une seule syllabe. C'est pour cela que *viciais*, vous gâtez, *vicieis*, que vous gâtiez, *fraguais*, vous forgez, *fragueis*, que vous forgiez, lesquels viennent des verbes *viciar*, gâter, *fraguar*, forger, doivent être prononcés dans deux émissions de voix seulement : *vi-ciais*, *vi-cieis*, *fra-guais*, *fra-gueis*. Voyez l'orthog. de l'Acad., 1.re Part., chap. IV.

A la page 37, ils veulent que le pronom *yo*, je, moi, se prononce l'accent sur l'*o*. Ce pronom est un monosyllabe, et l'*y* grec y est une consonne.

A la p. 41, ils disent que les Espagnols se servent quelquefois du verbe *estar*, être, pour le passif; ils ne s'en servent jamais dans ce sens.

A la page 67, ils condamnent ces expressions : *espantomé*, *estoy espantandome* (1), je m'épouvante. Ces manières de parler sont correctes. Voyez la Grammaire de l'Académie 2.e Part., ch. II, art. IV.

Enfin, ils enseignent, à la page 77, que les Espagnols joignent indifféremment l'auxiliaire *haber*, avoir, ou *ser*, être, avec les verbes neutres, où les François ne se servent que du verbe *être*.

____

(1) C'est l'harmonie qui décide de ces sortes de constructions. *Estoy espantándome* est fort dur; mais Sainte Thérèse dit agréablement dans une de ses lettres : *Riendome estoy de lo que V. Paternidad me dice* : Je ris de ce que V. Paternité me dit.

Cela n'a lieu, tout au plus, que dans quelque verbe, et dans certaines manières de parler. MM. de Port-Royal se trompent aussi, disant, en général, que les François ne se servent que du verbe *être* avec les verbes neutres, puisqu'il y en a plusieurs qui prennent indifféremment *avoir* ou *être*, soit dans la même signification, ou bien dans de différentes.

MM. de Port-Royal font de fautes grossières contre la langue Espagnole.

On ne fera point mention de plusieurs qu'on doit regarder comme de fautes typographiques. On passera aussi sous silence l'erreur de prendre pour voyelle l'y grec dans les mots *raya*, raie, *yelo*, glace, *rayo*, foudre, *ayuda*, aide, etc. Ce vieux préjugé est tombé entièrement aujourd'hui en France. On est très-convaincu que l'y grec dans ces sortes de mots, est une véritable consonne, puisqu'il est impossible d'en rendre le son sans le secours d'une voyelle.

Ces Messieurs rapportent, à la pag. 3, pour exemple de la diphtongue *IA* le pronom possessif, *mia*, mienne. On ne le prononce point monosyllabe, même dans *lás Batuecas*; tout le monde le prononce dans deux émissions de voix, *mi-a*, l'accent sur l'*i*.

A la page 13, ils prononcent ce nom de famille, *Alvarez*, l'accent sur la pénultième, *Alvárez*. Il n'est point d'Espagnol qui ne le prononce l'accent sur l'antépénultième, *Alvarez*.

Aux pag. 15 et 16, ils font les mots *deleyte*, plaisir, *agravio*, tort, de quatre syllabes, et les mots *frayle*, moine, *patio*, cour d'une maison, de trois syllabes. Les deux premiers n'en ont que trois, et les deux derniers n'en ont que deux. On les prononce, *de-léy-te*, *a-grá-vio*, *fráy-le*, *pá-tio*. Cette faute est d'autant plus remarquable, qu'il y a dans la Langue espagnole un nombre presque infini de ces sortes de mots.

A la page 16, ils donnent pour exemple des verbes qui sont fort irréguliers dans les trois personnes du singulier, et dans la troisième du pluriel, le verbe *magnificar*, exalter, comme : *magnifico*, *icas*, *ica*; plur. *magnifican* : j'exalte, etc. Ce verbe et ceux qui lui ressemblent, sont aussi réguliers que le verbe *amar*, aimer.

A la page 38 et 39, ils donnent un pluriel aux pronoms absolus, *esto*, ceci, *eso*, *aquello*, cela, *ello*, ceci ou cela. Tous ces pronoms n'ont point de pluriel.

A la page 64, ils disent, *el antigua Yglesia*, l'ancienne Eglise. On dit, *la antigua*. On ne met point l'article masculin *el* devant les adjectifs féminins. Voyez l'Académie, 1.re Partie, chap. V.

A la page 69, ils assurent qu'on dit également, *mi padre* ou *padre mio escribió*, mon père écrivit. On ne dit jamais, *padre mio escribió*. Cette façon de parler est aussi vicieuse, que si l'on disoit en françois, *père mien écrivit*.

A la page 71, ils disent, *quienquier hombre*, quel homme que ce soit. *Quienquiera* ne se construit jamais avec le substantif, de même que *quiconque* en françois.

A la page 72, ils apportent pour exemple cette phrase : *Muchos estan aficionados á los Españoles, yo también lo estoy*, il y en a beaucoup qui affectionnent les Espagnols, et moi aussi. On ne dit jamais, estoy *aficionado*, estan *aficionados*; on dit toujours, *soy*, *son*.

A la page 73, ils emploient indifféremment, *ámar Dios* ou *ámar à Dios*, aimer Dieu : encore en font-ils une règle de Syntaxe Castillane. Il n'est point d'enfant Espagnol qui commence à apprendre sa Langue, qui ne sache que les verbes actifs ont un régime précédé de la préposition *à*, toutes les fois que leur action passse à des personnes ou à des choses personnifiées ; et qu'ils ont un régime simple ou sans préposition, lorsque leur action passe à des choses. C'est pour cette raison qu'on dit toujours, *amar á Dios*, *á su padre*, aimer Dieu, son père ; *amar la virtud*, *aborrecer el vicio*, aimer la vertu, haïr le vice, etc. ; et ce seroit une faute insupportable que de dire, *amar Dios*, *su padre*, *amar á la virtud*, *aborrecer al vicio*. Voyez l'Académie, 2.de Partie, chap. II, art. II et V.

MM. de Port-Royal font un mélange du langage Espagnol ancien et moderne.

Quand on lit la Méthode de ces Messieurs, on est très-persuadé que les mots et les phrases qu'ils y emploient étoient en usage dans le temps qu'ils l'ont publiée. La Langue Espagnole étoit en 1660 dans le même état de perfection et de pureté qu'elle est aujourd'hui à quelque chose près. C'est l'Orthographe qui a seulement souffert depuis lors des changemens considérables. Cependant elle n'étoit pas, à beaucoup près, aussi ancienne que ces Messieurs la représentent. Les ouvrages de Saavedra, Quevedo et d'autres écrivains célèbres contemporains de Port-Royal sont une preuve incontestable de tout cela. En remontant même plus haut, c'est-à-dire, au commencement de ce même dix-septième siècle, et à la fin du seizième, on voit que le P. Dupont (de la Puente) n'employoit plus *decille* pour *decirle*, lui dire, *vernia* pour *vendria*, il viendroit, *amabades* pour *amabais*, vous aimiez, etc. Parmi les termes et les phrases surannées qu'on trouve répandues dans la même Méthode, il y en a qu'on ne trouvera pas dans Arias, Rodriguez, Grenade, Avila, Sainte Thérèse, Ambroise de Morales, ni dans d'autres Ecrivains du seizième siècle, ni même dans Mariana, qui affecta de parler un langage qui n'étoit plus de son temps, afin de donner plus de majesté à son immortelle histoire d'Espagne.

Les mots plus ou moins anciens qu'on trouve répandus dans la Méthode des MM. de Port-Royal, et qui n'étoient point en usage dans le temps qu'ils la publièrent, sont, entr'autres, *abastança*, pour *abundancia*, abondance : *afloxadamente* pour *floxamente* ; foiblement ou lâchement : *aquende* pour *de esta parte*, de-çà ou de deçà ; *arrepentar* pour *arrepentirse*, se répentir : *ayuso* pour *abaxo*, dessous : *azgo* pour *asgo*, je saisis : *cuezgo* pour *cuezo*, je cuis : *decendir* et *decender*, pour *descender*, descendre : *emmagrescer* pour *enflaquecer*, maigrir : *guarir* pour *guarecer*, se rétablir, aider ou sécourir : *Mexias* pour *Mesias*, Messie : *niegar* pour *negar*, nier : *otri* pour *otro*, autrui : *plego*, *plega*, (qui ne sont point en usage), je plais, que je plaise : *raygo* pour *rayo*, je rais :

T 3

roygo pour *roo* , je ronge : *reyendo* pour *riendo* , riant ou en riant. On y emploie encore indifféremment *siendo* et *seyendo* , étant , *vi* et *vidé* , etc. je vis, quoique ces derniers , *seyendo* , *vidé* soient très-anciens, Enfin on y voit un *rez* et un *araye* employés pour ce qu'on ne sauroit aisément deviner ; en un mot , les conjugaisons sont tellement mêlées de mots anciens et modernes , qu'elles deviennent entièrement inutiles.

Voici à présent quelques phrases surannées , dont MM. de Port-Royal se servent comme étant usitées de leur temps.

Ils emploient à la page 68 , *decilde* pour *decidle* , dites-lui , *decille* , à la place de *decirle* , lui dire et semblables. Ces expressions s'employoient par métaplasme dans le seizième siècle , mais elles n'étoient guère ou point du tout en usage dans le dix-septième.

A la pag. 69 , ils disent , *Oygamos* Santo *Pablo* , pour *San Pablo* , écoutons Saint Paul. *Santo* ne s'emploie et ne s'employoit dans le dix-septième siècle devant les noms de tous les saints. On le mettoit seulement devant les noms , *Domingo* , Dominique , *Tomas* , Thomas , etc. Voy. l'Acad. I.re Partie , Ch. III , Art. III.

A la pag. 70 , ils apportent cet exemple : *esa observacion que teneis allá en Roma* : cette coutume que vous suivez à Rome. On dit fort bien : *la observacion de los preceptos divinos* : l'observation des préceptes divins : *una observacion astrónomica* , une observation astronomique : *una observacion sobre la Retórica de Aristóteles* : une observation sur la Rhétorique d'Aristote : mais on ne dit jamais , *tener una observacion* , dans le sens de la phrase rapportée. On peut même douter et avec raison , que MM. de Port-Royal l'ayent tirée d'aucun auteur espagnol : ainsi elle auroit dû être mise au nombre des fautes grossières contre la Langue.

A la pag. 77 , ils disent *ser por far* , à la place de *estar por hacer* , être pour faire ou à faire. Cette phrase est de la plus haute antiquité. On n'en trouvera des exemples que dans la Chronique générale , dans les lois de *las Partidas* d'Alphonse le savant , ou dans les ouvrages de l'Evêque de Tuy , ou dans des livres à peu près de ce temps-là.

Dans la même page et dans la suivante , ils emploient pour des exemples cette manière de parler et semblables , *Escrivirte hia* , pour *te escribiria* , il t'écriroit. Lorsque l'Académie rapporte , I.re Partie , Chap. 6 , Art. VI , des phrases de cette nature , elle ne les tire que de la Chronique , ou des priviléges d'Alphonse le savant , de Ferdinand quatre , et de Henri second , c'est-à-dire , des livres du 13.me et 14.me siècle , et le plus près du 15.me ; si l'on en trouve quelques-unes de la même espèce dans sainte Thérèse , ou dans d'autres écrivains du seizième siècle , on doit les regarder comme de foibles débris de l'antiquité.

Enfin à la page 79 , ils disent , *si fuerades allá , non aconteciera esta* , si vous y aviez été , cela ne seroit pas arrivé. Cette manière de parler est aussi très-ancienne. On disoit du temps des MM. de Port-Royal , et l'on dit encore aujourd'hui : *si hubieras estado* ou *si hubieras ido allá , no acontecería* ou *no aconteciera esto.*

GRAMMAIRE
De M. François Sobrino.

FRANÇOIS SOBRINO étoit Flamand, originaire d'Espagne. Il enseigna long-temps la Langue Espagnole à Bruxelles, et publia plusieurs ouvrages relatifs à la connoissance de la même Langue, entr'autres sa Grammaire Espagnole-Françoise, qui parut quelque temps après que MM. de Port-Royal eurent publié la leur. Il n'avoit ni les talens, ni la plume, ni la réputation de ces Messieurs. Sa Grammaire étoit d'un mérite bien inférieur à la Méthode de ceux-ci, tant pour le plan et pour le style, que pour l'ordre et pour la manière de traiter les matières. Cependant la première a fait presque oublier la seconde, et la production d'un foible Grammairien l'a emporté sur celle de personnes qui excelloient dans la science des matières grammaticales. Voici comment M. Sobrino s'y est pris pour y réussir. Comme la Langue Espagnole n'a été guère cultivée en France que par des gens de commerce, il ne se proposa d'écrire que pour eux. Ainsi il débarrassa sa Grammaire de définitions, de divisions, de tout ce qui pouvoit rendre son étude difficile, et se borna à ce qui étoit le plus aisé et le plus nécessaire. Il s'étendit aussi prodigieusement sur les conjugaisons, évita les fautes grossières contre la langue Espagnole, et la parla sans presque aucun mélange du langage ancien. Une Grammaire de cette nature, quoique d'ailleurs des plus défectueuses et des plus incomplettes, comme on le verra bientôt, ne pouvoit pas manquer d'avoir le dessus sur la Méthode des MM. de Port-Royal, où les définitions, les rapports de la Langue Espagnole avec la latine et grecque sont souvent employés, choses dont les Commerçans ne se soucient guère. Outre que le laconisme, qui règne dans leur ouvrage, sur-tout dans les conjugaisons, étoit propre à gêner l'esprit de cette classe de lecteurs, et le langage peu correct et ancien à les en dégoûter. MM. de Port-Royal étoient trop jaloux de leur réputation pour ne pas composer leur Méthode dans le bon goût. Ils aimoient mieux faire une production digne de leurs talens, au risque qu'elle ne fût lue que d'un petit nombre de personnes, que de faire un mauvais ouvrage, quoiqu'il fût entre les mains de tout le monde. M. Sobrino au contraire se soucioit fort peu, comme il le fait assez entendre lui-même, de passer pour un bon Grammairien; et pourvu que sa Grammaire contentât les personnes pour qui il se proposoit d'écrire, il lui étoit presque égal qu'elle fût parfaite ou imparfaite, bonne ou mauvaise. Aussi la critique ne l'a pas épargnée. Il n'a pas même manqué des Savans qui l'ont placée dans la classe de *monstres littéraires.*

Les défauts donc de la Grammaire de M. Sobrino (1) peuvent être réduits à huit principaux : les notions nécessaires pour la con-

____

(1) On suit l'édition de Lyon de 1777 chez Pierre Bruiset Ponthus.

noissance des matières grammaticales en sont bannies : il y manque des parties essentielles : il y en a d'autres qui ne sont pas du ressort grammatical : il y a des choses superflues : l'ordre y est renversé et confondu : il y a du mélange du langage ancien et moderne : les fautes y sont considérables et nombreuses : et enfin après y avoir beaucoup lu, on trouve qu'on n'a presque rien appris.

Les notions nécessaires pour la connoissance des matières grammaticales sont entièrement bannies de la Grammaire de Sobrino.

C'est M. Sobrino lui-même qui l'avoue. *Je n'ai pas jugé nécessaire*, dit-il dans la première *ligne* de son ouvrage, *d'amuser le Lecteur par des détails de Grammaire, je commence par l'alphabet espagnol.* Et à la pag. 13, il ajoute : *mon intention n'étant pas de donner une Grammaire dans toutes ses parties, je ne m'arrêterai pas à expliquer les différences des noms, soit propres ou appellatifs, ni ce que c'est que substantif et adjectif, pour les raisons que j'ai déjà touchées ; c'est-à-dire, pour ne pas amuser le Lecteur.* Cependant cet amusement, quelque peu agréable qu'il soit, est nécessaire dans un ouvrage didactique, tel que l'est une Grammaire. Les définitions et les divisions sont si indispensables pour parvenir à posséder un art ou une science, que sans leur secours il est impossible d'en venir à bout. Une définition juste met tout de suite au fait de la chose qu'on veut apprendre ; quand on s'en égare, la définition y ramène ; souvent une bonne définition vaut autant que le traité qu'elle définit. Aussi en voit-on bien peu qui puissent être appelées à juste titre des définitions. La division n'est pas moins nécessaire. Elle met de l'ordre et de la clarté dans les matières qu'on traite. Si on y confond les idées, elle sépare les unes des autres et les met à leur place.

Il manque à la Grammaire de Sobrino des parties essentielles.

Nous venons de le voir par l'aveu même de cet Auteur, puisqu'il dit que *son intention n'a pas été de donner une Grammaire dans toutes ses parties.* D'abord point de syntaxe. Ce seroit *amuser* un peu trop le Lecteur que de l'entretenir de la partie la plus essentielle de la Grammaire, ou pour mieux dire, de la Grammaire elle-même. Car tout ce qu'elle dit touchant la nature, le nombre, les propriétés et l'emploi des parties du discours en général, n'est qu'un préliminaire pour l'arrangement des mots ou l'expression de nos idées, comme elles sont dans notre esprit ; et c'est ce qu'on appelle *syntaxe.* Ensuite, dans l'explication même des parties du discours, il y manque beaucoup de choses essentielles : tout ce qui concerne le participe, le gérondif, et l'adverbe y a été entièrement oublié. La préposition, la conjonction, et l'interjection y sont très-légèrement traitées. Dans les conjugaisons on désire au-delà de deux cents cinquante verbes irréguliers. Enfin, la prononciation n'y est pas traitée avec assez d'étendue, et l'orthographe ne l'est presque point du tout.

La Grammaire de Sobrino contient des choses qui ne sont pas du ressort grammatical.

Personne n'ignore que le double Dictionnaire Espagnol-François et François-Espagnol, qui a été ajouté à la Grammaire de cet Auteur, n'est point du ressort de celle-ci. Tout *le recueil et observations*, qui commencent à la pag. 202, et qui finissent à la pag. 232 ; toute la liste *d'adverbes, prépositions et autres expressions, etc.*, depuis la pag. 233 jusqu'à la pag. 290, n'appartiennent pas non plus à la Grammaire, si toutefois on en excepte quelque phrase qui pourroit servir à expliquer quelque point de la syntaxe. C'est dans les Dictionnaires, dans les Auteurs et dans l'usage de la Langue, que l'on doit apprendre l'explication de tous ces mots et de toutes ces phrases, et la manière de s'en servir à propos. La Grammaire se borne à ce qui a rapport à l'arrangement des mots. Aussi les bons Grammairiens ne parlent de ces mots et de ces phrases, que lorsqu'il est question d'expliquer la nature des parties du discours, ou des points de la Syntaxe. Il est aisé de le voir dans les remarques détachées de la Grammaire Françoise de M. Wally, et dans la longue liste de la seconde Partie de la Grammaire de l'Académie. Une seule page de cette liste nous apprend plus que tout ce fatras *d'observations, etc.*, qu'on a ajoutées à la Grammaire de Sobrino.

On peut mettre encore avec raison dans le rang des choses qui ne sont pas du ressort grammatical, ces petits mots et ces petites phrases, qui ont été si joliment et si finement enchâssées après la conjugaison de plusieurs verbes.

La Grammaire de Sobrino renferme des choses superflues.

Par le nom de *choses superflues*, on veut faire entendre celles qui étant du ressort grammatical, deviennent inutiles par la manière dont elles sont traitées. Telles sont 1.º ces longues et ennuyeuses déclinaisons de l'article, du nom et du pronom. Quand même on auroit voulu suivre l'usage ancien de décliner, un seul exemple suffiroit. Mais aujourd'hui on ne décline plus. La déclinaison n'est autre chose que les différentes inflexions ou terminaisons de l'article, du nom, du pronom et du participe ; et les Langues Espagnole, Françoise, Italienne et d'autres n'en connoissent dans ces quatre parties du discours, que pour distinguer le singulier d'avec le pluriel, et le féminin d'avec le masculin. Or la déclinaison dans ces Langues n'avoit d'autre objet que de montrer le rapport de ces mots précédés de prépositions avec les cas des latins ; et l'on a vu aussi que souvent ce rapport étoit faux ; 2.º la conjugaison de plusieurs verbes tant réguliers qu'irréguliers, qu'on y conjugue tout au long contre la coutume des bonnes grammaires, où l'on ne conjugue qu'un verbe régulier de chaque conjugaison ; où tous les verbes irréguliers de la même conjugaison sont rangés dans de différentes classes, sans les conjuguer pourtant que dans les temps et personnes, qui s'écartent des verbes réguliers ; et où enfin on se contente, après la conjugaison de chaque verbe irrégulier faisant classe à part, de donner la liste de tous les verbes qui ont les mêmes irrégularités. Cette méthode est fondée en raison et sur l'autorité de tous les bons Grammairiens. M. Sobrino, faute de la suivre, tombe dans une prolixité insupportable. Qui n'auroit pas cru, qu'ayant employé 146 pages dans la conjugaison des verbes, il n'auroit pas épuisé entièrement la matière ? Cependant, nous avons vu plus haut qu'il n'y a oublié que 250 irréguliers au moins.

Dans la Gram. de Sobrino, l'ordre est renversé et confondu.

On ne parlera ici que de l'ordre que cet Auteur suit dans les conjugaisons des verbes. Dans la première conjugaison il commence par le verbe irrégulier *tener*, avoir et tenir; puis il place deux verbes réguliers, ensuite quatre irréguliers; il revient à un autre régulier, après lequel il met encore deux irréguliers : ici vient fort à propos (comme personne n'ignore) la conjugaison d'un verbe réciproque, laquelle, suivant toutes les règles de l'art, devoit être terminée par celle de sept verbes irréguliers. Dans la troisième il conjugue d'abord neuf verbes irréguliers, puis un régulier, ensuite un autre irrégulier, qui est suivi à son tour d'un autre régulier; et enfin, pour désennuyer son Lecteur, il lui donne la conjugaison des quatre verbes irréguliers, *conducir*, conduire, *inducir*, induire, *introducir*, introduire, *traducir*, traduire. Est-il jamais tombé dans la tête de Grammairien un ordre ou un désordre semblable dans la conjugaison des verbes ?

La Grammaire de Sobrino contient du mélange du langage Espagnol ancien et moderne.

C'est par cet endroit que cette Grammaire pèche le moins. On n'y trouve que quelques mots anciens, qui n'étoient plus en usage du vivant de M. Sobrino, par exemple, les noms de nombre, *sesentésimo* pour *sexagésimo*, soixantième; *setentésimo*, pour *septuagésimo*, soixante-dixième; etc.; et les verbes *merescer* pour *merecer*, mériter; *hueler* pour *oler*, sentir, etc. On y voit encore les terminaisons anciennes en *ades* et en *edes*, comme *hablabades* pour *hablabais*, vous parliez; *hablassedes* pour *hablaseis*, que vous parlassiez.

Dans la Grammaire de Sobrino il y a des fautes considéra-bles et nombreuses.

M. Sobrino dit, à la page 2, que le *b* se prononce en Espagnol comme le prononcent les Gascons, ou comme les Allemands leur *w* ; à la page 3, que l'*e* se prononce toujours fermé; quoiqu'il semble se rétracter à la page 42, disant que les *e* qui sont avant une consonne double, se prononcent ouvertement : à la page 4, que l'*y* grec forme une diphtongue dans ces mots *yugo*, joug, *mayor*, plus grand, etc.; à la page 6, qu'on prononce *Irrael* pour *Israel*; et que le *Ch* se prononce presque comme *tch* : à la page 9 que l'*u* après *q* se fait sentir seulement dans les mots *eloquencia*, éloquence, *eloquente*, éloquent. Voyez ce que nous avons dit touchant toutes ces prononciations contre MM. de Port-Royal.

A la page 3 , que le *J* se prononce comme *Khota* , retournant la pointe de la Langue vers le haut du palais et au-dedans de la gorge. Voyez notre explication dans notre Grammaire , 3.me Part. Lettre *J.* Nous avons vu nombre de François , d'après l'explication de Sobrino , prononcer cette Lettre comme *K* , quoiqu'elle ait un son bien différent quand on l'aspire , et d'autres faire des grimaces effroyables.

A la page 6 , il prétend que le *x* se prononce 1.º comme *j* au milieu du mot , par exemple , dans : *auxíliar* , auxiliaire ; *auxílio* , secours ; *éxôde* , exode ; *exécrable* , exécrable ; *exécrado* , détesté : 2.º comme deux *ss* dans ces mots : *exâmen* , examen ; *exâminar* , examiner ; *exâminado* , examiné ; *exâctamente* , exactement ; *exâcto* , exact ; *exâctitud* , exactitude ; *exâgeracion* , exagération ; *exagerado* , exagéré ; *exâgerar* , exagérer ; *exâltado* , exalté ; *exâltar* , exalter ; *exâltacion* , exaltation : 3.º comme *s* , quand il est suivi d'une consonne , v. gr. dans *exceso* , excès ; *exhortacion* , exhortation , et leurs semblables ; *esceso* , *es-hortacion.* Le *x* se prononce dans tous ces mots comme *CS* : *auc-siliar* , *auc-silio* , *ec-secrable* , etc. *ec-samen* , *ec-sactamente* , *ec-sageracion* , *ec-saltado* , etc. : *ecs-ceso* , *ec-shortacion* , etc.

A la page 8 , il dit que les Espagnols ôtent souvent le *g* dans les mots *digno* , digne , *significar* , signifier , et leurs semblables , en mettant , *dino* , *sinificar.* Cette manière d'écrire et de prononcer est ancienne. L'on écrit et l'on prononce aujourd'hui , *dig-no* , *sig-nificar.*

A la même page , que le *r* se prononce toujours fort rude , comme *err.* Il se prononce doux dans une infinité de mots : *arar* , labourer , *baraja* , jeu de cartes , *harenga* , harangue , *merecer* , mériter , etc. etc. Voyez l'Académie dans l'endroit ci-dessus , lettre R.

A la page 10 , il veut que ce soit l'article seul qui se décline. De quelque manière que l'on entende la déclinaison , le nom , le pronom et le participe passif se déclinent aussi bien que l'article.

A la page 11 , il dit que l'article neutre *lo* ne peut s'appliquer à aucun nom adjectif , et cependant à la page suivante il apporte pour des exemples , *lo util* , l'utile , *lo agradable* , l'agréable , *lo grande* , le grand , etc. La particule *lo* s'applique fort bien à l'adjectif dans ces exemples et dans d'autres autorisés par l'usage. Il est des cas où cette particule ne répond pas à l'article *le* françois , et alors son équivalent est le pronom *ce* , comme dans cet exemple : *lo singular del caso era* , *que veia la cosa y no la creia* : ce qui étoit singulier , c'étoit qu'il voyoit la chose , et il ne la croyoit pas.

A la page 12 , il enseigne que le même article *el* renversé se met souvent à la fin du verbe , comme dans *llamadle* , appelez-le , *decidle* , dites-lui. *Le* n'est point article dans ces phrases ni dans leurs semblables , c'est un pronom relatif.

A la page 14 , que tous les noms Espagnols , qui terminent au singulier par une voyelle , forment leur pluriel en y ajoutant simplement un *s.* Il faut en excepter tous ceux qui terminent au singulier par une voyelle aiguë , comme *borceguí* , brodequin , *borceguíes* , brodequins , etc. Voyez l'Académie , 1.re Partie , ch. III , art. V.

A la page 21, il veut que si l'oraison commence par les pronoms, l'article ne le précède jamais. Et qu'empêche, par exemple, après avoir parlé de deux soldats, de commencer une phrase ou période de cette manière ? El uno, *que era soldado valiente, venció luego á su enemigo, etc.* l'un qui étoit un brave soldat, vainquit d'abord son ennemi, etc. ; et ensuite de commencer une seconde de cette autre façon ? El otro, *qué era un cobarde, fué al punto vencido, etc.* L'autre qui étoit un poltron, fut tout de suite vaincu ; etc.

A la même page, il appelle neutres les noms adjectifs, *bueno, dulce,* et dans les expressions, *lo bueno,* ce qui est bon, *lo dulce,* ce qui est doux ; et à la page 11, il avoit dit que la Langue Espagnole ne connoissoit point des noms neutres ni substantifs, ni adjectifs.

Encore, à la même page, il dit que les adjectifs au neutre ne peuvent pas être précédés de l'article *lo,* quand ils sont suivis du verbe *ser,* être. Il n'y a rien de plus commun en espagnol que de dire, v. g. : lo bueno es *que es ignorante y presume de sabio :* ce qui est plaisant, c'est qu'il est un ignorant, et il présume d'être savant : lo peor era *que se excusaba, teniendo toda la culpa :* ce qui étoit le pire, c'étoit qu'il s'excusoit, ayant tout le tort ; et ainsi dans une infinité d'autres expressions semblables.

A la page 23, que *unos* signifie quelquefois aucuns. Il ne le signifie jamais.

A la page 34 et 35, il fait *possessif, interrogatif* et *relatif,* le pronom *cuyo,* dont, de qui. L'Académie le place dans la classe des *relatifs.* La qualité d'*interrogatif* est commune à tous les pronoms, parce qu'on peut interroger avec toutes sortes de pronoms. Il y donne encore à entendre que ce pronom n'est pas relatif quand il est interrogatif, et qu'en espagnol il ne se rapporte qu'à la chose possédée. Dans cet exemple même de Sobrino : Cuyo *es éste caballo ?* à qui ou de qui est ce cheval ? *Cuyo* est aussi relatif que *quien* dans cet autre, qui signifie la même chose : De quien *es éste caballo ?* Le pronom *cuyo* s'accorde en genre et en nombre avec le nom de la chose possédée ; mais il se rapporte toujours à une personne quelconque, qui possède.

A la page 42, il enseigne que le pronom *qual* s'emploie de la manière que représente cet exemple : qual *hombre ó* qual *muger puede sufrir esto ?* quel homme ou quelle femme peut souffrir ceci ? Ce pronom ne s'emploie jamais de la sorte ; on doit dire : qué *hombre,* qué *muger, etc. ?*

A la page 46, il avance que les langues vulgaires ne reconnoissent guère que le verbe actif et passif. Il n'y a qu'à ouvrir les grammaires de ces langues, et l'on y verra une kyrielle de différentes sortes de verbes, longue jusqu'à l'ennui.

A la page 48, il oublie de mettre le prétérit antérieur parmi les temps de l'indicatif.

A la page 49, il dit que les Espagnols n'ont qu'un verbe auxiliaire, qui est *haber,* avoir. Ils ont aussi le verbe *ser,* être.

A la page 50 et suivantes, il oublie de conjuguer tous les temps composés de l'auxiliaire *haber.*

A la page 187, il fait impersonnels les verbes *bastar*, suffire, et *haber*, avoir. Ces verbes par eux-mêmes sont neutres ; et si on les emploie impersonnellement, ce n'est que dans de certaines manières de parler.

A la même page, il appelle verbe impersonnel la phrase, *ser menester*. Quoique cette expression réponde à l'impersonnel françois *falloir*, cependant les noms ne sont jamais des verbes dans le même sens, il faudroit encore mettre dans la même classe des impersonnels les expressions, *ser necesario*, *ser preciso*, *ser forzoso*, qui signifient la même chose que la précédente.

A la page 191 et 192, il fait aussi impersonnels les verbes *atronar*, tonner ou faire grand bruit, *ahumar*, fumer, *heder*, puer, *hueler*, pour *oler*, sentir. Les trois premiers verbes sont actifs, et le quatrième tantôt neutre, tantôt actif, quoique tous s'emploient quelquefois impersonnellement. Il paroît que le premier a été confondu avec le verbe *tronar*, tonner, lequel est regardé ordinairement comme un véritable impersonnel.

A la page 195, il fait préposition l'adverbe *acuestas*, sur les épaules, quoiqu'il ne souffre jamais aucune sorte de régime.

A la même page, il fait prépositions d'accusatif les mots *salvo*, sauf, *excepto*, excepté, *sin*, sans, *con*, avec. En supposant que tous ces mots soient des prépositions, ils n'auroient jamais du rapport avec l'accusatif des latins.

A la page 196, il dit que la particule *por*, pour, se met toujours avant l'infinitif du verbe *haber*, avoir, lorsqu'il suit immédiatement un prétérit de quelle conjugaison que ce soit. Le sens naturel de cette règle paroît être, que toutes les fois que l'infinitif du verbe *haber* est régi immédiatement par un prétérit de quelle conjugaison que ce soit, la particule *por* doit se mettre entre l'un et l'autre. La règle dans ce sens est fausse ; elle le seroit encore davantage dans les autres sens qu'on pourroit lui prêter. Exemples : Se alegraba de haber *ganado el pleyto* : il se réjouissoit d'avoir gagné son procès. No volvieron hasta haber *cumplido con el encargo* : ils ne s'en retournèrent point jusqu'après avoir rempli le commission. Lo han conseguido sin haber*lo pretendido* : ils l'ont obtenu sans l'avoir demandé.

A la page 198, il fait adverbes et conjonctions *para que*, afin que, *por que*, pour que. Ils ne sont jamais adverbes, suivant les Grammairiens.

A la même page et à la page 201, il fait prépositions les expressions *sacando fuera*, en exceptant, *conviene á saber*, c'est-à-dire, savoir.

A la page 202, il ne rapporte pour des exemples de l'interjection, que des phrases entières, comme : *Dios me libre*, Dieu me garde. Et c'est ainsi qu'il finit sa Grammaire.

Dans la Grammaire de Sobrino après avoir beaucoup lu,
on trouve qu'on n'a presque rien appris.

Cette proposition est une conséquence toute naturelle des sept propositions précédentes. La Grammaire de cet Auteur, en y comprenant le double Dictionnaire et le recueil d'observations, etc., contient 456 pages. Mais après qu'on les a toutes lues avec réflexion, qu'est-ce qu'on y a appris? quelques mots dans le Dictionnaire, pris au hasard et sans choix ; quelques phrases de même nature dans le recueil d'observations, et dans la liste d'adverbes, prépositions, etc, ; des verbes sans aucun ordre ; quelques préceptes sur la prononciation, et sur l'article, nom, pronom, préposition et conjonction, mêlés encore d'un grand nombre de fautes, et dans un style plat et sans méthode. Voilà tout ce qu'on peut apprendre dans la Grammaire de Sobrino. A quoi il faut ajouter que son orthographe est non-seulement ancienne, mais encore insupportable aujourd'hui en grande partie. Dans l'édition que nous avons sous les yeux, il s'est glissé un grand nombre de fautes typographiques dans la partie en espagnol.

Quelqu'un dira peut-être : ce double Dictionnaire ajouté à la Grammaire de Sobrino, quoiqu'il ne soit pas du ressort de celle-ci, néanmoins il est fort utile et commode : on y trouve donc un avantage et une ressource que ne fournissent pas les Grammaires ordinaires.

Mais, de bonne foi, à quoi est-il utile ce double Dictionnaire ? L'est-il pour comprendre les Auteurs ? Qu'on fasse l'expérience dans un commençant, et l'on verra qu'il se trouvera embarrassé presque à chaque période, ne trouvant pas des ressources dans ce prétendu Dictionnaire. L'est-il pour la conversation ? que l'on fasse la même expérience, et on verra le commençant dans le même embarras. Et quand même il y trouveroit le mot qu'il cherche, souvent ce mot y sera pris dans un autre sens.

GRAMMAIRE

De M. Bartera.

LA troisième Grammaire dont nous nous sommes proposés d'entretenir le Lecteur, est celle de M. Bartera. Mais, comme nous nous l'avons déjà prévenu au commencement de cette Analyse, nous ne pouvons en dire qu'un mot, faute d'en avoir un exemplaire sous les yeux. Nous eûmes occasion, il y a plus de vingt-quatre ans, de voir cette Grammaire, mais après en avoir lu une page et demie, nous n'eûmes plus envie d'en lire davantage. L'Auteur y représentoit les consonnes *demi-voyelles* de cette manière : *efé*, *haché*, *dé*, *émé*, etc., donnant pour principe incontestable, qu'il faut les prononcer appuyant sur la finale. Or, nous jugeâmes alors qu'un Grammairien qui ne connoît pas l'alphabet de la Langue dont il écrit la Grammaire, ne pouvoit donner qu'une production très-mauvaise. Il paroît que l'accueil que le Public lui a donné, est venu à l'appui de notre jugement, puisque presque aussitôt que cet ouvrage a vu le jour, il est tombé dans un profond oubli.

GRAMMAIRE
De M. l'Abbé J. E. de Pellizer.

Cette Grammaire parut pour la première fois l'année 1786, et fut publiée dans les affiches de la Librairie, du 29 Avril de la même année. On la trouve à Paris chez Theophile Barrois le jeune, Libraire, Quai des Augustins, n.º 18.

Le titre de cet ouvrage, qui ne contient que 94 pages in-8.º, est, *GRAMMAIRE ESPAGNOLE composée sur celle de l'ACADEMIE ESPAGNOLE.*

Ce titre annonce un ouvrage composé sur un modèle excellent, et par conséquent excellent lui-même. Cependant il est défectueux à un point, qu'on peut s'étonner avec raison que son Auteur ait entrepris d'écrire les principes d'une Langue qu'il n'entend que bien imparfaitement. Mais ce qui doit étonner encore davantage, c'est qu'ayant la Grammaire de l'Académie sous ses yeux, il en rejette souvent les principes sans en donner aucune raison, et bien de fois sur des choses tout-à-fait incontestables.

M.ʳ L'Abbé de Pellizer a divisé sa Grammaire, ou plutôt son très-petit abrégé de la Grammaire en douze leçons, auxquelles il a ajouté, pour tenir sans doute place de syntaxe, *l'abrégé de la manière de parler l'espagnol*, et à la fin *quelques observations* sur la même Langue.

Ces leçons sont apparemment le résultat de celles qu'il a données dans la Capitale, à ce qu'on peut conjecturer par un passage de sa Grammaire à la page 70, où il dit, *qu'il enseigne SELON LA MEILLEURE MÉTHODE et NON SANS UNE GRANDE CLARTÉ, les principes les plus propres et les plus INTELLIGIBLES de la langue espagnole tant aux hommes qu'aux femmes, tant aux grands qu'aux petits, aux riches et aux pauvres, enfin à tout le monde dans l'ancienne, grande et fidelle ville de Paris, théâtre de tant d'insignes personnages.*

Aussi-tôt que cette Grammaire fut publiée, nous en fimes l'analyse, qui a été divisée en quatre articles, de la manière suivante.

La Grammaire de Monsieur l'Abbé de Pellizer est très-incomplette.

La méthode que l'Auteur y adopte est très-défectueuse.

Il y a une quantité prodigieuse de faux préceptes, et de fausses explications, etc.

Il y a beaucoup de fautes grossières contre la Langue Espagnole.

Cette analyse est pour le moins le double plus longue que toutes les précédentes ensemble, l'Auteur y fournissant une matière presque inépuisable à la critique. La Langue Espagnole y est si impitoyablement déchirée dans ses principes, et dans la manière dont elle est parlée, qu'on ne sauroit se l'imaginer assez. Cependant nous y disions que c'étoit à contre-cœur que nous publions l'analyse d'un ouvrage fait par une personne vivante. La Providence à secondé nos désirs à cet égard. Car ayant résolu de profiter de la foire de Beaucaire pour y faire débiter notre Grammaire, et n'étant pas possible de faire imprimer cette analyse avant cette époque, nous la supprimons avec un vrai plaisir. Nous serions même fâché d'être obligé dans la suite à la publier. Notre Grammaire n'a pas besoin pour se soutenir de la critique des autres. Les connoisseurs nous rendront cette justice. On est généralement très-mécontent des méthodes Espagnoles, à l'usage des François; mais peu connoissent précisément en quoi est-ce qu'elles manquent. Il a fallu donc le faire voir pour l'utilité publique. Nous l'avons exécuté avec un peu d'étendue pour ce qui concerne celles de Port-Royal et de Sobrino; et nous nous contentons de ce qui vient d'être exposé touchant celle de l'Abbé de Pellizer. D'ailleurs, la Grammaire de cet Auteur étant tombée d'elle-même dès le moment qu'elle a été publiée, notre Analyse devient presque superflue.

E R R A T A.

Page 2 ligne 24	se rapprochentou	*Lisez se rapprochent ou.*
page 8 lig. 12	mauvaise.	*lis.* mauvais.
page 9 lig. 13 et 23	aigue.	*lis.* aiguë.
page 9 lig. 19	*Alvala*	*lis. Alvalá*
page 9 lig. 38	s'appliquer qu'à un seul objet.	*lis.* s'appliquer à un seul objet.
page 10 lig. 24	*Dos-Puentes.*	*lis. Dos Puentes.*
page 11 lig. 20	cela, n'empêche pas.	*lis.* cela n'empêche pas.
page 19 lig. 18	étant sujet qu'à, etc.	*lis.* étant sujet, qu'à, etc.
page 23 lig. 24	miestro.	*lis. nuestro.*
page 32 lig. 32	*El-los.*	*lis. E-llos.*
page 46 lig. 15	Exemples.	*lis.* Exemple.
page 52 lig. 18	par les personnes.	*lis.* par les pronoms.
page 148 lig. 39	Con *los poderojos.*	*lis.* con *los poderosos.*
page 162 lig. 8	á *otra*, á une autre.	*lis.* á *otra*, á una autre.
page 214 lig. 28	*R.*vi reciví.	*lis. R.*bl recibí.